# 21 世纪特殊教育创新教材

**主编单位**
华东师范大学学前与特殊教育学院
南京特殊教育师范学院
华中师范大学教育科学学院
陕西师范大学教育学院
总主编：方俊明
副主编：杜晓新　雷江华　周念丽

**学术委员会**
主　任：方俊明
副主任：杨广学　孟万金
委　员：方俊明　杨广学　孟万金　邓　猛　杜晓新　赵　微
　　　　刘春玲

**编辑委员会**
主　任：方俊明
副主任：丁　勇　汪海萍　邓　猛　赵　微
委　员：方俊明　张　婷　赵汤琪　雷江华　邓　猛　朱宗顺
　　　　杜晓新　任颂羔　蒋建荣　胡世红　贺荟中　刘春玲
　　　　赵　微　周念丽　李闻戈　苏雪云　张　旭　李　芳
　　　　李　丹　孙　霞　杨广学　王　辉　王和平

**21世纪特殊教育创新教材·理论与基础系列**

主编：杜晓新　　　　　　审稿人：杨广学　孟万金

- 特殊教育的哲学基础（华东师范大学：方俊明）
- 特殊教育的医学基础（南京特殊教育师范学院：张婷、赵汤琪）
- 融合教育导论（华中师范大学：雷江华）
- 特殊教育学（雷江华、方俊明）
- 特殊儿童心理学（方俊明、雷江华）
- 特殊教育史（浙江师范大学：朱宗顺）
- 特殊教育研究方法（华东师范大学：杜晓新、宋永宁）
- 特殊教育发展模式（纽约市教育局：任颂羔）

**21世纪特殊教育创新教材·发展与教育系列**

主编：雷江华　　　　　　审稿人：邓　猛　刘春玲

- 视觉障碍儿童的发展与教育（华中师范大学：邓猛）
- 听觉障碍儿童的发展与教育（华东师范大学：贺荟中）
- 智力障碍儿童的发展与教育（华东师范大学：刘春玲）
- 学习困难儿童的发展与教育（陕西师范大学：赵微）
- 自闭症谱系障碍儿童的发展与教育（华东师范大学：周念丽）
- 情绪与行为障碍儿童的发展与教育（华南师范大学：李闻戈）
- 超常儿童的发展与教育（华东师范大学：苏雪云；北京联合大学：张旭）

**21世纪特殊教育创新教材·康复与训练系列**

主编：周念丽　　　　　　审稿人：方俊明　赵　微

- 特殊儿童应用行为分析（天津体育学院：李芳；武汉麟洁健康咨询中心：李丹）
- 特殊儿童的游戏治疗（华东师范大学：周念丽）
- 特殊儿童的美术治疗（南京特殊教育师范学院：孙霞）
- 特殊儿童的音乐治疗（南京特殊教育师范学院：胡世红）
- 特殊儿童的心理治疗（华东师范大学：杨广学）
- 特殊教育的辅具与康复（南京特殊教育师范学院：蒋建荣、王辉）
- 特殊儿童的感觉统合训练（华东师范大学：王和平）

21世纪特殊教育创新教材·康复与训练系列

# 特殊儿童的美术治疗

孙 霞 编著

图书在版编目(CIP)数据

特殊儿童的美术治疗/孙霞编著. —北京：北京大学出版社，2011.6
（21世纪特殊教育创新教材·康复与训练系列）
ISBN 978-7-301-18896-5

Ⅰ.①特… Ⅱ.①孙… Ⅲ.①美术–应用–儿童教育：特殊教育–精神疗法–教材　Ⅳ.①G76 ②R749.055

中国版本图书馆 CIP 数据核字(2011)第 089177 号

| | |
|---|---|
| 书　名 | 特殊儿童的美术治疗 |
| 著作责任者 | 孙　霞　编著 |
| 丛书策划 | 周雁翎 |
| 丛书主持 | 李淑方 |
| 责任编辑 | 李淑方 |
| 标准书号 | ISBN 978-7-301-18896-5/G·3126 |
| 出版发行 | 北京大学出版社 |
| 地　址 | 北京市海淀区成府路 205 号　100871 |
| 网　址 | http://www.pup.cn　新浪微博:@北京大学出版社 |
| 微信公众号 | 通识书苑（微信号：sartspku）　科学元典（微信号：kexueyuandian） |
| 电子邮箱 | 编辑部 jyzx@pup.cn　总编室 zpup@pup.cn |
| 电　话 | 邮购部 010-62752015　发行部 010-62750672　编辑部 010-62767857 |
| 印刷者 | 三河市北燕印装有限公司 |
| 经销者 | 新华书店 |
| | 787 毫米 × 1092 毫米　16 开本　19.25 印张　450 千字 |
| | 2011 年 6 月第 1 版　2025 年 4 月第 6 次印刷 |
| 定　价 | 59.00 元 |

未经许可，不得以任何方式复制或抄袭本书之部分或全部内容。
**版权所有，侵权必究**
举报电话：010-62752024　电子邮箱：fd@pup.cn
图书如有印装质量问题，请与出版部联系，电话：010-62756370

# 顾明远序

去年国家颁布的《国家中长期教育改革和发展规划纲要(2010—2020年)》专门辟一章特殊教育,提出:"全社会要关心支持特殊教育"。这里的特殊教育主要是指"促进残疾人全面发展、帮助残疾人更好地融入社会"的教育。当然,广义的特殊教育还包括超常儿童与问题儿童的教育。但毕竟残疾人更需要受到全社会的关爱和关注。

发展特殊教育(这里专指残疾人教育),首先要对特殊教育有一个认识。所谓特殊教育的特殊,是指这部分受教育者在生理上或者心理上有某种缺陷,阻碍着他的发展。特殊教育就是要帮助他排除阻碍他发展的障碍,使他得到与普通人一样的发展。残疾人并非所有智能都丧失,只是丧失一部分器官的功能。通过教育我们可以帮助他弥补缺陷,或者使他的损伤的器官功能得到部分的恢复,或者培养其他器官的功能来弥补某种器官功能的不足。因此,特殊教育的目的与普通教育的目的是一样的,就是要促进儿童身心健康的发展,只是他们需要更多的爱护和帮助。

至于超常儿童教育则又是另一种特殊教育。超常儿童更应该在普通教育中发现和培养,不能简单地过早地确定哪个儿童是超常的。不能完全相信智力测验。这方面我没有什么经验,只是想说,现在许多家长都认为自己的孩子是天才,从小就超常地培养,结果弄巧成拙,拔苗助长,反而害了孩子。

在特殊教育中倒是要重视自闭症儿童。我国特殊教育更多的是关注伤残儿童,对于自闭症儿童认识不足、关心不够。其实他们非常需要采取特殊的方法来矫正自闭症,否则他们长大以后很难融入社会。自闭症不是完全可以治愈的。但早期的鉴别和干预对他们日后的发展很有帮助。国外很关注这些儿童,也有许多经验,值得我们借鉴。

  我在改革开放以后就特别感到特殊教育的重要。早在1979年我担任北京师范大学教育系主任时就筹办了我国第一个特殊教育专业，举办了第一次特殊教育国际会议。但是我个人的专业不是特殊教育，因此只能说是一位门外的倡导者，却不是专家，说不出什么道理来。

  方俊明教授是改革开放后早期的心理学家，后来专门从事特殊教育二十多年，对特殊教育有深入的研究。在我国大力提倡发展特殊教育之今天，组织五十多位专家编纂这套"21世纪特殊教育创新教材"丛书，真是恰逢其时，是灌溉特殊教育的及时雨，值得高兴。方俊明教授要我为丛书写几句话，是为序。

中国教育学会理事长<br>
北京师范大学副校长<br>
2011年4月5日于北京求是书屋

# 沈晓明序

由于专业背景的关系,我长期以来对特殊教育高度关注。在担任上海市教委主任和分管教育卫生的副市长后,我积极倡导"医教结合",希望通过多学科、多部门精诚合作,全面提升特殊教育的教育教学水平与康复水平。在各方的共同努力下,上海的特殊教育在近年来取得了长足的发展。特殊教育的办学条件不断优化,特殊教育对象的分层不断细化,特殊教育的覆盖面不断扩大,有特殊需要儿童的入学率达到上海历史上的最高水平,特殊教育发展的各项指标均位于全国特殊教育前列。本市中长期教育改革和发展规划纲要,更是把特殊教育列为一项重点任务,提出要让有特殊需要的学生在理解和关爱中成长。

上海特殊教育的成绩来自于各界人士的关心支持,更来自于教育界的辛勤付出。"21世纪特殊教育创新教材"便是华东师范大学领衔,联合四所大学,共同献给中国特殊教育界的一份丰厚的精神礼物。该丛书全篇近600万字,凝聚中国特殊教育界老中青50多名专家三年多的心血,体现出作者们潜心研究、通力合作的精神与建设和谐社会的责任感。丛书22本从理论与基础、发展与教育、康复与训练三个系列,全方位、多层次地展现了信息化时代特殊教育发展的理念、基本原理和操作方法。本套丛书选题新颖、结构严谨,拓展了特殊教育的研究范畴,从多学科的角度更新特殊教育的研究范式,让人读后受益良多。

发展特殊教育事业是党和政府坚持以人为本、弘扬人道主义精神和保障人权的重要举措,是促进残障人士全面发展和实现"平等、参与、共享"目标的有效途径。《国家中长期教育改革和发展规划纲要(2010—2020年)》明确提出,要关心和支持特殊教育,要完善特殊教育体系,要健全特殊教育保障机制。我相信,随着我国经济的发展,教育投入的增加,我国特殊教育的专业队伍会越来越壮大,科研水平会不断地提高,特殊教育的明天将更加灿烂。

沈晓明

上海交通大学医学院教授、博士生导师

世界卫生组织新生儿保健合作中心主任

上海市副市长

2011年3月

# 丛 书 总 序

特殊教育是面向残疾人和其他有特殊教育需要人群的教育,是国民教育体系的重要组成部分。特殊教育的发展,关系到实现教育公平和保障残疾人受教育的权利。改革和发展我国的特殊教育是全面建设小康社会、促进社会稳定与和谐的一项急迫任务,需要全社会的关心与支持,并不断提升学科水平。

半个多世纪以来,由于教育民主思想的渗透以及国际社会的关注,特殊教育已成为世界上发展最快的教育领域之一,它在一定程度上也综合反映出一个国家或地区的政治、经济、文化和国民素质的综合水平,成为衡量社会文明进步程度的重要标志。改革开放30多年以来,在党和政府的关心下,我国的特殊教育也得到了前所未有的大发展,进入了我国历史上最好的发展时期。在"医教结合"基础上发展起来的早期教育、随班就读和融合教育正在推广和深化,特殊职业教育和高等教育也有较快的发展,这些都标志着我国特殊教育的发展进入了一个全球化、信息化的时代。

但是,作为一个发展中国家,由于起点低、人口多、各地区发展不均衡,我国特殊教育的整体发展水平与世界上特殊教育比较发达的国家和地区相比,还有一定的差距,存在一些亟待解决的主要问题。例如:如何从狭义的仅以视力、听力和智力障碍等残疾儿童为主要服务对象的特殊教育逐步转向包括各种行为问题儿童和超常儿童在内的广义的特殊教育;如何通过强有力的特教专项立法来保障特殊儿童接受义务教育的权利,进一步明确各级政府、儿童家长和教育机构的责任,使经费投入、鉴定评估等得到专项法律法规的约束;如何加强对"随班就读"的支持,使融合教育的理念能被普通教育接受并得到充分体现;如何加强对特教师资和相关的专业人员的培养和训练;如何通过跨学科的合作加强相关的基础研究和应用研究,较快地改变目前研究力量薄弱、学科发展和专业人员整体发展水平偏低的状况。

为了迎接当代特殊教育发展的挑战和尽快缩短与发达国家的差距,三年前,我们在北京大学出版社出版意向的鼓舞下,成立了"21世纪特殊教育创新教材"的丛书编辑委员会和学术委员会,集中了国内特殊教育界具有一定教学、科研能力的高级职称或具有本专业博士学位的专业人员50多人共同编写了这套丛书,以期联系我国实际,全面地介绍和深入地探讨当代特殊教育的发展理念、基本原理和操作方法。丛书分为三个系列,共22本,其中有个人完成的专著,还有多人完成的编著,共约600万字。

**理论与基础系列**

本系列着重探讨特殊教育的理论与基础。讨论特殊教育的存在和思维的关系,特殊教育的学科性质和任务,特殊教育学与医学、心理学、教育学、教学论等相邻学科的密切关系,力求反映出现代思维方法、相邻学科的发展水平以及融合教育的思想对现代特教发展的影响。本系列特别注重从历史、现实和研究方法的演变等不同角度来探讨当代特殊教育的特点和发展趋势。本系列由以下8种组成：

《特殊教育的哲学基础》《特殊教育的医学基础》《融合教育导论》《特殊教育学》《特殊儿童心理学》《特殊教育史》《特殊教育研究方法》《特殊教育发展模式》。

**发展与教育系列**

本系列从广义上的特殊教育对象出发，密切联系日常学前教育、学校教育、家庭教育、职业教育和高等教育的实际，对不同类型特殊儿童的发展与教育问题进行了分册论述。着重阐述不同类型儿童的概念、人口比率、身心特征、鉴定评估、课程设置、教育与教学方法等方面的问题。本系列由以下7种组成：

《视觉障碍儿童的发展与教育》《听觉障碍儿童的发展与教育》《智力障碍儿童的发展与教育》《学习困难儿童的发展与教育》《自闭症谱系障碍儿童的发展与教育》《情绪与行为障碍儿童的发展与教育》《超常儿童的发展与教育》。

**康复与训练系列**

本系列旨在体现"医教结合"的原则，结合中外的各类特殊儿童，尤其是有比较严重的身心发展障碍儿童的治疗、康复和训练的实际案例，系统地介绍了当代对特殊教育中早期鉴别、干预、康复、咨询、治疗、训练教育的原理和方法。本系列偏重于实际操作和应用，由以下7种组成：

《特殊儿童应用行为分析》《特殊儿童的游戏治疗》《特殊儿童的美术治疗》《特殊儿童的音乐治疗》《特殊儿童的心理治疗》《特殊教育的辅具与康复》《特殊儿童的感觉统合训练》。

"21世纪特殊教育创新教材"是目前国内学术界有关特殊教育问题覆盖面最广、内容较丰富、整体功能较强的一套专业丛书。在特殊教育的理论和实践方面，本套丛书比较全面和深刻地反映出了近几十年来特殊教育和相关学科的成果。一方面大量参考了国外和港台地区有关当代特殊教育发展的研究资料；另一方面总结了我国近几十年来，尤其是建立了特殊教育专业硕士、博士点之后的一些交叉学科的实证研究成果，涉及5000多种中英文的参考文献。本套丛书力求贯彻理论和实际相结合的精神，在反映国际上有关特殊教育的前沿研究的同时，也密切结合了我国社会文化的历史和现实，将特殊教育的基本理论、基础理论、儿童发展和实际的教育、教学、咨询、干预、治疗和康复等融为一体，为建立一个具有前瞻性、符合科学发展观、具有中国历史文化特色的特殊教育的学科体系奠定基础。本套丛书在全面介绍和深入探讨当代特殊教育的原理和方法的同时，力求阐明如下几个主要学术观点：

1. 人是生物遗传和"文化遗传"两者结合的产物。生物遗传只是使人变成了生命活体和奠定了形成自我意识的生物基础；"文化遗传"才可能使人真正成为社会的人、高尚的人、成为"万物之灵"，而教育便是实现"文化遗传"的必由之路。特殊教育作为一个联系社会学科和自然学科、理论学科和应用学科的"桥梁学科"，应该集中地反映教育在人的种系发展和个体发展中所发挥的巨大作用。

2. 当代特殊教育的发展是全球化、信息化教育观念的体现，它有力地展现了人类社会发展过程中物质文明与精神文明之间发展的同步性。马克思主义很早就提出了两种生产力的概念，即生活物资的生产和人自身的繁衍。伴随生产力的提高和社会的发展，人类应该有更多的精力和能力来关注自身的繁衍和一系列发展问题，这些问题一方面是通过基因工程来防治和减少疾病,实行科学的优生优育,另一方面是通过优化家庭教育、学校教育和社会教育的环境,来最大限度地增加教育在发挥个体潜能和维护社会安定团结与文明进步等方面的整体功能。

3. 人类由于科学技术的发展、生产能力的提高,已经开始逐步地摆脱了对单纯性、缓慢性的生物进化的依赖,摆脱了因生活必需的物质产品的匮乏和人口繁衍的无度性所造成"弱肉强食"型的生存竞争。人类应该开始积极主动地在物质实体、生命活体、社会成员的大系统中调整自己的位置,更加注重作为一个平等的社会成员在促进人类的科学、民主和进步过程中所应该承担的责任和义务。

4. 特殊教育的发展,尤其是融合教育思想的形成和传播,对整个教育理念、价值观念、教育内容、学习方法和教师教育等问题,提出了全面的挑战。迎接这一挑战的方法只能是充分体现时代精神,在科学发展观的指导下开展深度的教育改革。当代特殊教育的重心不再是消极地过分地局限于单纯的对生理缺陷的补偿,而是在一定补偿的基础上,积极地努力发展有特殊需要儿童的潜能。无论是特殊教育还是普通教育都应该强调培养受教育者积极乐观的人生态度和做人的责任,使其为促进人类社会的进步最大限度地发挥自身的潜能。

5. 当代特殊教育的发展,对未来的教师和教育管理者、相关的专业人员的学识、能力和人格提出了更高的要求。未来的教师和教育管理者、相关的专业人员不仅要做到在教学相长中不断地更新自己的知识,还要具备从事普通教育和特殊教育的能力,具备新时代的人格魅力,从勤奋、好学、与人为善和热爱学生的行为中,自然地展示出对人类未来的美好憧憬和追求。

6. 从历史上来看,东西方之间思维方式和文化底蕴方面的差异,导致对残疾人的态度和特殊教育的理念是大不相同的。西方文化更注重逻辑、理性和实证,从对特殊人群的漠视、抛弃到专项立法和依法治教,从提倡融合教育到专业人才的培养,从支持系统的建立到相关学科的研究,思路是清晰的,但执行是缺乏弹性的,综合效果也不十分理想,过度地依赖法律底线甚至给某些缺乏自制力和公益心的人提供了法律庇护下的利己方便。东方哲学特别重视人的内心感受、人与自然和人与人之间的协调,以及社会的平衡与稳定,但由于封建社会落后的生产力水平和封建专制,特殊教育长期停留在"同情""施舍""恩赐""点缀""粉饰太平"的水平,缺乏强有力的稳定的实际支持系统。因此,如何通过中西合璧,结合本国的实际来发展我国的特殊教育,是一个需要深入研究的问题。

7. 当代特殊教育的发展是高科技和远古人文精神的有机结合。与普通教育相比,特殊教育只有200多年的历史,但近半个世纪以来,世界特殊教育发展的广度和深度都令人吃惊。教育理念不断更新,从"关心"到"权益",从"隔离"到"融合",从"障碍补偿"到"潜能开发",从"早期干预""个别化教育"到终身教育及计算机网络教学的推广,等等,这些都充分地体现了对人本身的尊重、对个体差异的认同、对多元文化的欣赏。

本套丛书力求帮助特殊教育工作者和广大特殊儿童的家长:① 进一步认识特殊教育的本质,勇于承担自己应该承担的责任,完成特殊教育从慈善关爱型向义务权益型转化;② 进一步明确特殊教育和普通教育的目标,促进整个国民教育从精英教育向公民教育转化;③ 进一步尊重差异,发展个性,促进特殊教育从隔离教育向融合教育转型;④ 逐步实现特殊教育的专项立法,进一步促进特殊教育从号召型向依法治教的模式转变;⑤ 加强专业人员的培养,进一步促进特殊教育从低水平向高质量的转变;⑥ 加强科学研究,进一步促进特殊教育学科水平的提高。

我们希望本套丛书的出版能对落实我国中长期的教育发展规划起到积极的作用,增加人们对当代特殊教育发展状况的了解,使人们能清醒地认识到我国特殊教育发展所取得的成就、存在的差距、解决的途径和努力的方向,促进中国特殊教育的学科建设和人才培养。在教育价值上进一步体现对人的尊重、对自然的尊重;在教育目标上立足于公民教育;在教育模式上体现出对多元文化和个体差异的认同;在教育方法上本着实事求是的精神实行因材施教,充分地发挥受教育者的潜能,发展受教育者的才智与个性;在教育功能上进一步体现我国社会制度本身的优越性,促进人类的科学与民主、文明与进步。

在本套丛书编写的三年时间里,四个主编单位分别在上海、南京、武汉组织了三次有关特殊教育发展的国际论坛,使我们有机会了解世界特殊教育最新的学科发展状况。在北京大学出版社和主编单位的资助下,丛书编委会分别于2008年2月和2009年3月在南京和上海召开了两次编写工作会议,集体讨论了丛书编写的意图和大纲。为了保证丛书的质量,上海市特殊教育资源中心和华东师范大学特殊教育研究所为本套丛书的编辑出版提供了帮助。

本套丛书的三个系列之间既有内在的联系,又有相对的独立性。不同系列的著作可作为特殊教育和相关专业的教材,也可供不同层次、不同专业水平和专业需要的教育工作者以及关心特殊儿童的家长等读者阅读和参考。尽管到目前为止,"21世纪特殊教育创新教材"可能是国内学术界有关特殊教育问题研究的内容丰富、整体功能强、在特殊教育的理论和实践方面覆盖面最广的一套丛书,但由于学科发展起点较低,编写时间仓促,作者水平有限,不尽如人意之处甚多,寄望更年轻的学者能有机会在本套丛书今后的修订中对之逐步改进和完善。

本套丛书从策划到正式出版,始终得到北京大学出版社教育出版中心主任周雁翎和责任编辑李淑方、华东师范大学学前教育学院党委书记兼上海市特殊教育资源中心主任汪海萍、南京特殊教育师范学院院长丁勇、华中师范大学教育科学学院院长邓猛、陕西师范大学教育科学学院副院长赵微等主编单位领导和参加编写的全体同人的关心和支持,在此由衷地表示感谢。

最后,特别感谢丛书付印之前,中国教育学会理事长、北京师范大学副校长顾明远教授和上海市副市长、上海交通大学医学院教授沈晓明在百忙中为丛书写序,对如何突出残疾人的教育,如何进行"医教结合",如何贯彻《国家中长期教育改革和发展规划纲要(2010—2020年)》等问题提出了指导性的意见,给我们极大的鼓励和鞭策。

"21世纪特殊教育创新教材"

编写委员会

(方俊明执笔)

2011年3月12日

# 前　言

美术作为心灵和生命体验的创造物之一，与人类文明形影相随，从纷繁多变的绘画，神奇诡异的图腾，到雄伟壮观的建筑，设计精美的艺术品，我们无不感受到艺术与生命、文化契合的节拍。无论是原始洞穴壁画，还是博物馆内的艺术收藏，美术作品始终表现和反映着人类自身的感觉、情感和认识经验，忠实地记录了人类智慧所能达到的认识高度和人性深度，也展示着不同创造者对自己的认识和理解。

不仅如此，美术活动还会触及人的思维和心灵，给人以独特的愉悦和满足感。当作品演进中的各种视觉元素突然有了某种关联和呼应，进而生发出特有的形式意义和意味时，创作的作品反过来又会作用于处在艺术情境中的制作者和观者，影响其感受和思维，统合和提升其自我体验，增进自我认识，修复或改变自身对外界的认识及交互状态。正因如此，经历感知、认识、体验、创造和认识自我的创造性艺术学习，又会促进学习者内在经验的统合，成为展现自我和激发表达的有源之水，增进心智成长和感知觉的发展。所以，美术在特殊儿童的身心康复治疗中具有不可忽视的作用。

自 1885 年起，一些来自德国、挪威、法国和英国的心理医师、教育学家和艺术史学家，便开始搜集和整理儿童美术作品作为儿童研究的参考，他们相继发现绘画可以反映儿童发展阶段的特点，展示儿童成长的有序性，因此推动了利用绘画测验评估特殊儿童发展状况的实践研究，涌现出大量绘画用于治疗诊断的临床实践，美术用于特殊儿童的治疗活动随之蔓延开来。直至 1940 年，美国的儿童教育家、心理医师玛格丽特·南伯格(Margaret Naumburg)，将绘画作为介质运用到心理治疗领域，发展出完整的绘画心理疗法(art psychotherapy)后，美术治疗的轮廓才被勾勒出来，成为一门很新的学术领域。此后，随着学科建设和人才培养的逐步确立和建构，美术治疗(art therapy)成为一门独立的专业学科。

在特殊儿童教育领域，教育家罗恩菲德(Viktor Lowenfeld)在发展心理学家皮亚杰(Piaget)的观念基础上，建立了儿童的绘画发展理论，将美术创造作为促进特殊儿童情感和认知成长的工具，鼓励美术教师从儿童发展的角度评估各类儿童在不同学习阶段的需求，以此为基础设计相应的课程，以推动所有儿童整体心智能力的发展，并在 1957 年提出艺术教育治疗(art education therapy)概念，指出"艺术教育治疗的本质是使用创造性活动作为自我认知的方法"[①]。发展了美术治疗用于特殊儿童的内涵建设，使特殊儿童美术治疗从单项

---

① 〔美〕罗恩菲德.创造与心智的成长[M].王德育,译.长沙:湖南美术出版社.1992:429.

的心理治疗延伸到整体的康复、教育发展中。

台湾的陆雅青翻译了用于特殊儿童的《儿童艺术治疗》一书,并著有《艺术治疗:绘画诠释:从美术进入孩子的心灵世界》,呼应艺术教育治疗的构想,致使台湾的美术治疗实践层出不穷。而大陆在此领域的摸索尚属刚刚开始,相应的实践和研究非常薄弱,可参考和借鉴的东西少之又少。故而,介绍和推广美术治疗的理论、方法和案例,既是为推动美术治疗在教育领域中的运用做些铺垫,也是通过搜集、整理和编写,完善自我学习的过程。旨在介绍已有经验的同时抛砖引玉,吸引更多的有识之士共同建构一套有整合力的实践理论。

本书是我们各位参加撰写和会编人员共同学习的结果,凝聚了大家的辛苦努力。全书由南京特殊教育职业技术学院艺术学院孙霞主笔和统稿,艺术学院周先锋老师撰写了第6章第3节,特教与学前学院李晓庆老师撰写了第7章第3节,参编了第3章的部分内容,特教与学前学院江琳老师编写了第6章第1节,参加了第6章、第4章的部分编写工作。江苏大学艺术学院赵家兴老师参编了第2章、第5章的部分内容,南京铁道职业技术学院辅导员陈昆老师撰写了第7章第1节,广州市儿童自闭症康复研究中心的陈萍老师撰写了第7章第2节,并为第6章的黏土技术一节提供了示范案例。

在此,我们全体编写人员首先感谢本书中所有案例的家长们,没有他们的支持,也就没有可供借鉴的实践依据。另外,我们还要感谢提供案例的特殊学校和康复中心,感谢他们为本书提供的便利与支持。

同时,我们衷心感谢拨冗为本书审稿的华东师范大学方俊明教授、周念丽教授,以及给予过编者相关出版指导的北京大学出版社的李淑方老师,感谢他们在编写过程中给予的指导和支持。感谢特殊教育职业技术学院院领导丁勇院长、谢明书记给予编者的帮助和支持,感谢南京师范大学边霞教授给予的人员推荐,是诸位领导和前辈的提携和帮助,促成了本书的实现。我们还要向所有国内外被本书引用图片,但编者因技术原因只能注明出处,却无法具体联系的原作者表示崇高的谢忱!

在本书出版之际,我代表大家感谢《儿童艺术治疗》的原作者美国的 DR. Marcia L. Rosal 教授给予的引用授权,感谢《艺术治疗——绘画诠释:从美术进入孩子的心灵世界》一书的作者陆雅青教授给予的赠书和引用便利,以及侯祯塘教授在百忙之中为本书编著、引用提出的宝贵意见,感谢台湾的周光昭老师不辞辛苦地奔走于海峡两岸,为本书的编写搭建沟通的桥梁。各位资深前辈的敬业与真诚为我们做出了表率,对此,我们致以由衷的敬意。

在编写本书的过程中,编者得到了南京特殊教育职业技术学院土辉老师细致的写作点评和人员推荐,其严谨认真的专业态度令人敬佩,受益匪浅。还有台湾陈晓娟教授等热心人给予的联系帮助,没有她们的热心参与,很难有今天的成书面貌。

由于时间短促,能力有限,书中难免会有疏漏,欢迎大家批评指正。

# 目 录

顾明远序 ………………………………………………………………………… (1)
沈晓明序 ………………………………………………………………………… (1)
丛书总序 ………………………………………………………………………… (1)
前　言 …………………………………………………………………………… (1)

## 第1章　总论 …………………………………………………………………… (1)
### 第1节　美术治疗概述 …………………………………………………… (2)
一、美术治疗定义 ……………………………………………………… (2)
二、美术治疗产生的背景 ……………………………………………… (4)
三、美术治疗概念评述及综合艺术治疗观念的建立 ………………… (6)
### 第2节　美术治疗简史 …………………………………………………… (11)
一、美术治疗在美国的产生与发展 …………………………………… (11)
二、美术治疗在英国的建立与发展 …………………………………… (14)
三、其他国家和地区美术治疗的出现与发展 ………………………… (15)
### 第3节　美术治疗理论学派 ……………………………………………… (16)
一、精神分析学派 ……………………………………………………… (16)
二、客体关系学派 ……………………………………………………… (19)
三、认知行为学派 ……………………………………………………… (21)
四、人本主义学派 ……………………………………………………… (23)
五、发展心理学派 ……………………………………………………… (26)
### 第4节　特殊儿童美术治疗涉及的相关问题与准备 …………………… (30)
一、针对的对象 ………………………………………………………… (30)
二、美术治疗室 ………………………………………………………… (35)
三、治疗师 ……………………………………………………………… (38)
四、作品的展示 ………………………………………………………… (40)

## 第2章　针对特殊儿童的治疗理论和技术依据 ……………………………… (42)
### 第1节　精神分析原理 …………………………………………………… (43)
一、本我与潜意识 ……………………………………………………… (45)
二、意象图示与象征性 ………………………………………………… (52)
三、心理能量的转换 …………………………………………………… (55)
四、升华效应 …………………………………………………………… (59)
### 第2节　心理动力学原理运用 …………………………………………… (61)
一、相关概念和心理动力学原理 ……………………………………… (62)

1

二、心理动力学原理在特殊儿童美术治疗中的具体应用…………………（65）
　第3节　现象学研究法和场理论…………………………………………（83）
　　一、用于美术治疗实践的现象学…………………………………………（83）
　　二、现象学探索方法在美术治疗中的具体运用…………………………（87）
　　三、场理论…………………………………………………………………（94）
　第4节　美术中格式塔原理的运用………………………………………（99）
　　一、格式塔与审美经验……………………………………………………（99）
　　二、结构同形………………………………………………………………（103）
　　三、觉察力…………………………………………………………………（106）

第3章　用于特殊儿童评估诊断的绘画测验法………………………………（113）
　第1节　概述…………………………………………………………………（113）
　　一、绘画诊断与评估的理论基础与作用…………………………………（113）
　　二、特殊儿童绘画诊断与评估的方法……………………………………（115）
　　三、绘画诊断与评估工具的种类…………………………………………（116）
　第2节　罗夏墨迹测验………………………………………………………（117）
　　一、关注的内容……………………………………………………………（117）
　　二、具体的实施流程………………………………………………………（117）
　　三、功效……………………………………………………………………（120）
　第3节　画人测验……………………………………………………………（121）
　　一、主要工具的介绍………………………………………………………（121）
　　二、关注的内容……………………………………………………………（122）
　　三、具体的实施流程………………………………………………………（123）
　　四、功效……………………………………………………………………（123）
　第4节　"屋-树-人"测验……………………………………………………（124）
　　一、关注的内容……………………………………………………………（125）
　　二、具体的实施流程………………………………………………………（127）
　　三、功效……………………………………………………………………（127）
　第5节　家庭动力绘画………………………………………………………（129）
　　一、关注的内容……………………………………………………………（129）
　　二、具体的实施流程………………………………………………………（130）
　　三、功效……………………………………………………………………（130）
　第6节　绘画测验的综合运用………………………………………………（131）
　　一、绘画诊断工具的演变和融合…………………………………………（131）
　　二、成套绘画检测系统的出现……………………………………………（132）
　　三、设计研究的基本步骤…………………………………………………（133）
　　四、我国用于少年儿童的绘画检测工具研发……………………………（134）

第4章　适用于特殊儿童的涂鸦技术…………………………………………（139）
　第1节　概述…………………………………………………………………（139）
　　一、什么是涂鸦技术………………………………………………………（139）

二、涂鸦技术的特性 …………………………………………………………（139）
　　三、涂鸦技术关注的内容 ……………………………………………………（140）
　　四、涂鸦技术的功效和作用 …………………………………………………（144）
　　五、涂鸦技术的操作形式及流程 ……………………………………………（145）
　第 2 节　自由涂鸦法 ………………………………………………………………（147）
　　一、自由涂鸦的性质 …………………………………………………………（147）
　　二、自由涂鸦呈现的技术种类及效用 ………………………………………（147）
　　三、实践案例 …………………………………………………………………（151）
　第 3 节　感知涂鸦法 ………………………………………………………………（154）
　　一、感知涂鸦的性质 …………………………………………………………（154）
　　二、感知涂鸦呈现的技术种类及效用 ………………………………………（155）
　　三、实践案例 …………………………………………………………………（159）
　第 4 节　联想涂鸦法 ………………………………………………………………（167）
　　一、联想涂鸦的性质 …………………………………………………………（167）
　　二、联想涂鸦呈现的技术种类及效用 ………………………………………（167）
　　三、实践案例 …………………………………………………………………（171）

第 5 章　适用于特殊儿童的绘画技术 …………………………………………………（177）
　第 1 节　概述 ………………………………………………………………………（177）
　　一、什么是绘画技术 …………………………………………………………（177）
　　二、绘画技术的特性 …………………………………………………………（178）
　　三、绘画技术关注的内容 ……………………………………………………（180）
　　四、绘画技术的功效和作用 …………………………………………………（180）
　　五、不同性质的绘画技术针对的特殊儿童类别 ……………………………（181）
　第 2 节　命题绘画法 ………………………………………………………………（182）
　　一、命题绘画的性质 …………………………………………………………（182）
　　二、命题绘画的操作流程及种类 ……………………………………………（183）
　　三、实践案例 …………………………………………………………………（187）
　第 3 节　互动绘画法 ………………………………………………………………（192）
　　一、互动绘画的性质 …………………………………………………………（192）
　　二、互动绘画的操作流程及种类 ……………………………………………（193）
　　三、实践案例 …………………………………………………………………（196）
　第 4 节　自然绘画法 ………………………………………………………………（201）
　　一、自然绘画的性质 …………………………………………………………（202）
　　二、自然绘画的操作流程及种类 ……………………………………………（204）
　　三、实践案例 …………………………………………………………………（208）

第 6 章　适用于特殊儿童的综合表现技术 ……………………………………………（213）
　第 1 节　概述 ………………………………………………………………………（213）
　　一、综合表现技术的概念 ……………………………………………………（214）
　　二、适用于特殊儿童的综合表现技术特性 …………………………………（214）

三、综合表现技术关注的内容 …………………………………………（215）
　　四、综合表现技术的功效 …………………………………………………（216）
　　五、综合表现技术实施的步骤及种类 …………………………………（216）
第2节　拼贴技术 ……………………………………………………………（217）
　　一、拼贴技术的特点 ………………………………………………………（217）
　　二、拼贴技术的实施方法 …………………………………………………（218）
　　三、适用于特殊儿童拼贴的种类 ………………………………………（220）
　　四、案例 ……………………………………………………………………（221）
第3节　综合制作技术 ………………………………………………………（224）
　　一、综合制作技术的特点 …………………………………………………（224）
　　二、综合制作技术的实施方法 …………………………………………（224）
　　三、适用于特殊儿童的综合制作技术种类 ……………………………（226）
　　四、案例 ……………………………………………………………………（228）
第4节　黏土技术 ……………………………………………………………（229）
　　一、黏土的特点 ……………………………………………………………（229）
　　二、黏土技术的实施方法 …………………………………………………（229）
　　三、黏土的材料种类 ………………………………………………………（232）
　　四、案例 ……………………………………………………………………（233）
第5节　多种媒介互动技术 …………………………………………………（235）
　　一、多种媒介互动技术的特点 …………………………………………（235）
　　二、多种媒介互动技术的实施方法 ……………………………………（235）
　　三、多种美术媒介技术的综合表现案例 ………………………………（244）

第7章　案例分析 ……………………………………………………………（249）
　第1节　针对儿童攻击性行为的治疗案例 ………………………………（249）
　　一、前期的准备工作 ………………………………………………………（249）
　　二、干预过程 ………………………………………………………………（251）
　　三、案例分析 ………………………………………………………………（252）
　　四、实践经验总结 …………………………………………………………（259）
　第2节　针对自闭症儿童的治疗性教育案例 ……………………………（260）
　　一、前期的准备工作 ………………………………………………………（260）
　　二、干预过程 ………………………………………………………………（261）
　　三、实践经验总结 …………………………………………………………（270）
　第3节　有待完善的美术治疗评估方法 …………………………………（271）
　　一、美术治疗评估方法存在的问题及原因 ……………………………（271）
　　二、有待完善的美术治疗评估 …………………………………………（274）

后记 ………………………………………………………………………………（276）
参考文献 …………………………………………………………………………（278）
附录1 ……………………………………………………………………………（280）
附录2 ……………………………………………………………………………（282）

# 第1章 总　　论

**学习目标**

1. 了解美术治疗产生的原因和背景。
2. 理解美术治疗定义及综合艺术治疗观的建立。
3. 了解世界范围内的美术治疗演进史，认识其发展状况。
4. 了解现有的美术治疗流派及其治疗取向的特点。
5. 了解儿童美术治疗必须涉及的内容和相关准备。

艺术用于治疗，不是出于艺术本身的需要，而是源自治疗对象的需要。运用艺术活动对人进行身心治疗的历史，可上溯到远古的石器时期。那时有象征意味的画符和仪式是帮助人类战胜疾病和精神痛苦的主要方式。为人医病除魔的巫医借助形象化的视听手段激发病人内部潜在的免疫能力，来促使疾病康复，这便是借助艺术元素进行精神疗法的最初例证。在古老的东方，隋朝名医莫君锡运用观画的"精神顺逆原则"治愈隋炀帝的记载，始于公元605年[①]，是中国俗语——"心病还需心药医"的最好例子。

无独有偶，19世纪末到20世纪初，随着西医学的发展，西方的一些病理学家也开始意识到：有些疾病忽略人的因素，只对机体医治显然不够，"病"是外在的显征，"人"才是病的主因。西方医学对病因的认知模式从"生物—生理"模式转向"社会—心理—生物"模式，由此实施的治疗也随之发生了变化。医生们开始关注心理与生理之间的联系，注重对"人"的治疗。一些心理学家注意到美术在治疗心因性疾病方面具有的特殊功能，开始尝试将绘画运用到精神病患者的检测治疗中，以图像为媒介进行人格检修和心理干预的治疗实践。正是由于绘画在心理治疗技术和行为矫正上的有效应用，才使艺术成为治疗领域中有效的心理干预介质，成为与谈话疗法有别的非语言心理疗法之一。

但美术治疗（art therapy）的提出和确立，却始于20世纪30年代活跃的教育领域改革。据资料显示，杜威的学生、精神分析学家玛格丽特·南伯格由于最先建立了美术治疗理论和方法（美术心理治疗），被认为是美术治疗的创始人。[②] 艺术教育家罗恩菲德则在自己的特殊儿童实践中，推进了美术治疗的发展。他在1957年提出的艺术教育治疗概念，使美术治疗的含义和范畴被扩大到整个教育和社会成长领域，其应用涉及医学、教育和社会保障，包含了治疗和干预教育两部分。美术疗法也在其后的发展中拓展了外延和内容。

---

[①] 饶宏孝.艺术治疗方法初探[J].上海：医古文知识，1994(2)：27.
[②] 周红.美术治疗的发展与应用现状[J].北京：中国心理卫生杂志，2007(2)3：200.

由于尚在发展中的美术治疗不仅可以帮助儿童改善情绪状态,缓解或消除负面信息所造成的各种紊乱心理,帮助他们实现心理能量的疏导,激发儿童的潜能向积极方面伸展,还可以帮助特殊儿童建立与外界沟通的桥梁,促进他们了解人与人之间的差异,增强自我认同,培养社会适应力,因此,美术治疗在特殊教育领域更是备受关注。那么,到底什么是美术治疗?是什么促成了美术在治疗与康复领域的运用和发展?其治疗性概念的形成和演变又经历了一个怎样的历程呢?虽然大家都认同了美术疗法,但对于它的解释却有很多的争议,这又是怎么回事?在本章,我们试图通过资料的搜集整理,为大家呈现一个清晰的脉络,帮助大家了解美术治疗概念的产生、发展、现状及相关问题,客观地认识美术治疗。

## 第1节 美术治疗概述

虽说美术用于治疗古已有之,但美术治疗——Art therapy 的称谓却是地道的"舶来品",争议也由此产生。早期台湾的《张氏心理学辞典》译为美术治疗法,中国大陆的《心理学百科全书》译为艺术治疗,如果大家到网络中搜索一番,也许会得到更多的译名,其解释却大同小异。这个名称最早来源于运用精神分析理论的绘画诊疗分析。

20世纪初,一些心理医师和美术工作者认识到美术可以作为辅助性的心理治疗手段,于是将它应用于心理干预和诊断实践,归属于"非言语性的心理治疗"(nonverbal psychotherapy),开启了艺术在心理和教育领域的综合运用。在后来的发展中,该种疗法逐渐演变为一门以心理学、艺术学、社会学、哲学等多种学科理论为基础,运用多种艺术手段的自然疗法。由于美术介入治疗是艺术与治疗的源头,所以"Art Therapy"就成了指代二者的代名词。广义上,是指运用包括视觉艺术(包括绘画、雕塑、书法等)、听觉艺术(音乐、诗歌诵读等)和时空艺术(文学、舞蹈、戏剧、影视等)在内的所有艺术手段,来进行心理诊断与心理治疗的一门学问。泛指通过绘画、音乐舞蹈、黏土雕塑等表现形式,对各类人格障碍、社会适应障碍、心理-生理障碍等轻微患者进行行为矫正,从而达到治疗康复目的的综合自然疗法。狭义则指通过绘画、拼贴、塑形等美术活动调节人们身心的美术疗法。其名称在后来的演进中也出现了 Arts therapy、Arts therapies 等多种叫法。在这一名词的产生和发展中,美术始终是治疗干预的主要手段,为了便于阐述,在此我们统一采用美术治疗指代"Art therapy",并逐层为大家讲述治疗性艺术观念的建立过程,相信通过了解,大家自会得出一个结论。

**一、美术治疗定义**

知道了美术治疗的词源,我们有必要了解一下美术治疗的功效、内涵和范畴。在"美术治疗"提出的近半个世纪中,它的概念和外延一直处在一个开放的状态。治疗领域也从最初狭隘的精神病患医学,扩展应用到身心障碍儿童、慢性病患、养生保健以及癌症晚期病人的干预辅助疗法中。在教育领域,不仅波及不同层面的心理干预和心理疾病的预防应用,而且影响了整个艺术教育。实践治疗理论和手段开始出现多元化,疗效也略为明晰而具有针对性。美术治疗的定义和诠释呈现出多样的局面。翻阅各国对美术治疗的定义我们找到如下注释:

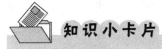

**知识小卡片**

**"AATA"代表什么?**

"AATA"是 American Art Therapy Association 的缩写,成立于 1969 年的美国。麦拉·F. 勒维克任首任主席,1990—1991 年 AATA 会员普查报告的结果显示,包括美国在内的 24 个国家共有会员 3492 人,注册美术治疗师(ATR)则有 1893 人。目前会员已超过 4750 人,是广义"艺术治疗协会"的代称。它下属的会员分为五类:专业人员、学生、组织、捐资者与退休人员。协会的网址:http://www.arttherapy.org.

美国艺术治疗协会(American Art Therapy Association,1997,AATA)认为:美术治疗是"通过运用绘画介质或材料、艺术创作的意象、创造性的艺术活动和患者对作品的反馈,来呈现个体的发展、能力、人格、兴趣、关注和冲突的一项服务性职业。这种以绘画艺术为介质的治疗实践是以人类发展的理论和心理的理论知识,如教育、心理动力、认知、人际关系等为基础,并辅以其他的评估诊断标准和辅助治疗手段,主要解决来访者的情绪冲突,提升他们的自我意识,提高社交技巧和管理行为的能力,解决心理困惑和减少焦虑,辅助来访者取得适应生活的能力,提高自尊水平"[①]。

英国艺术治疗师协会(British Association of Art Therapists,BAAT)所下的定义是:美术治疗"包括创作者、作品、治疗师这三者之间的互动和交流过程,其中,治疗师以足够的时间陪伴来访者,对其给予积极的关注,并清晰地界定两方面的治疗关系,同时以此方式为患者提供艺术媒体、创作环境和治疗师本人等三个核心要素。治疗师本人作为治疗过程中必不可少的要素,这一点是最为重要的。治疗过程的目的是发展出一种象征性的语言,触及不为来访者所知的感受,并将它们创造性地整合到人格里,直至发生治疗性的变化。治疗师的焦点不是集中于对艺术品和艺术创作的审美特性上,而是注重艺术过程及其从中反映出的关系模式,即将所有治疗要素卷入治疗过程。治疗师通过澄清病人的知觉,借助他们与治疗师分享治疗体验的过程,增加来访者自省能力,促进改变的可能性"[②]。

细心的读者会发现,综上陈述虽各有侧重,但都涉及美术治疗的依据、对象、实施过程和治疗目的。据此我们可以了解美术治疗基本的过程:美术是一种非语言的表达和沟通形式,充当了展现和交流的媒介作用,是治疗师借助美术的形式,运用心理学原理与方法实施的心理治疗。它的功效是:协助个体解决或减轻心理因素造成的情绪问题或心理障碍,并通过美术创作过程,帮助对象整合感受,完善自我认识,促进成长。由此我们可以看出:到目前为止,美术治疗已不仅是诊断和辅助沟通的工具,诊断与治疗贯穿于美术活动的每一个环节。美术治疗实践者们注重"艺术本身具有的治疗力量",使创作过程成为身心整合的治疗过程。

---

① 孟沛欣.艺术疗法[M].北京:化学工业出版社·米立方出版机构,2009:4.
② 同上书。

从定义的读解中我们可以发现，创作中内容丰富的美术作品，即是连接当事人与治疗师的互动桥梁，又是解决问题、化解冲突、产生正向改变、促进个体成长和康复的见证。如果把这两个定义综合起来，就可以得到一个全面的认识：

（1）美术治疗是以艺术活动为媒介（例如：绘画、拼贴、黏土塑形等）。

（2）美术治疗以心理学和艺术理论为基础。

（3）治疗是建立在治疗师、当事人和作品三者互动关系上的（例如：治疗师与当事人的联盟关系；当事人的创作和对作品的感知力；治疗师对作品的分析评判和过程介入等）。

（4）美术治疗的优势是化解情绪冲突、改善心理状态、消除焦虑、整合人格等。

英美两种定义呈现出的共性也正是美术治疗概念现阶段被认可的核心。由于美术治疗借助意象①思考，表达和交流的方式又是直觉式的，往往能让潜意识的内容自然地浮现。特有的非语言沟通特质，可以降低当事人的防卫心理，减轻抵触情绪，有利于建立良好的互动关系，较易被大多数人接受，对失语、智力障碍、幼儿、语言缺失等特殊人群来说，美术治疗具有其他方式无法替代的优势。

知识小卡片

**什么是意象（imagery）？**

imagery：大英词典译为（总称）意象，表象。是指人脑对不在眼前的事物形象的反映。可分为两种，一种是对外界的图解性形象——"表象"，另一种是想象出的有象征意义的形象——"意象"。意象一词，也可表示其他感觉的心理"形象"，如听觉意象、体觉意象、触觉意象、嗅觉意象、味觉意象等。

## 二、美术治疗产生的背景

19世纪末至20世纪初，科技带来的便利和富足，使一些与心理因素密切相关的"心身疾病"开始增多。两次世界大战的洗礼又使文明带来的精神疾患接踵而至。飞速发展的工业文明加剧了人们烦躁、焦虑的精神状态，日益严重的自闭、抑郁等世界性精神疾病逐年增长，"身心疾病"渐渐成为富裕国家的疾病主导。随着西方医学界对疾病治疗的认识转变，心理治疗、自然疗法等治疗模式逐渐兴起，这成为美术治疗产生的温床，在心理治疗中利用图像痕迹和绘画作品进行精神病患的诊断与分析由此产生。20世纪20至30年代，用于诊断的"心理绘画测试"和以视觉象征符号为依据的"人格投射测验"陆续出现。

此外，第二次世界大战后出现的存在主义思潮为现代艺术的滋长和繁衍提供了丰润的土壤，绘画和雕塑中象征主义、超现实主义的出现②，弗洛伊德的精神分析理论、柏格森的直觉主义、尼采的非理性主义等理论拓展了艺术家的视野，引发了艺术对个体心理意义的探

---

① Imagery 在心理学著作中多译为表象，也有译为"意象"，虽用词不同，但对它的定义基本一致。本文参照：[美]罗伯特·L.索尔索.认知心理学[M].黄希庭，等译.北京：教育科学出版社，1990.解释出自：车文博.心理学原理[M].哈尔滨：黑龙江人民出版社，1997：427.

② [美]H.H.阿纳森.西方现代艺术史[M].邹德侬，等译.天津：人民美术出版社，1988：67-71.

究。潜意识、本能、直觉能力和生命本身成为艺术家和学者关注的焦点,儿童绘画被作为研究的对象引起各方面研究者的重视①。与此同时,工业文明也改变了传统的时空和造型观念,各类新材料、新技术的出现,突破了表现的局限性。现代艺术中,以生命感受为主,视艺术手段为内在表现的创作实践为美术治疗的出现提供了丰富的经验基础。

20世纪初,由于学校教育的单一性,导致人才培养出现标准化和创造力缺失的状况,一批具有革新意味的私立学校开始进行教育改革实验。例如:杜威夫妇开办的"明日学校"(Schools of Tomorrow),哈罗尔德·鲁格(Harold Rugg)和安·舒马克(Ann Shumaker)开设的"儿童中心学校"(the Child-centered School),杜威的学生玛格丽特·南伯格创立的"瓦尔登学校"(Walden School)等。在瓦尔登学校的实践中,南伯格吸收了前两者的教育理念,并把精神分析法引入学校的心理辅导,首次将儿童绘画用于学校的心理咨询,试图探索一种让每个孩子都保持生命活力的教学法,此举推进了治疗性美术的应用。

 知识小卡片

**什么是心理测验与绘画诊断?**

心理测验是通过观察人的少数有代表性行为,对于贯穿在人的全部行为活动中的心理特点做出推论和数量化分析的一种科学手段。评估过程的目的是通过观察他的表现和系统地分析其作品来研究个体行为。

绘画诊断是心理测验的一种形式。要求受测者按照一定要求作画或者对评定者呈现的视觉刺激做出言语反应,评定者根据受测者的绘画作品或言语反应内容进行分析,以此对受测者的心理特点或心理障碍做出诊断。

此时,维也纳艺术家齐泽克(Franz Cizak)在实践中发现并肯定了儿童绘画的内在价值,开创了让儿童自由选择绘画方法、材料、主题与目的的"自由表现"法,鼓励儿童用视觉形式表达他们的感受。此法得到了许多深受进步教育思想影响的艺术家教师的响应,南伯格的姐姐弗罗伦斯·凯恩(Florence Cane)便是其中之一。凯恩在瓦尔登担任美术教师期间,设计了一系列与绘画有关的游戏、活动和自律规则,为儿童提供可以选择的材料,让儿童自由进行绘画创作,通过美术活动促进儿童心身的整体发展。瓦尔登学校的实践经验对美术治疗方法和理论的形成起到了推进作用。与此同时,早期从事视障和视弱儿童特殊教育研究的美术教育家罗恩菲德,发现残障儿童的知觉与情绪直接影响他们自我概念的形成。他到维也纳仔细研究了齐泽克的儿童美术教学后,认识到自由表现性绘画对儿童自我认同的作用,在其学说中进一步发展了凯恩有关艺术表现具有心理意义的思想。② 1947年,罗恩菲德又在皮亚杰(Piaget)的儿童发展理论基础上,提出儿童绘画发展具有不同的阶段性。其发表的《创造与心智的成长》,"奠定了在儿童艺术治疗中绘画诠释的根基,并开创了艺术教育治

---

① 如英国学者库克(Ebenezer Cooke)、意大利美术史论家里奇(C. Ricci)、伦敦大学心理学哲学教授萨利(James Sully)德国慕尼黑市立学校的克申斯泰纳(George Kershensteiner)等都曾从不同角度对儿童绘画进行过研究。
② [美]阿瑟·艾夫兰.西方艺术教育史.邢莉,常宁生,译.成都:四川人民出版社,2000:262-263.

疗的新模式。"①同时期的英国美术教育家赫伯·里德（Herbert Read）发表著作《通过艺术的教育》（1943年），提倡顺应儿童自然本性的发展，注重美术创作过程的教育理念。同是英国人的皮特里（Maria Petrie）在1946年出版的著作《艺术与重生》中，对艺术与治疗做了具体论述，描述了艺术对生理、心理受到困扰的人们的帮助。这些都为美术治疗的产生奠定了基础。

在这样的背景下，艺术与治疗康复交融的时机日趋成熟，教育界和医学界的实践促生了"美术治疗"，形成了美术治疗跨学科的特殊属性。每一次的交叉互动都对美术治疗概念的形成和学科建立起到了相应的推动作用。

### 三、美术治疗概念评述及综合艺术治疗观念的建立

在美术治疗概念的形成之初，一直呈现两种取向并行的局面：即"美术心理治疗"与"美术行为治疗"，这在前面的概述中已略有展示。

#### （一）美术心理治疗（art psychotherapy）与美术行为治疗（art as therapy）的提出

一种是以玛格丽特·南伯格为代表的建立在精神分析学说基础上的"美术心理治疗"：是把美术作品作为心理状态分析的依据，通过协助创作者对作品进行自由联想，帮助其维持内心经验与外在经验的和谐，使人格由此获得重整。另一种是以艺术家伊迪丝·克莱曼（Edith Kramer）为代表的"美术行为治疗"：强调美术创作过程即是治疗，主张美术创作本身是个体积极面对现实、构建自我的创造性能量的实现，通过创作的过程，个体可以缓解和消除情绪上的冲突，实现精神的升华，促进自我认识和自我成长，增强生命的适应力。（如表1-1所示）

表1-1 美术治疗两大取向比较

| 比较点\提出者 | 美术心理治疗 | 美术行为治疗 |
|---|---|---|
|  | 玛格丽特·南伯格<br>（1950） | 伊迪丝·克莱曼<br>（1958,1971,1979） |
| 理论基础 | 1. 弗洛伊德的无意识和压抑理论<br>2. 荣格的集体无意识、象征和意象 | 1. 弗洛伊德的升华理论 |
| 治疗原则 | 1. 鼓励自发性的艺术表现<br>2. 以作品为媒介的自由联想<br>3. 以移情关系的发展为基础获得当事人自己对作品中象征性的解释<br>4. 以绘画为介质的意象语言交流和互动的分析/动力取向心理治疗 | 1. 通过创造人类经验的"等同物"扩大儿童自身的经验感受<br>2. 视艺术为净化情绪的工具，强调创作即是治疗<br>3. 当事人创造的象征领域是治疗师与之交流的载体<br>4. 强调协助当事人将内在的原始冲动与幻想转化成艺术作品的过程 |

---

① 陆雅青.艺术治疗—绘画诠释：从美术进入孩子的心灵世界[M].台北：心理出版社,2005：4.

续表

| 比较点 \ 提出者 | 美术心理治疗<br>玛格丽特·南伯格<br>（1950） | 美术行为治疗<br>伊迪丝·克莱曼<br>（1958，1971，1979） |
|---|---|---|
| 治疗优势 | 1. 直接表现梦、幻想等以图像而非口语形式出现的内在经验<br>2. 以非语言的图像方式投射的无意识材料更易消除阻抗，从而加速治疗过程<br>3. 作品是治疗过程的有效记录和见证，无法因遗忘而被抹杀，便于跟踪治疗和保存分析<br>4. 更易解决治疗中的移情关系，随着当事人自我解读能力的增强，会逐渐把对治疗师的依赖转向对自己作品的关注和迷恋 | 1. 在创作中通过艺术特有的体验方式帮助当事人找寻内在的真实<br>2. 在创造行为的整个过程中重新体验和解决冲突，整合感受<br>3. 通过升华效应，使现实与幻想、无意识与意识达到融合<br>4. 当事人可以用被社会接受的方式实现内在真实的表达 |
| 美术与治疗的关系 | 1. 美术是替代和补充语言交流的媒介<br>2. 注重美术作品的交流价值<br>3. 出现的意象图式是整个治疗关注的中心 | 1. 美术创作和美术作品都至关重要<br>2. 美术创作的升华过程是处理困境的最佳方式<br>3. 内在的真实程度与形式是美术治疗统整效果的呈现，美术作品的优劣成为治疗成功的重要指标 |
| 治疗角色 | 基本的、主要的心理治疗方法 | 辅助性的干预治疗方法 |

从表 1-1 可以看出，这两种取向的出现都有各自的理论基础。"美术心理治疗"将言语治疗与艺术形象再现的优点结合起来，以提高心理干预的治疗效果。采用美术心理治疗的治疗师认为，通过绘画艺术活动可以使言语沟通的心理治疗更加完善，而言语的讨论和干预也能加强艺术的治疗性。"美术行为治疗"则把艺术的升华效应看做是一种调和个体本能动力与社会需求矛盾的有效方法，通过美术治疗师对儿童艺术感知、创作和欣赏活动的协助，激发当事人的创造力，根据对其病理调整技巧和媒介的运用，促使当事人将内在的原始冲动与幻想成功地转化为艺术创作品，由此帮助当事人获得无意识与意识的整合。美术行为治疗的相关观点认为：治疗力量不是源自心理分析或其他的心理治疗理论，而是源于绘画艺术的本质，即艺术品和艺术创作本身具有的治疗作用。

两种美术治疗取向的差异性在今天看来，刚好为我们认识美术治疗的本质提供了不可或缺的两个视角。无论"美术心理治疗"还是"美术行为治疗"，都是从不同角度对美术治疗所作的"美术与治疗"关系的有效阐述。正如实践者依利诺·优曼（Elinor Ulman）所说的："任何能被称为美术治疗的事物，都必须真正包含艺术与治疗两个方面。"[①]无论是哪种取向的实践者，都在实际运用中认可了美术具有的心理治疗力量，证明了美术治疗有其他心理治疗方法不可替代的独特价值，揭示了艺术伴随人类生活存在的合理性，及艺术治疗产生的必然性。

---

① 出自 Ulmna, E. Art therapy: problem of definition[J]. Bulletin of Art therapy, 1961(1)2: 10-20. 转引自周红. 表情达意与心灵润泽[D]. 南京：南京师范大学教育科学学院, 2005: 13. 此处文献参考了本节的相关内容。

### (二) 不同领域中的美术治疗评述

由于艺术活动是以直觉感受为主,人人都拥有运用艺术媒介进行创造的潜能,所以作为主要或辅助性的心理治疗方式,美术治疗已从最初的精神病学扩展到康复与治疗、教育、心理保健和社区康复等更为宽泛的区域,广泛用于临床(治疗和康复)、教育与促进个人成长的诸多领域。

1. 在医学领域

传统心理治疗技术多以谈话疗法为主,遇到当事人是失语者或儿童时,谈话疗法则无法得到很好实施,美术治疗正好弥补了传统疗法依赖谈话的不足。同时美术作品可以永久保存,使治疗有据可凭。由于美术作品不受时间的限制,治疗者可以选择性地通过作品切入治疗活动,因此又是较为灵活的心理治疗手段。美术治疗过程中,当事人通过对自己创作过程的重新认识,能发现自我,以切实、可触摸的形式促成镜像效应,其影响真实而具体。治疗师还可借助图像沟通,协助当事人理解他人与社会,进而推进治疗进程。由于儿童的知觉和表达偏重于感性和直觉,该法还是帮助儿童改善社会适应性、消除和缓解不良行为的有效方法。在减缓儿童身心压力、建立信念方面尤为显著,可用于治疗儿童心因性行为障碍。例如:进食障碍、学习障碍、轻度抑郁等儿童精神官能症,及其他心因性疾病的辅助治疗。例如:治疗师里斯(Reese,1996)通过对 16 名 5～12 岁具有情绪和行为困扰的儿童进行美术治疗,展开绘画治疗在情绪冲突表达方面的研究后,提出了作为情绪表达方式的绘画艺术治疗;卡洛仑(Carolan,1992)对 5 名有情绪困扰的青春期少年使用自我形象创造和美术疗法,结果发现美术治疗有利于青少年揭示个人的情感和价值判断;斯格(Sing,2001)研究绘画艺术在创伤治疗方面的作用,并通过绘画治疗让经历家庭暴力的儿童学习表达,沟通他们的情感和创伤,实现治愈的目的;娄里斯(Logies,2000)则利用绘画治疗法鼓励儿童对父母离婚所导致的创伤性情感加以释放,引导儿童更好地集中在认知和社会发展上。[①]

2. 在艺术教育领域

美术治疗不同于传统的技能性美术教育,是包含了美育功能的治疗性教育干预。与以教学原理架构美术课的美术教育教学相比,美术治疗偏重心理的健康调试、机体的潜能开发,是以心理治疗理论为依据设计治疗性美术活动。学科的理论构架和终极目标不同,其功能也有所区别,在教育领域运用的治疗性美术教育更强调创造性的体现,而不是纯粹的技巧。美术治疗重视创作环境、过程与作品分析中的互动环节,以受教者与实施者建立的支持性信任关系为前提,有别于通常意义上的美术创作指导。在注重艺术自我表达的指导性干预中,作品的创作过程和作品同等重要,对最终作品的价值探求,侧重内在真实和形式品质的统一,而不是作品本身的技巧品质。治疗性美术教育可以作为有效的心理预防方式,是有效的心理调适手段,在特殊儿童艺术教育中,是兼顾康复治疗、心理干预和促进心智成长等多重功效的干预方法,也是特殊儿童美术治疗的主体。

---

[①] 孟沛欣. 精神分裂症患者绘画艺术评定与绘画艺术治疗干预:A 集[D].北京:北京师范大学博士论文,2004:16.

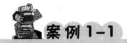 案例 1-1

**用美术宣泄愤怒**①

对霍莉这种易怒不安的孩子,教师可以通过画张画,尝试帮助她疏导自己的感情。她可能全画一幅充满红、紫等强烈色彩的狂野的画,也可能画一幅人物画,这人是她愤怒的对象,然后用粗粗的黑线将那人涂掉。教师这时的态度十分重要,可以这样问:"你想在这幅画里说些什么呢?让我们想想怎样用颜色帮助你将它说清楚,而不是只怒气冲冲。你想在画里画出使你感到愤怒的那些东西吗?"教师并不是要告诉霍莉画什么,而是帮助她弄清自己的想法并将其表达出来。这种表达不是一种没有方向的狂烈发泄,而是对她的愤怒的一种有组织的述说。这需要一定的技术能力和深入的心灵探索。因而,它不再是一种"乱涂乱画"。这种导泄活动可能给霍莉带来有益的缓解。

3. 在社区服务机构

美术治疗不同于目的散漫的艺术娱乐活动,社区康复部门的美术治疗是帮助参与者通过艺术的形式来表达情感、缓解压力、提升积极的感受。治疗师帮助当事人直观地了解自己包括潜意识在内的所有意识活动,并协助参与者以合乎社会规范的适当方式释放情感,获得润泽净化的功效,整合身心与和谐人格,解决情绪紊乱的精神问题,实现治疗干预。在社区服务机构中,美术治疗成为协助改变一般人的人格或生活方式的一种方法,对常态儿童的心理调适和预防,具有潜在的不可估量的价值。

美国 AATA 用定义阐述的美术治疗作用是:"利用美术媒介、美术创造过程、当事人(client/patient)对所创作美术作品的反应,实现对个人的发展、能力、个性、兴趣以及内心关注点与冲突点的反思的服务。"②也就是对至今为止美术治疗性质的注释。

在美术治疗形成初期,从事美术治疗的人员来自不同的学科领域,如艺术、教育和心理健康等领域,不同领域的治疗师对美术治疗概念的评述也自然有所偏重。来自艺术领域的治疗师肯定艺术创作和艺术作品本身的治疗作用,认为艺术创作本身具有治疗效果,把创作过程作为治疗,注重调整和修复心理体验的效果。来自教育领域的治疗师更强调艺术对促进儿童发展和适应力改善的作用,把治疗性美术作为促进儿童心智发展,调试和干预情绪的有效手段。来自精神医学界的治疗师则强调美术治疗对心理疾患的治疗作用,注重以美术为介质的洞察分析过程。因此美术治疗概念呈现出多元的状态。

### (三)综合艺术治疗观念的建立

"问题"和"需求"促进了美术治疗概念的延伸。美术治疗在多元文化中的适应性;美术治疗与学校教育的融合;美术治疗自身的发展;以美术为主的多种形式的治疗;各类材料与新技术的综合应用等实践,预示着"美术治疗"涵盖的范畴已不再局限于单纯的狭义的绘画范围,以美术为根基的综合艺术治疗观念开始出现。

---

① [美]科汉.美术,另一种学习的语言[M].尹少淳,编译.长沙:湖南美术出版社,1992:113.
② 周红.美术治疗的发展与应用现状[J].北京:中国心理卫生杂志,2007,(2)3:200.

由于知觉感受本就是混沌统整的,各种艺术元素都有其独到的妙用。美术疗法在实际操作中,可以根据不同情境和治疗师的综合素质,加入多种艺术元素的做法,被越来越多的美术治疗师所采纳,治疗中美术与其他艺术形式的关系由此得到了广泛探讨。深入治疗时,需要不同特点的治疗师相互合作的治疗方式,也造就了美术治疗综合多样的局面。"艺术存在于所有用来愉悦人们感官的事物中"的认识得到大家的共鸣,艺术元素间的连续表现、呼应融合,所产生的交互性和内在治疗性比单一的手法更为有效。"以治疗为目的的美术治疗可以吸收各种有利元素为其所用"的观点,逐渐成为美术治疗的主导观念。美术治疗在各国的发展均呈现出与其他艺术形式相结合的综合性,美术治疗的领域被拓展,出现了被称为"表现性(艺术)治疗"(expressive arts therapy)或"创造性(艺术)治疗"(creative arts therapy)的美术治疗方法和治疗小组。例如,1973年,美国接受过舞蹈训练的美术治疗师米尔德里德·拉齐曼钱平(Mlidred Lachman-Chapin)就进行了在美术治疗中加入动作元素的尝试;1976年,哈瑞特·沃德生运用放松技巧、动作、音乐、戏剧和美术等多种治疗形式尝试成人精神病患的治疗。[①]

  **知识小卡片**

"表现/创造艺术治疗"和"表现/创造艺术治疗式美术方法"有区别吗?

表现/创造艺术治疗,是由不同艺术门类的治疗师组成的合作小组,针对个人或团体进行的综合艺术治疗。在应用中会有侧重。例如:美术治疗师在治疗中请音乐治疗师或舞蹈治疗师协助进行相关的辅助治疗,或小组中更替进行不同艺术种类的治疗阶段,由各阶段的治疗师交替主持。

表现/创造艺术治疗式美术方法是由一位治疗师完成整个治疗过程。在提供自己擅长的美术治疗形式的同时,兼用其他的艺术治疗形式,是美术为主其他为辅的综合表现美术治疗方法。在表现性/创造性美术治疗师的培训中,除了熟悉和擅长视觉艺术表现外,还需了解其他的艺术形式。例如:音乐、戏剧、文学等。

20世纪70年代,康妮·奈陀薇(Connie Naitove)创建了美国全国创造性治疗教育委员会(National Educational Council of Creative Therapies),强调艺术初起时的整体性,鼓励治疗师在实践中借助任何艺术形式给当事人提供帮助,倡导多种艺术形式融合的综合艺术治疗观。持同等观点的美术治疗师——肖恩·麦克里夫在多本著作中阐述了采用多种艺术形式进行整体干预治疗的合理性。与他共事的治疗师帕沃罗·尼尔(Paolo Knill)也是综合艺术治疗观念的支持者。在其后的应用实践中,把其他艺术形式融入治疗的美术治疗师逐渐增多。但大部分该领域从业人员的培训仍以视觉艺术为主,所擅长的治疗方法仍是视觉艺术。

1979年,美国全国艺术治疗协会联合会(The National Coalition of Arts Therapy Association)正式宣告成立。1980年,创办于1973年的《美术心理治疗》(*Art Psychotherapy*)更

---

① 周红.表情达意与心灵润泽[D].南京:南京师范大学教育科学学院,2005:24.

名为《心理治疗中的艺术》(*The Arts in therapy Association*)。20世纪90年代,勒温(Stephen Levine,Ellen Levine)夫妇在加拿大创立了"创造性和表现性艺术治疗交流"(Creative & Expressive Arts Therapies Exchange)组织。1995年,国际表现性艺术治疗协会(International Expressive Arts Therapy Association)成立。① 梳理美术治疗发展史,我们不难发现,"综合艺术治疗"正显现出不可阻挡的趋势。"ARTS THERAPY"的含义在此时体现了综合性的治疗观念,所以,此时的美术治疗(Art therapy)就是涵括了所有以美术为主的艺术治疗形式。

## 第2节 美术治疗简史

作为不足百年的新兴学科,美术治疗首先是"美术"与"心理治疗"综合实践的产物。有记载的美术与治疗实践,始于19世纪末20世纪初。

1876年,法国精神病学家保罗-麦克斯·西蒙(Paul-Max Simon)首次发表了关于精神病患者绘画的研究。他注意到患者绘画中重复出现的主题和视觉符号具有象征性,提出可用绘画作为诊断患者精神疾病或心灵创伤的依据。1880年前后,意大利精神病学家斯萨莱·罗姆布洛索(Lombroso)开始了运用美术活动缓解精神病人身心障碍的干预实践。1907年,美国马萨诸塞州综合医院聘请了第一位专门教授患者美术的黏土教师。1908年,弗洛伊德精神分析学说②的出现,也引发了心理学家们对绘画艺术与心理关系的关注和研究。1918年,精神病学家,保罗·西尔德(Paul Schierld)在讨论了疯人作品与先锋艺术后,指出这些病人作品具有心理动力学的意义。大萧条时期,美国罗斯福总统的"联邦艺术计划"使大批艺术家受雇进入医院,指导住院患者进行美术活动,他们成为美术治疗在美国产生和发展的推动者。例如,位于堪萨斯州的梅宁格精神病诊所就聘请了一大批驻院艺术家。这些艺术家后来都成为20世纪50年代和60年代美国美术治疗运动的主要力量。美国因此成了率先诞生"美术治疗"学科的国家。随后,美术治疗在英国、加拿大、荷兰、芬兰、日本、澳大利亚等发达国家相继出现,并在其后的四五十年间被广泛运用到身心障碍儿童、青少年、慢性病患、老人以及癌症病人等精神病患以外的心理辅助治疗中。

**一、美术治疗在美国的产生与发展**

两次世界大战以后,人们对战争的反思带来了对文化、人性的思考。美国一些艺术家开始到精神病院做义工,并为住院病人开设美术课程。1930年,一些接受绘画学习的精神病人出现病情好转的现象,这种状况引起了精神科医师的极大兴趣,开始了艺术家与心理医师的合作,美术治疗(Art Therapy)这个新名词也随之产生。但是美术治疗作为一个

---

① 周红.表情达意与心灵润泽[D].南京:南京师范大学教育科学学院,2005:23-25.
② 荣格在1908年4月创立了国际精神分析学会后,精神分析学和它的创始人——弗洛伊德才正式得到学术界的认可和重视。

学科的诞生,还要归功于美国精神分析学家玛格丽特·南伯格和美术治疗实践者伊迪丝·克莱曼。

**(一)玛格丽特·南伯格和伊迪丝·克莱曼**

玛格丽特·南伯格通过大量的实践摸索,总结出最初的美术治疗技术,创建了动力取向的美术心理治疗模式,为美术治疗理论和实践打下了最初的基础,而克莱曼则用实践补充和完善了美术治疗的理论与方法,为美术治疗成为一门完整学科起到了推动作用。

1. 美术治疗的创始人南伯格

南伯格师从教育家杜威(John Dewey),深受进步主义教育思想的影响,在欧洲游学期间又接受了韦伯(Max Weber)、布朗及蒙台梭利(Maria Montessori)等人的熏陶,广泛地接触了心理学、超心理学和身心调和方面的知识,她关注与精神和感知相关的一切文明和艺术,这些经历促使她希望寻求一种能够"通过自我激发的学习来促进儿童发展"的快乐学习教育。1914年她创办了鼓励儿童自发表现、激发创造性的"瓦尔登学校",在该校的实践中,她与姐姐——美术老师凯恩,首次将美术创作活动引入儿童心理咨询与诊断,并在瓦尔登学校的实践基础上撰写了《儿童和世界》。南伯格在1930年左右提出美术治疗设想后,逐渐远离了进步主义教育,开始把精力放在美术治疗方法的探索上,尝试摸索建构美术治疗的理论和方法。

1941—1947年间,她进入纽约精神病学会开展相关研究,成为弗洛伊德学派的精神分析师,在随后的19年实践中,她先后发表了《对行为问题儿童和青少年的自由美术表现及其作为一种诊断和治疗方式的研究》、《精神分裂症的美术:心理治疗的意义》、《精神神经症的美术》和《动力取向的艺术治疗》等著作,提出美术在心理治疗实践中具有谈话治疗所不具备的优势,是可以独立进行的心理治疗方法。

1950年,她进一步完善了被称为"美术心理治疗"的分析/动力取向的美术治疗模式,使美术治疗作为独立的心理治疗方法,从谈话心理疗法中分离出来。此后,南伯格开始在纽约大学艺术教育系开设相关课程,如"美术教育与人格"、"情绪阻塞学生或患者的创造案例研究"等。[①] 1958年,南伯格开设的"美术治疗理论与方法"专门课程,标志着美术治疗作为一门新兴学科的诞生,南伯格也因此成为美术治疗的创始人。

2. 完善美术治疗基本建构的伊迪丝·克莱曼

与此同时,由于特殊的成长背景[②],作为艺术家的美术教师克莱曼也认识到美术活动的心理意义和治疗价值。克莱曼早年接触过精神分析理论和苏珊·朗格(Susanne K. Langer)的符号学美学,因此关注艺术创作过程对意识的"统整"作用,发现了艺术的治疗力量和升华作用。自1939年起,她开始了艺术教育治疗实践。1950年克莱曼以威尔特维克(Wiltwyck)男童寄宿学校美术治疗师的身份从事相关实践,并撰写了《儿童团体中的艺术治疗:对艺术治疗在威尔特维克男童学校发挥的作用的研究》。她强调游戏和艺术对儿童的重要性,

---

[①] Naumburg . spontaneous art in education and psychotherapy . American Journal of Art Therapy [M] . Aug2001, Vol. 40, Issue l. 46-65. 转引自周红. 表情达意与心灵润泽 [D]. 南京:南京师范大学教育科学学院,2005:20.

[②] 20世纪30年代初克莱曼追随包豪斯学派的艺术家弗里达尔(Friedl Dicke-Brendeis)学习,并参加了弗里达尔组织的儿童庇护所开设的美术教学。1938年移民美国后,与多位文艺界人士的家人在一起,其中部分成员是弗洛伊德早期圈子里的成员。

认为艺术比游戏具有更深刻的内容,并提出"升华"是美术治疗意义的基点,将能否进行创作、创作什么样的美术作品看做与治疗有效性紧密关联的因素,指出美术治疗师是教师、心理医师与艺术家的共同体,强调治疗师在整个美术治疗中给予当事人的情感支持和适当协助,提出了不同于南伯格的"美术行为治疗"。

此后,克莱曼先后在纽约的雅各比医院和一所儿童视障学校担任美术治疗师,陆续撰写了《针对儿童的美术行为治疗》以及《儿童与艺术治疗:理论及应用笔录》等著作,进一步阐释了儿童美术治疗的特殊性,指出美术的心理治疗功能在特殊儿童中是辅助性的,这与南伯格的美术治疗模式形成了巨大差异。1973年,克莱曼进入纽约大学,从事艺术治疗研究生的教学工作,其理念对美术治疗发展产生的影响持续至今。但是,克莱曼认为美术治疗只能作为一种辅助治疗的观点,受到大多数支持者的质疑,于是,在这一取向的实践中又出现三股趋势,即心理动力/精神分析模式、人本主义模式和介入上述两种模式之间的混合模式探索。

**(二)美术治疗专业在美国的成熟和学科建设**

1940—1955年间陆续出现的绘画测验法研究也推动了美术用于治疗的发展。例如:巴克(Buck)创立的激发儿童有意识和无意识联想的"屋-树-人"测验;玛考文(Karen Machover)的"画人投射"等。

20世纪50年代,致力于残疾儿童美术教育的依利诺·优曼,将美术治疗用于不同的儿童团体,提出了以团体方式展开的美术治疗模式。在她进入医院精神科担任美术治疗师后,历时近十年摸索,创建了一种重要的评估诊断技术——"优曼人格评估程序",将美术心理治疗和美术行为治疗融合在同一治疗过程中交替运用,其整体治疗侧重美术行为治疗的模式,使美术治疗实践逐渐趋于完善。

1962年,南伯格与优曼共同创立了第一份美术治疗刊物《美术治疗公报》(*The Bulletin of Art Therapy*),它便是《美国美术治疗杂志》(*American Journal of Art Therapy*)的前身,该杂志与1980年的《心理治疗中的艺术》、《美术治疗:美国美术治疗协会会刊》(1983年创立)等刊物,为美术治疗的理论研究提供了展示的平台。大量有关美术治疗与多元文化、美术治疗与学校教育、美术治疗自身的专业化发展、美术治疗与其他艺术治疗形式相结合、新材料与新技术在美术治疗中的运用等重要文献相继被刊登,对美术治疗实践和理论的发展起到了积极的作用,也为美术治疗研究提供了大量文献资料。例如,美术治疗的早期研究主要采取定性研究方法,20世纪70—80年代大多采用了定量研究方法,至目前,则更多地采取定性的方法来探究美术治疗中美术创作、治疗过程本身的意义等。

1969年AATA在美国建立,出现了专业资格登记制度《登记艺术治疗师》(A. T. R., Registered Art Therapist),此举促进了美术治疗专业化建立,规范了美术治疗的课程标准、专业治疗师的培训和职业道德伦理标准,表明美术治疗在美国成为被认可的专业领域。[1] AATA的建立是目前美洲乃至全世界艺术治疗发展的里程碑。美术治疗也被列为医疗团

---

[1] 周红.表情达意与心灵润泽[D].南京:南京师范大学教育科学学院,2005:20-22.

队里的一环,其专业地位得到了普遍认可。

从20世纪70年代起,著名的美国芝加哥艺术学院,首先开设了艺术治疗专业的硕士课程,并授予相应学位。自此,很多美国大学都逐渐增设了该类课程,由美国艺术治疗认证委员会(ATCB)进行资质核准和授予证书后进入医院、心理诊所从事艺术治疗工作。而今,美国的艺术治疗机构已有百余所,其发展始终处于领先地位。

## 二、美术治疗在英国的建立与发展

在欧洲,美术在治疗领域的应用起步虽早,却一直没有太大的进展。美术与治疗的实践在医疗和教育领域断断续续地进行着,直到1942年,身患肺结核的英国人艾德里安·希尔(Adrian Hill)通过作画康复后,"美术治疗"的概念才第一次在欧洲出现。

### (一)英国美术治疗行业的建立与现状

1946年,在英国国民卫生服务体系(National Health System)中出现了第一个与此相关的美术师职位。随后一些医院开始正式聘请住院艺术家参与治疗,例如:勒舍乐医院(Nethrne Hospital)就聘请美术家亚丹姆森(Edward Adamson)在医院设立工作室。荣格学派的分析师切普劳内那(H. Irene Champernowne)与陶艺家丈夫共同创建了一个以艺术为主的寄宿康复中心。1950年,荣格学派的美术治疗师赖迪亚特(E. M. Lyddiatt)开始在许多精神病院分设工作室。1964年英国的美术治疗师协会(British Association of Art Therapists)成立,出现注册服务制度。但由于政治压力和经济的不景气,影响了美术治疗师的培训与就业,直到70年代才出现接受美术治疗和谈话法双重训练的硕士培训机构。1981年,美术治疗才在健康服务领域获得行业的正式认可。由此可见,英国的美术治疗与美国相比发展相对缓慢。

"由于艺术史和精神病学为艺术治疗提供了某些模式,所以爱德华兹认为,把形象看成是诊断这样一种观点来源于18世纪的新古典主义,来源于一种'理性'的信念。也就是说,那时候人们相信,从图画中可以解读一个人的精神状态,由于在艺术中对情感的刻画被形式化,所以画家以及他的观众能够保持一种不介入的状态。相比之下,19世纪的浪漫主义者则以更积极的态度看待想象力,他们认为,艺术化地再现内心体验可以具有很高的价值,这种观点与相信艺术具有自然的治愈功能的信念是息息相关的。的确,在艺术治疗的发展中,早期的开拓性工作都把艺术的过程及其内在治疗性当做是艺术治疗的核心。在赫伯特·里德(Herbert Read. 1942)和阿德里安·希尔(Adrian Hill 1941)等人的影响下,艺术治疗沿着两个平行的方向发展。一个方向脱胎于艺术启蒙教育,定位在教育背景中;另一个则以艺术治疗为基础,因为艺术的确曾经用于治疗那些在战争中遭受精神创伤的士兵(Waller1984)。"[①]

上述引自英国治疗师卡洛林·凯斯(Caroline Case)和苔萨·达利(Tessa Dalley)的叙述,为我们描画出美术治疗在英国发展的来龙去脉。

在英国,美术治疗大多作为社区服务和教育领域的独立部门出现,例如康复中心和志愿者组织、学校等。所以,在1990年英国的"注册艺术治疗师服务状况调查"中,2/3是全职工

---

① [英]卡洛林·凯斯.艺术治疗手册[M].黄水婴,译.南京:南京出版社,2006:5.

作者,1/3是兼职工作者。其中在医院、疗养院等国家保健服务机构工作的人数,约占总数的54%。在学校教育机构的工作者约占总数的12%。只有少数治疗师在家或街面开设相关的诊所自主经营。

**(二) 英国美术治疗实践与专业设置的特点**

英国的美术治疗实践更强调交流性和内在治疗性,"把艺术当成是无意识和有意识之间进行交流的重要媒介"[①],注重发挥当事人自身潜在的创造力,是以荣格理论为主的治疗实践。其美术治疗师的教育培训也有自己的特点。例如:以英国德比大学的艺术治疗专业为例,它在本科阶段设置的核心内容为以下三个递进部分。第一阶段:人类的发展与创造、康复的历史进程、有效的相互关系与影响、团队创作、表现、艺术与艺术治疗。第二阶段:病理学、艺术的种类、人际关系学、针对弱势开展创造性的工作、康复的研究方法。第三阶段:理论联系实践的治疗训练、独立的专业技术训练、人际关系学实践。课程设计有:人体解剖学、生理学、病理学、按摩法、心理咨询学、营养学、科研方法等。[②]

英国的美术治疗将心理疏导、养生和生理调理联系在一起,形成别具一格的艺术治疗学科建构,其美术治疗学科建设和发展进程仅次于美国。现今英国的美术治疗实践已由两个方向发展为三种:一类称"分析性的美术治疗"(analytic art therapy),该方法源于分析心理学,尤其是精神分析理论,强调当事人与治疗师之间的移情关系,注重解释的重要性;一类是"美术心理治疗",仍侧重对当事人作品进行的口语化分析;再者便是"美术行为治疗",着重强调美术作品的创作,观察当事人的肢体语言和当事人对作品的反应。[③]

**三、其他国家和地区美术治疗的出现与发展**

随着欧洲美术治疗实践的推进,继英国之后,荷兰于20世纪50年代开始出现一些相关实践,其美术治疗模式多以"美术行为治疗"为主,1980年出现了正式的美术治疗师培训项目。而芬兰的美术治疗主要呈现的是"美术心理治疗"模式。

在英国美术治疗创始人阿德里安·希尔的影响下,澳大利亚自20世纪60年代起开始出现相关实践。例如,拍兹市(Perht)的查尔斯·盖尔登纳爵士(Sir Charles Gairdener)医院尝试运用美术对肺结核病人实施相应治疗活动,艺术家盖伊·格瑞史密斯(Guy Greysmith)、乔·埃里森(Joe Allison)便是在该院的美术治疗实践者,他们把美术治疗的应用范围扩大到精神病治疗领域,并参与创建了全国性的艺术治疗协会。1987年,澳大利亚全国艺术治疗协会(Austria National Art Therapy Association,ANAITA)建立,但直至1992年才出现第一个硕士培训项目,其培训内容主要倾向荣格的精神分析理论。

在北美,加拿大的美术治疗也非常活跃,几乎每个大的地区都有相应的协会和培训项目。自20世纪60年代起至80年代,加拿大一直是吸收美国的经验,其艺术治疗培训也延续了美国的培养方式,出现了美术治疗的先锋人物玛丽·芮梵(Marie Revai)、马丁·费希尔

---

① [英]卡洛林·凯斯.艺术治疗手册[M].黄水婴,译,南京:南京出版社,2006:5.
② [英]卡洛林·凯斯.艺术治疗手册[M].黄水婴,译,南京:南京出版社,2006:5-7.
③ Ho gan,s.,Healing arts:the history of art therapy London & Philadelphia:Jessica Kinsley Publishers,2001:21.转自周红.表情达意与心灵润泽[D].南京:南京师范大学教育科学学院,2005:23.

(Martin Fischer)、塞尔温·杜尼(Selwyn Dewdney)等。

在亚洲,与欧美有所不同的是日本的美术治疗发起者都是精神病学家,他们在20世纪50年代开始把美术用于心理治疗,还尝试把日本本国的传统治疗技术与美术治疗相结合。在教育领域,战后的日本也兴起了一些艺术教育运动,尝试艺术教育治疗的实施,注重儿童在美术活动中的心理意义,但由于日本自身的文化特性,学生往往更依赖于目标明确的传统美术教育方式,因此,日本的美术教育界又开始注重美国艾斯纳教授的本质论观点,[①]用严格的美术课程取代了治疗性美术教育。20世纪90年代起,韩国、新加坡、中国等国家也相继出现了各类美术治疗实践和研究。

随着美术治疗在世界上各个国家和地区的发展,各国间的美术治疗交流也日益增多。到目前为止,全世界国家级的美术治疗协会就有38个,美术治疗的杂志则达到22种。

在中国,近年来,各类相关的介绍和译著已逐渐增多,美术治疗实践如星星之火在医院和一些特殊学校偶有发生,一些艺术家、美术教育人士和心理学家加入美术治疗的探索中。例如:中央美术学院开设了艺术治疗工作室,由心理学博士孟沛欣主持,从事美术治疗的理论宣传和经验介绍,展开实验性的实践摸索和测评工具的开发。华东师范大学艺术系钱初熹主持展开了少年儿童心理健康绘画检测工具的研发及相关课题研究。南京师范大学也开始组织相关的资料翻译和文献整理,并出现了一些实践摸索。上海、重庆、广州、南京等地医院的精神科也都有一点试验性的探索,一些特殊学校和机构开始出现较为完整的美术治疗实践探索等。2007年在广西召开的第二届"艺术与自然健康"专业研讨会还开展了一系列包括美术治疗在内的普通人和残障人士互动的融和艺术治疗活动,这些都展示了美术治疗在中国的发展。

## 第3节 美术治疗理论学派

自从美术治疗作为学科诞生以来,它的实践者们在自己的著作里或多或少总结了一些宝贵经验和应用理论,为后来者认识艺术与治疗的关系提供多角度的参考,丰富了我们的理论视野。本节将以1995年美国AATA的分类为参照,介绍特殊儿童美术治疗实践中出现过的五大学派,简述其产生的背景、主要代表人物和主张,帮助大家了解不同角度下的特殊儿童美术治疗实践,以期能为大家提供一个追踪研习的基础。

### 一、精神分析学派

由于美术治疗实践出现的年代,正是弗洛伊德精神分析理论占主导地位的20世纪初,在此背景下产生的美术疗法带有浓厚的精神分析倾向。在弗洛伊德学派心理疗法中,自由联想法是其主要的疗法之一,这为美术治疗的出现提供了形象联系的基础。精神分析学派的代表人物荣格又把想象力及创造力看成是心理治疗的要旨,认为"画出那些我们面前能看

---

① 张小鹭.日本美术教育[M].长沙:湖南美术出版社,1994:284.

到的东西与画出我们看到的内心中的东西,是两种不同的艺术(Jung,1954)"[1],指出心理治疗师的义务不仅是治疗外在病症,而且是促进病人内心的成长,将绘画的过程看成是实现"自性化"的一种手段,常借助绘画的形式展开工作,这一切推动了美术作为介质在精神分析疗法中的运用。美术治疗最初的两位领军人物玛格丽特·南伯格与伊迪丝·克莱曼都接受过精神分析的训练,她们将许多精神分析的观点运用到行为问题儿童的美术治疗中,成为该学派美术治疗的主要代表人物。

南伯格工作的重心在于探索美术用于分析诊断和心理治疗的效用,她将自己创建的美术心理治疗称为"动力倾向的艺术治疗"[2],注重移情、自由联想在住院儿童心理干预治疗中的作用,鼓励当事人通过自发的美术表现来释放无意识内容,认为艺术的伟大在于能揭示儿童无法用语言表述的内心世界,可以借此诊断当事人的问题所在,帮助治疗师了解当事人对重要人和事的感受与看法。在她先后发表的《对行为问题儿童和青少年的自由美术表现及其作为一种诊断和治疗方式的研究》(1947年)、《精神分裂症的美术:心理治疗的意义》(1950年)、《精神神经症的美术》(1953年)、《动力取向的美术治疗》(1966年)等著作中,展现了动力分析取向精神分析疗法的基本原则和方法。她对治疗师在治疗中的角色进行了诠释,强调治疗师应在移情关系的发展中获取当事人对其象征性图式的解释,将美术作品看成当事人与治疗师展开交流与互动的媒介,突出了美术作为介质的媒介价值。(如表1-2所示)"许多治疗师(克莱曼、卢宾、仁德加登、洛斯、雷飞克及威尔生)均以其思想为基础"[3]探讨她们的美术治疗实践。

表1-2　美术心理治疗/动力分析(南伯格,1950)

| 遵循的基本点 | 治疗师角色 | 疗效评估 |
| --- | --- | --- |
| 1. 自发性的艺术表达有助于释放潜意识中被压抑的情绪及冲突<br>2. 利用绘画消除阻抗。帮助当事人将那些难以启齿、具威胁性的内容投射出来<br>3. 利用图像引发当事人的联想<br>4. 在语言乏力或缺失的时候,绘画可以帮助治疗师做诊断<br>5. 当事人可以通过绘画获得对自己的控制能力<br>6. 把艺术看做是情感转移关系的表现 | 1. 保持中立,不介入儿童的绘画<br>2. 促进自发性表现的成长 | 1. 自发性表达是否呈现健康的反应(有问题儿童的绘画呈现一成不变的特点)<br>2. 当事人能否分辨幻想与现实的差距<br>3. 当事人的适应力是否增强,可否融入环境 |

克莱曼从事的是特殊儿童美术治疗,她更关注借助美术改善特殊学校中行为问题儿童的表达方式,认为美术活动能促进儿童"自我感"的发展,把美术治疗作为调适该类儿童存在的攻击性内在驱力的一种方式。因此,她强调当事人内在的驱动力是解决其心理问题的关键,主张通过艺术活动中的升华效应促使当事人内在的驱力能量中性化,从而消除由此带来

---

[1] [美]Cathy A. Malchiodi.儿童绘画与心理治疗——解读儿童画[M].李甦等,译.北京:中国轻工业出版社,2005:4.

[2] [美]玛丽亚·罗梭.儿童艺术治疗[M].陆雅青,译.台北:五南图书出版社,1993:5.(此处引文延用译著的原文,故没有将"艺术治疗"改为"美术治疗"。同本书的注示同此处,不另。)

[3] 同上书,第7页。

的一系列问题。她认为升华不是简单的心理行为,会涉及置换、符号化、驱力能量中性化、识别和整合等许多心理机制,所以,升华不能被计划或者策划,强调治疗师所能做的工作就是创造一种有利于升华出现的氛围,以此促使当事人感受到升华效应的产生,认为美术活动是"动力导向升华"的行为治疗方式。她发表的著作《儿童团体中的美术治疗:对美术治疗在威尔特维克男童学校发挥的作用的研究》(1958年)、《针对儿童的美术行为治疗》(1971年)和《儿童与美术治疗:理论及应用笔录》(1979年)等详述了她的主张(如表1-3所示)。

表1-3 美术行为治疗/动力导向升华(克莱曼,1958,1971,1979)

| 遵循的基本点 | 治疗师角色 | 疗效评估 |
| --- | --- | --- |
| 1. 艺术为净化情绪的工具<br>2. 艺术的过程为情感升华的管道<br>3. 艺术创作好比自我的建设 | 1. 治疗师通过提供技术建议和情感支持,营造有利于当事人创造性过程的条件<br>2. 根据当事人的病理和需求来调整技巧和对应媒介的运用,是协助当事人寻找内在真实的支持者<br>3. 治疗师在创作过程中起自主控制的示范作用,应对绘画作品中传达的显性和隐性信息都作出反应,扮演了当事人的另一个自我<br>4. 治疗师观察、评估、与当事人讨论作品和行为,却不向当事人解释深层的无意识内容,支持和帮助儿童创造更具表现性的作品 | 1. 当事人是否从被动表达发展到有个人风格的自主表达,有创造性的顺畅表现<br>2. 当事人是否体会到创造性带来的润泽效应,获得愉悦和升华 |

威尔逊(Wilson)在两位前辈的基础上发展了用于特殊儿童的美术疗法,提出"象征性"在治疗中的意义,他曾著文表述"象征的制作在情绪障碍和学习障碍儿童作品中的重要性"[1],认为象征性的心理表象是外显行为与心理运作间的中介力量。所以,在象征意象层面的介入干预有可能促成当事人行为和心理运作的改变,注重探寻图形所具有的象征含义。他认为,协助当事人创作视觉象征形象可以发展他们的形象感知力,能促使受损的符号功能得到恢复。他还发现发育迟缓儿童和大脑损伤的成人可以通过绘画发展出符号表达和感知,在此过程中其他心理功能会得到促进,强调治疗师应在治疗中寻求当事人绘画背后隐含的意义。

另一位对特殊儿童美术治疗作出贡献的美术治疗师仁德加登(Landgarten)则视艺术为帮助儿童缓冲内在冲突与焦虑的工具。在她从事治疗选择性失语症、多动症和身体残障儿童的实践中,进一步肯定了克莱曼"美术行为治疗"的论点,认为"艺术能帮助孩子洞察其行为和问题的根源"[2],她将美术治疗师的角色定位在"为儿童之医疗程序和问题的教育者"[3],把艺术看成是发展性变化的一种具体记录。

在英国,密尔内(Milner)是精神分析学派的核心人物,她早期从事过儿童和学校教育研究,后来接受了短期荣格式分析培训后,又接受了弗洛伊德式分析训练,实现了分析、创造性和艺术过程之间的理论联系。所以,她的理论修正了以往分析师认为"心理创造首当其冲是要保存和重新创造丢失的对象"的观点,指出这只是艺术的第二功能。在她看来,"艺术的第

---

[1] [美]玛丽亚·罗梭.儿童艺术治疗[M].陆雅青,译.台北:五南图书出版社,1993:13.
[2] 同上书,第10页.
[3] 同上书,第10页.

一功能是利用在有意识思考模式和无意识思考模式之间的互动中所获得的感知力","创造出史无前例的事物。艺术创造过程就是典型的有意识与无意识之间的互动"。① 在她看来,通过美术创作,可以帮助当事人洞察和获得内在世界的力量,依靠这种新获得的力量可以帮助儿童创造新的态度和关系。她撰写的《关于不会画画》(1950 年)、《活生生的上帝之手》(1969 年)、论文集《神志清醒者被压抑的疯狂》(1989 年)等关于分析、创造性和艺术过程的论著,成为在英国修习美术治疗者的必读之物。在英国,密尔内不仅是一名精神领袖,而且还是许多英国治疗师仿效的对象。

虽然上述治疗师对美术与治疗的认识和运用各有侧重,但精神分析学派的治疗师们都以弗洛伊德和荣格的精神分析理论为基础,把儿童创作的作品作为其心理状态的无意识呈现,通过美术治疗揭示移情,处理当事人过去发生的心理问题。因此,强调儿童自发的创作表达,关注作品呈现的内容与画面构成成分的意义,从中找寻儿童个体生命周期的原型系统,由此采取相应的措施,是他们实践中共有的特点。

**二、客体关系学派**

20 世纪 40 年代出现的客体关系理论修正了弗洛伊德的心性发展说,强调人际关系中他人与我们主体的互动方式决定着我们主体的发展,认为人在 3 岁前与母亲,或主要照顾者之间的互动会对日后与他人的关系产生深远影响,并直接影响人的精神结构内核,是导致人格形成的关键。客体关系学派关注存在于个人内心的人际关系状态。认为自我客体关系的成熟才是人格发展的实质,强调母亲是儿童最为重要的客体,母婴关系也由此成为影响人格发展的首要因素,早期幼儿与母亲角色建立的关系模式,将会反映到日后的人际关系形态中。心理治疗的关键在于恢复当事人与现实生活中真实人的互动关系能力。强调"心理治疗师是驱魔人的真正继承者。他的工作不是宣告宽恕罪恶,而是驱除恶魔……采纳心理治疗本身就包含了远离严格的科学态度。分析师必须要'接受人类的价值,而非科学所教授的单一的解释性价值'"②。这种观点在影响心理治疗实践的同时,也体现在美术治疗的实践中。

阿瑟·罗宾斯(Arthur Robbins)是以客体关系理论为基础进行美术治疗的代表人物。他认为艺术反映了当事人的内部客体关系、相关防御和发展问题,艺术形式为当事人提供了一个既非内心世界也非外部客观世界的过渡空间,这个空间成为主观现实和客观现实的桥梁。所以,在美术治疗的过程中,当当事人的艺术空间出现症状时,治疗师应鼓励当事人搜索出隐藏其中的客体关系,找到在客体关系方面存在的问题,借助艺术形式帮助当事人将症状空间转换为治疗空间,鼓励当事人在创作过程中发现适当的艺术形式,重新产生或建立适当的客体关系,以此消解问题,实现治疗。治疗师的作用是提供支持环境,使得症状空间得以出现,空间转换得以发生。他的著作《作为治疗师的艺术家》(the Artist as therapist),为客体关系美术治疗理论和应用提供了实践基础。

爱德华兹(Edwards)是位强调图像意义和作用的客体关系学派治疗师。他认为在作

---

① [英]卡洛琳·凯斯,等.艺术治疗手册[M].黄水婴,译.南京:南京出版社,2006:84.
② W. R. D. Fairbaim, On the Nature and Aims of Psyehoanalysical Treatment[J]. International Joumat of Psycho—Anatysis,1958,(39):374-385. 转引自方双虎,等.费尔贝恩人格客体关系理论的心理治疗观[J].医学与哲学 2007:6(28)6:334.

品、当事人和治疗师的三角关系中,艺术品担当了调节当事人与治疗师关系的媒介,在某种程度上,治疗师与当事人的每个关系都是间接的。自发性绘画揭示了人格中与意识自我相对抗的隐藏人格。治疗师有必要让当事人认识到"图像有自己的生命",帮助当事人客观地看待出现的任何图像意义,促进当事人与图像进行对话,让他们学习信任个人的内部形象,协助当事人整合人格中不被接纳的部分。

客体关系学派的另一位代表人物拉赫曼·歇番(Lachman-Chapin)以海因兹·柯胡(Heinz Kohut)的自我客体理论①为基础。强调治疗师对当事人的共情反映(mirroring)是重要的美术治疗手段和技术,指出在美术治疗中,共情反映是以绘画的形式进行的。当当事人完成初步的作画后,治疗师根据当事人画面表现出的需求情形,以绘画的方式,在共有空间中进行"共情"回应。这一共同参与的互动形式,为当事人提供了体验最初经验的条件,使当事人能进入互动良好的治疗关系中。

### 知识小卡片

#### 什么是共情?

共情是治疗师对当事人的一种有意识的反应,在心理学上,它指"理解他人以及分担他人心情的能力,或从思想上把自己纳入他人的心境"。

(陈仲庚,张雨新.人格心理学[M].沈阳:辽宁人民出版社,1986:437.)

英国儿科医生唐纳德·维尼克特(Donald Winnicott)以"原始创造性"来解释儿童美术治疗中的移情和反移情。他把幼儿时期,可供儿童掌握、控制,以维持其自我价值感的外在物体称作"过度性客体",在他的论述中描述了存在于内在现实和外在现实之间的一个"体验"区,充实了客体关系学派的理论。他利用"替代物"发展儿童与外界的关系,把儿童绘画作为医生和儿童建立治疗关系的手段,发明了一种叫做"接着画"的方法,借助"过渡物"与当事人形成一种主客体关系。在对艺术过程的研究中,维尼克特既是儿科医生又是精神分析师的特殊身份,为他探究儿童与母亲之间的关系提供了方便。维尼克特还探索并命名了一系列对美术治疗关系重大的概念,为后来者认识儿童成长过程中内在和外在现实的主客体关系,提供了经验和理论基础。

以特殊儿童为主体实施治疗实践的克雷门兹(Clements)与其伙伴,从另一个角度看待美术在特殊儿童与外界互动中的媒介作用。他们把美术载体看成是特殊儿童与正常儿童相处的公共空间,强调借助美术活动协助儿童以健康的方式与他人相处。治疗师通过指导提升特殊儿童与正常儿童互动的艺术活动,帮助特殊儿童回归主流学习,提高特殊儿童的社会适应性。正因"将两类儿童互动看成是美术治疗关注重心"的主张,使他们成为调试取向美术疗法的先锋人物。

---

① 柯胡认为人一生中有三种基本需求,即"另我或双生移情关系(alter ego or twinship transference),理想化移情关系(idealizing transference),以及镜像或夸大移情关系(mirror or grandiose transference)"。在任何阶段出现无法满足这些基本需求的情形,都会造成心理的问题。自恋型患者出现问题的主要原因是生命头几个月与看护者"共情"失败造成的。解释出自《自体心理学发展模式之短程疗法》.中国自体心理学网.十倍速疗法.2007.7.7www.selfpsychology.cn

**知识小卡片**

**什么是 S-R 心理学？"S""R"分别指代什么？**

S-R 心理学是指建立在条件反射基础上的行为主义心理学。强调行为是有机体用以适应环境的反应系统，无论简单或复杂，其构成单位总是刺激（S）与反应（R）的联结。刺激是引起有机体行为的外部和内部的变化，反应是构成行为最基本成分的肌肉收缩和腺体分泌。行为的原因，最终都可以归结为物理和化学的变化。"S"是刺激的代称，分 US 和 CS。"US"表示"无条件刺激"，"CS"表示"条件刺激"。"R"是反应的代称，分 UR 和 CR。"UR"表示"无条件反应"，"CR"表示"条件反应"。"US-UR"之间的联结是先天的。"CS-CR"的联结是后天的。相似刺激引起同一反应的概括是条件性行为形成的基本特征和基础。减弱或取消形成条件的刺激，条件联系的程度也会减弱，以致最后消除。此过程称为"行为治疗"。

（郑希付.现代西方人格心理学史[M].郑州：河南大学出版社，1991：140-147.）

总而言之，客体关系学派注重经由个人主观的感受去接触客观世界，在美术治疗中强调个体与外界环境和事物之间的互动关系。

### 三、认知行为学派

20 世纪初，随着 S-R 心理学的出现，行为疗法开始盛行，其代表人物桑代克（Edward Thorndike）是美国现代教育心理学的创始人，他通过对动物行为的研究追溯人类智力发展的根源，撰写了《动物的智力》一书，提出存在于情境和反应间的"联结"（connection）概念，即"联结的有效部分是情境和冲动之间的直接联系"[①]。随后，他将该理论运用到教育心理的研究中，把行为分为先天的反应趋势（本能）和习得的反应趋势（习惯）两类，视本能为一切行为的基石。本能的特点是不学而能，是先天的联结，而习惯是后天的联结。他指出人性只是为教育提供了出发点，教育的真正任务是根据人的需要来逐渐改变人性。强调人格的形成是许多刺激-反应联结的建立，不同类型的认知强化会对行为产生不同的影响，环境是决定行为的唯一重要因素，这为后来认知行为学派的出现做了背景铺垫。

20 世纪 60 年代，美国精神病学家艾里斯（Albert Ellis）和贝克（Aaron Beck）发现认知过程可以影响和改变情绪与行为，在大量的临床实践中创建了行之有效的认知疗法（cognitive therapy）。与此同时，行为疗法的学者也确定了认知疗法实践对行为治疗具有相辅相成的功效，开始尝试对焦虑症和恐慌症患者实施相应的认知-行为治疗，通过修正导致病因的不良认知来校正由此导致的病态情绪和行为，致使"20 世纪 70—90 年代，行为治疗和认知治疗整合成认知行为治疗。在这期间，不少理论经历了持续的改进。一些属于认知范畴的名词开始被纳入认知治疗的词汇里"[②]。认知行为疗法（CBT）也就成为建立在认知理论和学习理论基础上的行为矫正技术。

---

① 郑希付.现代西方人格心理学史[M].郑州：河南大学出版社，1991：137.
② 刘哲宁，等.认知行为治疗[J].中国临床康复，2002(21-24)：3159-3169.

一些美术治疗师开始关注认知行为矫正技术的应用，他们利用图像特有的优势，在美术治疗实践里加入认知行为治疗成分，以此处理和改变当事人的问题行为，产生了被称为心理-教育取向的认知行为美术疗法（Cognitive-Behavioral Approaches）。该类实践者强调意象在人格强化中的作用，提出可以利用心象增强当事人对自我的控制，帮助当事人维持行为上的改变。

用于特殊儿童的认知-行为治疗实践主要有三种取向：① 认知重建治疗（cognitive restructuring therapies）；② 适应技巧治疗（coping skills therapies），例如消除压力，外模仿及改良式的感知递减等；③ 解决问题治疗（problem-solving therapies）①，其治疗师角色既是诊断者又是教育者。治疗师不只评估个体不当的认知过程，还安排相应的学习课程，通过课程学习来影响和改变问题儿童的认知及行为模式。② 较为突出的代表人物有沛卡德（Packard）、洛斯（Roth）、德法兰西斯哥（Defrancisco）和罗梭（Rosal）。

沛卡德认为认知理论可以解释学习障碍儿童在认知上的困扰，艺术可以帮助现实感薄弱、思考过程混乱的儿童进行认知活动，艺术活动包括认知过程，可以成为协助儿童认知对象的特别工具。治疗师可以从儿童的创作过程中获得信息，通过为他们提供一些解决问题的艺术经验，鼓励儿童用新的方式和想法来认识世界。通过"创造性认知"（creative cognition）过程，改善心理以获得健康状况。

**什么是心象（image）**

**心象：**大英词典译为（头脑中的）印象。是脱离了知觉动作后在脑中留下的视觉意象。它不及知觉表象那么清晰，但精神集中后，可以重新在脑中唤起，记忆就是回忆这种意象的能力，时间越久，这种意象越不清晰。它是想象必须牵涉的可以彼此联系的意象。它和梦的意象属同一类型，但带有主观的印象，所以有的并不直接与知觉有关，包含由心的潜意识层冲出的很多视觉意象。

从事智力障碍儿童行为困扰干预的洛斯，则用传统行为主义原则来说明她的理论基础，提出了"现实塑造"（reality shaping）式行为改变方法。她认为不当行为是后天习得的，治疗的目的是帮助当事人习得好的行为，减少或改变不当的行为，"现实塑造"是通过艺术帮助当事人将模糊的概念具体化，直到当事人能在没有外力帮助下也能再现出相应的形象。例如，治疗师需要先确认当事人在作品中传递的整体概念（如房子、树、人等），然后建造逐渐复杂的二维或三维模型，让当事人在观察的基础上进行绘画，其间治疗师给予言语提示或身体指导，对正确的认识进行正强化，直至这个概念最后被正确的表象特征所替代，以此促进当事人理解和表现事物的能力，改变混乱的状况。

为恐惧症儿童实施心理治疗的德法兰西斯哥则称自己的工作是内爆式美术治疗（im-

---

① ［美］玛丽亚·罗梭.儿童艺术治疗[M].陆雅青，译.台北：五南图书出版社，1993：82.
② ［美］玛丽亚·罗梭.儿童艺术治疗[M].陆雅青，译.台北：五南图书出版社，1993：82.

plosive art therapy，IAT)，他与洛斯一样，以传统的行为或学习理论解释儿童行为，但对"心象运用技术"进行了诠释。他认为美术治疗中使用的意象技法兼具学习理论和心理分析的基础，通过放松和冥想的方法减轻当事人的逃避心理和焦虑状况，借助心象效应，让当事人能逐渐接近原来恐惧的事物。他强调治疗师要能够敏感地捕捉到画面呈现出的焦虑和情绪线索，并能兼具教师的职责，帮助当事人学习放松和冥想，通过了解当事人心理动力机制的变化找出当事人恐惧的潜在原因。

《儿童艺术治疗》一书的作者玛丽亚·罗梭以个人构成心理学为基础，提出了个人构成取向(personal construct approach)和认知美术治疗取向(cognitive art therapy approach)方法，她认为治疗师的角色是评估当事人及其构成，支持当事人去发现自我构成，通过绘画教导当事人认识概念和构成事物的内在关系，她主张采用问卷调查的形式对当事人进行前后测评估(参看第3章)，以此考查治疗疗效。

总之，认知行为学派的实践者把美术活动作为行为或概念习得的强化物，借助图像交流重整当事人的经验，塑造其行为，运用结构化的艺术表达和系统化的行为改变策略实施治疗，推进治疗进程，强调在治疗过程中进行严格的行为评估，设定治疗目标与计划，并借助客观测量工具实施量化评估。所以，认知行为学派是"通过艺术了解、评定和改变当事人的非情感过程，它所关注的与其说是当事人的创作体验和作品意义，不如说是他们的认知或思维内容"[1]。

认知行为学派强调环境影响决定行为，采用客观量化和验证的方法解析心理，不免有些机械，但其注重选择性的条件干预方法却弥补了前两个学派的局限性。尽管如此，更多的美术治疗师还是较难接受行为主义理论，由此出现了一系列以人为本的美术治疗实践。

**四、人本主义学派**

提出人本主义动机论和需要层次论的马斯洛(Abraham H. Maslow)，强调随着个体心理和人格的成长，人的需要满足会从低到高出现自我实现的递进，最终达到个人潜能的最高峰(如图1-1所示)。马斯洛认为发现自我和实现自我是每个人人生的责任和目的，人可以在个人象征(personal symbol)中发现自己的潜力，治疗师不仅是应用具体化象征的专家，也应是使用其他非语言(non-verbal language)表达的专家。他指出象征性不仅是梦的表达方式，也是个人自我实现形式的一种表达方式。他的观点为人本主义学派的美术治疗观提供了理论支持的基础。卡尔·罗杰斯(Carl Rogers)则是完整提出"以当事人为中心"的人本主义疗法代表[2]，他提倡关注每个人先天的成长潜能，尊重当事人的价值观念和尊严，创造有利于当事人自我成长的环境，以此来培养其学习的能力和社会适应性。他主张把心理事件或直接经验按其自然呈现的形态来研究，反对行为主义者把实际的整体经验还原为各个行为要素的做法，不赞成通过各种强化系列去控制和塑造当事人的行为。在他看来，当事人的内心与经验世界是一个现象场，治疗师应该对当事人的心理现象进行整体描述，注重对当事人内心世界的深入了解。这些观点成为人本主义学派美术治疗的基本论点。20世纪70年代

---

[1] 高颖.李明,等.艺术心理治疗[M].济南：山东人民出版社,2007(1)：43.
[2] 贺淑曼.个性优化与人才发展[M].北京：世界图书出版公司,2001：23.

在特殊教育领域出现的"调试式美术疗法"凸显了这一取向。安德生（Anderson）、蒋苟斯（Jungels）、梅胡（Meyhew）、苟尼克·贝里斯（Conick-Barris）等有艺术教育背景的治疗师成为该类美术治疗实践的先驱人物。

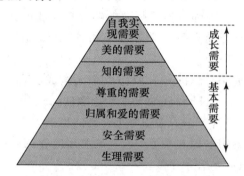

图1-1　马斯洛的需要层次论（参照 Maslow，1970）

随着全纳教育的兴起，为"所有儿童的发展"提供帮助的调试式美术疗法，被认为是一项帮助特殊儿童回归主流教育的特殊服务。著有《所有儿童的艺术》（Art for All the Children）一书的安德生提出了两个观点：即所有儿童都能从创造与表现性美术活动中受益，艺术活动有助于帮助儿童发展他们的学习能力。她强调应从每个儿童的情感、生理和需要出发，有次序地帮助儿童发展特别的技巧和概念，包括艺术创作的内容和过程。因此，她提出"一位艺术治疗师必须是一位艺术制作者"[①]，应该具备运用美术材料的能力，能分析和评估他给当事人的工作难度与相应的干预成效。她指出治疗师设计相应课程和记录当事人的进步时，应首先设立儿童行为发展目标，美术用于治疗的目的是帮助特殊儿童回归主流教育，以此为出发点设置的课程可适用于各类障碍儿童。

主张"符合儿童需要的艺术活动能帮助所有儿童调试自我"的蒋苟斯认为：艺术经验应该能够帮助儿童进行选择和解决问题，应以促进当事人感知机能整体运作的角度，设计相应的美术活动，以实现刺激其他感官与视觉能力配合的行为干预作用，所有经验应以成功为导向，但整个过程仍是产生主要干预功效的重心，创作过程胜过作品结果。她把治疗的重点放在发展特殊儿童潜在能力之上，而不是仅针对缺陷的治疗。她强调美术治疗师要能够帮助所有儿童获得艺术经验，这是治疗师的主要任务，因此，治疗师应该具备敏锐的观察技巧，能够了解和研究艺术媒材在与儿童互动中的独特作用，并能分析这些经验是否对儿童有效。她曾成功地帮助残障、学习和情绪障碍儿童融入艺术课程，其观点影响了后来的肯达（Kinda）、卡门（Kam）和迪克曼（Dickman），迪克曼引用她的理念"发展出与多重障碍幼儿工作的方式"[②]。

在特殊教育机构从事美术治疗的梅胡发现，美术活动能帮助特殊儿童缓解孤立和被动的感受，让他们以社会能接受的方式宣泄和表达情感，并能为这些当事人提供与他人互动的机会，培养他们与人沟通的能力。通过以此为目的设计的美术活动，当事人可以了解自己的优点、能力和潜能。所以，根据特殊儿童不同需要进行调整的艺术活动，可以帮助他们发展

---

① ［美］玛丽亚·罗梭.儿童艺术治疗［M］.陆雅青，译.台北：五南图书出版社，1993：59.
② 同上书，第61页.

感觉动作、自我概念和知觉技巧。她认为,治疗师的做法必须是有弹性的,治疗师的角色首先是观察者,他应注意当事人情感和社会适应性的需求。"梅胡与安德生和蒋苟斯一样,认为艺术治疗的目的在于让障碍儿童的经验正常化。她赞同蒋苟斯重视儿童能力而非残障部分的原则。"①

与轻度脑伤或神经受创儿童打交道的苟尼克·贝里斯发现,该类儿童能在针对其障碍特点设计的艺术经验中获益,"循序渐进的艺术经验能帮助儿童学习特定的技巧及概念"②。她也注意到艺术为该类儿童提供了情绪疏通的另一种途径。她强调,治疗师首先应该了解当事人的障碍状况,在此基础上,方可针对当事人的个别需要,设计具有结构化的艺术活动方案。

这些从事生理残障儿童美术治疗的实践者,都强调从当事人切身需求出发,把治疗师的任务放在协助当事人的角度来思考,认为治疗师的工作是帮助当事人最大限度地发展自己的潜能。

卡尔·罗杰斯的女儿纳塔利·罗杰斯(Natalie Rogers)以其父亲的理论为基础,创建了"人本主义表现性美术治疗",推进了人本主义学派美术治疗的建构。她强调艺术的心理治疗过程能唤醒创造性的生命力能量,主张"创造性"与"治疗"是重叠的,有创造性就有治疗性。她总结的治疗方法是:创造性地营造一种以当事人为中心的心理氛围,激发当事人内在的创作冲动,协助他们用绘画、音乐、运动等形式体验和表现自己的情感,让当事人通过在情境中运用这种综合的表现性艺术表达,获得自我内外意识的互通,以此帮助当事人解决内部心理冲突,超越自己的问题。她强调这样的艺术表现活动能促进当事人认识自我,完成自我接纳,实现自我整合。这些主张引发了诸多人本主义趋向的实践摸索,例如:注重人的整体性、追求完满的格式塔式(完形论)实践;注重个体特质和因素在环境中的有效行为、强调"力行"胜于"思考"的因素论式实践;探讨个人情绪选择对自身生活所起的作用的情绪论式(RET)实践;以及建立在心理动力基础上却强调信念作用的交往分析式(TA)实践等。

玛拉·本特斯基(Mala Betensky)进一步完善了人本主义美术疗法,她以现象学理论为基础提出了"现象学绘画疗法",强调艺术创作在整合个体主观经验中的重要作用,注重当事人完成作品后对自己作品的"再观看",将艺术表现和主观经验间的沟通与整合看成是治疗的重心,主张美术治疗应有两个阶段:一是当事人创作艺术的过程,二是当事人以旁观者的角度知觉图像的过程。强调治疗师应帮助当事人学习以新的方式看待自己内部与外部的现象,为当事人的改变提供有建设性的建议和协助。这些方法为用于智力状况良好的心因性障碍儿童美术治疗提供了参考。

珍妮·雷恩(Janie Rhyne)是以格式塔理论和心理疗法为基础,提出"格式塔绘画疗法"的另一位人本主义治疗师,她认为:每个人都能有效地处理个人问题,治疗师的中心任务是帮助当事人全面体验即时即景的存在。她在治疗中常会要求当事人完成系列情绪经验(如恐惧、愤怒、快乐、悲伤等)抽象画,把该系列看成是一个完整的格式塔,每幅画既是整体的一部分,又是单个的格式塔单位,通过让当事人描述、联想、解释这些画,比较这些画的异同,找

---

① [美]玛丽亚·罗梭.儿童艺术治疗[M].陆雅青,译.台北:五南图书出版社,1993:62.
② 同上书,第63页。

出影响阻碍的症结所在,治疗师以鼓励的方式支持当事人去体验和面对过去"未完成的事务",在当事人逐渐拓展感知的过程中,协助当事人整合人格中的碎片和潜意识内容。[①] 这对心因性问题儿童的处理颇有帮助。

皮尔斯(Perls)综合弗洛伊德理论与格式塔原理,推进了格式塔心理治疗法。他注重此时此地治疗过程中遇到的现状,强调心理状态在生理上的反应,将其他身心合一的治疗方法融入艺术活动,把创作活动变成心理治疗的过程,用艺术过程进行非语言的沟通,以此帮助当事人增加心灵的愉悦,增进他们的自我觉知。这些美术治疗实践遵循了人本主义思想,注重个体的自我指导能力和先天的成长冲动,强调治疗师对当事人整合自我的协助作用。

因此,人本主义学派通常以当事人为中心,关注当事人对自己内在象征的了解,把美术作为协助当事人表达心灵象征形象、实现自我成长的手段,以接纳的态度,为当事人营造有利其自我成长的环境,通过创作活动,帮助当事人认识和接纳自我,实现人格整合。[②] 有人本主义倾向的美术治疗师会把治疗者视为被治疗者的同伴,在与其互助互爱的基础上开展协助性美术治疗过程,他们通常采取建设性的干预行动,达到促成当事人自我治疗的目的。

人本主义学派在刚出现时曾被认为不太科学,也不太理智,但它注重实际的过程,以人与人之间的关系作为治疗要素的做法,的确推进了美术治疗效果的深入。所以,以激发人内在能力和尊严,促进当事人自我健全成长的人本主义学派,让我们重新看到意识在心理研究中的重要性,引发了以人为中心探寻生命发展的开端。

与此同时,在南伯格和克莱曼从精神分析角度探索艺术治疗模式时就已出现的发展取向教育实践,也涉及艺术的治疗特性,这些将艺术视为"促进认知和情感成长工具"的教育家和心理学家们,不仅注重意识在心理中的作用,也关注到时代条件和社会环境对人先天潜能的制约和影响,从更宽泛的角度探索发展儿童潜在能力的教育治疗实践,由此形成了发展心理学派教育治疗观。

**五、发展心理学派**

自1879年德国心理学家冯特(W. M. Wundt)在莱比锡建立世界第一个心理实验室开始,发展心理学(Developmental Psychology)就一直是心理学的重要分支。发展心理学把人的心理发展与神经系统特别是脑相联系,探索思维萌芽从低级走向高级,从简单走向复杂的心理发展过程,揭示了人类心理与动物心理既有联系又有本质区别的特殊规律,这些研究直接影响了探索艺术教育治疗的实践者们。

**(一) 格塞尔和皮亚杰的贡献**

倡导心理发展传统的先驱——卢梭(Jean-Jacques Rousseau)很早就提出应"允许儿童按照自然的企图去完善自己的能力和按自己的方式去学习,而不要闯进去以'正确的'方式教儿童思考"[③],这种观点在发展心理学派代表人物格塞尔和皮亚杰的研究中获得了支持。

---

① 以上流派介绍参照了孟沛欣.精神分裂症患者绘画艺术评定与绘画艺术治疗干预[D].北京:北京师范大学心理学院,2004:21—24.
② 高颖,李明,等.艺术心理治疗[M].济南:山东人民出版社,2007:44.
③ [美]威廉·C.格莱因.儿童心理发展的理论[M].长沙:湖南教育出版社,1983:15.

1. 格塞尔的研究发现

格塞尔通过对儿童神经运动发展的研究,发现儿童生理与心理的发展会经历同样的顺序,"甚至生长速度方面的个别差异也大部分由内部的发生学机制所控制"①。在对儿童视觉模式的研究中,他发现大脑神经冲动与转动眼睛的小肌肉间会建立一种联系模式,当婴儿组织手与眼的运动,或是注视手中的东西时,模式的形成会继续扩大。"这是成长的一大进步,意味着眼与手的协作,进入更为有效的联合。智力发展不能用尺寸与斤两来衡量。因此应该由模式去评价"②,他指出儿童视觉行为的发展与儿童绘画模式的形成之间,是依照"相互交织"的原则相互作用的。在这一原则的自我调节下,成长天性的不平衡和波动被修正和促进,这也反映在儿童的表现中,儿童虽会经历同样的发展顺序,但成长速度参差不齐,会受到当事人气质和人格的影响。

**知识小卡片**

**格塞尔的"相互交织原则"**

这一原则源于生理学中称作交互神经支配的互补原理。在此是指两种机能相反的活动系统之间的相互关系的组成,指在其协调发展过程中,时而一个方面占优势,时而另一个方面占优势,随着发展的修正和作为结果的行为模式的调节,使双方达到均衡互补,最终把发展引向整合,并达到趋于成熟的高一级水平。

2. 皮亚杰的贡献

瑞士著名的心理学家、发生认识论创始人皮亚杰,在探讨游戏及其他象征性活动对儿童认知成长的作用时,"从当时尚不完善的'精神分析'中学到了一些重要的概念,奠定了皮亚杰有名的'临床法'(raethode clinique)基础"③。"临床法"综合了观察法、询问法、测验法和实验法,是较为全面研究儿童思维机制的心理学方法,皮亚杰借此对儿童的认知和知觉进行了细致的实验性研究。此外,他在自己的认知发展著作中,深入探讨了智慧组织与认识过程的相互作用,不仅研究各年龄段儿童智力的个体发生、发展,还广泛研究了天赋论、从本能到智力的过渡、自我调节系统等问题,这一切对美术治疗实践者和教育者的探索,产生了深远影响,如提出艺术教育治疗(art education therapy)的罗恩菲德就是以他的观念为基础建立其儿童绘画发展理论的。

**(二) 艺术教育治疗观的确立**

1947年,罗恩菲德在美术促进特殊儿童心智成长的研究中,着重介绍了治疗性美术教育的作用和功能,首次提出"艺术教育治疗"的观点,从"艺术教育家的立场,鼓励艺术教师利用发展的观点来规划课程和获得资讯,以评估学生的阶段,提供符合其需求的最佳服务"④。在此期间,蒙台梭利(Montessori Methods)、赫伯·里德(Herbert Read)等一批教育家也不

---

① [美]威廉·C.格莱因.儿童心理发展的理论[M].长沙:湖南教育出版社,1983:32.
② 同上书,第34页.
③ [瑞士]皮亚杰.皮亚杰学说及其发展[M].陈孝禅,等译.长沙:湖南教育出版社,1983:3.
④ [美]玛丽亚·罗梭.儿童艺术治疗[M].陆雅青,译.台北:五南图书出版社,1993:33.

约而同地先后从推进儿童整体智能的角度出发,拓展和探索具有促进儿童身心康复和发展的治疗性艺术教育,使"艺术"在学校教育中的角色发生了转变。1957年,罗恩菲德在讨论障碍儿童艺术教育的专著中,正式明确了艺术教育治疗的概念和作用,使其成为心理发育迟滞或残障儿童的美术干预方法,以促进该类儿童认知和情绪机能的发展。

"艺术教育治疗"旨在"发展每一个人的潜在创造力"①,帮助特殊儿童借助现有的感知途径,适应或克服主、客观障碍所造成的环境隔离问题,协助他们发展内在的成长潜能,建立自信和独立性,其目的是"以障碍儿童的发展层级为起点……用来扩张儿童的[参考框架直到个体能接受他自己和他的障碍]"②。所以,艺术教育治疗不是让教育者对当事人实施超过教育背景的医学诊断和心理分析,而是让教育者从当事人出现障碍本身出发,在其已有能力的基础上找寻克服和解除隔离状况的调整方式,实现消解或改善他们与环境隔离程度的教育干预。

**(三)发展心理学派的实践**

许多美术治疗师,"尤其是那些在特殊学校或发展中心工作者,常应用绘画和认知发展以及心理教育的取向,来作为与儿童工作时的理论基础"③。他们在实践中依据儿童心理发展特点,为特殊儿童设计具有针对性的美术干预课程,以此促进当事人感知觉器官、认知、情绪机能等方面的发展。例如:以常态儿童绘画发展阶段为参照,了解特殊儿童认知和美术能力的优林(Uhlin);以创造力发展阶段为标准,评量发育迟缓及残障儿童治疗成效的缪西克(Musick);认为艺术可以反映儿童行为和进展的调试取向治疗师亨雷(Henley)等,都是此理论的实践者。

从事智力障碍、残障和神经系统障碍儿童美术治疗的优林认为,治疗师应为当事人提供全方位的支持,包括身体、感觉和情绪经验,以帮助他们实现发展自身潜能的需求。治疗师还应能够敏锐了解当事人知觉方面的困扰,利用不同的视觉场地发现有利于当事人去创作的最佳点,并能透过艺术觉察到当事人反映在象征形象中的问题,通过艺术媒材的选择帮助当事人突破样式带来的内在限制。他与罗恩菲德一样,认为美术治疗"应能帮助孩子去拓展他们的经验,丰富他们的人生"④。

缪西克的工作对象主要是发展迟缓的障碍儿童,她认为,"帮助儿童在艺术经验中运用其所有感觉"⑤,应是美术治疗师的另一任务。她视艺术为发展人右半脑的重要方式。认为"刺激大脑半边能帮助创造力的发展"⑥,她的研究也为这一论点找到了相应的生理基础。

研究自闭症、听障和学习障碍儿童的西勒维尔(Silver),以皮亚杰技巧发展的结构要素为基础,设计了她的绘画测验,借助艺术辨识、评估,了解儿童认知与创造技巧的发展,将艺术看成是"与语言平行的认知语言"。她认为艺术能刺激受到创伤的右半脑(此导致语言及阅读困难),"借由艺术和对右半脑做刺激,儿童能较快速地学习概念。"⑦她把艺术当做发展

---

① [美]罗恩菲德.创造与心智的成长[M].王德育,译.湖南:湖南美术出版社,1993:423.
② [美]玛丽亚·罗梭.儿童艺术治疗[M].陆雅青,译.五南图书出版社,1993:33.
③ 同上书,第34页。
④ 同上书,第35页。
⑤ 同上书,第38页。
⑥ 同上书,第39页。
⑦ 同上书,第40页。

儿童认知技巧、诊断儿童、调试情绪、启发儿童解决问题和发展创造力的工具,强调治疗师应重视当事人的能力而非缺陷,为当事人开拓更多的沟通渠道,促进其探索性的学习和自我认识,协助当事人保持情绪的平衡。不仅如此,西勒维尔还曾摸索出一套评估沟通障碍的"刺激绘画法",将美术视为该类障碍儿童的第二语言,借助美术特有的沟通特质改善他们的学习状况。

为情绪困扰和障碍儿童做美术治疗的威廉姆斯与伍德(Williams & Wood),在1977年出版的《发展式美术治疗》一书中,将这一主张的实践称之为"发展式美术治疗"(developmental art therapy),并指出四个心理教育课程的范畴为行为、沟通、社交、课业,还为此设立了每项课程的发展性目标,将整个治疗分为四个阶段:"第一阶段,应用艺术媒材去诱导、刺激儿童。在第二阶段中,艺术被用来强化其自尊及个人的表现,学生在此阶段被期待去增加操作及知觉的技巧。在第三阶段,艺术被用来刺激群体工作,学生被期待能了解其限制及与有正向的同学互动。第四阶段,为个人的非常时期,为孩子回归家庭及学校机构做准备。"① 在此期间,治疗师角色将随阶段而改变。例如,初期治疗师是引导者和指导者,中期则随进程调整为"指导、支持"或"提供选择和建议"的角色状态,后期则是协助儿童维持其控制力以形成行为的支持者角色。儿童是否能出现较高层级的发展递进,是评估治疗成效的关键。他们使发展心理学派美术治疗首次有其独立的主张和体系。

爱克-菲尔德曼(Aach-Feldman)和米勒(Kunkle-Miller)的工作较为复杂,他们的工作对象包括视觉障碍、情感障碍、发展迟缓、智力障碍和多重障碍者,他们以艾里克森的心理社会发展理论、布鲁纳(Jerome Seymour Bruner)的认知发现理论研究为基础摸索适用于学校和治疗机构的发展式治疗实践。他们认为可以通过三个表象的发展阶段,对儿童进行评估和治疗,三个表象的发展阶段分别是"(a)前表象的(pre-representational)或感觉动作(sensorimotor)阶段,(b)简易表象(simple representational)或前运思(preoperation)阶段,及(c)复杂表象(complex representational)或象征(symbolic)的阶段"②。他们将重心放在对重度智力障碍、自闭症和重度情绪障碍儿童的方法探索上,提出可以"利用所有的感觉模式来帮助障碍儿童获得正向的前表象之经验"③,扩大了展开美术治疗的材料范围。他们把为儿童提供表象过程的模式,看成是第一阶段的干预目标,把提高自主性、提高表现性和识别情感、发展感觉的层级与象征能力当做第二阶段实现的目的,将罗恩菲德提出的艺术教育治疗目的作为最终实现。他们对前表象理论的探索,补充了罗恩菲德的发展理论,在前人基础上完善了发展理论的基本建构④。

后来的美术治疗师塞尔娃(Silver)也是发展心理学派的支持者。她依据皮亚杰的认知发展理论,采用美术活动形式促进听觉障碍、学习障碍和认知缺失儿童的认知发展,侧重于干预这些儿童的顺序概念、空间概念和概念形成的认知技能,通过"绘画着色"发展儿童的"顺序概念",在指导观察性绘画中发展儿童的"空间概念",以表现性的绘画创作来发展儿童的"分类概念"和想象力,并借助绘画以外的黏土模型辅助儿童发展这些能力。

---

① [美]玛丽亚·罗梭.儿童艺术治疗[M].陆雅青,译.台北:五南图书出版社,1993:36.
② 同上书,第41页。
③ 同上书,第42页。
④ 玛丽亚·罗梭.儿童艺术治疗[M].陆雅青,译.台北:五南图书出版社,1993:42-43.

总而言之,发展心理学派的治疗师们,依据常态儿童的阶段特征对当事人进行能力评估,通过提高代表心理机能成长和发展的艺术表达,实现促进当事人心智成长的教育治疗目的。既关注生命中承载的遗传可能和成长经验,又重视行为关联性的发展,为我们整体认识人的认知、智力、思维、心理的发生和结构提供了参照,其治疗模式具有一定的指导性和结构特性。

美术治疗实践与人本主义、发展心理学理论的契合,体现了美术治疗从单纯的病理干预,发展为对整体人类本性中正向冲动(即朝向健康的成长冲动)的关注。在1995年美国AATA的学派介绍说明中有如下注释:"艺术治疗操作的理论基础是发展学和心理学对人的研究和理解,包括教育学派、心理动力学派、认知学派、超个人学派和其他学派的化解情绪问题的评估和治疗模式。"[①]

尽管不同理论流派的美术治疗实践在构架和技术上有其自身的特点,解决的目标和出现的问题也有所差别,但艺术用于治疗的目的是相通的,在现阶段只强调某一流派的理论和技术都是不完整的。事实上,美术治疗的理论探索远比不上临床的实践摸索,大部分美术治疗师更注重在实践中的经验积累而不是理论总结。

## 第4节 特殊儿童美术治疗涉及的相关问题与准备

特殊儿童美术治疗包含了所有形式的美术治疗,但总体上侧重于发展心理学理论和人本主义的教育治疗,是在解决和改善儿童心理问题的同时,调动儿童内在动力机制,促发其潜能发展,实现消除或改善特殊儿童障碍状况的治疗康复手段。正因为如此,有必要了解一下该项实践将会涉及的相关内容。

### 一、针对的对象

在特殊儿童教育或康复机构开设的美术治疗课程,通常都以"大儿童"(不满18岁的未成年人)的概念划分治疗对象(例如:在特殊学校的9个年级中,往往将整体障碍状况较为接近的学生放在同一班级开展团体治疗活动,而不以年龄划分针对对象),所以,特殊儿童美术治疗的对象应是包括低龄儿童与18岁以下少年在内的"大儿童"群体,大体会有以下几类。

#### (一)边缘儿童

如果我们把具有良好社会适应性和接受力,充满朝气和探索精神,行为表现得当,没有情感困扰的身心健康儿童称为常态儿童的话,那么,没有明显的精神疾患、生理和心理障碍,四肢健全,却有一定心理困扰(如:轻微情感冲突或创伤经验等)、行为问题(如:羞怯缄默或轻度攻击性等)、接受困难(如:心因性理解阻抗、注意力缺失等)的体健儿童就是我们所称的边缘儿童。这些儿童大多会有自发和自然的美术表现方式,他们的审美和美术能力会随着身心发展呈现正常的递进顺序(通过对照常态儿童的阶段特点,参看罗恩菲德的阶段摘要),只是略有心理和人格的偏失(以常态儿童发展和人格形成参照依据)。美术治疗可以为这些遇到成长阻碍的儿童调理情绪,调试自我认知,增进理解领悟,协助他们发展自己的控制力和创造性,增长正向发展的情感力量,实现整合调试。正因如此,治疗性美术教育作为

---

① 高颖,李明,等.艺术心理治疗[M].济南:山东人民出版社,2007:41.

美术治疗的一部分,已被各类以促进儿童成长,关注儿童心智健康的学校所采纳,成为治疗取向的美术教育形式。

### (二)心理障碍儿童

心理障碍儿童多会出现心因性缄默、自闭、失当的情感表达和情绪宣泄方式,会有明显的抑郁、强迫性刻板行为、行为退缩、恐惧等行为困扰反应,具有情感或行为问题,多有在诊所、特殊学校或医院等相关机构接受治疗的经历,他们大多很少能够用语言清晰表达自己的感觉和潜在困难,是儿童心理治疗的主体人群。面对这样的对象时,无须语言的艺术媒介最能为他们提供一个安全有序而连贯的沟通形式。在以美术作品为介质搭建的非语言治疗空间里,儿童可以表达和触及他们所体验到的困难,感受自己与治疗师在互动中形成的象征性"意象"交流,体验对内心经验产生作用的图像变化。治疗师可以通过作品了解儿童无法言述的问题,分析诊断儿童的状态,利用美术建立和实现谈话疗法所不能做到的连续治疗,因此心理障碍儿童是以美术为介质实施心理治疗的主要对象。

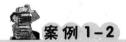

**案例1-2**

**针对心理障碍儿童实施的美术治疗**

1. 心理诊断中的绘画指标

哀悼或者亲人丧亡主题中其他明显的特征是画中画有眼泪(图a),出现在房子、土地以及其他环境主题之中的雨滴(图b)。当然,这些特征也不总是悲痛或悲伤的指标。但是,假如这些特征平时很少在儿童的图画中出现,而在近期却有所表现,那么这些眼泪和雨滴所代表的情感就应当引起那些怀疑儿童患有抑郁症的心理医生的重视。

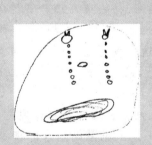  

图a 患抑郁症的8岁女孩画的脸　　图b 患抑郁症的8岁女孩画的雨滴　　图c 被孤立在封闭房间里

**图1-2**

2. 在治疗过程中进行的绘画状态分析

一个8岁的女孩,她受到了妈妈及其妈妈的男友对她的虐待。她一遍又一遍地画她自己被封闭在一座房子里,与他人隔绝的图画(图c)。被殴打肯定会引起女孩的孤立感和疏远感,特别是这种伤害来源于自己的家庭。这个例子中女孩被孤立的体验就是抑郁和无望,但这种抑郁和无望也为我们了解她在家庭虐待环境中如何自我保护提供了信息。

([美]Cathy A. Malchiodi. 儿童绘画与心理治疗[M]. 李甦,等译. 北京:中国轻工业出版社,2005:155-159.)

以美术为主体的心理治疗,可以细致深入地探索心理障碍儿童的心理问题,为他们提供一个安全的表达载体,有助于他们宣泄情感,是帮助他们走出自我封闭,改变问题行为,适应环境,融入社会的最佳桥梁。

(三)特殊障碍群体

任何心智、生理与社会障碍都会让未成年的特殊儿童产生与周身环境的分离,虽然障碍种类不同,出现的隔绝状况会有差异,但其隔绝程度的轻重是由当事人的整体障碍状况决定的,这里既有不可避免的客观障碍(如智力障碍、听觉障碍等),也有可以改变的主观障碍。能否减轻与外界的隔离程度,将整体障碍状况降至最低,取决于这些特殊人群是否拥有积极健康的心态,能否找到突破主观障碍、发展其他潜在能力的途径。

知识小卡片

**什么是主观障碍?什么是客观障碍?它们之间有联系吗?**

**主观障碍**:是指当事人对自身身心问题导致的适应障碍缺乏正确认识,从而产生自我隔离的主观态度,形成由自我隔离带来的经验障碍(例如:视障者因看不见而认为自己存在严重障碍,不能感知外界,放弃或封锁自己对外界的感知探索,造成成长的消极停滞,这一自我封锁造成的成长停滞就是一种主观障碍)。

**客观障碍**:是可以诊断和测量但无法改变与调整的客观缺失。其特点是它是一种客观存在的障碍状况(例如:视障者无法改变他的视能力缺失,视觉缺失便是客观存在的障碍)。

此二者是密切联系而又相互影响的,首先客观障碍会导致主观障碍的出现,使当事人感受到障碍带来的不便和适应困难,开始关注自我生理结构或人格的改变,产生心理改变。心理改变形成的感知障碍又会加重客观障碍的适应困难,使当事人放弃自我成长的努力,从而出现严重的整体障碍状况。倘若消除主观障碍,让当事人从客观障碍的限制中解放出来,积极找寻潜在的感知能力,发展自身经验,可以改善或克服客观障碍带来的适应局限。

以生理性障碍为例,具有同等程度的两位视障者,一人只依赖残存的部分视觉应对外界生活,会感到视障带来的严重适应困难和感知隔绝,另一人虽也借助剩余的视觉能力,但却知道运用其他先天的潜能(如触觉、听觉等)发展自己的适应能力,由此发展出可以克服自身适应障碍的其他能力(如敏锐的听力或触觉等),后者的整体障碍状况会显得轻很多,二人面对障碍的态度和反应就会完全不同。因此,如何改善特殊人群的隔离状况?发展每个人的潜在能力,成为美术治疗可以深入探讨的主要领域,也是今后美术治疗的意义所在。"研究表明,美术治疗能有效减少有严重攻击性行为儿童的不良情绪和行为,增强智力障碍儿童的机能水平,提高自闭症患儿与周围环境联系的能力,帮助后天脑损伤儿童在感觉、语言或认知能力受损的情况下,表达情感和想法。"[①]在针对性的美术治疗中,还能

---

① 周红.美术治疗及其在特殊儿童教育中的应用[J].北京:中国特殊教育,2007(5):69.

进一步推进特殊人群实现交流互动、理解外界、深化认知、改变外在行为的治疗目的,对失聪、弱智、大脑损伤等对语言有阻抗的对象类型,美术治疗更是改善他们障碍状况的最佳选择。

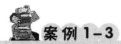

### 案例1-3

**语言缺损儿童的美术治疗**

a 第二单元中符号化的出现　　b 第四单元中呈现的完整图示

**图1-3　涂鸦技术促成ss的有意识符号发展**

某特殊小学的ss是位小脑发育不全的语言缺损儿童,无法使用句子或连续的行为进行表达,但能拿笔涂抹,有一定的控制性,但不能自主绘制任何图形。对其实施治疗性美术教育的初期,他主要进行的是运动带动的随意涂鸦,控制性不明显。进入第二单元时,他涂鸦的线条开始呈现明显的控制性,并能根据涂鸦痕迹进行填补完善和思维联想,首次出现符号化的图像表达(a图)。随后,积极性大增的他主动参与涂鸦活动的训练,肢体涂抹的控制性逐渐增强。经过从无到有的四阶段推进式涂鸦干预后,他出现明显的有意识图像表达,能明确地用图像符号"人"进行表述性呈现(b图),出现前样式化表征,这使他出现想要表述自己感受的意图。

### (四)青春期适应障碍群体

青春期是指个体的生理机能从还没有成熟到成熟的过渡阶段,是人体从发育不成熟到成熟的转化期。由于进入青春期后,个体对外界的感受较其他时期敏感而强烈,情绪反差较大,多以较极端的方式表达自我,不快乐、脆弱、烦躁、忧郁等情绪和情感困扰,常以过激的行为反映出来。这一阶段是人格形成的关键期,所有未成年人或多或少都会经历类似的适应问题,出现一些内在冲突和心理需求,常会出现突发的情绪与行为问题,产生特定时期的情感困扰,如何妥善处理这一"危险期"的特殊儿童行为和心理问题是特殊学校、社区和相关监管部门需要解决的重心。所以,这一群体是此类教育机构美术治疗主要面对的对象之一。

### 案例1-4

**一个13岁女孩用绘画实现的悲伤缓解**

"在我从事艺术治疗的第一年中,通过与一个处于前青春期女孩的接触,我更深刻地认识到,儿童会通过绘画来表达自己的内心世界,尤其是那些与精神有关的内容。13岁的萨拉在失去爷爷之后变得非常抑郁。萨拉的父母是教授,工作很忙。爷爷既担当爸爸、妈妈的角色,又担当奶奶的角色,所以萨拉同爷爷的关系非常亲密,甚至超过了她同父母之间的关系。爷爷的突然死亡是她生命中的一个巨大损失。

几个月的悲痛之后,萨拉到我这儿来寻求艺术治疗,她带来了一张前几天在笔记本上画的一张画(见图1-4)。她说她画的是一个令人难以忘怀的梦境。那个梦是开学前一天晚上做的,爷爷坐在一个椅子上,被孩子以及孙子们包围着,其中萨拉坐在爷爷的右边。在梦中,爷爷送给每人一个祝福并告诉萨拉他将要离开她了,她会一切顺利的。然后萨拉看到一只驯鹿从天而降,把爷爷带走了。这个梦给她一种令人难以置信的'安宁感',她对驯鹿带走爷爷这一现象感到困惑。虽然困惑,但驯鹿的出现让她稍感舒服,减轻了失去亲爱的爷爷的巨大悲痛。"

图1-4 一个13岁女孩画的爷爷离去的梦

([美]Cathy A. Malchiodi. 儿童绘画与心理治疗[M]. 李甦,等译. 北京:中国轻工业出版社,2005:254.)

不同职能部门所实施的美术治疗会有所侧重,不尽相同。注重诊断和心理治疗的美术治疗多用于医院、儿科诊所、心理咨询中心等医学治疗机构,侧重于行为治疗和教育治疗的多是辅助性治疗的主要方式,常用于学校、康复机构、社区等相近职能部门。

需要注意的是,治疗干预的前提必须根据当事人的障碍特点和接受程度进行素材准备,在任何形式的美术治疗中,都应给予当事人无条件的支持与接纳,只有同治疗对象建立相互信任的关系,才能开始相关的治疗或干预。单凭间接经验的主观分析和判断,套用美术治疗技术进行治疗干预是难以想象的,它不仅无法实现相应的改善治疗,还会产生适得其反的伤害,使当事人厌恶图像表现的方式,产生阻抗,这一点适用于所有的治疗对象。

## 二、美术治疗室

在美术治疗的实施环节中,作为治疗空间的治疗室是当事人首先接触到的第一部分,展开活动的空间位置、周围景观和室内细节,会对当事人的感受产生影响。房间内的光线、摆设、墙壁颜色和地板装饰等,都会引起当事人对即将进行的活动产生猜测。对治疗师而言,美术治疗室是治疗师和治疗对象之间的第三维成分,在整个活动中起到"治疗场"的作用,它是治疗展开的依托空间,是需要认真对待的重要环节。

首先,美术治疗室应有接近自然空间的自由度和丰富的艺术材料,充满温馨感和艺术氛围,让人走入时,会产生尝试创作的冲动和亲切感,这是能否引发美术行为的重要条件。其次,用于儿童的艺术治疗室还需考虑儿童的特点,设置相应的录音、录像设备,在不干扰开放空间展开活动的同时,随时记录治疗过程,跟踪儿童的能力发展状况,为研究儿童行为和治疗效果提供数据,保留完整的治疗过程。但要注意监控的界限和范围,最好在监控视线外留有一处私密的过渡空间,必要时可以增加孩子的安全感,缓解由于敏感、多疑等因素造成的适应困难,处理特殊状况。再次,还应对环境设施进行相应调整,以方便有生理残疾的特殊儿童自如进入。例如:增设轮椅坡道和手扶栏杆,方便行动不便儿童的进出;对视力受损的弱视或盲童,需增加触摸的引导设计,给颜色编上盲文编码,让所有的物品都能指引他们顺利展开活动;为多重残障儿童在墙壁四周配置手扶栏杆、带有开合口的桌子等,尽可能地为特殊儿童提供活动便利。最后,艺术治疗室还需设置一处专门摆放危险物品的地方,防止儿童单独接触到可能导致危险的物品(如剪刀、锡纸、石版画制作溶液等),不要让孩子能够直接拿到,只能在教师的协助或监督下才可以使用,以保证环境的绝对安全和友善。

怎样才能最大限度地利用现有空间作为开放的活动区域?如何放置各种艺术媒材?柜子打开的方式和供个人使用的储藏空间是否合理?这些细节需在使用前预先设置和安排好。孩子是否喜欢这个环境?治疗室中的艺术材料能否吸引孩子参与艺术活动?这些问题都是治疗师在开始前就要考虑到的,因为治疗室内营造出的空间是一个具有象征意味的"场",它将在每种治疗关系中起到重要的界线作用。

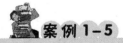

**案例1-5**

**治疗室的场作用**

进入艺术治疗室的人单独使用房间,所以他们每个人都和治疗师形成一种特殊的关系。然而,尽管每个当事人以不同的方式体验相同的空间,治疗室的空间在每种关系中仍然扮演相同的角色。它不仅是容纳当事人、治疗师和艺术素材的一个实践性空间,而且也是一个具有象征意义的空间。

所有的治疗都需要控制在框架的界线之内。每个星期的治疗将在某个特殊时间开始,而每次治疗持续的时间又都相同。如果当事人曾经缺乏稳定持久的关系,那么他就会觉得这个空间在一个星期内都是为他保留的。他会认为那个治疗空间是属于他的。对于当事人来说,治疗师是治疗室里面一个稳定的人物。治疗室让当事人从相同的艺术素材和治疗室的工作空间里面获得尽可能相同的选择的可能性。

([英]卡洛林·凯斯.艺术治疗手册[M].黄水婴,译.南京:南京出版社,2006:21.)

以笔者使用过的工作室为例：笔者的工作室（见图1-5）曾用来接待过两位不同类型的自闭症儿童，尽管他们只使用屋内的一半作为美术治疗的空间，但在某种程度上，整个空间是我们共享的，当事人可以看到堆放在屋角的画和正在进行中的画与工具。当他们进入工作室时，会感受到环境的"邀请"，产生想画的念头，此时"教师"提出的画画要求很容易得到他们的响应。在其他普通教室或办公室就很难产生这样的配合。在进行活动时，工作室是一个特定的创造性游戏空间，一些基本的美术材料（如各类笔、颜料、胶水、卡片、黏土和纸等）会激发孩子尝试表现的兴趣，有序的空间和固定的物品摆放可以衔接每次活动，使行为间的连续性得以保持，形成安全稳定的创作氛围。倘若环境设置不当，就有可能引起儿童的焦虑和不安，引发消极阻抗，这在需要心理干预的孩子身上表现得尤为明显。例如，当工作室被堆放了很多乱七八糟的杂物，仅剩一个通道和一小块桌面区域后，先前的秩序被破坏，当事人开始出现抵触和烦躁的状态，直到我们调整了"环境场"，将室外作为临时活动场所后，这样的状况才得到改变。所以，后来在布置特小美术治疗室时，笔者注意了环境作为"治疗场"的安全和秩序性营造（见如图1-6），有意识地分割了有序的和自由的两个活动区域（见图1-7），尽量为进入的儿童建立一个可以转换的空间。

图1-5　笔者工作室

图1-6　在培智小学治疗室的有序空间

图1-7　同一治疗室的自由空间

总体上说，理想的儿童美术治疗室应有可供观察和记录治疗流程的相应录像设备，有处理相关数据、保存治疗方案、建立档案的配套器材和空间，以及宽敞的活动区域。活动区域最好是明亮、通风、舒适，又有方便水源的大空间，里面有丰富多样的美术工具（如画板、画具、陶土材料等），有存放作品的橱柜和摆放颜料、美术材料的案台架子，有多种介质的艺术媒材（文学读物、音乐设备、影像等），最好再配备少量的卫生用品，比如碘酒、创可贴等，以防特殊情况下的不时之需。如果条件不允许，保证环境的安全和提供适用的材料，就是美术治疗室最基本的两点。

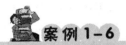案例1-6

**用于研究智力障碍的医院美术治疗室**

"这是一个大房间，适合小组工作。里面配备了四张大大的、桌面是福米卡贴面（白色）的桌子。需要的时候，这些桌子可以被折叠起来靠在墙边上。屋子里面还有八把小椅子和一把休闲椅子（矮的手扶椅），一个有六个抽屉的柜子和一架小小的竖直钢琴。通常只使用三张桌子。因为摆了四张桌子，屋子里面的活动空间就不够大了。某些个人的工作就在这个房间里面完成。

这间大屋子对于小型的封闭治疗小组来说是很理想的。六个人待在里面会很舒服。客户们通常选择围坐在三张大桌子旁，而且他们总趋向于每个星期都坐同一把椅子。如果有人没来，桌子旁就空出一把椅子，以提醒小组成员有人缺席。所有的当事人都很容易接触到放在洗手槽台面和柜子里面的材料，架子较高的几层通常用来存放作品。不久以前制作的艺术作品被储藏在柜子中，而且当事人能马上拿到它们。治疗课中，图画可以被取下来再贴上去。隔壁的语言治疗室有时候用做等候室，来得早的当事人可以待在那里。

人们可以通过单向屏幕从办公室里面看到治疗课，而治疗师可以用天花板上的麦克风录音。主要的工作人员还可以用屏幕观察每一次评估，护理专业的学生和艺术治疗专业的学生已经目睹过工作中的艺术治疗师。治疗师和具有挑战性的当事人单独工作时是有安全保障的。治疗师已经完成了一些关于治疗的手抄本。在使用屏幕和麦克风的问题上，艺术治疗师会和相关的当事人进行协商。但是，也有一些当事人虽然加入了艺术治疗部门却并不理解这种交流的含义。小房间里很安静，两个人可以在里面围坐一张桌子一起工作。可以在墙壁上展示作品，那里还有摆放纸张的架子。另外，还有一个水池和五斗橱。所以艺术工作所需要的一切物品都唾手可得。有些当事人特别喜欢房间里的这种亲切的气氛。"

（[英]卡洛林·凯斯.艺术治疗手册[M].黄水婴，译.南京：南京出版社，2006：25.）

妥当配置好美术治疗室的环境后，还应制定相应的使用规则，为进入的使用者设置一个约束的界线（如：要求进入的人不能无故毁坏材料、涂抹他人作品或破坏物品等），使对当事人的"无条件支持"与"接纳"处在一个相对安全的条件下。

### 三、治疗师

治疗对象、治疗空间和治疗师是美术治疗关系建立的基础,作为美术治疗的推动者——美术治疗师,需要具有艺术、心理和教育学方面的知识与能力,掌握感知线、形、色等图像形式意味的"第三只眼",才能更好地为当事人营造进行创造性美术活动的环境,行之有效地推进美术治疗的实现。

首先,美术治疗离不开"创造性美术活动"这一载体,艺术感知和创作是从事此业必须具备的能力,所以拥有艺术创作能力是成为美术治疗师的前提。其次,美术治疗的优势在于能将心理的治疗干预和机体的潜能开发融入实施的整个进程,因此相关的心理学知识和技能培养也是不可或缺的。只有具备了适用于治疗的艺术专业训练(如:艺术的直觉感知训练、形式语言的探索、艺术创作训练等),具有灵活熟练的材料运用能力,掌握心理学、教育学原理和运用技术的人员,才能在结合临床实践的基础上成为合格的美术治疗师。对于特教领域的治疗师,还需掌握相关的特教知识,增长对各类儿童行为问题和特点的了解,才能进行有效的治疗实践。在专业建设较为完善的地区,培养一位专业的美术治疗师须历经繁杂的学习和非常严格的筛选,只有经过专门机构的认可,才能具有美术治疗师资格。例如:"根据美国艺术治疗协会的要求,一个刚毕业的准艺术治疗师,需要在注册艺术治疗师(ATR)的督导下至少进行 1000 小时的艺术治疗临床实践,才能取得 ATR 的资格。取得 ATR 之后,才有资格督导别的艺术治疗师,并且参加艺术治疗协会的资格考试(Certification Examination),通过考试,成为更高一级的 ATR-BC(Board Certified)。"[①]此后每五年需有 100 个继续教育学分(Continuing Education Credits,CECs)才能保住 ATR-BC 头衔(从事私人开业的资质)。一些国家的美术治疗师还需拥有不同领域的国家执照,例如心理医师、精神医师、社工、教师或护士等。

#### (一)治疗师的职能

无论是因怯懦或抗拒产生的心理障碍,还是不善与外界沟通或情感封锁导致的隔离状态,都会导致儿童产生不同程度的交互缺失和焦虑,以及情感或心智阻碍。因此,儿童治疗师的首要职责是恢复和改善当事人的沟通状况,有的放矢地帮助当事人表现自我,为他们搭建与外界互动感知的桥梁,化解主观障碍,缓解或消除当事人的隔离处境,减轻他们的适应困难。其次,由于儿童具有感知觉处在发展中的成长特性,潜能发展的空间较大,所以特殊儿童美术治疗的重心在于协助他们实现心智的成长,治疗师肩负着改善当事人整体障碍状况,促进其发展的职责,这就需要治疗师能够在创造性活动中帮助当事人调试情绪,掌控自我,协助他们将所有心力用在发展潜在优势的努力中,促进其自我完善的进程。正因如此,治疗师的角色更具有教育引导的干预作用。

需要指出的是,由于治疗师兼具了心理治疗师和教育者的双重身份和职能,在针对各类特殊儿童的美术治疗实践中,心理疏导通常会是治疗师的首要事务。例如,帮助当事人认识自我、面对挫折、增长自信,改善特殊儿童的心因性行为问题,协助当事人度过生活中重大事件带来的心理突变,为他们提供相应的支持,理解生命价值等。这势必对从业者的心理素质

---

① 高颖,李明,等.艺术心理治疗[M].济南:山东人民出版社,2007:261.

提出更高要求,不仅需要有爱心和耐心,还需具备相当的自我调适和化解负面情绪的平衡能力,只有这样才能面对持续的消极处境,减少职业倦怠,这也是从业人员将要面对的自我挑战。

**(二)治疗师与心理分析师、教师、艺术家的差别**

儿童治疗师以艺术家的方式展开工作,像教师一样与当事人互动,发挥心理疏导和支持的作用,为特殊儿童提供身心治疗的服务和能力拓展的训练,然而美术治疗师不等于心理分析师、教师和艺术家职能的简单相加,治疗师的工作具有多重的综合成效,所产生的作用也是统整而融合的,这与单一行使职能的从业者有着本质的区别。

1. *美术治疗师与心理分析师的不同*

虽然心理疏导与干预是儿童美术治疗师工作的基本内容,但美术治疗师更关注进行治疗的艺术创作过程,而不是对符号的诠释分析,治疗师与当事人沟通的形象介质可以具有多重性,这种模糊性承载的多层意味,是治疗中借以转换意象象征的开放符号,它为当事人提供了私密性的安全保障。这一审视"美术"介质的视角,有别于心理分析师的诠释分析,需要熟悉艺术媒材的形式特质和材料性能,具有更为深入的艺术经验(如:视觉感知、美术的形式语言、创作等)才能胜任。尽管在美术治疗发展初期,也曾有过强调治疗忽略美术能力培养的主张,但美术治疗离不开创造性美术活动的事实,使这样的意见无法产生更多的回应。而且,美术治疗师运用美术材料的技巧远远超过偶尔借助绘画进行分析的谈话心理治疗师,并具有利用媒材根据情境转换角色的特点,其职能范围超出了单纯的语言分析心理的层面。正因如此,没有艺术能力训练的心理治疗师不能很好地行使美术治疗师的职能作用。

2. *美术治疗师与美术教师的不同*

虽然治疗师担负着组织美术活动的教师职责,但其工作特性与"以艺术技巧和教学原理建构美术技能教学"的美术教师有本质的差别,他们架构美术活动的重心是儿童的阶段发展需求,设计和把握活动的角度是心理学原理和技术,其目的是实现儿童的心理健康和潜能发展。所以,治疗师更关注参与者在创作过程中的个体心理与能力变化,仅把美术技巧的提高看成是能力推进的一个方面,而不是唯一的目的。尤其是以心理治疗为目的的美术治疗,更须具备相当的心理干预技术和丰富的美术创作能力,仅具备造型训练和美术表现技能的美术教师无法胜任这样的工作。所以,美术治疗师的能力培养会将"创造性"放在艺术能力的首位,所涉及的艺术领域和范围也比美术教师宽泛许多。诚然,如果美术教师具备了相应的心理学和艺术创作的能力储备,可以成为出色的治疗师,如凯恩等。

3. *美术治疗师与艺术家的不同*

具有艺术感知和创作能力的美术治疗师不同于纯粹的艺术家,治疗师与当事人展开的创作活动具有客观性和针对性,是依当事人的情境需要而存在的,治疗师在整个艺术创作过程中不处在表现的主导地位,却控制和把握治疗空间的整体性,是为他人提供支持和帮助的开放性创作,关注创作中的移情导向。而艺术家的创作更为自我,具有个体化的私密性,无需对他人和外在空间负责,也不用顾及艺术表现的趣味指向,具有绝对的创作自由度,甚至可以是封闭和排他的。因此二者同类但性质不同。但是,艺术家若有助人之心,具备心理学知识和教育经验,倒是很好的治疗师人选,如克莱曼、罗宾斯等。

综上所述,旨在明晰现阶段美术治疗师的工作视角、范围与职能特性,让大家更好地理解和认识特殊儿童美术治疗师的能力培养和工作性质，以便了解治疗师的综合素养是影响美术治疗成效的关键因素，从业者是否能娴熟运用美术与儿童建立亲和友善的关系，能否在美术活动中判断儿童的感知特质，能否较好地利用心理学原理实施教育干预，是从事特殊儿童美术治疗的先决条件。这里并没有强调治疗师与其他相关职业之间不能转换的意图，事实上，心理学界、教育界和艺术界是产生美术治疗师的沃土，在美术治疗出现的初期和专业建构不完善的地区，一些供职于相关部门的艺术家、美术教师和心理医师是治疗师的主要生力军，正是这些具有多重经验和综合学识的教育界人士、艺术家或心理学医师开创了美术治疗专业，在临床实践的基础上总结出相关的理论和技术，为后来者提供了参照标准。

有了治疗室、治疗对象和治疗师，似乎已经具备了进行美术治疗的所有条件，其实不然，这里还需加上展现过程和结果的载体——作品，才能让整个美术治疗得以实现。由于作品是美术治疗"始"与"终"的治疗媒介，它所包含的意义、经历的过程和最终呈现都具有特殊的意义和作用，所以，艺术作品的展示与否，展示的时间和空间也就成了实施美术治疗需要考虑和安排的重要内容。

**四、作品的展示**

我们发现，在已有的实践中，作品的展示有着双重意义，是在治疗室内展出，还是在特定的公共空间展出？其意义和作用大不相同。恰当地公开展示体现当事人能力的美术作品，不仅对参与治疗的特殊儿童有激励信心、改善情绪的作用，还会对其他即将参与美术活动的观看者产生正面影响，有利于儿童自我表现力的提升。但具有特殊意义和敏感内容的作品须慎重对待，该类作品的不当展示有时会适得其反。例如，公开展出未经当事人同意的心理治疗作品，就有可能阻碍治疗效果的良性增长，对当事人造成不利影响。尤其是还在进行中的治疗作品，更需谨慎，只有等当事人主动提出把某一幅作品展示出来时，治疗师才可以展出其作品。作品的展示方式是整个治疗不可分离的一部分，只有在适当的时机，以适当的方式展出作品，问题才会随着作品展示的公开化出现积极的作用。

公共的治疗空间不宜用来作为作品展示的主要地点，治疗室内较为明朗整洁的墙壁有益于进入的成员专注地进行各自的美术活动，如果室内有展出的作品，会引起进入成员的评论和比较，极大地影响这些参与成员的动力机制。所以，公共治疗室只能作为暂时的展示区域，不宜作为主要的作品展示区域。当一组成员活动结束时，可以让孩子们将作品收好，为下一时间的使用者腾出空间，保持环境的一致性。可以选择通过在特定公共空间不定期或长期展出当事人认同的作品，进行持续的支持和鼓励。

用于个体的治疗室，则可以利用作品展示推进治疗关系的递进。因为私密空间的作品展示可以促进共情的形成，有利于当事人对环境和治疗师的接纳与认同。所以，在阶段性使用个案治疗室时，可以将作品展示作为"环境场"的一部分加以利用，选择可以与个案状态产生联系的作品，或当事人自己的相关作品进行展示，以配合治疗空间的"场"效应，带动治疗活动的推进。比如：治疗师可以及时征询当事人的意见，了解其是否愿意将画挂在墙上，倘若当事人认同与治疗师共同拥有治疗空间就会响应要求，此时"展示作品"成了治疗师的一个重要的治疗媒介，作品被郑重挂出，预示着当事人和治疗师的关系发生了微妙的变化，当事人能感到被尊重和认同的感觉。展示的作品会引领当事人和治疗师一起体验作品内蕴含的意义和意象波动,这种展示引起的"观看"有别于日常生活中的观看,它使当事人可以从旁观者的角度审视自己,在重新体验作品的过程中,象征当事人心路历程的作品会生发出许多新的意味,在与治疗师共享的反观中,整个作品与每个细节都可以促进当事人的再认识,唤起当事人独特的感受。因此,作品无论成功与否,都会是当事人理性分析和了解自己的渠道,不管他对自己作品作出何种评判,都会作用于制作者的心理,产生治疗效应。在此环节中,展示的作品成为极其重要的心理治疗介质,如何处理治疗中和治疗后的作品展示,便成了有效开展美术治疗需要面对和考虑的重要问题。从这层意义看,治疗对象、治疗室、治疗师和作品是进行美术治疗不可缺少的四个基本环节。

需要补充的是,即使是用于个体的治疗室,也最好将展示区与活动区分离开来,以免因作品被污染而引起当事人对深入治疗或干预的情绪阻碍,治疗师还需定时取走已经结束的个案作品,将其放在固定的位置收好,以备不时之需,杜绝因该类作品展示带来的不必要的麻烦。

## 本章小结

作为本书的开篇,本章着重为大家介绍美术治疗概念的出现、演进及理论探索和发展,为大家展示美术治疗产生的原因、现状和现有阶段的实践趋势,帮助大家了解形成特殊儿童美术治疗实践的大环境,通过阐述涉及特殊儿童美术治疗实践的四个基本环节,让大家对实施特殊儿童美术治疗有个初步的认识。

首先,我们通过梳理 Art therapy 一词产生和演变过程,帮助大家理解艺术与治疗的关系,认识美术在治疗康复领域的功效、作用、拓展过程,了解美术的治疗含义及综合艺术治疗观的形成。让有志于此的读者用发展的眼光继承和借鉴前人总结的经验,为自己的实践寻找一个有效的支撑点。其次,通过对概况、历史的回顾,我们也希望尽可能将已知资料和线索提供给大家,为大家深入了解美术治疗发展及前沿动态,提供一扇窗口,便于各位今后顺藤摸瓜地自我学习和探索。最后,笔者试图在例证的基础上,提请大家注意实施治疗需要具备的四个基本环节,以便大家更好地理解以当事人为主体的特殊儿童美术治疗。

## 思考与练习

1. 什么是美术心理治疗取向的美术治疗?什么是美术行为治疗取向的美术治疗?
2. 综合艺术治疗观是如何形成的?
3. 为何说发展心理学派为特殊儿童美术治疗提供了更宽广的理论基础?
4. 为儿童设置的美术治疗室需注意哪些问题?理想的美术治疗室会有哪些功能?
5. 学校的美术治疗师和美术教师有何区别?

# 第2章 针对特殊儿童的治疗理论和技术依据

**学习目标**

1. 了解和认识本章介绍的精神分析原理与心理动力学原理的关系。
2. 了解移情和审美移情在美术治疗中的特点,认识移情转化的作用。
3. 认识现象学研究方法和场理论在整个康复治疗实践中的作用。
4. 熟悉以现象学和场理论为基础的格式塔原理及其视觉法则。
5. 了解审美经验在整个美术治疗中的重要性和知觉形成过程。
6. 了解同质同构、异质同构在建构知觉与情感经验中的作用。

由于心理学理论尚不完备,隶属于心理治疗领域的美术治疗理论和实践又处在发展中,所以,以往的大多数美术治疗师,并不以某一流派的观点为最终指导,而是在实践摸索中,或多或少地采取折中的方式,取各家精华为我所用,以发展自己的应用技术。又因特殊儿童美术治疗的宗旨是帮助当事人发展个人的潜能,认识内在自我,促进自我发展,因此,在运用艺术手段进行教育康复的进程中,所有有效理论和方法的印证都应被重视。

**知识小卡片**

> **什么是直觉?**
>
> 直觉是直接的觉察。"广义地说,直觉是包括直接的认知、情感和意志在内的一种心理现象;狭义地说,直觉是人类的一种基本的思维方式,是在实践经验基础上由于思维的高度活动而形成的对客观事物的一种比较迅速的直接的综合判断。"它不严格遵循逻辑规则和推理的严密性,是建立在以往经验和综合觉察上的无意识思维。
>
> (李元授.创造训练[M].武汉:华中理工大学出版社,1999:125.)

艺术之所以可以超越语言障碍和地理距离,实现感知上的跨越,得益于自然赋予人类的整体感知潜能——直觉。然而,以视觉状态呈现的心象所包含的实际内容,是现有语言无法描述的盲区。从不同角度确认的有效理论,都像是盲人摸象,为我们揭示了艺术产生治疗作用的某个局部面貌。因此,尽管我们梳理了美术治疗的发展史,了解了异彩纷呈的流派主张,但并不意味着我们必须固步自封地遵循某家观点,而是应该以开放的态度看待各流派的理论演进,因人而异地借鉴有效经验,探索最佳的技术融合,以实现最大的教育治疗功效。

所以，本章重点从特殊儿童治疗康复理论的效用分析和技术运用出发，在前人的基础上，将实践中摸索出的理论脉络和技术依据呈现出来，为探索用于特殊儿童的美术治疗实践，提供一个参考，集思广益，激发大家对建构完善理论的思考。

## 第1节　精神分析原理

美术治疗的基本概念（如无意识与意识、阻抗与防御、自由联想、升华等）大多源自心理学中的精神分析原理，了解早期精神分析的基本原理和核心概念，是认识以美术为介质的心理治疗过程的关键，也是在美术活动中运用心理分析和动力心理学技术实施治疗干预的重点。随着精神分析理论的更新，一些源于弗洛伊德的基本理念获得了更为合理的解释，这也为诠释创造性艺术活动产生的治疗性提供了有力依据。所以，有必要给大家较为详尽地梳理和介绍这些相关的理论内容，拓展对其原理的深入理解。考虑到精神分析原理和心理动力学原理都具有极为重要的作用，我们将其分为两节进行叙述，以便有所侧重。

让我们先了解一些相关的基础概念。一是意识的层次。弗洛伊德把人的心理分为三种不同层次：意识（conscious）、前意识（preconscious）和无意识（unconscious）。前意识介于意识和无意识之间，存储最近的经历内容，是处于我们注意范围之外的意识成分，这些意识成分很容易进入意识过程中转为意识。无意识是我们意识不到的意识成分，它包含着部分被压抑的愿望、内化的压抑机制和不被我们意识到的部分意识，它们无法进入意识。部分前意识和无意识组成了潜意识。潜意识不仅是指意识外的某个心理活动，还意味着在意识之外存在着一个心理活动的系统，即原发过程和继发过程两个思维阶段。

### 知识小卡片

**什么是原发过程（primary process thinking）和继发过程？**

原发过程是指思维中没有被我们察觉和意识到的思维活动，它是心理过程中的无意识状态。继发过程则是其后出现的有意识的、连续的思维活动。

在这里，精神最原始的基础层被称为"本我"，与现实相适应的机能主体被称为"自我"，"超我"则是人类社会道德为个体所摄取的部分（它们的成分如图2-1所示）[①]。在人的意识中，"自我"和"超我"对"本我"有检查的作用，一些在现实中不可能获得满足的愿望，会以梦或象征性活动（如口误、笔误、幻象、神经症状等）的形式，在检查机制较弱时浮现出来，这就是人会产生这些现象的原因。在此基础上，弗洛伊德提出了自己的人格结构理论。

---

① 图示和下面的解释选自张明.人格心理学新论[M].长春：东北师范大学出版社，2001：32.

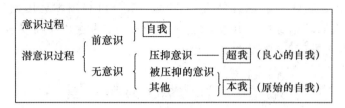

图 2-1　意识的层次

二是人格的结构。弗洛伊德认为,"本我"、"自我"、"超我"是组成人格结构的基本要素,在心理活动中,它们遵循各自的原则,在人格形成中发挥着不同的作用,共同形成了整体的人格结构,概括阐述如表 2-1 所示。

表 2-1　三个基本要素的区别

|   | 组成成分 | 性质 | 功能 | 遵循原则 |
| --- | --- | --- | --- | --- |
| 本我 | 完全是无意识的,无理性的,由原始的本能冲动组成 | 这些能量是我们一切行为的终极动机。具有非理性的特点 | 没有时间维度,因此压抑到本我中的记忆可以保持得像被压抑刚刚发生时一样强烈 | 快乐原则 |
| 自我 | 从本我中获得能量,是由意识和少部分无意识组成 | 合乎逻辑,受现实原则支配,是内心意识,具有理性的成分 | 功能是做出决定和处理外界现实 | 现实原则 |
| 超我 | 从自我发展出的理想自我,是父母权威的内化,大部分是无意识的 | 主要分为自我理想(确定道德标准行事)和良心(对违反道德标准的行为进行惩罚),是内在的制约机制 | 执行父母早年的职责,存储关于应该做什么和不应该做什么的规则与禁忌。常起到内在监督作用 | 道德原则 |

倘若我们把"本我"看成是一辆随时发动的机车,"自我"就是驾驶这辆机车的驾驶员,"超我"便类似于交通规则。"自我"既要对"本我"进行检查,防止被压抑的东西扰乱意识,还要在"超我"的指导下,按照外部现实的条件,驾驭"本我"的要求。"自我"同时面对"本我"、"超我"和外部现实,协调它们之间的关系。"超我"与"自我"分离,却有控制自我的能力,它是人在成长中逐渐形成的自律意识。在弗洛伊德的理论中,心理问题的产生是由于"本我"的需求和"超我"的规则在面对外部现实中无法调和而出现的,这种冲突直接导致了自我控制的失当。所以他说:"自我是焦虑的实际的所在地。"①从此引发了精神分析领域对本我、自我、超我与潜在意识探究的开端。

他还总结出人格心理发展需要经历的五个发展阶段,即口唇期(0~1岁)、肛门期(1~3岁)、性器期(3~6岁)、潜伏期(6~13岁)、生殖期(12~18岁左右),描述了每个阶段将会出现的冲突特征,指出人在成长期各阶段获得的满足过多或过少,都可能导致心理发展的停滞,使个体部分的心理能量总是投入在某一特定时期,出现与整体发展不相适应的行为表

---

① [奥]西格蒙德·弗洛伊德.弗洛伊德后期著作选[M].林尘,等译.上海:译文出版社,1986:207.

现。这些理论为我们理解人的儿童期在人格形成中的重要性奠定了基础。

在本节,我们将重点论述精神分析原理中,与特殊儿童美术治疗有关的核心内容和概念。

**一、本我与潜意识**

"意识"和"无意识"是思维活动不可或缺的两个区域,一小部分意识出现前的前意识成了意识和无意识的连接区,三者间维持着一种动态的平衡。前意识中没有被意识到的和无意识部分,便是我们需要深入了解的"潜意识"。"本我"、"自我"、"超我"三个人格要素是游走其间的思维元素,"自我"受到"本我"、"超我"的影响,在交互协调中产生了一系列心理防御机制,便是我们所感受到的各种心理反应(例如压抑、退缩等)。如果"自我"能够整合内部驱动力,使内在的"本我"能量与"超我"规则相谐调,便能适应外部现实,形成健康的自我。所以,本我与潜意识活动,是影响人心理状态和自我行为的重要因素,也因此成了特殊儿童美术治疗进程中被关注的心理内容。

**(一)本我**

弗洛伊德在1923年撰写的《自我与本我》[①]一书的论述中,将潜意识内的"本我"看成原始欲念,其德文原文为中性词 Es,代表思维的原始程序。同为潜意识心理机制的"超我",使用的是德文 Über-Ich,代表一种制约"我"的道德及法律规范。属于意识层次的"自我",直接采用"我"的德文称呼 Ich,是承受和整体协调"本我"与"超我"冲突,认知外在现实的中央枢纽,也是展现人格行为表征的自我。他用 Es 来指代"包括支配人的深层力量在内的非人格的、非意志的、无意识的、自然的事物"[②]——"本我",就是表明它是不能被个体的意志所转移的存在部分,是意志难以控制的那部分最原始的本能。后来者在实践基础上推进了对"本我"内涵的认识,提出了伊德(英文译为 Ide)是尝试本能的"心理虚空"[③]理论,把"本我"看做是中性心理能的发源地,认为"本我"包含了人先天具有的生物学和心理学天赋,及人类演化进程中贮存起来的民族性集体记忆和出生以后个体发育初期被压抑的记忆,在为"自我"和"超我"提供能量的同时,"本我"还在寻求原初冲动欲望的满足。在"快乐原则"的支配下,未实现的"本我"一方面会表现出自发性机体反应(如眨眼、打喷嚏等"反射性"活动),以消除因紧张产生的不适反应,另一方面会出现被弗洛伊德称作"原发过程"的意识状态,形成与消除紧张有关的持续性心象过程(如焦渴之人会出现水的意象;饥饿之人会产生美食幻象等),这是贮存于记忆中的欲望对象的再现,也是本能消除紧张的一种自然方法。"画饼充饥"、"望梅止渴"等典故,便是这种现象最形象的表述。这对我们理解意象的形成和作用,具有直接的意义。

---

① 《自我与本我》英文版为 *The Ego and the Id* 德文原版原名 *Das Ich und das Es*,弗洛伊德的生平及相关资料可查阅 http://zh.wikipedia.org. 维基百科。在一些英文译著中"本我"被直译为"伊德"(Id)。
② 张明. 人格心理学新论[M]. 东北师范大学出版社,2001:32.
③ [瑞士]西尔维奥·方迪. 微精神分析学[M]. 尚衡,译. 北京:生活·读书·新知三联书店出版,1993:45-97.

**知识小卡片**

**伊德(Ide)指代的是什么？它和"本我"(Id)是怎样的关系？**

伊德(Ide)是起支配作用的深层动力，拥有无限的、先于染色体而存在的尝试潜能，具有中性和相对性的特点，是唯一的本能。伊德遗传是心理和形体遗传的中性基础。

本我(Id)是伊德遗传的载体，伊德是本我的动力源，本我在伊德能量与死亡——生命冲动之间起突触协调作用，是人的身心动力基础。伊德通过本我成为潜意识的动力源。

（解释参考了方迪.微精神分析学[M].尚衡,译.北京：生活·读书·新知三联书店出版,1993.）

弗洛伊德在《自我与本我》中还曾表述过，只有曾经一度是意识知觉的某物才能够变成意识，任何产生于内部的某物要想成为意识，必须试图把自身变成外部知觉——这只有依靠记忆痕迹(memory—traces)，才有可能实现。他试图通过"视觉记忆残余"的个体发生和种系发生，来说明"视觉思维"(visual thinking)特性是如何先于语言的逻辑思维，实现无意识到意识的转换的。在他后期的著作《科学心理学计划》一书中，就提出了"神经元的理论[①]"，甚至试图解释这种现象发生作用的原理。而今的"神经生物物理学"延续了他未能实现的探索（深入研习可参看该学科的相关书籍），在探寻神经元是如何通过集体活动赋予人类智慧的研究中，科学家发现了视觉在感知、行为、学习和记忆信息加工过程中的两条平行通路，指出"在所有的感觉器官中，视觉器官提供的信息量最大，最丰富多彩。人脑接受外界信息的80％是通过视觉完成的。"[②]这为我们认识潜意识中的"本我"活动提供了间接帮助，也为我们认识心智成长中视觉形式的作用，以及意象在形成和干预意识中的优势，提供了心理学理论和生理学解释。

（二）潜意识

随着精神分析理论和实践的发展，对潜意识的论述也出现重大的突破，以弗洛伊德基础理论为背景的潜意识说，被赋予许多新的内容。其中，其弟子荣格的学说尤为引人注目。在荣格理论的形成中，我们首次看到了东方文明的光芒，它为我们架起一座通向东方智慧的桥梁。

1. 弗洛伊德的潜意识说

弗洛伊德揭示了无意识的客观存在，指出无意识不是静止状态的，它包含诸多未被意识到的潜在意识，又包含本我的原始冲动和被意识压抑的、一般情况下不能意识到的精神活动。他发现无意识内容不能直接进入意识，而是通过前意识后才会进入到意识里，强调了自我和超我在意识和无意识间的"检查"和"看守"作用，并把无意识内的内容在成为意识之前所处的状态称为"压抑"，指出产生"抑制"的最终根源在"超我"，提出了"欲望替代性满足"的理论，为我们找到一种可以消除这种对抗力量的"象征替换"的转移方法，从而促成精神分析技术的出现。南伯格就是以弗洛伊德的压抑理论为基础，建构了自己的美术心理治疗理论，克莱曼则是在替代性的升华理论中发现了艺术的治疗性。

---

[①] [瑞士]西尔维奥·方迪.微精神分析学[M].尚衡,译.北京：生活·读书·新知三联书店出版,1993：17.
[②] 丘冠英,等.生物物理学[M].武汉：武汉大学出版社,2000：268.

2. 荣格的潜意识说与集体无意识理论

荣格修正与拓展了弗洛伊德的"潜意识"理论,提出心理的潜意识不仅区别于意识,也补偿意识,他认为个体潜意识"来源于一种远比它更要古老的无意识心理,这种无意识心理与意识合作或者置意识于不理睬而继续单独作用"[①],是人类在漫长演化进程中累积形成的沉淀物,他称其为集体无意识。在他总结的以意识、个体无意识和集体无意识组成的心灵结构中(见表2-2),心灵代表了人的整个人格,囊括一切意识的、潜意识的思想、情感、行为及其趋向,集体无意识是先天存在的,是以"原型"(呈现为原始意象)为内容的一种潜在意识,这一理论是荣格有别于弗洛伊德理论的最核心的部分。在荣格的集体无意识理论中,下意识反映的集体经验是"超个性的共同心理基础",他将其解释为源于人类祖先,具有某种程度的普遍性,是无数同类经验沉积、凝缩而形成的心理定式和思维定向,以此论述为何人在相似情境下,会出现与其祖先相似的行为倾向或思维模式,指出这是一种先验经验的自然反应。他称"原型"意象是人天生的感受和理解形式,具有再现、直觉、先验的特点,"同那些把人引向只为人所有的生命行为的本能一样,原始模型也把感受和直觉限制在只为人所有的一些形式下面"[②],所以,"原型"是人最具动物性的种族遗传,是本性中最原始的部分,具有多重性。这为我们理解意象思维特点,分析和探寻特殊儿童的心理特质提供了理论参考。

表 2-2　荣格的心灵结构

| 意识层次 | 位置 | 成分 | 性质 | 内容 |
| --- | --- | --- | --- | --- |
| 意识 | 人格结构的最顶层 | 心灵中能被察觉和感知到的部分 | 认知、逻辑和一切可察觉的意识内容,是最浅的层次 | 经验、认知等可以认识到的理性内容 |
| 个体无意识 | 人格的第二层,它是潜意识的表层 | 曾经被意识过但被压抑后从意识中消失的部分 | 是后天沉积的,带感情色彩的内心"情结",由个体成长中被压抑后消失的记忆内容组成,"情结"是精神生活的焦点和节点。可以进入意识 | 一切被遗忘的记忆,知觉和被压抑的经验,以及属于个体性质的梦、幻觉等 |
| 集体无意识 | 是人格结构中最底层的部分 | 从来没有在意识中出现过,完全通过遗传而得来的部分 | 是一种本原的"原型"模型,具有遗传的先天倾向,带有恒定性及规律性,普遍存在于每个人身上 | 包括人类的活动方式和人脑结构中的遗传痕迹 |

荣格着重诠释了最突出的四种原始意象:人格面具(Persona)、阿妮玛(Anima)、阿妮姆斯(Animus)、阴影(Shadow)(见表2-3),指出最具符号性和趋同性的"人格面具"在精神性疾病的治疗中极为重要,它既可能有利,也可能有害。"阴影"原型最自然、本能,也最强大、危险,是具有动物性的负面本性,也是潜意识中最基本的心理原动力,人只有接纳它的存在,才能完成个体化的整合,所以它是改变和影响人的整个生活的重要因素。人也因此天生具有成长与毁灭的两种力量。

---

① [瑞士]F.弗尔达姆.荣格心理学导论[M].刘韵涵,译.沈阳:辽宁人民出版社,1988:12.
② 同上书.

表 2-3　荣格的四种主要"原型"模式

| 人格面具 | 阿妮玛 | 阿妮姆斯 | 阴　影 |
|---|---|---|---|
| 是个人公开展示的一面,其目的在于给人一个好的印象,以保证能够与人,甚至不喜欢的人和睦相处,实现个人的目的 | 是男性心理中女性的一面 | 是女性心理中男性的一面 | 是精神中最隐蔽的部分。直接影响个人与其他同性别的人的关系。他们往往把自己受排斥、受压抑的暗影冲动强加到别的同性别的人的身上。因而与同性别的人之间总是处不好。唯有当自我与阴影相互协调和谐时,人才会感到自己充满生命的活力 |

在荣格关于美学的思想论述中,他指出集体无意识及其原型是人类艺术灵感的发源地,"无意识通过想象产生出象征",这些"象征"始终与人的心灵生活相生相伴,艺术创作中形成的原型意象具有潜在的心理意义,"通过这种造型,艺术家把它翻译成了我们今天的语言,并因而使我们有可能找到一条道路以返回生命的最深的泉源"①。他不仅把艺术看成是民族和时代生命中的一种自我调节过程,还将艺术活动看成是实现人格突破与成长,转化与整合人格的有效形式,指出艺术使个体化过程不仅以一种幻觉存在,还逐渐成为一种实在。他在自我分析的实践中,论证了象征性绘画带来的领悟实现,称其是"自性化"推进的有效手段,这为我们借助意象形象构建意识互动桥梁的心理干预方法,提供了重要的美术治疗依据。结合荣格对人的八种不同心理类型的总结,我们还可以推进儿童艺术心理的研究。

荣格的贡献还在于发现人类天性中,除去生殖本能外,还有"自我表现"和其他的重要冲动,提出了以自性为核心的整合过程——"个体化进程",避免了弗洛伊德只关注本能机制和个体研究的局限性。荣格本人算得上是第一位在心理治疗领域正式确立艺术应用理论的先驱。在他的理论中,起积极作用的东方哲学思想推进了他对本我与潜意识的再认识,完善了他的心理治疗技术,这些无疑为美术治疗的延伸做了积极的理论引导与技术铺垫。

3. 东方哲学的影响

20 世纪 20 年代初,与弗洛伊德分道扬镳后的荣格,通过绘制曼荼罗(如图 2-2)产生了"自性化道路的领悟"②,使他走出了自己的"黑暗期",这也成为他确立新起点的重要标志。

在此期间,研究东方文化的理查德·维尔海姆③(Richard Wilhelm)的出现,成为荣格

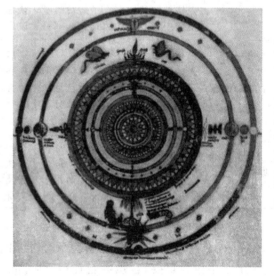

图 2-2　荣格绘制的第一幅曼荼罗(1916 年)

---

①　出自吴林晓摘录的《荣格的美学思想》http://ihbz.blogbus.com,转引自[2008-06-24]http://hi.baidu.com/fairytale_of_autumn/blog/item/b790897fe33bc10d28388a05.html

②　申荷永.荣格与分析心理学[M].广州:广东高等教育出版社,2004:36.

③　理查德·维尔海姆中文名为卫礼贤,与荣格合著的著作为《金花的秘密》,德文原著名 Das Geheimnis der goldenen Blute.英文版名为 The Secret of the Golden Flower,源自中文《太乙金华宗旨》。

超越理论困境与局限,拓展透析潜意识的重要契机。荣格曾表述说:"维尔海姆一生所从事的工作,对我来说是如此的重要和具有价值,是因为他为我解释与证实了我过去一直在追求、在思考、在向往,以及在从事和研究的东西。"[1]维尔海姆带给荣格的中国文化基因,从根本上改变了荣格的世界观,也成为荣格分析心理学的基石。在维尔海姆看来,中国哲学是关于人心的探究,弗洛伊德和荣格关注的无意识领域,早已存在于中国文化心理所包含和论及的哲学思想之中。在两人合著的《金花的秘密》(参看图 2-3)一书序言中,荣格写道:"它对于我的研究尤为重要,正可谓雪中送炭……维尔海姆送给我的这本书稿,帮助我从困境中走出……这样,这本手稿,至少是在这一阶段,为我提供了来发表我的一些关键性研究结果的好机会。"[2]《金花的秘密》见证了荣格通过绘制曼荼罗获得的自性感悟,使他触及《易经》中的东方精神,这本书也由此成为东方和西方进行心理学理解的桥梁。在包含了易学、道教、禅宗、藏传佛教等多种东方思想观念的影响下,荣格逐渐充实完整了自己的心理分析体系。曼荼罗、阴阳太极等意象图式曾深刻地影响了荣格对潜意识领域"原型"的思考,他认为曼荼罗"便是自性即人格的完整性"[3],而"太极"就是一种重要的原型意象,虽来自中国,却具有普遍的世界意义。

维尔海姆　　　　　　《金花的秘密：关于生命的中国书》
(Richard Wilhelm,1873—1930)　维尔海姆与荣格合著

图 2-3

在东方的观点中,生命之"神"包括魂、神、意、魄、志。这里的"意"亦绝非仅指意识、思维,而是指隐在意识中、潜在思维里的内在人格。显示"意"形成的过程会经历觉、思、识三

---

[1] 维尔海姆(卫礼贤)的德文译本" Das Geheimnis der goldenen Blute Ein ChinesischesLebensbuch",1929 年初版于慕尼黑,荣格的长文作为"European Commentary"收入。1938 年的修订二版(苏黎世)增加了荣格的新序和记念卫礼贤的文章。1957 年增订的第五版(苏黎世)又收入了《慧命经》的相关译文及卫礼贤夫人 Salome 的新序。贝恩斯的英译本"The Secret of the Golden Flower A Chinese Book of Life",出版于 1931 年。荣格的长篇评论已分别收入普林斯顿大学出版社出版的英文版《荣格全集》第 13 卷《炼金术研究》(Alchemical Studies,1967)和荣格著作选本之一的《心理学与东方》(Psychology and the East,1978)。

[2] 芭芭拉·汉娜.荣格的生活与工作——传记体回忆录[M].李亦雄,译.北京:东方出版社(曼荼罗丛书),1998:145.

[3] 申荷永.荣格与分析心理学[M].广州:广东高等教育出版社,2004:36.

步。它们都由身体的感觉器官去"感"和"知",才会被觉悟到。感知的过程又会通过"感"的感觉、感思、感识三个初级思维过程实现,"知"由知觉、知思、知识三个依次推进的思维来完成。这些论述既精简又深远,与弗洛伊德论及意识的思维原发过程和继发过程的解释有异曲同工之妙。在东方哲学中,"悟"才是通达化解的最高形式,这一形式以悟觉、悟思、悟识来呈现思维的递进层次。艺术正是感"思"的创造,属于直觉思维,科学概念是知"识"的产物,是逻辑思维的结果。直觉的感知和运作更利于接收和传达视觉经验,可与视觉性的心理活动相对应。东方哲学的滋养和补充,既维系了对精神做心理学分析的可能性,又拓展了图像在感知和心理运作之间的意义空间。

**(三)美术治疗中的本我与潜意识**

无论是弗洛伊德和他的直接追随者,还是荣格,他们在精神分析领域所做的努力为今天的我们认识"本我"与"潜意识"关系提供了广阔的视野。潜意识活动中具有象征功能的心象不仅在梦中出现,也会在清醒的想象中通过视觉活动呈现出来。荣格在患者联想产生的梦境或美术作品意象中,"发现了原型意象对人们心理整合的力量,通过引导,可以用于心灵的康复"①,把超越机能的象征形成看做是心灵直觉灵感的呈现,相信象征性的行为可以重塑和改变人的心理活动和人格面貌。但这种运作必须在获取潜意识内容的前提下才可能达成。他提出了采用绘画、泥塑等多种实现无意识"心象"显现的方法,这些都为特殊儿童的美术治疗探索起到了积极的启示和指导作用。

在潜意识中,心灵表达和感受的方式常常表现为一种象征性的原发过程。儿童,尤其是特殊儿童的认知状态更为接近这种思维过程,他们几乎是自发的使用象征性思维。运用视觉形象的交流,比语言更符合特殊儿童的这种原始思维惯性。使用视觉的方式了解儿童的潜意识活动,不仅自由、全面、隐晦,还能绕过思维的阻抗,缓解当事人潜在的抗拒性,是激发自由联想的最佳手段。在无意识行为较为明显的重度特殊儿童中,象征性行为和形象的使用,更能有效地影响他们的潜意识活动,看似信口胡说的"象征性话语"和视觉形象更易对应他们的理解状态。通过在形象互动中潜移默化的内化作用,可以重塑或改变他们的心理活动,还能协助他们将冲突、堵塞的反应机制恢复到自然状态。在治疗中,当事人对一个重要象征的体验,可以直接导致深层的理解和领悟。如果能够通过"意象"改变技术,消除焦虑、抑郁等消极"情结"的潜意识反应,改变意识中积压过快或失当引起的情绪反应,就有可能平复因不适造成的过激情绪。

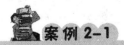

**案例 2-1**

**短程的突发情绪干预案例:YY 的"家"**

情况介绍:YY是一位重度自闭症儿童,10岁,男孩,在培智小学就读,具有自闭症儿童特有的行为特征,除了机械地重复别人的语言外,极少有自发语言,习惯于固定的人、环境和事物,较难接受环境或事物的改变,不适应突然的外界变化。

---

① 尤娜.象征与叙事:现象学心理治疗科[M].济南:山东人民出版社,2006:82.

突发事件：因学校教师须参加区级调研交流，由刚到的实习教师接管教学。由此引发了YY激烈的情绪突变。

行为表现：YY围着教学楼惊慌奔跑，不许人靠近，声嘶力竭地哭喊着"回家、回家……"

干预方式："老师"一边轻唤他的名字，一边晃动高举着的"画有房子的画"，吸引他的视线，并示意跟随的老师停止追随。当跟随者处在2米以外时，YY停止了奔跑，开始下意识地看着画面跟"老师"走向治疗室，但哭喊并未停止。

刚到门口他就停下，转身要跑，"老师"抓起手边的"玩具电话"说道："给YY爸爸打电话，接YY回家！"并晃动手中的"房子画"。YY情绪渐缓，口中重复着"给爸爸打电话"，随"老师"哭着迈进治疗室。"老师"随即把画递给YY，轻轻按下录音机按钮，舒缓的背景音乐从录音机里发出，YY紧握着画纸，身体不停地左右晃动，边哭边重复"给爸爸打电话"。此时，装作没看见他的"老师"拿起桌上的黏土捏房子，轻声自言自语道："捏房子、捏房子、捏个房子做我家……"YY的晃动慢慢减缓，哭声渐停，开始注意"老师"的活动，"老师"随手递给他一块黏土，并给YY看自己捏的小房子，口中一直重复着自语。YY开始接过黏土，迟疑着走向桌边的"老师"，手里渐渐捏弄起黏土，画掉在了地上。这时，"老师"递给他一个凳子，轻拍他坐下，他很顺从，哭声渐弱，口中不知不觉地开始跟随"老师"重复"捏房子、捏房子"的话语。"老师"随即减弱了背景音乐，默默地陪着YY捏房子。五分钟后，YY平静下来，嘟囔的声音也渐渐含糊起来，眼睛看着"老师"手中摆弄的房子，手里捏弄着软软的黏土，渐渐恢复了平常的表情。

过了一会儿，他开始伸手摸"老师"做的小房子，并流露出喜悦的表情，"老师"把泥房子交到他的手中说道："拿好'家'哦，我们去上课了！"YY手里握着房子，口中重复着"上课了……"跟着"老师"走回了实习老师上课的教室，坐回原位。此时一堂课还没有结束。

直到放学，YY没再出现突发行为，小房子被YY一直握到离开教室。

在上述案例中，本无关联的"家"与"房子"被视觉图像联系在了一起，YY在一系列形式化的引导下，似乎明白了老师的意图，才会跟随老师进入治疗室，在治疗室中，象征"家"的画和整个环境"场"对当事人的情绪起到了安抚的作用，引起YY响应的视觉信息也消解了他的抗拒，使他出现接受表现，视觉的"象征性"在这里被充分运用，并成为转换概念、推进意念传达的媒介，在"泥房子"被他当做目的接收时，象征把意识和无意识内容结合在一起，通过它的中介作用完成了转换，代表安全愿望的需求被满足，YY才出现恢复常态的表现。这个过程可以说是在非逻辑的状态中完成的，该类儿童不能像正常儿童那样配合教师的指令，少有理性意识的表现和行为。情绪干预的实现正是通过改变其潜意识内"本我需求"的指向而达成的。在这里，"象征不仅导致理智的理解，而且可以导致荣格所说的'直接体验的理解'"[①]。

重视绘画呈现的潜意识内容的美术治疗师们认为，特殊儿童在情感和智力上都需要发展，当特殊儿童可以通过绘画等艺术形式来表达潜意识的情感时，则为他们人格的完善提供

---

① 尤娜.象征与叙事：现象学心理治疗[M].济南：山东人民出版社，2006：82.

了空间。① 安娜·弗洛伊德也曾在自己的著作中写道:"在我对儿童的分析中,除了运用梦和白日梦之外,一种更进一步的技巧便是绘画;在我的三个治疗案例中,绘画有时候取代了其他所有的交流形式。"②南伯格用自己的实践印证了让无意识成为意识的美术治疗功效,她把自发的艺术表现看成是"释放"潜意识区内"本我"能量的有效方法,她强调领悟,以孩子自发状态下出现的意象和对意象的自由联想来揭示潜意识中的内容,通过图像与特殊儿童心理活动的对应,帮助他们获得心灵成长。由于自发联想留下的图像结果,可以为后期的分析总结提供依据,因此重视分析的精神分析学派治疗师们常把绘画视为儿童精神分析的首选。

## 二、意象图示与象征性

通过对潜意识活动的了解,我们认识到象征性是心象呈现的重要特征。例如,荣格发现,不同的宗教信仰会有相近的象征性图像(如法轮等)。再如,在精神病患的研究中,人们也发现"在意识隐退或失控的条件下,患者的错觉、幻觉(梦)等与远古的某些神话现象具有相似之处"③。诸如此类,不胜枚举。这是因为"意象"呈现的形象表征,比语言具有更大的信息携带量,整体性强,容易进入意识深层,以形象表征为主的直觉思维可以依赖于深层的无意识,并具有整体反映全局的特点,所以人们最易察觉意象显现的心理共性。

### (一)意象图示的象征性

弗洛伊德对意象的重视,推动了释梦技术的出现,但"释梦的困难之一就在于我们不得不把这些视觉的意象转变成语言"④,这成了众多心理治疗案例中的普遍现象。由于当事人的梦境叙述呈现出象征性的视觉图示特点,曾引起弗洛伊德对视觉机制和神经元的极大兴趣,引发了他对这一现象的关注,也促使后来者在临床实践中,发展出以记录分析意象图示的象征性开展心理治疗的心理分析技术。

1. 意象图示的来源

意象图示是"心象"的形象显现,是源自外界投射到人内心印象的视觉表征,是可以通过回忆、想象与简单的联想产生的形象,通常是心象简化、分解、组合或变异后呈现的视觉形式。意象图示是经过大脑较为深入的统合加工得到的,有的是事物外在形象与其物理属性和概念的结合,有的是通过类比、模拟产生的形象,有的是直觉整合后发生的,有的甚至是实际上并未被视觉感知过的形象(如无限小的体积形象),这种图示的产生是直觉思维运作的结果。直觉思维尽管具有形象表征,但不是只有形象的思维,它还包括抽象的感知和转换(如数量关系的直觉、逻辑的直觉、意念对应的直觉等),它是源自我们潜在的直觉把握能力,是一种普遍存在的潜在思维能力。它最突出的特征,就是以形象为主要的心理表征。自觉

---

① 泰莎·达利.艺术作为治疗·艺术治疗的理论与实务:精神分析、美学与心理治疗的整合.孟沛欣,韩斌,译.北京:世界图书出版社,2003:50.
② Freud, A. The methods of child analysis. The writings of Anna Freud, Vol. l(pp. 19—35). New York: International Universities Press, 1927/1974, pp. 30. 转引自 ubin, J. A., Approaches to art therapy: theory and technique (2nd ed,), pp.16. 此处转引自周红.表情达意与心灵润泽[D].2005:68.
③ 邓福星.丁宁.美术心理学[M].哈尔滨:黑龙江美术出版社,1996(2):22.
④ 高颖,李明,等.艺术心理治疗[M].济南:山东人民出版社,2007(1):48.

运用意象图示表现心灵,是所有儿童的天性,所以可以成为我们加以利用的沟通资源。

2. 认知的象征性

意象认知的形成源于思维"初发过程"的原始认知,这种认知过程,不是仅从眼睛看到的事物开始,更多情况下,是从实际的因果秩序中抽取而来,仅为感知而提取的某种形象。"原始绘画的神秘精神属性,意味着原始人意识到可以通过他们画出来的形象影响原形,这其中的思维结构即在于'互渗律'的根本作用"[1]。这种意义上的形象,必然会带有明显的人赋予它的象征意味。例如:印第安人会认为羽毛具有神圣的力量,神是具体的某个兽类形象等。这些象征并不是比喻的手段,而是直观感知与联系的统一整体,直观性是意象图示的全部存在。所以,象征性是心象呈现的内心表述,具有被感知和模糊的特点。一些原始象征图示带给我们的共性认知,是留存在人的潜意识里的原始意象的投射,其象征性会具有影响或改变心理感知的特殊性(这一现象在宗教活动中最为明显)。所以,象征是原始认知的主要方式,是原始逻辑注意到的"相似性"产生的结果,它和情绪的关联更加直接,是潜在意识的语言。

沿着荣格的轨迹,我们对应中国文化对心灵意识活动的描述,可以了解到:包含本能的潜意识层被称为"原神",成长形成的思维意识被称为"使神","原神的先天性质和使神(识神)的后天性质,决定了这是人脑的两种功能态"[2],原神是人类进化产生的脑结构,具有深层的感知功能,是大自然赋予生命最可贵的礼物,使神是人脑的浅层功能,是人在适应环境的成长中积累和发展的认识。从遗传基因、染色体开始,到瓜熟蒂落,所有婴儿都会携带源自父母的遗传基因,拥有浑然天成的感知系统,所以直觉认知是作为自然人的儿童认知特征,具有意象思维的特点,这就是所有儿童的认知总是带有象征性的原因。

**(二) 意象表现的象征性**

古今中外,蕴含象征意味的视觉图示和形象例证不计其数。苏珊·朗格(Susanne K. Langer)在论述情感与形式时就曾说道:"纯装饰性图示是有生命力的情感向可见图形与可见色彩的直接投射……图案具有'生命'形式……它们一旦勾画出实际在做什么的动物如一只鳄鱼、一只鸟、一条鱼,那个静止的动物就像动起来一般(某些文化传统的图案尤其如此)。"[3]之所以"象征性"在人类视觉表达中被广泛运用,正是因为图像所具有的超越语言的人类共通性。

所以,在心理治疗领域,治疗师们运用意象的象征性去探寻人的内心,了解和分析当事人心象的象征意味,尝试借助激发当事人的幻想和艺术创作,探察当事者应对环境的习惯,利用意象图示的象征性,进行相关心理检测和精神分析,促生了最初的绘画疗法。"象征"形象也因此成为美术治疗中最重要的介质,是美术治疗师和当事人沟通互动的基本媒介。

由于意象本身既包含我们意识到的,也包含世代承袭却没有被察觉的潜意识心象,具有一定的复杂性。所以意象表现也会出现包含后天"情结"的个人象征(如黛玉的葬花是把落花与自己特定"情结"联系在了一起)和具有普遍文化意味的原始象征(如鬼、神仙形象的出现等)。因为种群遗传、成长环境和个人的气质差异会直接影响意象象征性的组成,所以

---

[1] 李广元. 绘画色彩系统——绘画色彩个性的时代选择[M]. 北京:北京工艺美术出版社,2000:180.
[2] 王大有. 天人合一养生[M]. 北京:中国医药科技出版社,2002:49.
[3] [美]苏珊·朗格. 情感与形式[M]. 刘大基,等译. 北京:中国社会科学出版社,1986:75.

治疗师需结合实际情况酌情了解，不应确定固定的对应解读。例如，"龙"图示在东方一直被赋予积极的象征意义，龙飞凤舞、龙腾虎跃都是形容充满生机的向上状态，而在西方出现的描绘中，"龙"却多与恐惧的"阴暗"力量相联系，如恶龙、魔兽等。再有，"蝙蝠"在东方是"福"的代表，蝙蝠图常被用来做喜庆祝福之用，而在西方却演化为阴森的"吸血鬼"形象。所以，依赖特定图示进行主观分析的做法很不可取，对意象象征性的探询，应根据当事人在美术过程中的整体表现和图像互动进行综合判断。帮助特殊儿童将象征意象呈现出来，仅是美术治疗的开始，是理解当事人基本状态的起点。

### 案例 2-2

#### 美术评估揭示病理一例

爱薇林（Evelyn），16 岁女孩，性格内向，心理障碍程度较为严重。在诊断性的美术会见中，爱薇林第一件自发创作的作品是一棵紫色的树（见图2-4）。治疗师询问这棵树长在什么地方，爱薇林回答说，是非常"好"的地方，她也想去那儿，呆在"树"的旁边。然后又说自己可能就是那棵树。她的第二件作品是一个非常怪异的人像（见图2-5），爱薇林说人像是一个叫弗苗德的 18 岁女孩，孩子们都把弗苗德叫"疯子"，于是她只能和自己讲话，因为这好过于和别人讲话。从爱薇林的作品及其对作品所做的联想，治疗师诊断出她心理的混乱与行为上的退缩。

图 2-4　紫色的树

图 2-5　怪异的人像

（Rubin, J. A. Art therapy: an introduction, pp.195-196. 引自周红. 表情达意与心灵润泽[D]. 南京：南京师范大学教育科学学院，2005：38.）

通过典型案例我们可以发现，爱薇林的两幅作品："树"和"人"都带有明显的象征性。光秃秃，只有树干没有树叶的紫色"树"，是孤单"情结"的隐射，由画引发的联想渐渐开始触及儿童自己内在的问题，虽然她不时会有语言"回应"治疗师，但她与进行中的"画"会形成一个感应场，无形的展现出比语言更多的信息。"怪异的人像"既让内向的当事人感到安全，又使当事人"说出"了潜意识内的消极感受，"疯话"不过是依据原始逻辑，由象征意象引带出的推导结果。此时用孩子能懂的"疯话"进行暗示干预，要比使用暴露的解释方法效果好。如果治疗师能直接添加象征性的形象,以画面为"治疗场",改变形象演进的结果,或利用相似的象征性"偷换概念",则更利于推进对其心理的干预。

劳里·威尔逊(Laurie Wilson)就是一位在美术治疗实践中善于发挥象征作用的治疗师,他认为"人运用象征的能力与重要的自我机能密切相连"[1],在他的美术治疗实践中,便是通过作品创作,培养智力障碍、脑损伤或精神分裂者等当事人运用符号象征的能力。

### 三、心理能量的转换

如果说对象征性意象图示的解读,能帮助我们走近当事人,赋予我们开启儿童心灵的钥匙,那么了解"力比多"的运动和变化就是探索和解决问题的关键。受到东方思想影响的荣格在弗洛伊德的基础上推进了本我与潜意识的关系,将"本我"中本能驱动力的转移与分配同内在的人格原型相联系,把集体无意识内的传承信息都带入释梦的分析中,提出了类似东方"阴阳之说"的人格解释,为我们寻求生命的问题提供了思路。那么"力比多"到底是怎样的一种能量呢?它对我们人格的形成和心理健康有怎样的影响呢?在东方的观点里,这种本能力量又是怎样一种面貌?在美术治疗中,是如何涉及它的变化的呢?让我们先来了解一下被荣格称为心理能量(psychic energy)的生命能组成。

**知识小卡片**

**什么是力比多?**

力比多(libido)代表普遍的本能的力,是指所有的本能力量或能量。即存在于生命过程里的两种本能冲动"死的本能"与"生的本能"所产生的生命能量。二者本是生命本能的两个方面。因为无论是生存生殖本能,还是死亡攻击本能,其最终目的与结果,都是有利于种族的生存与延续。

(参见[奥]西格蒙德·弗洛伊德.弗洛伊德后期著作选[M].林尘,等译.上海:译文出版社,1986:47-67.)

#### (一)什么是心理能量

荣格在心理学家李普斯(T. Lipps)的观点上指出"心理能量不是客观地存在于现象本身的一个概念,而是完全存在于特定的经验基础之上。换言之,能量在有意识的现实生活中总是表现为运动或力量,而在潜意识的潜在生活中则表现为一种状态"[2],例如本能、欲望、意志、感情、注意力、工作能量等。在现实生活中,它表现为一种特定的心理动力现象,是由内而外呈现生命状态的一种生命能,它的强弱反映了人的生命力强度。生命力强,人就活得生机盎然,朝气蓬勃;生命力弱,就显得萎靡不振,气力衰竭。

在心理学中,这种心理能量被称为广义的"力比多"能量。它包含性力,但并不仅指性能量,是生命本初能量的总称。荣格的分析理论强调:"力比多在更广泛的意义上应该被定义

---

[1] 周红.表情达意与心灵润泽[D].南京:南京师范大学教育科学学院,2005:70.
[2] 杨韶刚,等.精神追求:神秘的荣格[M].沈阳:黑龙江人民出版社,2002:50.

为一种普遍的生命力量。"①因此,我们也可以说:心理能量就是生命的心力能,它可以和身体能量相互依存和转化。"人的肉体所产生的能量在本原上依赖于心理能量得到再生,从而才有可能使心理能量和肉体能量都得到保存和转化。"②在东方观点中,这种具有动力作用的生命能量有正负之分,带有"正生命信息"的生命能被称为"正生命因子",带有"负生命信息"的生命能,以同其相反的能量形式共同存在,是生命干扰能,被称为"负生命因子"③。最根本的"生命能"被看成是宇宙中生生不息的一种共振能量。

### (二) 心理能量的产生

心理能量是可以被唤醒的潜在心力。它的一部分能量可以随着人与自然的共振反应,自发地释放出来。例如,人在安全、优美的环境中呼吸着新鲜的空气,心情愉悦时,会感受到自然中的"正生命信息",觉得内心充满生长的力量。当人处在混乱、压抑而沉闷的环境中时,会因周身的"负生命信息"而产生破坏冲动。这是人在自然原初状态下的能量体验。中国有句俗语:"山清水秀,人杰地灵;穷山恶水,泼妇刁民"似乎在无形地印证自然生命信息对人心灵人格的影响。

另一种心理能量的产生是被人为激发的,是由人主观因素的介入调动了本能"力"的作用而释放出来的,是当事人的意念和心理状态起主导作用形成的精神力量,有人的本能内驱力或个人情结的参与,会受外界刺激的影响,但与自然状态下的能量流动关联不大。例如,整日没有愿望、无所事事地吃、睡使人觉得提不起精神,浑身无力,当人有强烈的愿望做某种趣事或创造一样新事物时,即使不休息地连轴转,也会觉得精力充沛,这股精神力不是源自环境或机体的身心休整,而是源于心力。

这些"从一种心理内容到另一种心理内容的价值强度的转化"④,都是心理能量的流动体现。"正生命信息"可以使潜在能量变为正向的积极能量,例如进取、向上的力量。"负生命信息"会使潜在的能量变为一种破坏的能量,例如愤怒、毁灭的力量。这时,就需要治疗师有选择地协助当事人处理内在能量的转换,帮助当事人将内在潜能转为正向的心理能量,从而改变当事人的人格面貌和行为。

### (三) 艺术活动在心理能量转换中的作用

由于代表心理能量的力比多强度首先是源自遗传,是相对固定的,而可以改变的是我们对外界信息的感知状态,童年的感觉记忆对人的身心成长意义重大。

弗洛伊德曾在研究笔录中写道:"既然艺术天分和才能与升华紧密相连,我们就必须承认如果沿着精神分析路线走下去,我们就不可能接近艺术功能的性质。"⑤他预见性地指出:答案可能会在"生物学研究"中。精神分析师和艺术史学家克里斯(Ernst Kris)也在自己的研究中肯定了艺术创作是心理能量转移的过程,他指出这种转移不是简单地退行,而是在自我的控制下进行的,在退行和控制之间,心理功能实现了不同层面的转化。

美术治疗正是通过各种创造性活动和美感体验,人为地帮助当事人将潜在的心理能量

---

① 杨韶刚,等.精神追求:神秘的荣格[M].沈阳:黑龙江人民出版社,2002:50.
② 同上书.
③ 王大有.天人合一养生[M].北京:中国医药科技出版社,2002:50-59.
④ 杨韶刚,等.精神追求:神秘的荣格[M].哈尔滨:黑龙江人民出版社,2002:50.
⑤ [英]卡洛林·凯斯.艺术治疗手册[M].黄水婴,译.南京:南京出版社,2006:80.

转化为正心理能量的一种手段。通过让特殊儿童在艺术活动中感受尊重与被尊重、成功与自我肯定的正面信息,不断引导他们成功地参与和体验掌控自我的感受,增进潜在能量向正心理能量的方向转换,促发其产生积极进取的成长力量,以此唤起他们的生命激情与求知欲,帮助儿童摆脱疑惧、怯懦和自卑等负面感觉体验,最终实现消除心理障碍和矫正问题行为的目的。

户外写生的互动活动能帮助儿童强化在自然中获取正向信息,协助当事人实现自我生命信息与其他生命信息、宇宙信息的和谐共振、沟通和传导,增长儿童潜在能量的正向转化,促进其灵性成长。这一作用在东方提升生命体验的自我修炼理念中可以获得印证。例如,吟诗作画常被当做调心养性,自我体悟的手段,正是重视这一作用的体现。

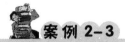

### 案例 2-3

#### 开始咿呀说话的 KK

情况介绍:就读培智学校的重度智力障碍儿童 KK,8 岁,无语言。怯懦,喜吃衣角,对外界反应迟钝。

干预方式:采用多媒介综合表现技术实施教育干预:每周 2 次(40 分钟/次),共 32 次。

刺激媒材:选择性的音乐曲目。

美术媒材:水彩笔、油画棒、水粉颜色、萝卜、黏土、纸。

干预步骤:以单元方式推进(自由涂鸦、感知涂鸦、节奏感知训练、联想涂鸦)。

干预结果:

第一周:该生开始无配合行为,后来有主动的涂鸦行为,感受音乐非常投入。

第二周:该生可以进行主动的自由涂鸦,笔在纸面上开始从无序到有序,出现跟随音乐节奏表现的点、线和泼色(见图 2-6),画后喜悦、兴奋。

**图 2-6 涂鸦**

第三周：画画时情绪有波动，时好时坏，在画的过程中有时会出现急躁情绪，但口中开始冒字，身体机能全力投入，意欲表现。

第四周：

① 使用黏土时能安静地感受，会用笔或黏土交替地进行自发表达，能大致跟上音乐的整体感觉。

② 用水性材料时，积极尝试调配色彩，好动、敏感、投入，而且执著于从头到尾的完整表现。当纸面出现"偶然"形象（见图2-7）时，表现得异常兴奋，急于向教师表达。

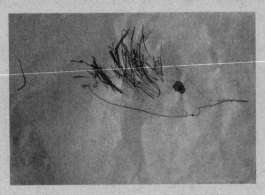

图2-7 飞鱼（第四单元偶得的形象）

③ 在日常生活中开始主动与人打招呼，表示友好。

④ 口中能够清晰冒出"我"、"糖"的字音。在常规课堂上出现与教师的配合行为。

⑤ 不吃衣角了。给他糖和画笔时会选择画笔，并主动等在治疗室门口，一有机会就想进去。

在典型案例中，KK的思维是一种典型的原发过程，逻辑关系并未很好地建立起来，但并不妨碍他本能地接收外界信息。美术和音乐都是原始思维凭借直觉就可以涉及的领域，最适合作为推进此类儿童心智发展和行为干预的介质。由于自身发育的缺陷，KK的被动和惰性反应是他主要的防御机制，心理能量处于"休眠"的状态，自然状态下的能量流动对其成长的帮助微乎其微，此时以艺术为介质，人为地激发特殊儿童内在的感觉系统，促发其本能的响应，不失为一个激发潜能、促进心理能量转换的方法。

虽然物质刺激（比如给予食物、玩具等）也能引起儿童的行为响应，但这些刺激方式只能形成条件反射式的回应，不能产生心理能量对流的持续传递，充其量可以成为调动与强化的一种手段。只有精神活动的介入，才能促进人"自我能力总和"在相应意识等级中产生"心理场"共鸣，生命信息间的传达与交互才可能实现。艺术活动恰恰符合这样的精神活动要求，它能调动人的整个心灵的响应与感官的通力合作。如果我们把精神活动的空间比作宇宙的话，那么，无论是自我的"小宇宙"，还是自我与外界的"大宇宙"，都能在艺术活动中形成整体的信息传导和能量转化，使心理能量的转换成为可能。倘若我们配以持续的正向生命信息的支持和传导，就可以在满足"快乐原则"的前提下，促使儿童的潜能向着正向心理能量增长,在儿童主动尝试创造性生命活动中,平衡其内在的能量分配,引起"由内而外"的积极转变。精神分析学派的阿德里安·斯托克斯(Adrian Stokes)也"对艺术中存在着破坏性和修复性力量以及原初与继发过程之间存在着互动的观点给予了充分的肯定。"①

### 四、升华效应

如果说吸吮、哭、笑等自然行为反应是人类的基本本能,那么,艺术活动便是能够带来升华的高一层次的人类行为。这种行为的发生,是从肌体本能运动转向有意识控制的开始,是最初区别本能和非本能行为的一个表征。所以弗洛伊德说:"升华是其中一种以非本能的行为释放本能能量的过程。"②美术治疗实践家克莱曼,在自己的美术治疗摸索中论述了升华效应的产生,把升华视为自我能够体验到的一种胜利和成功感,是本我与超我达成共识后,整合正负两面作用,还原并增强积极能量的过程。

#### (一)升华与发泄的区别

在中国传统观念中,升华过程不仅是本能能量的释放过程,还是可以产生精神提升的净化过程,有更进一层的含义,是认识的最高阶段"悟"。"悟"是在"悟觉""悟思""悟识"的阶段推进后实现的最高层次的开悟体验,即是我们常形容的"出神入化"的境界。

升华出现时,思维中困顿的冲突在这个过程中被贯通和平复,出现内外通透的共融体验。这种或强烈,或舒缓,或气势磅礴,或宁静高远的复杂体验,会使人入迷、惊喜、敬畏,产生一种内外贯通、物我两忘的感受。由此建立和发展出一种更为健康的心理防御机制,使身心机能处于良好的运作状态,让人感到全部的能量被协调到自身力量的顶峰。此时,人能更加纯粹地成为他自己,获得对自我限制的突破和超越。由此产生的满足感会激起当事人的进取心,增强自我精神的控制能力,使之更有责任心、更主动地判断和决定自己面对的问题。这种"升华"感受会引发人滋生正向的创造冲动,是整合后生出的一种全新感受,自我的价值感也由此产生。这种不同于"发泄"的快乐体验若被持续强化,便会改变人阻滞、抑制等消极心理带来的情绪和行为问题,产生"治疗"的功效。

伴随本能出现的能量释放——"发泄",却不能带来这样的体验。尽管情绪的发泄也会使人产生瞬间的愉悦,但这种能量释放只能起到暂时缓解内在焦虑的作用,伴随其后的自我消解机制不能真正消除人的内在冲突,不仅不会从内心增生新的活力,"过度发泄"还会带来心理机制的退行,甚至助长毁灭自我或他人的破坏欲,产生负面效应。因此,不能把升华的通透快感与发泄快感等同对待。"发泄性"情绪释放行为虽然也会存在于美术治疗的过程中,成为构成治疗的一部分,但绝不是,也不可能是起治愈作用的因子,"升华"才是真正可以促成身心整合与心理治愈的决定因素。

因此,只有"升华"才能产生健康成熟的防御机制,出现以幽默化解矛盾的防御表达,使潜在愿望以环境可接受的方式得到释放,并在递进的升华满足中实现自我的完善。克莱曼曾在她的著作《儿童团体中的美术治疗:对美术治疗在威尔特维克男童学校发挥的作用的研究》中表述道:"升华是一个本能目的被否认获得直接满足的过程。通过包括压抑和反向

---

① [英]卡洛林·凯斯.艺术治疗手册[M].黄水婴,译.南京:南京出版社,2006:73.
② 同上,第74页.

形成在内的过程,原始的本能目的被社会所接受的目的所代替。那些有利于自我的未释放的本能能量,至少是部分能量,被用于发展技能和成就,让个体最大限度地把握他周围的环境,提高他发展积极的对象关系(object relationship)的能力,从而使他成为社会中有价值的一员。这样,成就所提供的满足感便代替了本能的满足感。上述过程在生命最初、超我建立之前即发生,是自我和超我形成过程中的重要因素。随着超我的成熟和建立,升华成为自我用来调和本能需要和超我的最有效方法"[1]。

### (二) 促生升华效应的美术活动

不是所有的美术活动都会导致升华效应的产生,以概念推导方式展开的美术教育活动和纯为模仿进行的美术训练活动是不能促生这样的结果的,只有围绕艺术创造的知觉感知活动,才会将人引向艺术升华的体验。

1. 建立在感知基础上的创造性美术活动是促生升华的基础

在以增长直觉感知经验为主的美术活动中,我们通过眼、耳和触觉等感知器官得到的意象,并不是肌体对外界信息的简单复制,知觉在直觉过程中寻求到的是一种结构认知,我们可以把由此得出的视觉意象当做知觉对外在事物组成成分的探寻结果,是我们的知觉"经过澄清、强化并富于表现性的对应物"[2],当儿童将个别形象作为"事物的类"和"行为的类"加以感知时,"整个一类的象征意义"就会在知觉这种正常能力的基础上被当事人察觉出来,成为形状、色彩等带有普遍意义的具体化象征形式(例如温暖的感觉常会被对应到红黄基调的系列色中;成角状的折线就比曲线更能形成带给我们尖锐感受的象征意义等),这些从环境中得到的知觉意象使一切知觉具有象征性,儿童在整合这些视觉结构的努力中,心灵体验到的精神性经验会对他们的意识产生影响,"艺术品质的提升"才会与人"内在价值的实现"和"感觉统整"相关,产生促进心理能量转换的升华效应,改善外在世界带给儿童的心灵影响。"精神意象"才可能替代"物理实在"产生真实经历的效果。在追求作品"质"的进程中,升华效应会伴随"质"的飞跃而呈现不同层次的精神体验。所以,只有建立在直觉感知基础上的创造性美术活动,才是特殊儿童美术治疗可以实现的前提,是呈现可靠实在的精神体验的基础。"当'处于纯粹形态中'的人类状态给表明出来的时候,事实上也就做到了赏善罚恶,因为善正是突出安乐的状态的,而恶则是破坏这种状态的。"[3]因此,追求作品完善的艺术质量绝不是教条性的要求,而是直接关乎内在治疗成败的关键。"有美感体验的创造性行为出现"也是美术治疗中娱乐"发泄压抑"和艺术"实现升华"的本质区别。

2. 感知性美术活动推进身心体验的进程

罗恩菲德在其著作《创造与心智的成长》中,为我们描述了这种知觉认识产生的阶段进程,可以为我们认识美术治疗中"表征显现的自我状态变化"做一个参考:

"第一个阶段通常是以'模糊概念的成形'为特征。在模糊概念的成形下,我们了解到:概念与个人的经验一点也没有关系,或仅是模糊地与个人的经验有关。它可能包括不断重

---

[1] Kramer, E., Art therapy in a children's community: a study of the function of art therapy in the treatment program of wiltwyck school for boys, pp. 13—14. 转引自周红. 表情达意与心灵润泽[D]. 南京:南京师范大学教育科学学院,2005:69.

[2] [美]鲁道夫·阿恩海姆. 对美术教学的意见[M]. 郭小平,等译. 长沙:湖南美术出版社,1993:129.

[3] 同上书,第132页。

复或者没有或只有一点连贯性的概念。在这种概念中,有意义的细节或是没有呈现出,或是散漫地表现出,或是互相不发生关联。

第二个阶段通常显示了概念中最大的连贯性,但经常以同样的征象刻板地执著于同样的东西。这种征象显示这个患者不能使自己与他的经验发生关系。

表现中较大的变化通常是第三阶段的表征。儿童现在已经发展出一种欲求,对自己与他所表现的事物赋以特殊的细节,来'特征化'他所表现的事。在这个阶段中,个人已经发展出对经验较大的弹性,但这只有在密切地加以提示时才会发生。在此阶段中,个人经常在自己的作品中表现他自己,然而,这种'表现的自由'与他在其他生活领域里所受到的限制显然矛盾;这样他就有如双重人格一般,一个人格是创作性的,另一个人格则为外界所拘束。这种行为的差异不能错误地予以引导,因为这种情形几乎出现在任何治疗的关系中,而那是儿童在临床的情况下所产生的信心与对环境明显的'敌意'对比的结果。

第四阶段的表征是:个人想自由地表现他自己的欲求,并且把这个新获得的自由与生活和表现的其他领域发生关联。这种获取自由和弹性的结果是:这个人会发现他与过去或目前经验的关系,不但免除了定型,他甚至还不知不觉地把他的身体意象投射到他的表现中。"①

上述总结说明:儿童个体在作品中建立起来的自我体验程度,决定了儿童对自我能力的把握和认知状态。儿童个体与创作程度之间的关系,会经历一个初起—深入—感受—提升的渐进过程。从儿童感官较能捕捉审美感受开始,儿童可以在感知、制作深入和题材引发的联想中,发展个人的自我体验,使自身经验从身体机能的强调导入到感情的涉入。这种儿童体验进程的描述,为我们认识特殊儿童美术治疗中一系列治疗效应的产生和感知递进,提供了实践的依据。然而,儿童获得体验进程的深入程度会因人而异,并不是每个儿童都能够经历全部的过程,只有能够完善作品的个体才能获得升华带来的最终奖赏。

3. 可以引向升华的美术活动对特殊儿童的作用

特殊儿童在这样的创造性美术活动中,也会体验到递进的自主控制和感知提升。随着艺术感知活动的展开和深化,他们会自发地推进"悟思"、"悟识",产生对表达和交流的思维反应,表现出对表现技术和媒介材料的控制需求。所以,特殊儿童美术治疗的结果不是让当事人更加情绪化,而是通过治疗师的得当引导,逐渐建立和增强他们对自我的控制功能,使特殊儿童获得感知自我与外界存在之间的联系,在创生性的艺术感知和体验中,发现自己与外在世界的存在,体验到心灵意识的产生和变化,增强洞察力和自我的控制,改善特殊儿童因主、客观障碍形成的隔离状态,使他们获得心灵治愈和感知机能的改善。

## 第2节 心理动力学原理运用

在简略论述了与特殊儿童美术治疗密切相关的基本理论和概念后,本节试图谈谈这些理论原理在美术治疗中的运作机制,把美术治疗实施环节中的具体问题展现给大家。

---

① [美]罗恩菲德.创造与心智的成长[M].王德育,译.长沙:湖南美术出版社,1993.5:433-434.

## 一、相关概念和心理动力学原理

"动力心理学的重要来源当然是弗洛伊德"[①],它的理论支撑便是意识和无意识之间的矛盾关系。弗洛伊德把人的动机解释为"由有机体内的不平衡引起的恢复稳定状态的活动"[②]。受东方文明影响的荣格完善了弗洛伊德提出的心理动力学基础,他把心灵的精神原动力看成是一种生命力或心力,认为它是通过人的意志、情感、注意力等表现心理活动的实际力量,并将深藏于潜意识中的最初精神机能描述为"由遗传的脑结构"[③]所产生的心理能,把力比多看成是所有心理能组成的动力源,论述了力比多在"等量原则"的能量分配下形成的心理动力学机制,指出这一机制在外界影响下会产生相互作用,由此构成一个有机整体和动力系统。罗杰斯和马斯洛又在荣格的基础上推进了心理动力学理论对生命成长的解释,以发展的眼光看待动力系统自性化对心智发展的作用,使西方的心理动力学理论完成了从关注病理学的分析理论到关注心智成长的发展理论的演进。

### (一)对健康人格的界定

荣格认为没有"人格面具"的虚伪外表,也无消极意象的暗示性影响,具有独立且与外界相融的整体性,是健康人格的标志。马斯洛推进了对健康人格的诠释,指出"有了心理发展才会有心理健康;那些在心理上没能跟上生理成长的人,往往会呈现出心理和生理上的病态来"[④]。

### (二)动力机制的组成

心理学家认为,影响生命能量分配的"生命动力能"是由静态的"生存自保本能"和动态的"生的本能"组成的。由于在生命进化中"生存自保本能"的形成早于"生的本能",因此,静态的自保本能是生命存在的前提,生的本能推动力是生命演进发展的动力基础。这种本能形成的先后顺序,决定了心理能量——力比多的转移与分配。由于最早形成并保存至今的本能,是对生命极为重要的基本内容,所以,力比多总是在"生存自保本能"满足后,才会转向推进成长的"生的本能",这就形成了力比多的转移和分配会遵循从低级需求到高级需求的原则(马斯洛提出的"自我实现六阶段"为我们诠释了这一原理在自我实现中的推进过程)。

在中国传统的医学典籍中,也有关于心理能量组成的"信息场"论述,即人与生俱来都带有"宇宙元气场"中的两种基本生命信息场,"一个是宇宙万物基元物质气场,一个是前人类宇宙生命进化链的生命信息统一场。这二者决定了人类具有前人类的一切属性和功能"[⑤]。不仅如此,中国古代的哲人们认为,内在的生命动力能——"元气"充沛与否,是可以通过人在绘画活动中的表现显现的。例如,笔墨中出现浮、躁之气,是元气不稳定的体现,反映了气虚、烦躁等身心状态,笔不困,墨不涩,气脉不断,则是体内元气流动平稳的表现。这些存留至今的东方智慧也许会为我们今后的研究引领一条通向远古的路径。

---

① [美]波林.实验心理学史[M].高觉敷,译,北京:商务印书馆,1981:797.
② 弗雷曼.普通心理学原理.第239页,纽约版,1939.引自[美]鲁道夫·阿恩海姆.艺术与视知觉[M].滕守尧,等译.北京:中国社会科学出版社,1984:37.
③ 在中国道教的叙述中,人脑的深层功能被称为原(元)神。"原神是人脑固有的先天自然功能,是人类进化产生的脑结构的必然结果"引自王大有.天人合一养生[M].北京:中国医药科技出版社,2002:50.
④ 秦龙.马斯洛与健康心理学[M].呼和浩特:内蒙古人民出版社,1998:238.
⑤ 王大有.天人合一养生[M].北京:中国医药科技出版社,2002:47.

### (三)力比多转移与分配的作用

由于本能趋力的能动形成是由感觉系统、中枢以及反应系统三部分组成,其中中枢和反应系统是固定的,感觉系统是影响和决定反应强弱和持续时间的可变因素。对环境是否安全的本能反应,是由一定强度的感觉持续造成的。对安全的感觉记忆,决定了生存防御系统中力比多滞留在自保本能中的多少和持续时间,也直接左右了促进心智发展的"生的动力能"的释放。力比多的动力分配便是心理能量在"生存自保本能"和"生的本能"两大系统间的动力转移。拥有良性生存防御系统的个体,通常可以顺利进入任何的能量释放程序,但如果力比多大量集中滞留在"生存自保本能"中,就会出现力比多的异常转移与分配,呈现低级防御或最少防御状态,极端时还会启动自毁系统,形成攻击、自伤乃至自杀。

如果在某一阶段相对稳定的生存防御系统中,力比多并未出现向上一阶段递进的预期转移,仍执著于某一生殖发育阶段,也是一种力比多分配异常,这种现象是力比多的暂时平衡。"荣格把这种暂时的心理平衡称为精神的死亡状态"[①],反映在儿童身上便是我们常形容心理和生理不对等的"长不大"现象。

"一些父母过分溺爱自己的孩子,总是千方百计地满足他(或她)的需要,力求使他的心理能量保持平衡。但这样做的结果只能适得其反。因为儿童的心理需要在过去总是被父母或某种外部力量来满足的,儿童自己真正的需要得不到展示和满足。一旦儿童独自走上社会,他的心理需要只能靠他自己来满足,而由于过去儿童自己不善于独立地满足自己的需要,其心理能量的流动就会很不顺畅。如果得不到及时的外部帮助,这个被父母惯坏了的孩子就会患上心理疾病。"[②]

因此,一味满足儿童的本能需求,会导致儿童出现适应困难和学习障碍。这也是娇生惯养造成儿童成长障碍,出现学习和适应困难的原因。儿童成长中适度出现的内在冲突,是生命演进必经的过程,通过学习和适应处理冲突,可以帮助儿童逐渐建立递进的动力防御系统,增强对自身心理能量转换的调控能力,儿童能否建立或恢复良性的防御系统,是儿童美术治疗中心理干预成功推进和实现与否的标志。

### (四)美术治疗中常见的几种防御机制

由于生命自降生以来所具备的遗传本能,本就携有源自"宇宙元气场"全套功能的生存防御体系,在确保生命本能自动完成生存和演进任务及目的的基础上,力比多的转移和分配会呈现逐层的递进,以满足自我实现的需求。当外部条件不允许或危险时,相应的防御体系或子系统就被启动,以确保自身安全感的满足,如果高一级防御系统无法保证,力比多会再次从这个防御体系中撤出,退回到更低一级的生存自保子系统,直到获得安全感为止,由此出现退行。递进或退行是机体防御系统的基本反应。所以,防御来自生存自保系统,生存自保系统发挥作用就会出现防御,只要不安全感存在,防御机制就被启动,防御就会存在。为了明晰起见,我们将简要介绍几组重要的防御机制。

1. 投射和投射认同

投射和投射认同是最原初也是最重要的一组防御机制,它既是产生问题的关键,又是解

---

① 杨韶刚,等.精神追求:神秘的荣格[M].哈尔滨:黑龙江人民出版社,2002:54.
② 同上书。

决问题的钥匙。"正是这个具有复杂关系的内在世界为艺术家提供了在艺术中创造一个新世界的原始材料。"①何谓投射？投射是把一种冲动或情感归于他人（例如，把他人理想化或贬低化等），包含了对现实的否认。何谓投射认同？投射认同则是个体将自己内心的幻想加给外在的他人，再反馈并内化到自己心中。在这里，投射认同中的投射不仅是一种态度或情感，而是自我的一部分（例如原本受伤害的儿童，会出现将他人的欺辱转变为自我虐待，这一问题行为的出现便是投射认同现象的达成）。因此，所投射的对象是否在情感上受到了投射的影响？是区分两者的关键，没受到影响，只属于投射范畴；如果出现了无意识沟通的作用，对象就可能会被诱发产生投射者幻想的情感或行为，这就是投射认同。美术治疗就是借助投射的形成原理，通过视觉图像形成的投射客体，探寻或解决儿童的心理或行为问题，形成了治疗中的投射技术。

2. 否认和置换

否认和置换属于神经质的防御机制，"否认"表现为个体拒绝接受现实，就像所回避的事件、想法或情感并不存在一样。"置换"则是把一种情境下的情绪，转移到另一种情境中去表现（例如，儿童会把自己对某人的愤怒撒到相似某人的其他人身上）。美术治疗中最常被儿童置换的情绪是愤怒或敌意。治疗师可以利用这一动力机制，转移儿童情绪的目标源，把儿童现实中的情绪引向视觉作品，通过互动环节，化解或改善不良的防御机制状态。这一机制的运用在低龄和特殊儿童行为干预治疗中极为有效。涂鸦、绘画、综合材料等具体技术方法都可以实现相应的情绪置换作用，对因投射机制和置换联系在一起形成的恐惧症、攻击行为等病理症状有较好的干预作用。

3. 隔离和理智化

这组防御机制是形成自我强迫行为或自我消除行为的主要因素。"隔离"是个体把认知和有关的情感割裂开来，以去除难以忍受的冲突情感（如依赖仪式化的"按次序阅读"等）。"理智化"表现为给自己的不当行为安置一个恰当的理由，但当事人却不能意识到这种自欺欺人的行为，是无意识下的自发反应。由此带来的神经症和强迫性反应是治疗师常会遇到的儿童行为问题。美术治疗可以通过以增进直觉性的美术认知帮助儿童获得感知力，协助儿童搭建意识间的互动桥梁，改善儿童对自我和外在世界的意识状态，通过强化该技术中的审美升华体验，整合和修复隔离带来的分裂和感知缺失。

4. 退行和反向形成

这组机制被加强是病态心理形成的重要标志。当个体不能面对内外冲动和压力时，会退回心理发展的较早阶段。出现"退行"行为，是机体退回到次级防御机制的外化表现。当人把感到有危险的愿望或冲动转化成相反的表现时，就形成了"反向形成"。这一反应机制频繁出现便是一种病态。它们可以成为治疗师诊断评估儿童状态的依据。

5. 压抑和消除

这组心理防御机制在美术治疗中最为常见，当内在冲突和需要难以相互协调时，个体会把不能接受的冲动阻挡在意识之外，或将令人不愉快的情结置于脑后，使之被遗忘，形成"压抑"。这是产生焦虑的原因所在。"消除"则是采取一些特殊行为来缓解或避免焦虑感，是用

---

① ［英］卡洛林·凯斯.艺术治疗手册［M］.黄水婴，译，南京：南京出版社，2006：81.

相反行为挽回不能接受的行为或想法。

南伯格和克莱曼从不同的动力角度进行的经验摸索可以为我们提供一些依据,证明美术治疗在改善这些心理机制时的有效性。罗宾斯更是从美学角度阐述了动力机制在美术治疗中的决定作用。我们还可以从以往艺术家的笔录中找到艺术带来的超越层次的动力转换例证,证明通过美术创造所达到的心理治疗和养生功效。例如,中国清代的王昱,在《东庄论画》里就曾论及:"学画所以养性情,且可涤烦襟,破孤闷,释躁心,迎静气。昔人谓山水画家多寿,盖烟云供养,眼前无非生机,古来各家享大耋者居多,良有以也。"

## 二、心理动力学原理在特殊儿童美术治疗中的具体应用

在心理动力学体系中,支持性技术和表达性技术是美术治疗常常使用的两类技术原理。

支持性技术体现为:界定治疗框架、维持重要的防御机制、阻止自毁行为、传递达到治疗目标的希望、发现进步、给予真诚的关注和尊重、表达对当事人的共情。

表达性技术在美术治疗中较为灵活和宽泛,一般体现为递进的四个阶段。第一个阶段是促成自发的美术表现。儿童自发的视觉呈现是治疗师采取反应的基础。第二个阶段是理解图像的象征和对应。理解图示对应的象征性,是实施干预的前提。探寻的方式可以用对应形象,也可以用语言。在这一环节中,儿童使用的图像源自直接经验还是间接经验,直接影响治疗师对图示意图的读解,是区分作为替代性语言符号还是包含潜在寓意的象征符号的关键(第5章有相应的论述)。以视觉形式展开的探查可以更为全面地透视儿童的整体状况。第三个阶段是运用象征性给儿童相应的反应。在理解图示的基础上,治疗师应以当事人能够理解的方式给予回应性反应,协助当事人对理解阶段出现的问题进行感知和再理解。这时可以根据治疗师自己的情况运用语言或图像进行回应。反应阶段的意象媒介,不仅可以作为交流载体,而且可以成为促成开悟的干预内容。第四个阶段是协助当事人进入新一轮的美术创作活动。治疗师在前两个阶段对当事人的理解和反应,是这一阶段推进的基础。这一阶段是当事人经历被理解和自我领悟后的重新开始,意味着思维的调整。在这个环节中,前一单元累积的图像"语汇"是促成互动默契的共同"词源"。

在美术治疗中,支持性技术与表达性技术总是交替进行,当事人心理健康程度越高就越能显示出强大的自我力量,治疗师运用的支持性技术就越少,反之,则需要治疗师加入持续的支持性配合。在治疗后期,可逐渐增加表达性技术的比例,协助当事人的自我完善。

这些技术的实施,是通过治疗师与当事人建立良好关系后进行的,治疗师只有得到当事人的信任和接受,才可能进行下一步的技术实施。

### (一)治疗联盟

治疗联盟"是分析者与患者的有意识的关系,即双方都赞同并理解共同的工作是帮助患者通过领悟、不断的理解与控制逐渐获得成熟"[①],是治疗师为保证治疗工作的顺利进行,与当事人建立起来的特殊的人际关系。通过治疗联盟,治疗师能够与当事人形成共识,即使在有强烈负面移情的情况下也能继续合作,以此实现帮助当事人的目的。在治疗联盟中,治疗师与当事人所建立的治疗关系,是治疗能否顺利进行的最基础、最重要的环节。良好的治疗

---

① 周红.表情达意与心灵润泽[D].南京:南京师范大学教育科学学院,2005:57.

联盟应是一种真诚、信任、合作、持续、稳定的工作状态。如何形成恰当的治疗联盟并巩固其发展,是治疗师首先面对的问题。

1. 治疗联盟在儿童美术治疗中的性质

在针对特殊儿童的美术治疗中,治疗师的作用不同于成人美术治疗,他是当事人赖以进行自我整合和治疗的支撑,没有治疗师的引导,仅凭儿童自身是不能进行美术治疗的。特殊儿童正是依靠治疗联盟关系中的支持性因素才会发生改变。在这里,治疗联盟不仅是一种工作联盟,还是帮助当事人以更适宜的方式思考和行事的基础,治疗联盟的建立,更依赖于由治疗师全程把握的一种特殊的互动关系。

信任和希望是治疗联盟的基础。治疗师应以宽容友善的接纳态度面对当事人,治疗师越是体现出对当事人潜意识防御成分的容忍性,就越能显示对当事人防御行为的尊重,治疗联盟便越牢固。友好、人性化而安全的氛围,是治疗联盟得以实现的前提。有心理困扰的特殊儿童会出现复杂的情感和态度,会对治疗师产生不友善或距离感,有时却表现出非常强烈的依赖感,特殊儿童则有可能出现难以控制的行为和反应,治疗师要对此有充分的心理准备,能包容这些状况的出现。不仅允许移情带来的情感表现在联盟内发展,而且还要面对当事人可能出现的退行行为,尽可能为美术治疗的展开营造一个轻松的氛围。因此,治疗联盟不是一般意义上的人际关系,而是职业化的治疗关系。

以美术活动为媒介形成的同盟,是美术治疗实施的基础,治疗师是通过"特定的"美术互动关系,为特殊儿童提供一个支持性环境,所以,在这里,美术形式是实现治疗联盟的主要工具。

2. 美术治疗联盟的建立

美术治疗联盟是通过当事人、治疗师和作品情境空间共同缔造的同盟。在针对儿童和青少年展开的治疗中,有效联盟的建立可以通过两个方面来判断:其一,当事人愿意将在美术活动中产生的象征素材,与治疗师分享,让治疗师使用和了解观察到的素材内容,联盟意味着当事人接受以作品为介质进行的意象互动交流。其二,联盟体现在当事人减弱了抗拒性,出现对治疗关系的接受,能够忍受一些在治疗中出现的挫折感,可以承受治疗的压力和张力。

(1) 对治疗师的要求

特殊儿童自我思考的能力有限,也不能理解联盟合作,治疗师与当事人建立治疗联盟的基础是被其认可的良性交往关系,而不是对共同目标的分担。所以,治疗师需要具有与当事人建立"基本信任"的能力。作为治疗师,应充分利用直觉经验,对当事人的作画姿势、注意力、兴趣、好恶等行为进行洞察分析,充分利用客观条件带来的"场效应",发现和运用初级互动带来的信息,传递对当事人的接受和支持,使自己成为安全和可依赖的情绪调节者。同时要明确自己的中立角色,即不一味放纵当事人的不当行为和要求,也不把自己的价值观和标准强加于当事人。

(2) 对整体关系的要求

干净整洁、配备齐全的美术治疗室和治疗师可以形成一个安全的物理与心理环境,选择性地设置一处私密空间,或在治疗室摆放收集"遗忘"或"收藏"两类作品的盒子,为当事人提供摆放不同性质的作品,是增进共同联盟较为可行的技巧。放置纸张和颜料的地方要一目了然,便于当事人一进门就看到,有利于引发自发行为的出现。在美术治疗初期,"接着画"和涂鸦游戏都是较好的开场白。命题绘画更适合年龄较大一些、有绘画能力的特殊儿童,对调动他们的表现欲极有帮助。用导入语作为整个活动的开端,是以往美术疗法中经常使用的心理治疗技术,可在各类咨询技术书籍中查询,故不具体展开介绍,仅在方法和案例示范中,实施介绍(可参看书中第七章的心理治疗案例),本处只论及美术活动搭建的有效联盟。

在联盟建立以前,模仿儿童的表现形式最易获得儿童的认同。开始时附和儿童自发的美术表现行为,通常比语言更能引起他们的认同,同时还能调动他们自发的响应行为。大体的操作如下:

① 以静观动,及时促发当事人自发的美术活动,形式不限。

② 治疗师通过模仿当事人自发的美术形式,呼应当事人的行为表现,或同步开始自己的美术行为,以此展现支持者对当事人的认同姿态。以当事人可接受的程度唤起他们用美术表现的愿望,使其逐渐认同治疗师的共同体角色,建立以美术为介质的互动或合作关系。

③ 在以美术为媒介建立的治疗关系中,治疗师可以适度推进与当事人的交互形式,不仅在美术形式上,还应从语言和行动中加强自己的共同体角色,强化整体的联盟结构,与其形成一种全方位的和谐关系,让当事人感到自己与这种关系及治疗师是连在一起的,从而形成信任联盟。当事人不仅把治疗师当做倾诉和合作的伙伴,还认同和接受这种进一层的盟友关系,通过这种关系,治疗师才可以用当事人提供的象征材料传递支持和协助,将相对稳定的部分作为促进儿童早期关系发展的基础,展开进一步探查或治疗。

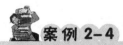
**案例 2-4**

**以美术的方式建立的治疗联盟**

对象:TT,六岁,男孩,高功能自闭症

前期准备:

第一步:开始前五天约见当事人,TT 由母亲带着,对外界有一定的戒备,惧怕离开熟悉的环境。见面后虽然接受了老师拿出的小礼物,但仅有短暂的目光对视,易走神,有目光前视发呆的状况(时间不长)。

第二步:在其母处了解他的基本情况:

(1) 平日的嗜好、性格、出现的异常行为。

(2) 索取 TT 自发的涂鸦纸片,做初步了解。

状态评估:

画面印象:

(1) 只画楼房,盖房子。

(2) 楼房的窗子是以数字呈现。

(3) 出现的父亲、母亲是在窗子里的蝌蚪人符号。

(4) 体现出机械的推理能力,对数的概念有较强的领悟力。

(5) 有分离的迹象和孤独感,自身和外界不相融。

(6) 涂鸦痕迹体现的是运动轨迹,是初级的过程记录,具备最基本的象征表征。

确立方案:

(1) 每星期定期接触一到两次(周三或周二)。

(2) 选择一位同性伙伴(成人)作为治疗师角色,同孩子建立治疗关系。

(3) 带TT到有画具的画室，让孩子接触各种材料，先熟悉环境。
(4) 做课堂记录，为下次方案做准备。

建立联盟过程

时间：2005年4月

过程：经过熟悉环境，TT已经了解"工作室"的布局和物品，然后直奔放有纸张的桌子，开始画画。

前两次：TT都是独自按固定的顺序和步骤重复地画，不答理旁人（老师、伙伴、妈妈）。

第三次：伙伴模仿TT使用的符号开始描画，起先当事人在行为上并不理会。9分钟后，老师表扬了伙伴的画，引起他对伙伴作品的攻击行为（用笔急速涂掉对方画出的"房子"）。伙伴重新开始描画，6分钟后，TT开始接受伙伴的语言交流（没有老师介入的二人对话），并接受一同洗手的邀请，不排斥伙伴近距离的身体碰触，出现言语互动。

再次开始时（5分钟后），TT边画边注意伙伴的画面，并持续进行连续的涂抹攻击。随后离开自己的画纸，在对方纸上模仿伙伴画出的不同符号"9"，并迅速涂抹掉。反复几次后，攻击减少，出现合作倾向，在伙伴画出的电线杆旁模仿画出另一个电线杆，并将电线连接到伙伴画出的电线杆上。随后TT出现近两分钟的发呆，目光短暂游移后，回到了伙伴的画纸上（注：教师再次表扬了伙伴）。其后，TT无语作画，并又短暂离开伙伴画面，取另一张纸边自言自语边急速涂鸦。

全程46分钟左右，TT开始用彩笔画有形状的迷宫图，画面出现数字、矩形，并同意伙伴给自己的"迷宫"涂色。在妈妈的提醒下，TT曾出现过一次破坏行为，但开始叫伙伴哥哥，有明显的接受性，对涂鸦活动中的关系建立表示认同。活动持续由教师介入打断后结束（约60分钟）。

第四次：伙伴先到，由伙伴询问TT怎样开始画画，TT主动提出画电线杆。开始时各自在自己的纸上画，重复延续了第一次合作的步骤——连接电线杆间的电线、在纸面上添加楼房。随后TT开始自发模仿伙伴的行为，给自己的画填色。伙伴则模仿TT绘画时的自语行为，TT开始明确关注伙伴的行动，有愉快表现。并告诉伙伴应该怎样"画"，接受伙伴帮助填色的举动，没有排斥行为，两人出现短暂的商讨。在教师表扬伙伴后，TT依然进行攻击破坏，将伙伴的画急速涂掉，直至纸破。伙伴在教师的授意下，也模仿他的攻击行为，涂掉TT的画面，TT却很开心，双方进入纸面上的游戏互动状态。当伙伴回到自己的画面继续作画时，TT向"老师"要纸重画。

"老师"告诉他如果把一张纸画满就可以得到奖励的纸张，示意他持续在原来纸面上继续画（像哥哥一样），伙伴不受影响继续在原来画面上进行绘制，TT表现出模仿伙伴的配合行为，也在原有纸上继续作画，减少换纸行为，并出现了主动与伙伴的配合。（比预期的好）互动建立进行顺利。

TT接受伙伴传达给他的意识——"我们是一起的"，认可他们合作的作品是一个整体，没有破坏行为，并主动协助配合填色。30分钟后，两人合作的第一幅作品完成。联盟关系建立。

在后续中，TT画里的内容开始丰富，两人合作增多……

在案例中，共同的联盟关系是通过交互绘画推进的。伙伴（实施者）用 TT 使用的表现符号组织表达，效仿其行为作画，没有被 TT 排斥在画桌外，出现潜在的认同。外界客体的活动（表扬行为）引起 TT 对伙伴画面的攻击，说明 TT 注意到对方和自己的主客体关系，并自发地出现投射反应，内在动力机制被触动。画面上的"交锋"成为推进互动的开始，移情现象出现。在互动中，TT 的阻抗被消除，认同和协作关系建立，直到共情的产生。通过四次接触达成治疗联盟。

（3）治疗联盟中的文化影响

在美术治疗前辈的总结中，我们还注意到跨文化带来的问题。地域、种族和习俗等文化差异在建立治疗联盟中起到了很大影响，直接关系到认同和联盟关系的建立。有的治疗师认为，种族、环境及社会问题等外在因素对治疗关系的建立是最重要的，但还有的治疗师更看重内在过程的重要性，即如何部署治疗重心和理解分析当事人意图，强调内心世界独立于外在因素和影响。随着社会结构的多元化，美术治疗师很可能会面对不同文化根源的当事人，如何在文化差异的基础上理解当事人，取得当事人的认同，更快地进入治疗视野，巩固治疗联盟，是今后治疗师需要思考和解决的问题。

（4）在美术治疗中会出现的三种联盟类型

在具体实践中，治疗联盟常会呈现出三类治疗关系：第一类是主动与被动型，即治疗师是发出指令的主动指导者，当事人是被动执行者，治疗师带有控制和权威性。这种模式的原型是父母和婴儿的关系，缺乏交流互动。常出现在行为治疗的美术治疗中。第二类是引导与合作型，即治疗师给出建议，让当事人接受自己的目标，当事人配合其指导，将治疗师的建议融入自己的作品中。这种模式的原型是父母与儿童（青少年），常会出现在分析性美术心理治疗或认知美术疗法中。第三类是参与型，即治疗师从帮助者的角度协助当事人进行自我探索，当事人参与到这种合作关系中，主动进行自我成长的尝试，二者是朋友与合作者的联盟关系。其原型是成人与成人。这种联盟关系会在分析性为主的美术治疗或以当事人为中心的人本主义美术治疗中出现，哪一种类型更有利于治疗的发展？怎样的联盟关系才是最佳的治疗关系？这些都有待于后来者自己在实践中评断。

总而言之，在特殊儿童美术治疗中，包容、亲密而具有建设性的联盟关系，是以治疗师不批评、不偏倚、不代办当事人具体情感问题为前提。在此基础上建立治疗联盟一般遵循以下几个原则：① 营造温馨、友善、慈爱的气氛，培养当事人对治疗师的信任与好感。② 接受、理解和尊重当事人的行为和表现，保持中立的立场。③ 对当事人显现的问题，给予关注和支持，让当事人体会被尊重的感受。④ 设身处地体验其感受，以共情的方式了解当事人内在的心理情结，用爱心察觉其整体行为反应，以便做出客观判断。⑤ 尊重当事人人格，不给孩子贴标签，尽可能避免过多的主观评述。⑥ 寻找所有儿童的共性特点作为切入点，增进其自尊和自信。

需要强调的是，在针对儿童的美术治疗中，只与儿童建立工作联盟是不够的，由于儿童自身不具备独立性，作为监护人的家长是否认可治疗师和治疗关系，对治疗的延续和展开会起决定作用。这就需要先与儿童的家庭建立有效联盟保障，才会涉及治疗技术中的联盟建立。必须让儿童也感觉到父母对治疗师和治疗的认可，治疗师才可以开始或推进美术治疗，否则会使儿童受到不必要的伤害。在家长联盟不能有效达成时，终止治疗是对儿童有效的保护。在实践中,能否与监护人建立联盟,是能否进行美术治疗的首要问题,尤其是一对一的深度干预和治疗。如何解决治疗以外的联盟关系？将是美术治疗面临的一大课题。而侧重教育因素的治疗性美术教育则较少受到这一方面的影响。

### (二) 阻抗

阻抗会是我们在美术治疗过程中遇到的伴随现象,在心理动力学原理中,"阻抗是指让神经症的状态持续存在的那部分力量"①。阻抗是与理性自我对抗并拒绝改变状态的愿望。在儿童治疗中,阻抗常表现为当事人表露想离开或拒绝参与整个过程,是当事人所有不响应行为的总称。在我们现有的经验中,阻抗至少包括三种层次:症状性阻抗(由于保护原发或次发性获益而形成);性格阻抗(来源于个性的阻抗);本能阻抗(人性中固有的抵制变革倾向)。

#### 1. 美术治疗中的阻抗

在美术治疗中,任何阻抗形式都阐明了当事人自我的防御机制状况,包含了当事人难以忍受的问题和不愿被察觉的情结。

(1) 美术作品中阻抗呈现的防御类型

在以作品呈现的阻抗中,我们可以察觉到的防御机制大致可分为两类:一类是以压抑为基础的防御机制表现,例如否认、反向形成、隔离、压抑、置换等。另一类是建立在行为表现基础上的防御,例如置换、攻击行为、对攻击者的投射认同等。其中,"否认"在绘画中体现为个体在有能力的情况下忽略或省略表现身体/对象的一个或多个部分。"反向形成"体现为积极肯定地表现某一被认为是痛苦情感来源的事件或对象。"隔离"体现为把对象孤立地画在纸上,或所画意象与纸上的其他形式毫无关联,或强化所表现意象的边界,或把意象"封装"起来。"压抑"在绘画中体现为省略不被认可或不被接受的想法和情感。"置换"体现为有关想法和情感的意象从原来的对象移到其他对象。诸行动主要通过当事人对媒介及所创造意象的行为体现出来。对攻击者的认同则体现为在意象中把个体与攻击者的特征相结合。基于上述分类,如果当事人的艺术表现中出现以下任一情形,如频繁地定型重复、显示出完美的技巧、有反复的涂擦和复绘部分、过分关注细节以及不明确、否认和完全脱离情感等,则可以被视为防御的出现。②

例如在 TT 的案例中,除去障碍类型带来的特征外,TT 画面的防御表现,是以其带有定式的重复过程体现的,同一顺序的形状和数字代号可以给他带来安全感,也表明他不能联想到"一些其他东西",缺乏对有意义经验的理解问题。如果治疗师不理解他的防御状态,而去教他画某个"符号"或启发他去发现某些"东西",阻止他的一再重复描画,不仅不会增加艺术的吸引力,还会危及他的"安全感",引起阻抗的出现。此时,对其经验构架的理解,是突破闭塞、僵化,扩大经验范围的前提。罗恩菲德在《创造与心智的成长》一书中就曾分别指出:当正常的美术发展进入前样式化和样式化阶段时,儿童在绘画上就会有重复倾向。我们可以很容易辨别这种自然倾向和定型的重复。在样式化阶段中,重复形体的使用很有弹性,定型的重复则完全没有改变。儿童会以定型重复有意识地隔离对其具有威胁性的内容,从中获得安全感。"这种安全感是他从重复的描绘中能获得的。"③所以,伙伴的介入行为便是建立

---

① [美]Morton Chethik. 儿童心理治疗技术——心理动力学策略[M]. 高桦,等译. 北京:中国轻工业出版社,2002:106.
② 周红. 表情达意与心灵润泽[D]. 南京:南京师范大学教育科学学院,2005:63.
③ [美]罗恩菲德. 创造与心智的成长[M]. 王德育,译. 长沙:湖南美术出版社,1993:6.

在对其经验构架的理解上的推进。打破阻抗，建立带有情绪色彩的互动符号发展，也是从扩大当事人经验范围开始的。

(2) 美术治疗中的阻抗行为

心因性障碍呈现的阻抗行为要复杂得多，大多会与当事人具有感情色彩的情结有关。例如，情感冲突、创伤性经验等。这就需要治疗师善于发现造成阻抗的情结，理解其意义，通过触发和认识情结，帮助当事人改善或消除阻抗。这种阻抗主要呈现两大类型：一是对表现技巧的畏惧，不知道如何开始，该画什么，不会画等。诸如"老师没教过"、"画不出来"、"没画过"等言语，表现为直接而明显的阻抗，特殊儿童甚至还会出现矛盾的行为反应。例如表现为反复地拿起放下、欲画又止或退却又急躁等，有的还会表现为攻击性的阻抗行为。另一类把艺术表现用做阻抗，如重复固定的现有图形模式，坚持固定的模仿或步骤等。有情感阻碍的儿童，会以画墙、篱笆、关闭的门、装锁的柜子等东西阻抗涉及危险问题。除此之外，拒绝完成作品、毁坏作品、模仿描画或反复强调一个没有任何变化的形象等，都体现了不同程度的阻抗。这需要针对现实情况具体对待。

### 美术治疗过程中的行为阻抗——希拉案例

希拉(Sheila)，女孩，6岁，婴幼儿时期有被虐待和被忽视的经历。接受观察前，已进行了18个月的美术治疗。第三次会见的场景：希拉过去痛苦和创伤体验的重现——希拉："你是老板，我不是听命者。"

希拉："我今天想剪东西。"接着从桌子上拿了把大剪刀，做出剪的动作。对治疗师的态度比较粗暴。

治疗师："你想剪什么，纸吗？"随后拿出一堆纸，但只给了希拉一张纸。希拉把纸折成两半，沿着折叠线剪，再折又再剪。小纸的碎片散落在椅子上，治疗室非常安静。

希拉："我还要一些纸。"治疗师仍然把一堆纸放在膝盖上，没有动。

治疗师："你想怎么处理你剪的小纸片？你想利用它吗？"

希拉："我还要一些纸。"

治疗师："先利用你已有的纸片。"(治疗师此处设置限制，试图引导希拉用已有纸片进行创作活动，但是没有成功，反而触动了希拉童年时受虐的痛苦经历)

希拉："你是老板，我是天才。你是老板，我是天才。"

治疗师："我是老板？"

希拉："你是老板，我不是听命者。"

希拉从抽屉里拿出两个大订书机和一盒订书钉，说话的声音从哀怨变为生气和发号施令。

希拉："万一我弄糟了。不，我没有弄糟。我只是让自己显得比较可笑。"她不断开关移动订书钉的小工具，然后快速地收集了一些碎纸片，用订书机订上。这样，一本小"书"便完成了。

希拉："写！"她以命令的口吻，把"书"从桌子上滑向治疗师。

希拉："写上你的名字！"

她的声音满是发号施令、愤怒和威胁。治疗师拿起"书"和一只记号笔，犹豫地写下了自己的名字。希拉跷着脚，身体靠着桌子上的订书机旁。

　　希拉："(订书机)这很坚硬，会让你流血。"

　　希拉："你是一个工作的人。"

　　治疗师："一个工作的人？哦，你是我的老板，我是你的秘书。"

　　希拉露出狂暴的神情。有一个订书钉陷进了订书机，希拉用移动订书钉的小工具把它弄了出来。她的动作似乎也充满了愤怒，显得毫无耐心。

　　治疗师："我的老板让我今天感觉不太好。"（治疗师的这一解释，承认并清楚地说出希拉前面从治疗师那里感受到的情感。正是这一共情式的干预，促使希拉的行为在接下来的阶段逐渐发生变化，也促成了创作过程的发生。）

　　希拉继续用订书机订纸。渐渐地，她狂乱的活动慢了下来，愤怒的程度也有所降低。治疗室静悄悄的，希拉似乎专注于挑选并装订纸片。突然，她丢掉了纸片、订书机和移动订书钉的小工具，转向治疗师。

　　希拉："我想做一本希拉和安娜的书。"（此时，转变发生了）"你可以在上面写上：安娜和希拉准备去打棒球。这些字要写在封面上，写大一点。"接着，希拉讲述了故事："希拉和安娜准备去打棒球。希拉和安娜有一天外出……我和安娜一直都是很好的朋友，现在我们又有了好多新朋友……"

　　(Ball, B., Moments of change in the art therapy process. *The Arts in Psychotherapy*, 2002, 29, 82—88. 作者芭芭拉·波尔(Barbara Ball)在治疗严重情绪困扰儿童的寄宿中心进行了为期一年的观察，共观察了50次个体会见，并与治疗师进行了11次访谈。节选案例引自周红. 表情达意与心灵润泽[D]. 南京：南京师范大学教育科学学院，2005：63—64.)

　　在案例中，希拉的阻抗是通过威胁行为展现的，通过场景呈现出过去关系的重现，冲突是围绕"老板和工人"展开的，对限制她行为的治疗师，她用指责和批评进行回应，但治疗师巧妙地偷换了概念，"老板和工人"的冲突性互动被转换成"作家和秘书"的合作性互动，使希拉把治疗师视为她的秘书和写作工具，化解了开始的阻抗，治疗师通过帮助希拉记录讲述的故事，又支持了希拉脆弱的自我感，使治疗状态出现转机。当当事人在作品或行为中呈现上述情形时，治疗师应有心理准备接受并理解这些阻抗现象。处理和化解的方式与技巧要具有灵活性。

　　2. 美术在缓解和消除阻抗中的作用

　　艺术之所以吸引人，正是因为艺术中蕴含着美的因子与启迪性，使事物具有象征意义。审美在这里就是感应外在造化，赋予无生命物以生命，簇生美感的内在转化机制。在美术治疗的实施中，视觉的象征形式可以使苍白的对话充满活力，人与画面又会形成"感"与"应"的内外交流，出现当事人自我意识转换与治疗师第三方介入交流的双重局面，沟通正是通过视觉介质形成的。融合与分离在整个美术干预行为中不断交替出现，当事人内在的无意识阻抗和治疗关系中的阻抗状态，都会反映在视觉形式的表达中，并会随着形式与内容的相互作用逐渐变化。越接近审美意义的沟通层次，越能推进防御机制的递进改善，从而实现消除阻抗的融合。

　　(1) 丰富的美术介质是促成响应的有效手段

　　阻抗状态在不同阶段都有可能出现，其形式也会因治疗对象的不同，而出现不同的行为反应。因此，丰富多样的美术媒材，无疑会起到转移和化解僵局的作用，促发美术行为的产生。

根据当事人的特点和治疗进程,更换使用的美术媒材,或是借用其他艺术形式调动当事人的审美感知状态,都是以往治疗师乐意采纳的方法。例如,水彩、水粉带来的湿润和流动感,油彩的厚重和绚烂,水墨的淡雅和清明等材质特性,都可能引发儿童的自发尝试,大部分治疗师都会通过提供绘制工具、材料和媒材介质,应对儿童在美术治疗中出现的阻抗。但不同材质只是不同选择的尝试,要推进实质性的进展,还需落实到富有变化和意义的形式表现中。

(2) 美术活动中审美机制促生的治疗实现

当儿童自发的美术行为开始后,审美体验就成了突破阻抗的最佳动力。一方面,儿童体验的审美活动最初是从直觉感知开始,进而产生审美愉悦,最高阶段的审美感受会促成整合后的开悟。在当事人作品中会呈现两个不同层面的表现:一个是象征性防御陈述,一个是象征形式带来的整合呈现。当治疗师利用环境、画面肌理、音乐等刺激手段,偶然激发出当事人的美感体验时,当事人会跟随美感的牵引进行创作表现,这时出现的画面多是防御性陈述,儿童会用自己惯用的方式进行美术表达,断断续续出现的"回应性"痕迹,是治疗师可以从作品中洞察到的互动依据,是分析当事人动力状态的参照。如果当事人在审美活动中消解了阻抗,能自我调适内在防御系统,将吸纳的美感体验整合到自身的感悟中,就会在作品中表现出带有情绪表达的象征形式。治疗师可以通过对这一促进环节的分析,了解儿童的心理进程,把握治疗的整个结构。其中,象征形式带来的整合在针对心因性深度治疗时,还会带来治疗转变的重要信息。

在审美中,儿童可以体验到意象、能量与感知在其身心中的作用,治疗关系也会随着儿童自我的觉悟和治疗师的引导产生交替的递进融合。美术的特点决定:材料或形式引发的联盟会成为下一个关系的开始,每次阻抗消除的成功,都可以以作品的形式成为处理下一次阻抗的契机。审美过程和治疗过程几乎是同步递进。阻抗消除后,儿童会表现出越来越主动的参与性,并会主动邀请治疗师的介入,自身的协调性也会变得良好,敏锐性增加,且愿意表达自我。

在这里,我们常把治疗师试图将当事人的无意识内容引至意识时引起的阻抗,视为是一种特殊的移情形式,唤起当事人情感共鸣的共情,往往是处理这类阻抗的有效方法。

### (三) 移情

心理治疗中"移情"的定义是:"患者对当前某人的感觉、驱力、态度、幻想和防御等体验并不适合于那个人,而是对早期童年中的重要人物的反应重现,潜意识地替换为当前的人物,当前的人物可以是当前生活中任何突出的人。"[1]在这里,移情是当事人无意识地根据其早年生活中建立的模式来对治疗师做出反应。例如,儿童在治疗中,很容易把自己的情感、幻想和恐惧等转移到对应作品或治疗师身上,把面前的对方当做对其影响重大的某个人,产生或依恋,或仇视的复杂感受。它是"病人将从前的情感、态度、或知觉带进治疗关系里面"[2]的一种状态。

艺术中的"移情"是一种特殊的审美心境,在美学概念中,它是指人出现审美错觉时,会把情感融通到眼前的事物中,使无生命的物象仿佛有了生命,让人与之发生共鸣。这也是审美活动趋向完美阶段的物我两忘反应。荣格曾对艺术中的"移情"进行过深入研究,从艺

---

[1] [美] Morton Chethik. 儿童心理治疗技术——心理动力学策略[M]. 高桦,闵容,等译. 北京:中国轻工业出版社, 2002:108.

[2] [美] 阿瑟·罗宾斯. 作为治疗师的艺术家[M]. 孟沛欣,译. 北京:世界图书出版公司,2006:138.

动力的角度,把"抽象"和"移情"看做是无意识支配下的两种审美态度,将这一"移情"视为人寻求认同需要时出现的"适应和自卫机制"。

美术治疗既涉及心理治疗的移情,又涉及艺术中的审美移情,移情成为心理动力学原理在艺术与治疗中运用的核心。当美术活动中的治疗联盟建立后,治疗师与当事人在创造性空间中的交互接触变得频繁,当事人的潜能、表现方式与感情被逐渐解放出来,自我意识出现与"过去的联结",显现出脆弱和反复,进而会对治疗师产生依赖、认同或共生的附属感,我们把当事人的这种感受称为治疗关系移情。它与随着艺术活动深化引发出共情的艺术审美移情交替呈现,贯穿整个治疗活动。治疗关系移情带来的附属感,在初期可以推进治疗,在后期却是治疗师需要处理或引导的问题。当治疗被推进时,彼此理解的意识流带动情感的增进,治疗关系移情会将儿童与家人的现实关系带到治疗中,以阻抗的形式揭示冲突的问题,成为治疗的焦点,此时治疗关系移情的出现,便是治疗富有成效的表征。艺术感染引发的审美移情,既是治疗师协助当事人处理治疗关系移情的方法之一,又是导致当事人自性化实现的重要成因,是艺术产生治疗的重要机制。治疗关系移情和审美移情尽管不同,但都是主体将感觉和情感进行投射的结果,所以,二者都是美术治疗中不可或缺的组成部分。

1. 特殊儿童美术治疗中的治疗关系移情

以往的美术治疗资料显示,对治疗关系移情现象的界定有两类:一类是将当事人对人的移情转向对作品的移情,另一类则是指美术治疗中当事人或治疗师的治疗关系移情。南伯格重视前者的治疗关系移情现象,指出"意象在移情的背景下产生,移情的对象可以是治疗师,也可以是所创作的意象。若意象的产生是移情的结果,那么当事人对其父母或亲人的不满则可以从治疗师转向意象,而对视觉意象的迷恋与认同往往有助于当事人从他(她)对治疗师的移情中脱离出来"[①]。克莱曼则注重治疗关系移情在整个治疗关系中的作用,把移情视做探查当事人情感模式的主要工具,将其界定为"是一种普遍现象,可能出现在任何治疗关系中,也会出现在美术治疗师及其当事人身上"[②]。在注重分析的美术心理治疗中,移情关系会呈现在中心地位。而美术行为治疗更多依托作品实施治疗活动,"移情关系"不像注重图像分析的心理治疗那样处于中心位置。这两种不同角度的描述,体现了以往实践者在看待和处理治疗关系移情的态度。

(1) 治疗关系移情的性质和种类

治疗关系移情常会呈现四类性质。

① 第一类:物移情

即在美术表现中将情感投射到象征意象中,或赋予某些物品以情感反应。例如,有的当事人会对特定的物品或图像产生情感或情绪反应,依恋或惧怕某类东西。这类移情,通常在治疗开始时较为明显。

② 第二类:过去关系的移情

指当事人进入治疗情境后,通过自己与作品或治疗师之间的鲜活关系,激活了与过去经历相连的潜意识记忆,使过去有意义的重要关系在当下治疗环境中重现。在这种移情中,治

---

① 周红.表情达意与心灵润泽[D].南京:南京师范大学教育科学学院,2005:56.
② 同上书。

疗师会觉察到自己被当事人当成了以往生活中的某人。但在有严重障碍的儿童身上，这种移情常常会是当事人指向治疗师的不适当反应（如敌对、恐惧反应等）。

③ 第三类：当前关系的移情

通常是当事人现实生活在治疗关系中的重现。表现为当事人把自己与家人之间的内在问题替换到治疗师身上。通过此类移情，治疗师可以了解当事人对父母和周围人的情绪反应，提供当事人在现实环境中的主客体关系。这类移情，只有在当事人获得安全感后才可能出现，常能揭示当事人在家庭问题上出现的现实冲突，以及与儿童年龄水平相对应的成长冲突。

④ 第四类：把对象作为外化客体的移情

在这类移情中，当事人将内心冲突分离，将其中一方面投射到治疗师或作品上，从而获得解脱感。

在美术心理治疗中，治疗关系移情是治疗师必须面对的主要问题，处在治疗的中心地位，移情既是问题呈现的方式，又是问题解决的手段。由于创造性艺术活动是美术用做行为治疗的前提，当移情关系变得比创作重要时，会干扰创作进程，成为当事人自我整合实现的阻碍，所以，在"美术行为治疗"中"完全意义上的移情现象不会在美术治疗中出现"[①]。基于上述差别，实践者还需针对自己遇到的具体情形和治疗特点，实施相应的对策，才能有效处理问题。

（2）美术治疗中对作品产生的移情

由于作品是治疗师与当事人交流的主要媒介，也是当事人通过创作实现内心整合的载体，治疗关系移情不仅会在作品中展现，还会在作品的制作过程中呈现，直接影响创作进程。当事人通过艺术创作或认知绘画等手段，将治疗中的移情关系逐渐转移到作品意象上时，指向治疗师的治疗关系移情便被减弱，作品既是治疗师与当事人共情的公共空间，又是治疗展开的转移性场所，起到了治疗载体的作用。当事人的情感和情绪被投射到作品的形、色、体积、节奏和质感等象征性表征中，这些视觉元素，为互动的双方提供了了解和沟通的视觉语言形态。当艺术的审美移情逐渐出现时，作品的创作过程，又成为当事人建立新的整合状态的引导者，促成当事人自我成长的实现。这种独特的交叉移情，成为美术治疗不同于其他心理治疗手段的主要特征。

在治疗中，只有在当事人把通过行为表现的情感或情绪，替换转移到作品意象上时，艺术创作才开始富有治疗意义。所以，作品中移情的出现，是当事人自我沟通的开始。此时作品呈现的冲突，才是当事人自身问题的显现。修通当事人创作受阻的过程，才是可能需要治疗师协助与引导的治疗过程。如果当事人的创作过程阻塞，治疗关系移情又会重新回到现实行为中或指向治疗师，出现退行。因此"共情"在美术治疗的移情处理中，就显得非常重要。在运用和把握时，一方面，治疗师可以通过自己创作的作品，回应当事人的视觉表述，以视觉意象而非语言的形式，向当事人提供支持性"共情"（如彼特的案例显示）。另一方面，治疗师还可以通过参与性互动（视觉、文字或听觉等），支持当事人的创作表现。如果支持性移情有效实现，当事人就会出现对治疗师的依赖感，这在初期是推进治疗的重要表征。

---

① 周红.表情达意与心灵润泽[D].南京：南京师范大学教育科学学院，2005：56.

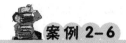

**案例 2-6**

**通过作品促成共情的移情处理**

彼特,13 岁,男孩,在家难以管教,常与母亲发生冲突,有时晚上还爬窗出去游荡。于是母亲决定把他安置到一家大型的儿童之家。对此,彼特感到非常困惑,不明白自己为什么要和一群不认识的孩子生活在一个陌生的地方。儿童之家的管理比较混乱,尤其是晚上九点以后,经常发生年龄大的孩子欺负年龄小的孩子的状况。彼特怕被欺负,总不敢睡觉。因此,上课时总想睡觉,在所接受的个体美术治疗中也不例外。起初,彼特一到治疗室便开始睡觉。在彼特睡觉的时候,治疗师没有去做文件整理的工作,而是选择呆在他的身边,把他睡觉的情形画下来。治疗结束的时间一到,治疗师便叫醒彼特,让他用下节课之前的时间观看其绘画作品。对于治疗师的行为,彼特感到十分好奇,不断询问为什么要这样做。治疗师做了以下回答:"这是我们在一起的时间,即使你在睡觉,我也会和你在一起。"

在上述过程中,治疗师没有强制性地叫醒彼特进行美术创作,而是尊重他睡觉的需要,并且还通过绘画,描述了一个极度困倦的男孩睡觉的情形。治疗师相信,其作品包含了大量已被彼特接受的共情信息。事实上的确如此,在治疗师完成了九幅类似的作品后,他与彼特的关系发生了变化,彼特开始与他谈论之前一直回避的情感问题。

(Franklin, M., The esthetic attitude and empathy: *a point of convergence. American Journal of Art Therapy*, Nov 90, Vol. 29, Issue 2, pp.42-48. 转引自周红. 表情达意与心灵润泽[D]. 南京:南京师范大学教育科学学院,2005:61.)

支持性技术的使用可以推进治疗进程,却不是导致治疗实现的原因。尽管美术治疗多会注重心理分析的作用,但是儿童美术治疗的功效不是仅以讨论作品实现的,而是通过美术活动促成当事人与作品的对话,借助艺术的创造性力量达到的。这是因为被创作的作品具有其独立的生命,可以为当事人提供一个重新审视自我的多重视角。在与作品互动的过程中,当事人体验到的是自我与作品的双重塑造,形象塑造的渐渐实现,就是形象走向自我的融合过程。当作品产生艺术的移情变化时,作品就变成了另一个"他者",材料和艺术手段开始扮演当事人与作品互通的媒介,双方都具有协助者兼同伴的助人功能,在创作引带的"无限串联的互动"中,作品将引领当事人走近被自己忽略或埋葬的真相,将原本痛苦及难堪的经验,在创作中融合成肯定生命的作品,从而达成使当事人获得整合的功效。因此,美术作品不仅是包含了治疗关系的移情载体,还是带有审美移情特质的治疗空间。克莱曼在自己的实践论述中,曾涉及美术作品所具有的这一双重移情特性,她提出的升华理论为后来者打开了探寻美术功效的窗口。

2. 艺术中的正性移情和负性移情

移情分为两种:一种是由温和的爱或崇敬组成的正性移情,另一种是具有敌意或攻击性的负性移情。不论正性移情还是负性移情,都是一种无意识情感的转换形式。

荣格曾区分了艺术作品与创作方法,全面研究了无意识支配下的审美态度。将人"内倾"和"外倾"的两种基本的心理态度,与"四种心理功能:即思维(thinking)、感知(sensation)、直觉(intuition)和感受(feeling)"[1]联系起来,探察艺术活动中的移情表现。他指出潜

---

[1] 申荷永. 荣格与分析心理学[M]. 广州:广东高等教育出版社,2004:76.

意识的动力源也是艺术灵感的生发处,"情结"对艺术创作具有决定作用。在创作活动中,不同情结会产生不同的移情效应。这些移情也会具有正性与负性的差别。

**知识小卡片**

**什么是内倾和外倾?它们有好坏之分吗?四种心理功能各代表哪些能力?**

"内倾"(introversion):代表了具有向内心深处发展的驱动力。

"外倾"(extraversion):代表了具有向外发展的主导性驱动力。

它们没有任何必然的好与坏,任何倾向发展到极端或不协调,都会造成心理冲突或成为心理情结的来源。

思维功能:反映的是分析与逻辑的判断力。

感知功能:表现为善于捕获细节,接受实在的多种信息。

直觉功能:接近洞察力,能够从宏观上把握所面对的情境与事物。

感受功能:表现为设身处地的感受性,具有感性判断的特点。

(1) 艺术活动中的移情表现

在艺术活动中,移情表现有"一般移情"和"象征移情"之分。

"一般移情"是人在审美活动中,外在客体带给人的一种共感体验,具有共情特征。其中,正性移情体现为积极的共感体验,是"美"感带来的愉悦感受。负性移情是一种消极的共感体验,是"丑"所带来的不快感受。

"象征移情"是人在审美活动中,将主体情感赋予无生命的对象,把表现对象当做有思想感情和有生命的"有情物",通过"情趣象征"来展现的一种移情。"象征移情"又分为三类:① 以人本身为媒介产生的"感觉和情趣结合"的移情。② 由经验知识产生的"理性认知和情趣结合"的移情。③ 直接源于"直觉感知与象征表象融合"的情趣移情。

象征移情具有极强的主观色彩,其中包含当事人积极的正性移情,也包含其消极的负性移情,是人内在心境的呈现。这种直接给予对象内部生活的移情方式,在儿童自发的美术创作中较为普遍。

(2) 艺术表现中的移情呈现

在艺术表现中,我们也能从作品里发现正负两种类型:正性移情在艺术表现中是一种积极向上,主动进取,起正面促进作用的移情。它是涵括喜悦与欢乐、崇高与理想、震撼与壮美等积极心态的移情。负性移情则指与正性移情相反的、具有抑制和破坏力的,起反向促进作用的移情。多表现为隔绝、死寂、愤怒和惶恐等情绪与处境。它是包括痛苦与忧伤、怨恨与悲哀、苦闷与彷徨、

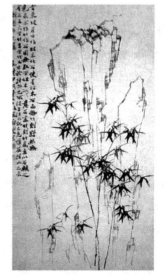

图 2-8 郑板桥的《墨竹图》[①]

---

① 唐璐.中国传世花鸟名画全集[M].北京:中国戏剧出版社,2001:420.

压抑与失衡等状态的一种移情。例如,郑板桥在其画作《墨竹图》(如图 2-8 所示)中提诗道:"昔东坡居士作枯木竹石,使有枯木石而无竹,则黯然无色矣,余作竹作石固无取于枯木也,意在画竹……"同样是画竹,画家笔中之竹,呼应出"千磨万击还坚劲,任尔东西南北风"的崇高气节,这是艺术中同一题材可以呈现不同移情类型的最好旁证。

无论哪一种艺术移情,都有其独特的价值所在,其核心都是主体的认识和情感,是艺术中必然存在的两个方面,也是美术治疗中常会遇到和运用的艺术移情手段。如果将移情视做治疗技术,那么,性质不同的两种艺术的移情,便如不同性能的"药剂",适当运用都会具有增强或化解内在状态的治疗功效,但负面移情有似带有毒性的药剂,还需因人而异地慎重运用。

3. 美术治疗中的移情转化

英国新精神分析家彼得·福勒(Peter Fuller,1947—1990)在克莱恩的客体关系基础上对审美本质进行了剖析,指出艺术创造具有对客体关系的体验性,强调这种体验是一种强烈的内心生活,它直接对创造者与观看者产生影响作用,并试图从生物和生理角度探寻这一机制发生作用的理论依据。罗宾斯在自己的实践中也肯定了审美移情对当事人移情关系的干预作用,试图用"美学原则解释心理过程",指出"不同层面的真实都可以放在非言语性表达的情境中去体验和理解"[①],艺术形式可以帮助当事人把客体关系组织起来,并以镜像效应的方式展现出来,在自我重新体验和调整的过程中,当事人"完成微妙的自我整合"。他们所表述的这一转化现象,便是美术治疗中产生的艺术移情"感应"。

(1) 什么是感应性

感应性是指人在进行超越逻辑性思维时,一种具有意义的直觉体验。这一现象背后便是感应与转化的心理机制。"感应"作为中国文化心理学的第一原理,"突出'感'、'应'中心性的内涵。是心理分析过程中最重要的工作原理。"[②]我们常说"怦然心动"、"心有灵犀一点通"等皆包含了这一感应性的共鸣特质。"感应的治愈力量也在于对无意识自性的唤醒"[③]。我们常常形容这种现象为"开窍了",是人内在自性的涌现。

(2) 促成艺术活动中感应性与移情转化的投射认同

由于无意识的基本规律就是投射,它总是以其投射的形式被人发现,"这个深层的心理结构有着极为复杂的成分。多种心理因素以一种极为合理、极为微妙和极为经济的方式相互配合,产生着至今为止在宇宙上所见到的最有效的功能"[④]。由无意识反应生成的投射认同,被认为既是审美知觉形成的主因,又是共情的移情转化主因。荣格在《移情心理学》(*psychology of transference*)中,把投射认同带来的开悟和感知修复过程,称为心理感应(psychological induction)。描述投射性认同出现时,会产生自我界限的消失与融合的物我交融体验,并试图展示包含转化、整合过程的感应实现。这一动力理论的移情解释,成为诠释艺术促成心理能量转换的重要依据,也成为打开古今整合、东西方整合大门的钥匙。

---

[①] [美]阿瑟·罗宾斯.作为治疗师的艺术家[M].孟沛欣,译.北京:世界图书出版公司,2006:19.
[②] 申荷永.荣格与分析心理学[M].广州:广东高等教育出版社,2004:85.
[③] 同上书,第117页。
[④] [美]鲁道夫·阿恩海姆.视觉思维[M].滕守尧,译.成都:四川人民出版社,1998:398.

(3) 移情转化在美术治疗过程中的表征

儿童在美术治疗中出现移情转化的征象通常呈现两个方面的表征：一方面是当事人改变了僵化的接受状态，自身建立起直觉的知觉体验和洞察，能够感应到外在的人、事、物。另一方面是当事人与治疗师、作品三者之间，形成了"感觉互通"与"应合交互"的感知关系，通常表现为共情或共时性体验的出现。移情转化的最终实现便是心理能量转换后的升华。

在当事人与治疗师、当事人与干预媒介、当事人与作品形象的关系中，都可推进当事人整体感知的共享体验。这种体验会让当事人感到自己与另一方的共存状态，消除自身与其的对立，出现和谐的接受关系，化解当事人因自身的治疗关系移情带来的阻抗。

美术治疗发展至今，对"移情"的看法众说纷纭，没有一个公论。移情的诠释经历了从单一心理治疗角度的注释，到多种移情现象的揭示与拓展。例如，克莱曼在自己密集的实践中，就总结出治疗关系移情与艺术移情的差别，指出"若当事人充分利用其创造力量达到内心整合，则移情必须保持在一定的范围之内"[1]，论述了二者在美术治疗中的相互影响，强调艺术创作引致的升华才是促进治疗的关键，改变了只关注检测分析的"移情"解释角度，指出治疗关系移情应是美术治疗中需要面对的问题。尽管美学已广泛探讨了艺术中的移情特质，心理学界和教育学界也关注到审美移情在艺术活动中的心理意义，但都距完整的理论相去甚远，对于交融多种学科的美术治疗而言，这也将是不应回避的重大课题，对移情技术的实践和探索还有待后来者的补充和完善。

**（四）干预**

干预是治疗师在美术治疗中采用的一种主动方式，治疗师用图像或语言等推动当事人进行联想，或直接运用象征图像改善当事人的思维模式，帮助当事人正视冲突，客观地思考问题，引导当事人转换消极意象的性质，促发积极意象的出现。使用干预的目的是帮助当事人实现意识整合，促成积极想象的产生，提升洞察力和领悟力。该过程的实现通常有四个环节：引发象征性意象的出现；对象征意象的澄清；实施干预对策；完成后的脱离。

1. 引发象征性意象的出现

视觉形式是美术治疗的基础，象征性意象的出现，是帮助当事人面对自我意识的过程，只有在视觉形式引带出的问题或现象变得明显时，主客体关系才会被当事人认识到，从而形成当事人对自我、环境和感受的有意识认知，所以，我们把这一现象作为干预技术实施的起点。

2. 对象征意象的澄清

这一阶段是对当事人意象的诠释过程，治疗师需要了解象征意象的对应指代，实现对其形象象征性的多层面认识。通过视觉元素组成的形象了解当事人的防御状态、认知特点（视觉的、触觉的、思考的、情感的）和性格特征，以便选择相应的对策。由于视觉形式相对语言而言，所显示的潜意识素材要丰富很多，治疗师可以采用形象互动的方式，探查意象的对应意义，不一定要求当事人完全用语言来阐释意象。这样做一方面是保护当事人脆弱而敏感的防卫机制，减少阻抗，满足当事人对安全感的需求；另一方面也是借助形象表达的直接性，使治疗师更便于了解当事人的视觉语言，进而在了解其意图的同时，筛选自己可以使用的"视觉"词汇，为下一步实施作准备。这一环节对低龄儿童和特殊儿童尤为重要。

---

[1] 周红.表情达意与心灵润泽[D].南京：南京师范大学教育科学学院，2005：56.

3. 实施干预对策

实施干预的对策并不是一步到位的,这一进程需要经历重复和对其意象含义的细致挖掘,在共同的交互表现中推进的。应该说干预的整体构架较为接近结构式游戏互动。实施干预对策的前提,是治疗师与当事人达成的意象象征性共识,及已经建立的共情基础。有了这两项,当事人就能获得一定的洞察力,借助形象领会治疗师传达出的信息,治疗师才能实现与当事人互通有无的干预目的。干预不仅是让当事人明了现实现象的含义,还包括展示与现象有关的解释,提供来源与发展,从而实现协助当事人建立联想,连接内外意识的功效。在寻求作品意义的同时,治疗师可以加入针对性暗示,干预当事人体验的进程,使当事人一度封锁的天然感知系统被唤醒,推动内在能量的运转,达到对症下药的干预目的。随着干预策略的延伸,最终可以通过改变视觉形式的象征指代,实现内在理解和感受的改变,从而协助当事人经历心灵能量的转换。这一环节的长短是因人而异的,不同阶段的释放和调整是通向整合的必经之路,其间会呈现前面提到的各种阻抗状态和移情现象,以治疗师为主的主客体关系,是双方在知觉、情感和认知层面的相互转换阶段。它包括各种防御机制的来回摆动、自性化发展的推进、发展性的危机处理、组织气氛及治疗形式的选择等一系列具体问题的处理,是保护和推进治疗的重要阶段。

4. 完成后的脱离

当有效的干预实现后,我们就会面临一个矛盾的移情问题,随着艺术表现中威胁性和防御性的缓解,当事人会沉浸在有治疗师在内的支持性共生状态中,产生依赖感,出现附属特质。如果治疗师生硬地从互动中脱离,儿童的主客体关系就会动荡,治疗效果会适得其反。所以,干预实现后的脱离环节,便是治疗师从主动变成被动的退出过程。此时,治疗师需要逐渐减少介入的频率,鼓励当事人自主处理,不做任何主观的解释和象征性添加,引导当事人将注意力集中于形、色等视觉语言的审美结构中,通过推进当事人在艺术中的自性化实现,让当事人体验到自我主宰的控制力量,从而使当事人再次进入将自体与客体的分化过程,达到干预后的脱离目的。此时,治疗师的支持性协助已被当事人内化为自体的一部分,成功地脱离是推进当事人自我治愈的起点。

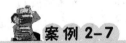

### 案例 2-7

**对自闭症儿童实施的干预过程**

8岁的JJ是位自闭症儿童,在培智学校就读,语音发展正常,因很难与人交往,常独自一人自言自语,对别人的呼唤反应漠然,不理解别人表达的意图,也不会表达自己,只会机械地重复模仿别人的语句,不会用表情、手势等肢体语言表达,记忆力好,理解力差。爱看电视,会突然背念看过的整段台词,可以给木偶起名,但只是没有情节关联的模拟对应,没有创造性行为(包括简单的雪花插片等组织性玩具),接受新事物会不安,有恐惧感,负面反应强烈,当需求得不到满足时会大喊大叫或尖叫,愉快反应不明显,喜欢写字,常对空中问"有人在吗?""你给我出来!"似有幻觉,怕血,敏感。

1 象征性图示的出现　　2 象征意象的图像对应　　3 图示互动的实施策略举例（情绪环节）

4 JJ 运用形、色进行的音乐感知表现　　5 JJ 自发的绘画《全班肖像》

图 2-9　干预过程的实现

第一阶段：通过营造治疗室氛围和教师引导，吸引 JJ 进入治疗室的治疗场，加入艺术活动，建立治疗联盟（略）。

第二阶段：象征性意象的出现。

在治疗室中，首先是双方分离的个体活动。JJ 自顾自延续程式化的写字行为，教师在 JJ 认可的安全距离内将与 JJ 文字对应的符号画在另一张纸上。

如此三次后，JJ 开始注意教师的行为，第四次当教师画出一个笑脸时，JJ 突然走过来开始使劲涂抹，并用交叉的直线画网格，罩住符号，嘴里叫喊着"把他关起来！把他关起来！"教师又在另一处画了一个，JJ 马上跟随涂抹（如图 2-9 的 1），教师开始观察。JJ 不断在网格的外沿用短线加边，网状的门窗象征开始明显……此后，这样的涂鸦互动成为活动的主体。

第三阶段：意象对应。

渐渐的，分离行为变为合作行为。当 JJ 同教师在一张纸上的合作开始后（JJ 写，教师画），JJ 开始主动等在治疗室门口，教师来了，他就取纸笔开始写字，写一个词就等教师画，若教师画得不合他的意，他就将词再写一遍，直到教师画对了他才开始下一个新词（如图 2-9 的 2），共情开始建立。

再后来，合作的前后秩序开始出现变化，教师只要画图像，JJ 就在旁边写字，不仅写字要教师填图，还开始回应教师画出的符号，并选择书写笔的颜色，双方的互动交流建立。

第四阶段：有针对的干预。

教师针对 JJ 不会表达情感、意图，不能区分同类（比如：姐姐、老师、奶奶、女厕所标志等）形象间的差别等问题，有意识地运用象征图像进行认知拓展的干预，每次一个主题（如

图2-9的3)。JJ逐渐出现理解他人的反应,与人对话有问有答增多,并开始观察周边的事物。其间教师逐渐添加了多种干预手段,JJ不仅出现图与字的对应,还开始出现现实景象与字、图的对应,表情开始丰富,并出现情节联想(词语或图像)。在后期,JJ开始可以用视觉形式表现音乐感(如图2-9的4)。

第五阶段:期末到来,教师渐渐脱离JJ的互动合作。开始较为困难,JJ会跟随教师转移作画地方,教师采用了替代媒材"黏土"与JJ展开情节互动,并渐渐让JJ自己控制黏土的情节发展进程,治疗过程从每次单一的图画,逐渐变为阅读(三字经)、绘画、黏土游戏三部分交替进行,JJ独立进行的时间开始增多,教师安排其他人进入治疗空间,改变了一对一的干预模式。JJ开始关注在场小朋友的制作,跟随教师的次数减少。学期结束,教师离开时,JJ会对教师说下次来玩。

干预状况总结:JJ出现主动将图像与字词对应的行为,能分辨干预中涉及的同类词组,出现想了解文字意图(《三字经》段落)的愿望。自我隔离的状况得到缓解,开始观察现实中的人,并用图像表现出来,还加以对应注释(如图2-9的5),体现了从"外在世界"到"内在感知"再到"形象表现"和"概念对应"的理解力。JJ用哼唱、踮脚和笑来表现喜悦的行为增多了,主观情绪得到改善。

在案例中,干预并不是预先设定的,在象征性意象出现之前,教师与JJ虽然同处于治疗空间中,但仅体现了当事人对环境和教师的接受,并没有互动行为和共情反应。第一次互动的出现是可以交互沟通的开始,意象图式的对应让教师洞察到JJ的认知特点和整体状态,干预方案是建立在理解基础上形成的方案,所以才会得到JJ的响应,干预的推进也是从图像认知互动开始的。JJ在干预后期出现整体感知的接收和表达方式(图2-9的4),证明了直觉感知能力的恢复,是其隔绝状态被改善的体现。教师离开后JJ的表现(图2-9的5)证明了内化行为的有效性,体现JJ具备了对外在客体的洞察力,是当事人自身表达能力增长的体现。

借助美术形式的干预,还有一个较为突出的特点,就是治疗师可以根据需要,选取治疗中任何时期的意象形象和作品作为切入干预的媒介,不受时间和地点的限制,既具有针对性,又具有灵活性,整个治疗贯通而不重样。因此,了解意象图示的象征性,建立良好的共情互动基础,把握问题形式和干预的阶段特点,是美术治疗中不变的技术运用要点,但干预的具体对策及步骤,则是千变万化,需要实践者根据对象特点灵活运用,不可生搬硬套。

心理动力学理论和技术的运用,让我们认识到积极联想对心灵结构的推动作用,这种心灵动力结构的运作是通过整体来展现的,任何割裂整体性的分析都只能呈现现象的某个方面。若想揭示美术治疗中的意识活动,探查意识对象得以发生改变的根源,还得借助现象学的研究方法。"通过自然的观察研究纯粹的意识"是现象学带给我们的启示。以现象学的实验研究来诠释美术治疗过程中的心理现象,是我们进行美术治疗和治疗性美术教育实验研究的基础,也是展示艺术促成治愈依据的方法。

## 第3节 现象学研究法和场理论

现象学与其说是一种研究方法,不如说是一种思维方式。它强调研究的出发点不应有任何预先假设,完全凭直观或直接体验去描述现象,通过中止判断、本质还原和先验还原三个步骤,揭示现象中被称为"纯粹现象"(纯粹意味着最初的、直接给予的)的抽象本质,达到一切意义的最初源泉,获得绝对真理。现象学注重以意识本身为对象,采取"现象学还原"的方法描述意识活动及其本质结构,还原法是它的主要方法。

### 一、用于美术治疗实践的现象学

现象学可以让研究者从多种角度解读作为研究材料的现象,避免预先设定的理念、期望或者理论框架对研究者造成的影响,对发展中的美术治疗实践具有极为重要的指导意义。

#### (一)作为美术治疗研究法的现象学

在以往的美术治疗实践中,采用现象学的方法搜集数据的做法,被越来越多的研究者所采纳。分析取向的心理治疗师,运用现象学的方法了解当事人作品中呈现的发展变化特征,以此解读当事人,探查美术作品具有的多元意义,使"现象学诠释法"成为一种较为普遍的心理研究方法。一些美术治疗师也"以儿童为中心来理解儿童画,尊重儿童在发现形象意义的过程中所做出的反应"[①]。将美术治疗过程演变为对当事人作品的现象学观察,这为现象学成为美术治疗实验研究的方法打下了基础。

1. 现象学的研究角度

现象学不以"假设-还原"的模式对人进行研究,强调整体或综合的研究取向,主张用描述性与解释性的技巧来对现象形成清晰而准确的呈现,如实揭示现象的结构(包括其构成要素和部分之间的关系)。这对美术治疗研究具有重大启示意义。例如罗杰斯的"个人中心疗法"、玛拉·伯坦斯基(Mala Betensky)的现象学绘画疗法,便是典型的现象学研究构架。注重"此时此刻"的整体性是现象学的研究角度。

以"在场"参与的旁观角度,对整个治疗现象进行客观的"呈现",是研究者以当事人为中心展开描述的基本方法。

在场:是指研究者在分析材料时避免使用一个先在的规范性方案,而是尽可能允许现象的各个要素从参与者的描述中呈现出来,让材料自己说话。研究者只留意追随研究材料的引导,使它们得以自我揭露。

呈现:是研究者用来描述对事物的某种直接领会方式,是展示"被经验到的实在",而不是去说明实在。

由此可知,研究者再现自己知觉到的整体状态,可以较为客观、全面地展现当事人在过程中表现出的直观经验,使提供的资料可以还原整个治疗现象,让内在的性质特性得以彰显

---

① [美]Cathy A. Malchiodi. 儿童绘画与心理治疗——解读儿童画[M]. 李甦,等译. 北京:中国轻工业出版社,2005:46.

出来，避免先入为主的主观臆断带来的歪曲。

2. 现象学实验研究的性质

现象学研究法是一种"质"性的研究，它是通过揭示作为意义的结构，呈现事物外表下存在的特性，它往往依赖于参与者用来交流自身经验的内容和形式。在美术治疗的研究中，包括研究者作为主体经验的过程描述资料、作品、相关的视像记录和图像资料等。既有研究者对实际事件的反思，又有研究者呈现给观者的整个进程描述和分析步骤，可以整体再现那些导致研究结果产生的现象，是具有严格性而不是创造性的描述方法。

现象学研究的实践者都反对"为方法而方法"，而是注重方法上的结构呈现，全力以赴地致力于一个问题的存在，把研究事件的实际经验放在首位，思考基本主题，通过记录和整理来描述有关现象，在对部分和整体的分析与整合中，平衡研究语境，使其研究的呈现具有一定的客观性和整体性。这些经验都给我们今后的特殊儿童美术治疗研究提供了参考。

(二) 作为技术手段的现象学美术疗法

在短暂的美术治疗实践中，现象学首先是作为一种分析或治疗方法，而不是研究方法，被运用到临床中。在以治疗方法进行的实践中，强调关注当事人当下经验，让当事人在环境中体验自身，以开放的态度去感知存在于内心的自我情感和态度，发现他们自己以外的现实，是现象学美术疗法遵循的宗旨。在此技术的运用中，当事人创作的作品，就是"现象"呈现。治疗师通过引导当事人对自己的作品进行重新审视，体验对自我表现的感知，找寻其中新的意义，发现新的形势演进可能，借助讨论或形式处理的方式，协助当事人调整感知和思维模式，把当事人对自己作品的再审视放在极为重要的位置。将当事人创作作品的直接体验，与再次观看的二次经历，作为一个治疗整体，从而协助当事人觉察作品中呈现的意识状态，产生顿悟。该治疗方式尊重当事人自身的现实经验，把当事人看做是最终解决问题的决断者，在治疗师和当事人的互动中，通过当事人在自身局限的生活结构和社会结构内最终做出决定，找到解决问题的出路，以实现治疗目的。

1. 现象学美术疗法的依据和特点

在现象学立场中，作为现象呈现的作品，为当事人提供了一个潜在的体验空间。眼睛所看到的内容，会反映和影响当事人的思维活动。当作品成为全新的事物，被当事人观看和整体体验时，创作者就变成了旁观者，解释作品的过程就成了"看-见"图画内容的过程，作品与当事人之间呈现出沟通的主客体关系。当事人在艺术表现和主观经验的互动中，对作品呈现的自我存在状态，进行重新体验和理解，通过视觉形象结构认识自己的心理结构和行为方式，在反思和调整中实现整合。在这里，当事人是作为感知和描述现象的主体，与其创作的作品产生体验性互动，在自我揭示作品所包含的各层意义里，当事人的主观经验与作品呈现的结构开始发生作用。在治疗师的协助下，当事人通过第三方的视角审视作品，借鉴他人的态度或经验重新体会自己的感受，以新的方式体验自己的内心与外在现象，从而实现自我整合。所以旁观的角度为当事人的"顿悟"提供了条件，对作品现象的重新体验，成为其方法运用的依据。

在现象学美术疗法中，首先要有前期的美术游戏和创作活动，只有当美术作品出现后，治疗师才开始协助当事人进行现象感知和体验过程，找寻实现治疗转变的契机。其中语言的运用较为普遍和重要，是推进体察的主要工具，指导语、讨论同观看时的知觉体验，在整个治疗关系中相辅相成,组成一个整体的治疗结构,影响当事人的觉察状态和情感体验。现象呈现的特点是从两个方面展开的,治疗师用指导语引导当事人关注作品呈现的结构关系,与之讨论作品的内容,将结构与内容交融在一起,在双方讨论最初的创作目的与现实感受时,深化当事人的体验和洞察,使作品呈现的现象,触发当事人的觉悟。

2. 治疗师在实施中的角色

在整个关系中,治疗师的主要任务是帮助当事人了解如何进行视觉感知,通过当事人在创作与观看的双重体悟中,获得对问题的领悟。实施时,治疗师更像是一位研究者和启发者。他的任务,是以共同存在的方式,协助当事人体验自己在过去、当下和未来间的关系。在不影响当事人的基础上,观察当事人的表现状态、情绪反应、材料选择及运用美术的形式,并向当事人描述自己看到了什么,及时给予相应的语言支持。所有行为都是以当事人为中心,不仅在其需要时给予相应的协助,还见证当事人作为主体的完整体验。在感知作品和现象整合阶段,治疗师可以将自己的意见作为参照框架,提供给当事人,但并不把自己的观点当做"解决途径"强加给当事人,而是让作品现象本身说话,在当事人对自己的作品进行审视和整合时,协助当事人以旁观的角度与作品产生新的交流,借助这种交流,洞察和感知作品中的现象,使当事人产生的新体验与内在的心理能量联系起来,通过作品带来的直观现象,认识自己生活中的现象,了解自我和他人内心世界的体验。此时,治疗师的任务主要是协助当事人走出自我中心,发现一个全新的自我,客观看待自我出现的问题,促使当事人主动地寻求解决的办法。

3. 现象学作为疗法的实践

伯坦斯基是现象学美术治疗(the phenomenological method of art therapy)的提出者,他以现象学方法论为基础,建构了绘画治疗的模式。该模式包括两个阶段:一个是艺术创作阶段,另一个是当事人从现象学角度知觉图像的旁观阶段。他强调以主观经验和"质"的方式,让当事人还原自身经历的知觉状态和感受,以此呈现人、事、物的脉络关系。让艺术表达成为当事人的一种资源,使当事人直接体验到自身内外的现象世界,进而获得自我发现与统整。她的实践通常通过以下几个步骤推进:

(1) 艺术媒材游戏(pre-art play with art materials):对艺术媒材的体验过程。

(2) 艺术创作过程(the process of art work):创作作品的艺术活动。

(3) 对现象的直观(phenomenological intuiting):① 觉知(perceiving):第一,作品的视觉展示(visual display)。第二,距离(distancing),包括作品的近观与远观等。第三,有意地观看(intentional looking)。② 询问:你看到了什么(What-do-you-see procedure):第一,现象陈述(phenomenological description):治疗师用指示语引导当事人探查艺术作品的结构、元素和部分与整体之间的关系,是当事人对作品现象的诠释过程。第二,现象的展现(phenomenological integration)。

(4) 现象统整(phenomenological integration):① 自我发现。② 探查与比较各阶段的艺术作品及其关系。③ 艺术呈现的现象(艺术作品)与当事人生活经验的联结、统整与改善。

伯坦斯基在自己后期的实践中,并没有仅将现象学局限在技术方法的应用上,而是逐渐将现象学作为研究方式,展开对美术实现治疗的观察。这些实践努力为我们今后的探索作出了启示性的贡献。作为有益于建构美术治疗试验研究的方法论,现象学为我们提供了分析评估、建立研究档案和展开治疗的方法参考。

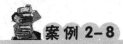

**案例 2-8**

### 现象学作为美术疗法的具体实施细则

第一阶段:前艺术(pre-art)热身游戏。包括准备美术材料,尝试运用美术材料的游戏活动(如混合颜色等)。

第二阶段:作品的创作,即"创造一个现象"。

第三阶段:"现象的直觉"。

第四阶段:"现象的整合"。

治疗师在不干扰当事人的前提下,观看当事人的面部情绪和身体表现,观看他们在创作过程中选择和运用美术材料的方式,感受在何种程度上当事人需要相应的支持,同时注意当事人内心的情绪反应。前两个阶段与普通的美术活动相近,现象学美术疗法的特殊性体现在第三、四阶段。

第三阶段是当事人对其作品的直接体验,包括"感知"和"你看到了什么"两个次阶段。

(1)"感知"分为三个步骤。

第一步,视觉展示。当事人完成作品后,治疗师把作品放在方便双方共同观看的地方。

第二步,远离。治疗师和当事人离开作品一段距离后进行观察。让作品成为客观存在且具有自己属性的"一个现象",当事人可以处在旁观者的角度,不加预先假设地客观审视其作品。

第三步,对作品的有意观看。治疗师可以运用引导语(例如"请仔细观看作品,你能看到哪些东西?"等)要求当事人对作品进行仔细观看。促使当事人与自己创造的"现象"进行交流,使作品的创作者变成信息的接受者,让当事人感受已成为"现象"的作品所包含的信息,促成自我意识间的互动交流。这一步中的所有活动应在静默的状态下进行。治疗师不仅要随时提防可能会分散当事人注意力的随意评论,还应给予当事人足够的时间去审视作品。

(2)"你看到了什么"是治疗师邀请当事人分享"感知"的结果。

治疗师通过询问这一问题,强调个体感知意义的重要性。协助个体以自己的方式来观察作品,并唤起当事人直观体验"所能看到的一切"。为达到此目标,治疗师可以指导当事人注意作品中特定的结构部分及其所传达的情感,注意特定的部分如何相互联系(是相互冲突?还是相互补充或共存?)。这一过程又可分为"现象的描述"和"现象的揭示"。

现象的描述:治疗师可以在作品的构成要素、名称上为当事人提供帮助,协助当事人完整描述自己在作品中看到的一切。

现象的揭示:治疗师帮助当事人揭示作品的不同层次所包含的个人化意义(仅限于指出讨论点或作品的各基本构成要素)。通常采取以下两种方式:一种是由当事人自己谈论作品的主题,另一种强调作品的结构特征以及结构各部分之间的关系。譬如,如果一名女孩作答道："我看到了一群人，他们围着站在一起，看起来很悲伤。"治疗师可以问："这些人是谁？他们为什么聚在一起？是为了驱除寒冷还是为了其他目的？在他们身上正发生些什么？即将发生什么？"通过上述提问，把当事人谈论的焦点导向作品的结果，协助当事人觉察到自己的心理过程以及所选择的意义。

第四阶段"现象的整合"包含了当事人自我发现的三个层面。

（1）当事人对作品发展过程的反思。例如，评论最初愿望和最终作品呈现是否存在不同。

（2）当事人在观看所有作品时发现作品与作品之间的相似处和差异性。治疗师可以通过提供前后期作品的比较，协助当事人发现反复出现的共同部分（主题或表现角度等），帮助当事人洞察作品中的不同模式，以此使当事人洞察自己对现实情境的反应。促使当事人认识自己的行为模式，促成其对自我行为的意识和认识。

（3）当事人感悟到自己在作品表现和现实生活经验之间的平行点。譬如，当事人通过讨论自己在整个治疗阶段创作的作品变化后，感到自己更有能力选择朋友、交朋友等。

（Betensky, M., *Phenomenological art therapy*. In. Rubin, J. A., Approaches to art therapy: theory and technique (2nd ed.), pp126-132. 出自周红. 表情达意与心灵润泽 [D]. 南京：南京师范大学教育科学学院，2005：76.）

无论是作为治疗手段的现象学美术疗法，还是分析解读儿童美术作品的现象诠释学研究，包括即将作为方法论的美术治疗研究体系，都会涉及现象学的综合性原则和具体概念的运用。

**二、现象学探索方法在美术治疗中的具体运用**

"悬搁"和"描述"是现象学在美术治疗实践中应用最广的探索方法。

**（一）悬搁**

悬搁（bracketing），是指把自己的信念、假设和臆断暂时搁置在一旁，不带任何主观观点地面对对象，努力识别和确认那些可能被自己带入治疗关系中的预想、臆断和态度，尽可能地去除所有先入为主的观念，以开放的态度面对此时此刻特定的人或事。"悬搁并不要求我们完全地摆脱预想、观念或反应，而是要求我们对现时此地的新事物予以密切关注"[①]，以避免作出仓促而不成熟的主观臆断。这是现象学还原的第一步。悬搁在美术治疗中具有两层含义：一个是将假设、臆断的主观意念放置一边的心理悬搁，一个则是领会经验现象时不带偏见的"超越"态度。

1. 悬搁在诠释儿童作品时的应用

首先，治疗师应悬搁自己主观经验冒出的臆想判断，用"现象学的眼睛"去看待当事人创作的美术作品，把当事人自己的解释和想法放在首位，无条件接纳作品"现象"所呈现的状态，通过观察儿童作画过程中形象的演变和生成，了解当事人将欲表现的内容，直观地进行还原分析。治疗师把当事人当做专家去询问或试探，让当事人沿着自己的想法和经验去创作，不把自己看成是专业指导者，而是尽可能让自己成为可以与当事人共同创作的人，以开放的态度体验每一个新获得的信息和发现，尽可能不从局部看待当事人作品中呈现的形式

---

① ［英］Phil Joyce, Charlotte Sills. 格式塔咨询与治疗技术 [M]. 叶红萍，等译. 北京：中国轻工业出版社，2005：21.

表征和内容,而是从整体的创作中去感受当事人的作品,创造各种机会探查和找寻与美术表现相关的不同变化特征(例如认知、情感发展、社会适应力等),结合作品的表现和内容,了解作品中的多元意义,使儿童世界复杂的表征变得明朗化,以此判断其中呈现的重要信息。悬搁自己的主观理解和认识,治疗师可以避免错误的判断,从而减少失误。

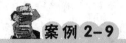
**案例 2-9**

**在绘画治疗中没有悬搁主观臆断带来的判断失误**

有一个病例对我现在的治疗工作一直都有很重要的指导作用。一次,我给一个遭受家庭暴力的小女孩进行治疗。初诊时,我很自然地关注她受父亲虐待的经历,她的妈妈和弟弟都曾经报告过这些经历。她在治疗过程中的画儿也加深了我对她经历的关注。她的画中总有一个黑色的中心区域,她还特别喜欢画人物或者自己的身体,她画中重复出现的黑色阴影,使我去思考在这种颜色背后小女孩所受到的情感和身体创伤。因为我所接受的艺术治疗的训练强调艺术表现的情感意义,我很自然地沿着这个思路去思考。但这种狭窄的思路局限了我对儿童画做出另外的解释,阻碍我从儿童画中学习更多的东西。

后来,我惊讶地发现,这个小女孩并没有受到虐待,仅仅是情感上受到了创伤。但由于她受到的创伤比较深,她内化了这种压力,而这种压力后来引发了严重的胃溃疡。我们后来谈论她的画时,她向我承认,每张画画面上的黑点代表她身体上的疼痛,但她不想把这些告诉别人,因为这些疼痛会影响她的妈妈和弟弟。现在回顾这个案例,如果我询问她身体上的疾病而不是限定于她情感方面的心灵创伤,我本可以深入探查她画面上重复的黑点的其他意义。

([美]Cathy A. Malchiodi. 儿童绘画与心理治疗——解读儿童画[M]. 李甦,等译. 北京:中国轻工业出版社,2005:45-46.)

案例中,治疗师先是依据所受训练,按照惯例,分析前期资料了解当事人状况,形成了一个主观印象,在治疗时总把注意力放在女孩的受虐经历上,忽略了求证反复出现的重要特征——"黑色区域",使自己沿着臆断的方向寻找对应的内容,未能对重要信息做出正确反应。当和当事人一起观看作品时,治疗师才从当事人的谈论中找到答案。这位治疗师总结了这次失误,改变了单从某个观点或理论看问题的角度,调整了与当事人的角色关系,增强了解读的准确性。在这里,悬搁为治疗师尽可能避免这一问题的出现,提供了一个适当的方法,使治疗师可以用全新感知的观察方式,面对儿童作品和治疗过程中呈现的现象。所以,无论采用哪一种取向的治疗方式,不带成见地面对"现象"本身,都是成功展开治疗的前提。

此外,尽管在美术的形式语言中,的确存在具有共性特征的象征性,但作为治疗师,还是应该观察当事人采取的形式表现取向,通过形式演变和发展的趋势,了解当事人思维、气质和感知特点。搁置自己熟悉的认知观念,以当事人使用的形式语言探寻其美术形式的对应性。通过美术互动,在相近形式的沟通中,探寻确定当事人图式表征的含义,了解其具有个体化特征的形式意义,这样获得的分析结果通常较为准确,才可作为展开介入的象征语言,用于治疗干预。治疗师需要把自己烂熟于心的理论框架和经验观点悬搁起来,放下所谓的绘画检测工具或熟知的操作技法,以当事人采用的形式元素,作为自己探查当事人的形式语言,对引起自己关注的形式表征或未能确定的表征意义进行探寻,方能真正区分哪些是带有群类特点的样式表征,哪些是隐含特殊意义的被强调的个人表征。任何把规范模式套用到个体作品的判断中并对应其图像意义的做法,都将导致偏差。所以需要治疗师具备对美术形式的深入了解和掌握,以自身的艺术素养应对所有可能的形式表现。

2. 美术治疗中的"悬搁"处理

假如你正准备安排一个有趣的"泼色游戏",当事人却告诉你他的父母刚刚离异,你该如何做出反应?一个看似快乐的涂鸦活动,可能被拿不住笔的脑瘫儿童理解为虐待而产生焦虑,你应如何处置?……这些在治疗中常出现的问题发生时,针对当事人的悬搁处理就显得非常重要。大部分儿童的知觉障碍都是固有经验造成的,若能协助当事人搁置现实中的固有观念,体验此时此刻呈现的现象,就能让他们获得有益的体验,我们把这种协助称为悬搁处理。即绕过当事人对现存问题的关注,以改善他的知觉状态。某种程度上,悬搁的态度能化解一个秘密。

在美术治疗中,治疗师可以顺着当事人的问题提出询问,但不要期望找出答案(至少在最初的时候)。如遇上述问题,治疗师可以试着问问"你对此事有什么感觉?""它是怎样发生的?你能用这儿的工具把它画出来吗?"……通过转移问题发展的方向,将当事人引到疏导性的表现中,打开僵局。在遇到行为阻抗时,还可以根据需要,用行为或环境去影响他。例如通过提供当事人最为熟悉或喜爱的干预媒材(音乐、图像或韵律运动等),转移他的注意力,通过所处环境对其进行整体影响。或者治疗师通过自己的美术行为,带动整个氛围,使当事人产生也想参与的愿望,帮助当事人忽略自身的问题。治疗师可以等待事态的发展,在当事人的表现意愿渐露端倪时,及时提供支持,使当事人开始自己的创作,转换两人在美术活动中的主次关系。

通常,治疗师开放的态度是悬搁处理的开端。悬搁处理不仅可以让当事人发觉自己未曾察觉的潜意识活动,还能帮助当事人觉察到外在环境或行为"场"的信息传递,是治疗师协助当事人获得"审美"体验的有效途径。只有帮助当事人悬搁先在的经验或意识,才能使艺术传递的"信息",最大限度地被当事人觉察到,所以,美术治疗中的悬搁处理是化解或改善主观障碍的第一步。但需要注意的是,悬搁处理的成功与否在于治疗师的选择,只有对症下药,才能产生相应的收效。

(二) 描述

描述(description):是指叙述时,仅对直观而明显地被知觉到的现象进行描述,不加入自己的看法和观点,是研究者不根据已经知道的或者自己认定的观念或认识,来对待或描述某个事物或事件,而是描述事物自身自然呈现在我们知觉中的实际状态。它是现象学探索的第二步,这种描述"包括深刻关注那些所能意识到的、直接而明显的感知觉,并且对之进行描述"[①]。虽然现象疗法中也有较为灵活的描述形式,但我们在这里着重介绍的是作为研究者的描述,因为这是大家都须掌握的基本叙述方式。

由于美术活动首先是一种意识形态的现实反映,美术治疗过程作为感性的行为表现过

---

① [英]Phil Joyce, Charlotte Sills. 格式塔咨询与治疗技术[M]. 叶红萍,等译. 北京:中国轻工业出版社,2005:23.

程,只用相关的量表和检测工具,是不能完整呈现其表象之下的本质特性的。现象学的描述为整体再现意识和思维活动的状态,提供了一个质性研究的方法。它可以帮助作为研究者的治疗师,以相对客观的方式展现所觉察到的一些现象(如见到、听到、感觉到等),描述自己感觉到的人、事、物,将其观察到的儿童行为表现、情绪反应、互动状态及时间维度上的演进趋势等现象呈现出来,不做解释地把自己当前的体验再现出来,为观者提供一个跟踪观察的情境呈现。

1. 作为资料呈现的规范化描述

所谓规范化描述,是依据思维固有的逻辑,不带个人观点,尽可能客观地对对象目标进行一种带有因果解释的经验性叙述。它是以科学的方式处理经验性证据,明确研究界限、范围的现象呈现方法,可以作为开始美术治疗前的资料准备方式。有时往往需要积累足够的资料或信息(例如建立个人情况记录、评估记录、跟踪记录、视像资料和相关合约文件的准备等),才能对儿童整体呈现的特定情形进行较为完整的规范描述,对其个人背景、智力成长、环境状态、行为表现、适应能力、问题性质以及可能有效的干预策略等形成初步的呈现。这些经验性叙述既是对通过与儿童接触所得到的信息呈现,又是整体感受和判断的经验描述,带有一定的推测和假设。

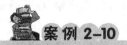
**案例 2-10**

**家庭动力绘画治疗案例前期资料的规范化描述**
皓皓的嫉妒心

性别:男孩(大班六岁)

排行:老小(有一个大其一岁的哥哥)

就读学校:台北市私立幼稚园

行为特征:1. 活泼好动,注意力不易集中。
2. 心思细腻,很在意别人对他的看法。
3. 喜欢美劳工作和科学游戏活动。
4. 循规蹈矩且很注重个人卫生。
5. 人际关系不错,会主动帮助别人或安慰别人。
6. 在园内喜欢打小报告。

家庭背景:父亲:36岁　高中毕业　职业:在家开设杂货店与替人刻印章
　　　　　母亲:34岁　高中毕业　职业:经营杂货店

父母亲都是先天性小儿麻痹,所以无法外出工作。父亲较少主动参与学校的活动,大部分管教的责任由母亲处理,母亲对于孩子的教育很重视。母亲也许是因为自己是肢体残障,所以对孩子的期望较大,努力给孩子营造较好的教育环境,同时对于学校的活动,往往是最支持最合作的家长。皓皓三岁以前是由爷爷奶奶照顾的,现在学校放学后,是由爸爸或是爷爷接回家。平日在家与哥哥一起玩耍,常常因为玩具而争吵,因此兄弟之间的争吵是父母最烦心的事。

（一）辅导目标

1. 改善皓皓与哥哥之间的互动关系，以培养手足之间良好的情感。
2. 减少皓皓引起注意的行为，如打小报告，以培养其自信心。

（二）辅导方式

1. 设计团体活动以增强皓皓正向行为，建立其自信心。
2. 采取一对一的方式以便多了解皓皓的问题所在，且协助其对兄长不满情绪之发泄。

辅导时间：1984年3月至5月

（三）图画分析（略）

（范琼方. 艺术治疗—家庭动力绘画概论[M]. 台北：五南图书出版股份有限公司，2006：57-58.）

2. 展现现象分析或治疗过程的文本描述

采用现象学描述技术的治疗师，在分析作品或进行现象学描述时，多会以自己在场的觉察方式，呈现事物在其意识和知觉观察中的状态，整体展现自己密切关注的问题或治疗情境，将连续和系统的观察过程以文本的方式还原出来，让现象自身说话，客观展现事件进展、现象形成以及最后的结果分析，我们称这一叙事性的描述方式为文本描述。治疗师常会依据整个事件的发展演变，出现文本呈现的变动，旨在让观者在整体背景关系或意义关联中理解事物。这种描述可以呈现治疗师密切关注的一些明显而直接的现象，客观展现存在于现象之中的关联性。文本描述有对作品进行分析的叙述描述，展现治疗过程的现象描述和阶段呈现的叙事描述三大类。虽然文本形式会具有多样性的特点，但都须严格遵循还原呈现的现象学原则，尊重现象本身，尽可能减少变量的可能性。

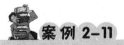

### 案例 2-11

**文本描述范例**

1. 展现绘画治疗过程的现象描述

治疗师："你看到了什么？"

当事人："我看见一个女孩子在公园里玩球。"

治疗师："玩球。"

当事人："我能说一些刚刚看到的东西吗？"

治疗师："当然可以，说吧。"

当事人："好。我看到她的心思其实并没有放在玩球上。"

治疗师："嗯……我很好奇，你还看到了什么？"

当事人："没有了。真的。噢，她爸爸在那里，在后面，有点远。"

治疗师："嗯，她爸爸。"

当事人："是啊，他心不在焉地散步（听起来有些生气）。"

治疗师："你还能在画上看到什么？"

当事人："(指着远处)啊！看啊！看到那座房子了吗？是我的家,看到我妈妈了吗？她回家了,她和爸爸说话,让他带我去公园,还有……还有,我现在看不到什么了(突然爆发式地哭了起来,然后恢复了平静)。"

治疗师："(递给当事人一张面纸)好吧,我记住了。我想哭的时候眼里就会充满泪水,总是看不清楚东西。现在我替你看好吗？……我在你的图画上看到了许多明快的色彩,看上去很让人高兴。"

当事人："你是说太阳和树吗？我把太阳画得充满爱意,它让整个花园看起来都那么好。"

治疗师："是啊,这就是我看到的,你把它们全部画在画上了。现在,你打算把这些笼罩在夕阳下的东西叫做什么？这些除了人以外的东西,它们能够给人一些感受,像你刚才说过的那样。用个词来表示它们,好吗？"

当事人："你是说,整个花园、天空还有大阳？这类围绕在周围的东西吗？背景？"

治疗师："是啊,你已经说了,背景。我们回到人上来,它们是画的主题。"

当事人："女孩和她爸爸。"

治疗师："嗯,嗯。画上的内容好像是说,她对玩球不感兴趣,爸爸走路也心不在焉。你再看看,能告诉我多一些吗？"

当事人："好的。看啊,球滚开了,都要滚出画面去了,她却不追。她慢慢悠悠地走,她的脸上,充满了,嗯,担心,她的嘴巴……噢,我不知道怎么画嘴巴……看起来好像(做鬼脸)。"

治疗师："画上的嘴巴怎么样？"

当事人："只不过是条直线,看起来很伤心之类的。"

治疗师："爸爸呢？"

当事人："啊,看上去,他好像根本不在这里。看啊,他不想散步。他对我感到伤心,而且,看啊,我忘了给他的夹克填上颜色,我几乎没有画出他的脸。"

(Bentensky Phenomenology of art expression and art therapy, in approaches to art therapy: theory and technique, edited by Judith Aron Rubin, Brunner/Mazel, Inc. New York, 1987, PP161. 引自高颖,李明,等. 艺术心理治疗[M]. 济南：山东人民出版社, 2007：190-192.)

2. 阶段呈现的叙事描述(节选)

(1) 第64次

第64次会面时,克莱恩特高兴地说："母亲跟我说可以出院,主治医生也对我说可以出院了。"这次会面治疗师遵守着自己以前的承诺,把克莱恩特以前画的图画都带来了,而且还对图画的事件顺序进行了说明。看了自己过去画的画后,克莱恩特大吃一惊,说："真不敢相信,这些都是我画的画。"看完之后,克莱恩特意味深长地说了下面这些话："多亏来住院了,如果没来住院的话我肯定已经死了,肯定……以前我一直都不能确认住院是否对自己有好处。"这句话他重复了好几遍。他深深理解到了活着真好,说："好了！我放心了。虽然看到以前的图画还有些害怕。"

这之后不久,他迎来了20岁生日。

(2) 第65次

第65次会面,在克莱恩特自己的要求下,描绘风景构成法(见图2-11)。

图 2-11

图画的说明:冬天的傍晚,天气晴朗。

第65次评述:

前次的图画是把河流布局在画的中央,这次的河流是被画在图画的下方。图画中有两座桥。这些桥表达了他的现状:出院后是和母亲一起生活还是在父亲(父亲在住院)的公寓一个人生活?图画中的他在右边的那座桥上,道路布局在图画的每个角落。从图画中可以看到山坡上有一座红色屋顶的房子。一问才知道那是快餐店。和前次的图画相比视野要宽阔一些,和前次一样河面上映照着夕阳,这些都给人留下深刻的印象。说明患者的成长已经足以使他自己开始独立而正常的生活了,我们看到了患者已经还原到比较生活化的正常状态。

(杨东.艺术疗法——操作技法与经典案例[M].重庆:重庆出版社,2007:284.)

通过以上案例观摩,可以发现,现象学描述具有相对的灵活性,每一个治疗情境都能具有独特的针对性。在此,治疗师不是通过测量和实验室情境来检验自身的假设,而是运用整体感知的现象学思考方式,将自己的解释建立在对治疗情境的描述和思考之上。尽可能全面还原其整体状况,这是描述的基本原则。观察者虽然有好奇心,但不能随意对事件的重要性进行等级评定,这是描述时需要注意的关键,叙述和解释可以不拘泥于任何形式。

诚然,现象学除了为大家提供一个总体的方法论外,并没有提供固定的方法套路。应该对当事人的哪些方面予以关注和探查?哪些内容是观察的重点?这些都需要实施者怀着一颗好奇心,在与儿童的互动中,训练自己的洞察力,捕捉美术形象演进中极具敏感性的互动过程,发现具有象征性的表征,不轻易做出过早的阐释和判断,围绕孩子可能的问题进行相应的排查,在运用直觉的基础上,通过互动摸索儿童表征的意义,揭示其想要表达的深层困难。只要用心就会发现,优先吸引实施者关注的往往会是那些邻近体验的现象,人总是对显而易见的或能体验到的现象产生注意,这些现象常常都会显露出事物的主要特征。随着经验的积累,实施者所获得的体验会为实施者提供反馈,从而使实施者的观察不断精确,描述也会自然而然地集中到那些与行为问题有关的现象。

需要注意的是,现象学的研究方法是质性的研究,要保持意义生成的开放性,让现象呈现完整性,通过描述彰显自身,以毫无偏见的方式呈现第一性的事实材料,才可以实现现象学描述回到事实本身的目的。

任何事物都不可能是完全孤立的,因此,现象学探究的领域都会呈现相互联系、相互依存的关系,事物间的联系很自然地构成一个整体,"场"的概念也就随之出现了。场理论为现象学方法提供了坚实的理论基础。

### 三、场理论

"场"是物理学界用来描述电磁效应的一种解释。它原本是指空间本身及其区域内的物理量,是物质间相互作用的形式。作为一个自然存在的现象,"场"存在于一切事物之中,包括宇宙中的每一件物体、情境和关系。从东方视角看,"场"还代表人类对自然环境中潜在平衡力量的感应(例如气场、道家的太极观念等)。德国心理学家库尔德·勒温(Kurt Lewin)借用物理学场论的观念来说明人的心理和行为场,提出了著名的"动力场理论",把心理现象作为一个整体场,着重研究其内部之间所具有的"力动关系",以此作为研究心理现象的基础,使"场"成为一种分析和处理问题的方法,被广泛运用到心理治疗领域。心理学家考夫卡(Kurt Koffka)和苛勒(Wolfgang Kohler)认为行为就是一种"场",把观察者知觉现实的观念称做"心理场",被感知的现实称作"物理场","根据场论,行为必须用个体的心理场来解释。"[①]这为我们理解借助"视觉场"影响人的心理活动和判断,进而导致思考和行为改变的美术治疗提供了帮助。同时,心理治疗的"场"论也是美术治疗得以展开的理论依据。在这里,讨论的重点主要放在有别于其他疗法的美术行为和视觉"场"域。

#### (一)美术治疗中的"场效应"

如果把人与环境看成是一个共同的动力整体,那么,人的行为就是"心理场"与"物理场"动力互动关系的产物,吸纳、排斥或并置共存等方式体现着"场"的影响,它们的交互作用形成了美术治疗的"场效应"。场效应包括儿童与外在客观环境的心-物场,儿童与他人的行为心理场,以及它们共同构成的行为发生场。例如,治疗空间作为场效应的一部分,其环境和氛围会直接作用于进入环境中的人。不同类型的儿童在体验身外环境和人的关系时,也会出现不同的心-物交流体验。狭小封闭的私密空间,对大多数儿童来说不具备进行创作的吸引力,但很可能让缺乏安全感的儿童感到满意,治疗师若了解不同儿童"心-物场"的特性,就可以利用其场效应调动儿童的自发创作。"在美术治疗中,即便治疗师严格地专注创造过程,当事人也会感受到治疗师的治疗性人格与态度。不管治疗师是否愿意,当事人都会与他形成治疗联盟。"[②]这便是治疗师克莱曼通过自身的"行为场"对儿童进行影响的场效应。

场效应可以成为连接心灵的通道,能触发人的觉知,是贯穿美术治疗过程,展开心灵体验和直觉感知的重要基础。建立怎样的场效应,直接影响到治疗关系的交互方式与配合行为,是美术治疗不能回避的重要条件。

---

① 高觉敷.西方心理学的新发展[M].北京:人民教育出版社,1987:195.
② 周红.表情达意与心灵润泽[D].南京:南京师范大学教育科学学院,2005:57.

1. 物理场

美术治疗的"物理场"是当事人存在于环境中的真实场,包括当事人与治疗师所处空间中的所有物、情境及其关系。

当当事人和治疗师在一个环境里相遇时,治疗空间是最先出现的物理场,空间环境既是见证和容纳当事人的空间,又是治疗师接受挑战和事件发生的场所,是治疗师与当事人之间的第三维成分,它与治疗师共同构成了当事人外部世界的场关系。例如,具有艺术气息的开放性创作空间,会很自然地唤起当事人尝试表现的欲望,不仅可以借助环境传递邀请和友善,还可以借此建立相应的联盟关系。治疗师与空间共同构成当事人的身外物理场,有效利用物理场的交互关系,可以加快当事人对治疗师的接受,缩短治疗进程。

作品则是美术治疗深入实施的另一物理场,是治疗师与当事人进行交流的媒介空间,也是治疗发生的"心-物场",在美术治疗中具有举足轻重的决定作用。其场效应的体现,多以"视觉场"的方式呈现,是美术治疗特有的"场"域。如果说"治疗空间"是存在于所有治疗形式中的普遍性"场"域,作品就是美术治疗具有特殊性的物理场,它所呈现的情境状态,可以产生一个设定好的界线,决定整个治疗状态的基调。

2. 心理场

"心理场"是处在物理场中的当事人所能意识到的体验场,指带有个人选择性的组织体验方式。在美术治疗中既包括当事人理解和感受现实的心理体验和知觉状态,也包括当事人在创作和观察作品时产生的心理现象场,是直接导致行为发生或改变的场效应。通过了解当事人的心理场状态,我们就可以对其行为做出相应的判断。对当事人心理场的干预和影响,是整个美术治疗的中心。能否影响其心理场,调动或干预其心理场的运作导向,是验证美术治疗是否有效的重要凭证。

**(二)作为现象呈现的作品视觉场**

美术治疗的治疗性转变主要出现在作品呈现的"场"域中,视觉呈现的信息会对人的心理形成一种暗示,传达一种状态,我们称它为形象呈现的"视觉场"。"视觉场"作为作品呈现的一个外在自我,不仅可以帮助治疗师认识当事人对外界的感知方式,还能最大限度地呈现当事人先天的反应机制(视觉的还是触觉的)与接收信息的程度(敏感的还是迟钝的),为治疗师和当事人呈现整体状况,便于治疗师进行分析和当事人重新感知自己,是促使儿童关注此时此地的媒介。无论是抽象的点线或意象,还是具象的涂鸦或形象的视觉呈现,都具有整体"视觉场"的作用,可以提供感知结构的场效应。但前提是,作品必须是当事人自由创作的结果,只有源自当事人切身体验的自发行为,才会具有治疗的实用价值。

作为治疗深入的现象场,作品为治疗师和当事人呈现出可以沟通和改变的舞台,既是双方展开治疗互动的实际空间,又是当事人体验自我"心-物场"的现实"场"域,是当事人觉察自我、发现问题、重新体验的基础,也是治疗师展开支持和治疗的主要场所。那么,作为外在物理场的"视觉效应"是如何影响心理的?视觉呈现的心理场与作品物理场会有怎样的关系?等等。这一系列问题直接关系到治疗师对整个治疗的把握和处理,下面将通过展示视觉场域的知觉体验,介绍作品视觉场呈现的知觉特点,认识与之相关的场效应。

1. 视觉场的知觉特点

图 2-12[①]是瓦萨雷利(Vasarely)的两件作品，无论如何放置它们，都会让人感觉到画面呈现的时而歪曲、时而凸起的视觉状态。然而，观者看出的只是自己知觉的产物，实际上是一种错觉，它属于观者体验到的心理场。这两张方格纹样在二维平面中的共同基础是一样的，方格图形的黑白关系依然是平面的顺序排列，并没有三维实质的凹凸物理场（事实），所谓的凹陷和凸起都只是黑白形状造成的视觉场效应。借助皮克泰的作品，我们可以了解视觉心理场与作品物理场之间并不是绝对的一一对应关系。在形成人类心理活动的"心-物场"中，人通过知觉获得的心理场具有一定的欺骗性，视觉并不是一面忠实反映外在的镜子，我们感知到的知觉形象，是视觉对物象进行选择和处理后的结果，这是由我们视觉的知觉特点决定的，带有视觉的惯性。因此，画面中的"场"，也不是固定不变的，视觉波频可以影响我们的传感机制，使人得出不同的心理感受。

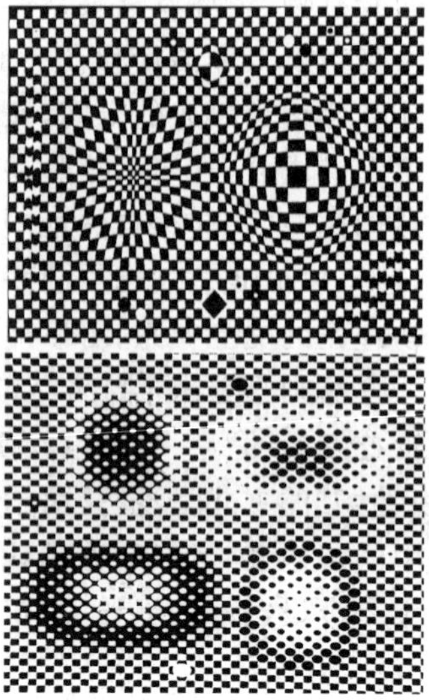

图 2-12

2. 视觉心理场中的"内在场"和"外在场"

在视觉场中，形式元素组成的视觉力场和运动趋势是作品中固定存在的，可以被感知，具有作品本身呈现的客观物理场特性，它传达的是形象本身总体的存在信息，我们将作品本身具有的这种内在构成关系称为作品形式结构的"内在场"。例如，一幅作品始终会呈现它已有的视觉内容，可以独立存在，被买卖或被观看都不会改变它既有的视觉特性。它在画者和观者的体验中，是具有主观可变性的视觉场。"内在场"传达的视觉信息是一种指向性信息，具有模糊性的特点，会在观察者的知觉中形成一种体验，它延伸出的运动和状态，会在人的心里形成一个总的感应轨迹，对观者产生一种暗示作用。无论是传统的绘画形式，还是抽象的点线面形式，所有视觉作品都具有这种独立呈现的内在场效应。

如图 2-13 中是画家莫兰迪绘制的一幅静物作品，这些在他故乡随处可见的瓶子，经过画家创作后，幻化成一组象征性形状和色彩的精神组合，展现出与现实的距离感。画面被画家处理成相斥的视觉力场，呈现一个不与周边发生关系的视觉场，削弱了任何可能的情感倾向，凸现出一种中立的异样情绪，形成某种形而上的精神趋向。这一视觉状态是画面"内在场"中构成的心理暗示信息，具有形式带来的共性和独立存在性，画家完成它后，其画面始终如一地呈现这一视觉属性，作品本身不随时间和场地而改变。

然而，同样一幅作品，不同观看者在不同时间得到的心理体验却不尽相同，留下的视觉印象也会因人而异的带有主观色彩，就算是画者本人在重新体验时，也会有新的发现和感悟，这一带有观者此时此地经验参与在内的视觉信息场，被我们称为作品形式结构的"外在场"。即由视觉形象引发的，带有观者此刻判断，发生在观者知觉中的视觉体验。它是观者对画面内在场信息进行知觉选择和处理后的结果，受观者自身知觉状况的制约和影响，具有

---

① 卡拉赫·瑟斯顿.错觉和视觉美术[M].方振兴,译.上海：人民美术出版社,1986.

图 2-13

个体投射的差异性,是促成理解和感知程度的心理场,具有可变的知觉特性。例如,达·芬奇的《蒙娜丽莎》拥有世人公认的神秘微笑,形象微笑的视觉体验,是画面内在场传达出的整体视觉状态,但不同的人在不同观看方式下看到的微笑性质却并不一样,观者由此得出的解释和理解便呈现一定的多样性。我们把这一发生在观者身上的视觉感知现象称为外在场效应。

所以,在作品作为现象呈现的视觉场中,"内在场"的视觉特性来自创造者,而"外在场"的视觉特性则源于观者,作品提供的视觉心理场便具有双重特性。

### (三) 视觉场在美术治疗中的作用

美术作品的双重心理特性是视觉体验的两个方面,作品始终是作为一个直观整体呈现的,既是创作者情感和意识的产物,又是观者体验和意识参与的知觉对象,是制作者和观看者交流的中介,在美术治疗中发挥着双重功效。

儿童在治疗师的协助下体验创作时,儿童既是创作者和参与者,又是观看者,作品成了连接儿童与自身经验再体验的桥梁。作为辅助者,治疗师通过作品内在场传达的视觉信息,可以了解当事人关注问题的整体状态,觉察当事人意识发生的方式,找寻协助他们调整思维和感知的视觉形式。作品提供的物理场(形、色等作为物的真实性)和视觉心理场(知觉效应),对当事人来说具有双重的真实性,便于治疗师引导当事人自我觉察,治疗师还可以通过增减或改变视觉信息的组成方式,沟通或转换当事人外在场的感知状态,所以,作品又成了调试当事人心理接受的信息处理场。治疗师通过直接的视觉信息传达,影响当事人思维的联结和感受的形成,从而实现对其心理的调适与干预。在作品视觉场的交互中,治疗师通过洞察当事人加工视觉信息的方式,获得建构影响当事人"视觉场"的参照依据,以当事人提供的视觉元素组织视觉信息,将作品作为传达支持和转换认识的基础,实现相应的心理干预。作品也因此成为美术治疗展开的潜在治疗空间。

### (四) 场理论的运用

"场"的概念,很早就从心理学发展到发生学中,若想了解场的运用,还得从当事人自身的场效应开始。大多数情况下,我们通过直接观察当事人在环境中的体验方式,就可以找到他们为何这样做的原因。但若想了解他们表达意图的形式和含义,还需要在互动交流中进一步探察他们"心-物场"的运作。通过辨识当事人有哪些固定的或灵活的形式、对环境中哪些因素较易觉察和反应等信息,治疗师才可能对当事人有一个全面的认识和判断,才能找到适当的角度协助他们建构自己的知觉经验。

1. "场"营造的注意事项

治疗首先是从环境的"场"营造开始,提供一个怎样的环境氛围,直接影响进入者的感官体验。从这层意义上说,美术治疗的"场"首先是一个整体的文化场。这里的"文化场"是指自然状态下的整体情境氛围,应囊括我们感知器官可以触及的所有内容,例如眼见的、耳听的、手能触到的等,是治疗师与整个治疗环境形成的情境营造,环境场的建构在特殊儿童的美术治疗中尤为重要。

为当事人提供一种自由轻松的氛围,做当事人精神的同行者,是美术治疗"场"营造的前提,只有这样才可能获得对当事人真实感知状态的探察和影响。在治疗的起始阶段,"场"的营造重在唤起进入者的参与意识,正是在当事人的行动中,治疗师通过帮助他们逐渐觉察和感知"场"事实,来增进共同的体验认同。在轻松自由的环境场中,任何儿童都能感觉到内部器官的真实反应。当他们意识到有一个成人正在热切地关注和理解他们的感受和行为时,他们就会最大限度地调动自己的潜能并进行知觉探索。也正因如此,治疗师还可以通过自己在场内的行为,建立对当事人有效的心理支持。

此外,在团体治疗中,有意识地让儿童在不太具有竞争性的环境里选择伙伴进行美术合作,往往可以较为准确地发现他们"心-物场"的运作特点。往往性格反差较大的儿童,会在美术互动的合作中,从对方身上寻找自我感觉缺失的方面,这时,融洽和谐的合作氛围,会使原本可能在现实中冲突的感受得到疏通和表达。治疗师可以利用美术作品提供的"心-物场"对其合作的发展情形进行调控,在团体治疗中发挥儿童间伙伴合作的互补性,推进他们之间相互学习和影响的带动关系,使美术治疗得以深入。

2. 美术治疗中"场"的建构

由于恢复儿童对环境的知觉体验,是特殊儿童美术治疗改善主观隔离、发展潜在能力的首要任务,所以帮助儿童获得知觉能力,是发展他们觉察力、建立意识转换的前提。

生物学家早已发现自然界的动物种群间存在共通的信息方式,知觉结构的相近是彼此理解的基础。人的本能感知系统,都能察觉具有共性的知觉体验,我们可以在任何凭借感官(视觉、触觉等)实现的自发创作中,发现来自知觉体验的共性特征。创作活动之所以可以促进特殊儿童的心智成长,正是整体感知觉系统通力合作的结果。在整体分辨、主动选择的信息处理中,对"场"的觉察,是儿童发现自我与环境的开始,通过"心-物场"循环往复的整体感知促进,儿童逐渐建立或完善自己的知觉系统,控制和选择的能力也会在这一过程中实现全面增长。

在美术治疗前期的"场"建构中,治疗师对"场"的控制,体现在如何调和或引导"场"内的信息交流。这里的"场"交流,既包括环境和行为与当事人的信息场,也包括画面与当事人的视觉场,是治疗师建构整体治疗场的主要环节。治疗师不仅需要敏锐地关注当事人的处境,找寻环境和行为可能产生的场效应,还要及时把握"环境场"和"人的行为形成的场力交换与影响",强化有利于当事人体验的因素,推进当事人自身"知觉场"的完善。只有更广泛的"场交流"形成良性信息的转换时,引发当事人共鸣体验才会成为可能。

美术视觉场的建构,则是在当事人"看到"自己作品呈现的视觉现象时才开始。当事人只有在感受自己制造的视觉现象中,才能意识到自己的主体性,当当事人觉察到影响自己内心的某种东西时,自我意识就出现了。此时,治疗师可以通过洞察当事人对画面的反应,及时把握时机,运用提醒、引导或增减相应视觉形式的方式,增强当事人得到的感受,让当事人在表现中充分体察和领会自己的真实存在,意识到自己的感知状态,让当事人僵化的体验流动起来,互动的自如反应便会随之出现。此时,调试、干预便可以在搭建好的"作品视觉场"中进行了。

总的来说,以作品展开的视觉场,是整个美术治疗的主战场,只有了解视觉元素可能形成的心理效应,才能通过知觉共性的视觉特点,捕捉和发现儿童作品中可能出现的象征性。在这里,共性的视觉特征绝不是指形象表征的图式对应,任何断章取义的图式常模都是有害的,只有源自人类视觉系统的知觉特征才具有其广泛的共性价值。

以现象学和场理论为基础讨论美术治疗,正是为了打破过于关注标准化的技术运用,面对儿童实施美术治疗时,"整体性"地评估事件本身,始终是处理相关问题和诠释作品的基本态度。面对活生生的生命,没有任何一个永远不变的标准处理技术,更不应让方法和技术成为理解儿童的障碍。所以,不强调任何"有疗效的"目标,不致力于任何纠正行为的特定操作或再教育技术是我们提倡的现象学观点。理解导致治疗实现的内在原因,了解技术背后的道理,远胜于对治疗技术和方法的追随。带着一双发现的眼睛,总是以新奇的态度面对任何儿童,是减少主观臆断的有效方式。若想解开美术治疗中"视觉场"的秘密,我们还得借助格式塔原理进行深入的诠释。

## 第4节 美术中格式塔原理的运用

"格式塔"是德文 gestalt 的译音,常被译为"完形",代表整体的概念。所以运用格式塔原理进行的各类疗法又称为"完形疗法"。完形疗法的创始人弗烈兹·皮尔斯(Fritz Pearls)曾对"完形"进行过如下解释:完形是一种形态,它是构成某事物的个别部分的一种特定组织。完形心理学的基本前提是:人类本质是一个整体,并以整体(或完形)感知世界,不同事物也只有以其组成的整体(或完形)形态被人类所了解。由于讲求实证和参与的格式塔心理疗法在相关的心理治疗书籍中已有详尽的诠释(可查阅完形疗法进行拓展研习),本节主要侧重视觉层面的"格式塔"美学原理和相关心理治疗技术的描述,以便大家认识格式塔原理在特殊儿童美术治疗中的双重角色。

### 一、格式塔与审美经验

在特殊儿童美术治疗中,格式塔原理的运用既有视觉呈现的审美格式塔结构,又有整体环境的形态特征——"场"所呈现的格式塔治疗关系结构。致使以美术为介质的治疗空间里,包含了格式塔审美心理和格式塔疗法的双重应用。由于美术特有的视觉特性决定了治疗师在探查儿童整体感知状况时,必然会将格式塔的视觉效应放在首位,所以,格式塔的审美特性就成了需要详述的主要内容。

#### (一)格式塔的知觉特性

"Gestalt"的原意为外形、形状或形态。"完形"含义的延伸源于德国心理学家对知觉的研究。他们发现：人知觉事物是以一个整体结构为单位，而不是根据组成事物的片断相加，是人经过主观知觉的组织活动后，形成的一种趋于完美的整体"形"。这种"形"并不是客观对象原本就具有的，而是观看者在感知时，主观参与或建构而形成的审美结果。例如：在视觉图形中(见图2-14)，对一个轮廓线上有中断或缺口的图形，观看者总是会自动地把它补足，使它成为一个完整连续的图形(图2-14的图2)，而一个稍有一点不对称的图形往往被视为对称的图形(图2-14的图1)。所以，格式塔是"一种具有高度组织水平的知觉整体，它从背景中清晰的分离开来，自身有着完全独立于其构成成分的独特性质，是经验中的一种组织，一种结构，而且与视知觉活动密不可分，是直接的、同时性组织活动的产物"①。它不是先感知外部事物的个别成分后拼凑出的"形"，而是视觉瞬间组织或建构活动的结果，它本质上是从构成成分中"突现"出来的一种抽象关系，它的生成与人的基本生存活动和从外界获得的信息有关。

图1

图2

图2-14 知觉产生的"格式塔"

格式塔具有整体性和变调性的特征。

(1) 整体性是指每个形态(格式塔)都是由各种要素或成分组成，但它不等于所有组成部分的相加之和，而是独立于这些成分的一个全新的整体。例如：在视觉产生的格式塔中(见图2-4的图2)，六个黑色形状组成的图形里，"突显"出的白色椭圆形的特征和性质，是黑色构成成分中所没有的，它是视觉感受到的一个新的知觉整体。

(2) 变调性特征是就其性质而言的，即一个具体实体和它具有的特殊形状或形式特征，具有自己的组织原则，在各构成成分发生变化后，其形态(格式塔)依然存在。例如我们前面介绍过的"曼荼罗"形，不管它变大变小，是木条构成的还是油彩绘制的，是增添了色彩装饰还是线条纹样，它呈放射状的涡形始终存在，它以一种经验中的组织结构呈现。

观者总是本能地参与到"完形"效应的建构中，决定了格式塔是一种心理经验的结果，具有心物共创的特性。知觉要素组成的整体感受在审美体验中起着非常重要的作用。艺术形式的发展就是视觉对形、色等"形态"把握和知觉的过程。因此，格式塔产生的视觉感受会直接作用到审美经验中，其整体性质带来的内在联系，会激起不同的审美体验。

**(二) 格式塔的视觉法则及其审美意义**

心理学家发现，被组织得最好、最规则、最简约的格式塔，能够引起人愉悦的感受，比如，对称、统一、有序的形。反之，面对不和谐、不合意、看上去不舒服的对象，观者会产生出一种改变对象的强烈心理趋势，引发人想将其调整到完美结构的倾向。这种心理趋势表现出的紧张，是创造性思维活动特有的心理状态。因此，在人的知觉中，具有对完美图形的追求，由此产生的适度紧张和解决后的松弛，是产生审美愉快的重要源泉。

格式塔心理学创始人马克思·瓦特海姆(Dr. Max Wertheimer)在一开始就指出视觉元素的组织是所有心智的基础，不需要刻意学习，是与生俱来的。并将视觉元素组织的因素命

---

① [美]鲁道夫·阿恩海姆.视觉思维[M].滕守尧,译.成都：四川人民出版社,1998：94-96.

名为"知觉组织律"(perceptual organization),指出在人的知觉世界里有一个"场"的存在,眼所触及的"视觉场"(visual field)与外在情境相关的"知觉场"(perceptional field)是人可以感知并加以利用和把握的一个整体,物体被人感觉的方式,是由它在"场"中的状态或条件决定的,"视觉场"中的诸多元素,不是彼此吸引形成一个整体,就是彼此排斥而各自独立。任何元素的改变都将影响整体以及各部分的本来特性。

由此产生的格式塔原则有图底关系原则(例如图形与背景的区别越大越易被感知)、接近性原则(例如邻近距离最短的部分最易形成整体)、相似性原则(例如类似部分易组合成整体)、连续性原则(例如同一方向移动的部分最易产生整体感)、完形倾向原则(例如彼此相属的部分易组合成整体)、闭合性原则(例如未闭合的图形易被看成是一个完整的图形)等。这些视觉法则涉及的认知结论,不仅为我们揭示了认知形成的规律,还让我们了解到潜藏在人类知觉系统内的某种群体化动力。

所以,人在调动自身感官接触外界时,视觉感知过程并不只是记录物像,而是人的知觉寻找结构的过程,人所感知到的,是自己发现的事物的结构,这些结构告诉我们事物的组成因素是依照什么样的类型秩序产生交互作用的,视觉符号便是这些知觉探求的产物。因此格式塔的审美意义不是在于参与者或感受者的技术与美学表现水准如何,而是在于此人对"视觉场"内各种元素间相互关系的感知和判断能力,对所视内容的整体与各部分关系的敏感度。

(三)艺术活动中的形式与再现

格式塔心理学家经过实验发现,每当视野中出现的图形不太完美或有缺陷时,人就会产生一种以"感觉到的形式存在"将其"组织"起来的需要,"只要这种'需要'得不到满足,这种活动便会持续进行下去"。① 这一知觉中对简洁完美的格式塔寻求被格式塔心理学家称为"完形压强"。根据这一原理,无论是怎样的知觉样式——意象、抽象还是某种思维模式,艺术的表现永远不是客观的描摹,而是知觉在感知外在事物时,从整体结构中得到的"突显"结果。因此"形"的生成就会受到生存活动和外界信息活动的环境影响,而呈现为一种有意味的形式。其本身就可以展现出"完形"的依赖惰性或"完形压强"造成的紧张力。

 **知识小卡片**

**什么是知觉中的"完形压强"?**

在格式塔心理学中,把人观看一个不规则、有缺陷的图形时,所感受到的那种紧张和极力想改变它,使之成为完美图形的趋势,解释成机体总是最大限度地追求内在平衡的倾向。这种能动地自我调节倾向就是完形压强。不管是在视觉区域,还是在大脑中的视觉投射区域,其本质都是一种"能"的体现,所以,具有"能"追求最终平衡的特性。

(参考了[美]鲁道夫·阿恩海姆.视觉思维[M].滕守尧,译.成都:四川人民出版社,1998:98.)

---

① [美]鲁道夫·阿恩海姆.视觉思维[M].滕守尧,译.成都:四川人民出版社,1998:98.

鲁道夫·阿恩海姆(Arnheim Rudolf)[①]在前人的基础上深入研究了空间、形式、色彩、律动等视觉元素与艺术作品的关系,完成了经典著作《艺术与视知觉》,对艺术与视觉心理进行了详尽的阐述,并在后来撰写的《视觉思维》一书中,就审美经验的四种心理要素:感知、想象、情感、理解做了进一步的描述和分析。他对西方文化重理性轻感性,重逻辑推理轻直觉判断的二元对立思维方式,提出了质疑,指出正是这种思维模式导致了感性与理性、知觉与思维、意识与无意识、直觉与抽象的分裂,阻碍了认识和感受的整体性。强调"一切知觉中都包含着思维,一切推理中都包含着直觉,一切观测中都包含着创造"[②]。并从格式塔心理学出发,解释艺术中的实践问题,为我们认识人的直觉感知能力打开了一扇窗。

1. 直觉感知与形式发展

知觉能力的发展,"是随着能够逐渐把握外部事物的突出结构特征而发展起来的"[③]。任何人的感官都能通过对原始材料的感觉和组织方式,创造出能够有效解释经验的形式,这种直觉感知是人与生俱来的领悟能力。通过知觉获得的形式,不仅会带有当事人主观认识、习惯和气质特点,还会在不断完善的过程中带动当事人的心理活动,是创造力和领悟能力增长的源泉。

我们常会看到这样一个现象,幼儿都会经历一个自发地自顾自涂鸦期,画面呈现的多是些线条、点、圈等形式,而且他们并不对所画内容进行对应观察。那么他们是不是没有知觉外界的能力呢?答案显然是:不是。这一现象正显现了知觉从无意识向有意识转变的阶段特点,是人试图用最简单的样式再现他意识到的对象特征的开始。这一现象在何时出现,也能体现其知觉活动在感知水平上获得的整体理解能力,是儿童心智成长至关重要的阶段,我们称它为描绘感官的初级感知过程。它是一种儿童发展领悟能力的视觉活动,也是"形"萌芽的起点。心理学家在大量的试验中证明:流畅、连续或平直的线条,是被试者普遍认为的最美和最愉快的线条,"在要求被试者画出他认为最丑的线条时,他们画出的大都是毫无组织的乱糟糟一团"[④]。这说明了"涂鸦体验"也是知觉对"形"的把握和感知过程,具有审美体验的成分,是推进艺术能力出现的必经阶段。这一自发"涂鸦体验"产生的经验,同样会遵循格式塔的视觉法则。那些看似无意义的线条依然能够让儿童体验到秩序、节奏、整齐、零乱等知觉感受。稍微偏离和无组织性的图形和线条,"一般能唤起更长时间和更强烈的视觉注意"[⑤],激起更多的好奇心,这一视觉特性,在特殊儿童(尤其是重度障碍儿童)的知觉康复训练中尤显意义重大。

随着不断的体验和知觉组织工作的深入,儿童的艺术表现能力会循着三个典型的"形"的递进阶段演进:一是规则而简单的格式塔,二是复杂但不统一的格式塔,三是既统一又复杂的格式塔。人在融合和联系视觉和心理关系的同时,也就体验到了从不完美到完美,从不平衡到平衡,从零乱到统一的生命力和内在情感的概括和整合。内外连接的感知和再现表

---

[①] 阿恩海姆是格式塔心理学集大成者,著有《艺术与视知觉》(*Art & Visual Perception*)、《视觉思维》(*Aesthetics Design Art Education*)等。这些都是认识艺术活动和美术治疗必备的基础书籍。

[②] [美]鲁道夫·阿恩海姆.艺术与视知觉[M].滕守尧,等译.北京:中国社会科学出版社,1984:5.

[③] 同上书,第52页.

[④] [美]鲁道夫·阿恩海姆.视觉思维[M].滕守尧,译.成都:四川人民出版社,1998:101.

[⑤] 同上书.

达形式便会呈现出发展。

2. 样式发展、再现与通感

随着控制能力的出现，心智的演进，儿童借助媒介再现感知的需求就会出现。形式经过痕迹到符号象征的发展，便逐渐接近事物，在对外部事物和内在心理状态作反复而大量的体验和觉察后，儿童的样式发展就会呈现出再现特征。在这里，再现是知觉表象通过艺术形式的呈现，不全是模仿。儿童通过视觉样式再现出的，往往是他知觉到的事物的内在结构。所以，摸清知觉活动的规律，才是协助儿童发展内在知觉和心理，推进艺术能力的前提。

审美知觉规律不是我们在这里讨论的范围，但它却是美术治疗不能忽视的内容，知觉系统的潜在关联性是心理学家可以解释知觉促进心理改变的关键。艺术手段在治疗应用中的融合，正是源于绘画、雕塑、音乐、舞蹈乃至文学等艺术形式中共通的关联性，这种会在脑中呈现的模糊关联，是大脑各区域间联合和呼应的投射反应，我们姑且称它是一种知觉通感。例如，我们可以用视觉呈现的"张力样式"再现音乐中结构相近的"力的作用式样"，用急促的线条或频率短近的节奏表现烦躁的心绪等。知觉通感是"同类相动"的一种内外感应，它可以让人体验到艺术形式中呈现的审美经验，也为将各种艺术手段引进美术治疗，借助其审美特性，推进儿童在美术活动中的知觉能力，实现干预目的提供了依据。

## 二、结构同形

在格式塔原理的解释中，外在物理世界的"物理场"和人心理世界的"心理场"虽然不同质，却存在着同样的力的结构式样，这种力的式样相互之间产生契合，知觉通感就出现了，知觉通感是异质同构原理下"心-物场"相互感应的结果。那些推动人情感活动的力，与作用于整个宇宙的力，实际上是同一种力。阿恩海姆把这种"力"的式样，看做是人的大脑力场，指出正是这种大脑力场使人感受到外部事物的形状和情感性。世间万物具有和人一样的表现性，所有形状、色彩、空间或运动都是某种"力"的表现。当人的审美知觉被触动时，就能透过事物的表面，感受到其中活生生的"力"的作用，使自身生命信息与身外能量信息和谐共振，产生主客同构的传导与共鸣，美感就呈现了。彼得·福勒称"美感"是人类经验和潜能中的某种因素沉淀下的历史性特殊结构，是所有人共有的。由于这种潜能和经验又从属于我们潜在的生物状况，才会出现个体体验的差异性。我们不想展开讨论美是如何被感知和传达的，只想在这里略微涉及一下知觉促成的美感体验，帮助大家了解形式结构带来的"同形同构"和"异质同构"的情感性，以便认识形式与人内在情感的关系，以及艺术中共存的审美特质。

### （一）同形同构与异质同构

"同形同构"指的是生理历程与意识历程在结构的形式方面彼此等同，是对生理与心理对应关系的解释。阿恩海姆将其解释为，每个自然事物的形状都是内在力的外在表现，反映了创造那些形状的力的活动。"当这些力的结构呈现在眼前时，它们就通过视觉神经系统传到了大脑皮层区域，并在这个区域内形成一种力场，使这个力场的结构与外部事物的力的结构达到同形同构。"[①] 所以，同形同构是外部世界的物理性"力"的结构，在人心理力场中形成

---

① [美]鲁道夫·阿恩海姆. 视觉思维[M]. 滕守尧, 译. 成都：四川人民出版社, 1998：66.

的相同的力的结构。它强调秩序的对应和整体结构的对应。

异质同构发展了同形论，指出"在一般的情况下，我们不仅能从时间的延续性中看到心理事实与物理事实之间的同一性，就是在它们的某些属性当中，比如它们的强度和响度、简单性和复杂性、流畅性和阻塞性、安静性和骚乱性中，同样也能看到它们之间的同一性"[①]。因此，人的内外世界就具有了异质同构的关系。异质同构强调客体物理性的结构力场与心理活动过程中的心理力场发生对应和感应的关系，提出了物理、心理和生理世界三者内在的统一性。异质同构为我们理解感知中的"力的作用模式"奠定了基础。

无论是同形同构还是异质同构，它们都是力的结构，"所以会在大脑生理电力场中达到合拍、一致或融合，当这两种结构在大脑力场中达到融合和契合时，外部事物（艺术形式）与人类情感之间的界限就模糊了，正是由于精神与物质之间的界限的消失，才使外部事物看上去有了人的情感性质。"[②]所以，"夕阳古道，衰柳长堤"的画面会给我们带来缠绵悱恻的悲凉感受。而"人闲桂花落，夜静春山空"却会让我们感受到一种悠闲的宁静。艺术想象和表现是人们认识自己和理解自身处境的一种高雅方式，可以成为一种生活的工具。

**（二）艺术形式中的形与质**

每个艺术格式塔中都有"形与质"的存在，换言之，"表现性"（质）客观地存在于所有艺术样式（形）中。这好像与美感来自主客同构形成一种悖论，其实不然，艺术美感虽然是主客交融的结果，但首先是外在客体呈现的力的式样促成了知觉对其表现性的感受，而主体只有捕捉到对象的结构特征（表现性）时，才可能以一些客体实在物进行组织，表现性的客体实在物是知觉整体形（格式塔）的起点和关键，"这种'格式塔质'是一种总体特征，它不存在于艺术品的各个组成部分之中，而是存在于各部分所构成联系中。"[③]所以任何艺术形式反映的整体形（格式塔）仍然会被察觉为是客体本身所具有的性质，是它的突出特征使人们这样去知觉它。例如，我们可以毫不费力地辨识出图 2-15 中呈现出的同一"跳舞人形"（一个格式塔单位），"人形"是主体（制作者）从人的结构特征中捕捉到的构架特征，并被几个点、线视觉元素（客体实在物）进行了组织，表现出人的特质，这一特质是我们感觉到"这是一个人形"的关键，三幅图的艺术形式（形）并不一样，但并不妨碍我们在整体知觉它时察觉出其中显现的同一"人形"，这是由点、线元素（用来组织的客体实在物）呈现出的人的特征（质）决定的。所以艺术中的"美"也会被知觉感受为现实地存在于客体中。

由于艺术是一种人类活动，其中一些人有意识地利用某种外在标志（形）把自己体验的情感或意识形态（质）经过组织后传达出来。其他人则可以通过在这些形式中觉察其中蕴含的情感特质，体验到作为客体存在的情感，并为其所感染，而产生共鸣或感动。这为我们在美术治疗中借助其他艺术形式推进干预的进程提供了可能，也是艺术治疗观得以建立的基础。

**（三）结构同形原理在美术治疗中的作用**

上述原理可以帮助我们理解视觉样式中具有的情感特性。无论是枯藤老树、青山碧水

---

① ［美］鲁道夫·阿恩海姆.艺术与视知觉［M］.滕守尧，等译.北京：中国社会科学出版社，1984：614.
② ［美］鲁道夫·阿恩海姆.视觉思维［M］.滕守尧，译.成都：四川人民出版社，1998：66.
③ 童庆炳.文艺心理学教程［M］.北京：高等教育出版社，2001：45.

的具象形式,还是柔和线条、明快色彩组成的抽象样式,都会包含具有情感性的力的结构,可以展现自然事物和其他艺术形式所具有的人类情感性质。正因为相同结构的力,在人内心形成的同构作用,人才会对眼前无生命的自然和无机物产生情感上的联系。这一原理也同样适用于知觉通感带来的理解发生。所以,当外在特定事物在大脑电力场中造成的结构,与某种情感生活的力的结构达到同形时,就出现了"结构同形"的情感性质。结构同形说补充了动力学的"审美移情"说,为艺术自身具有的沟通特质增添了客观的解释,将主体情感与客体外在的关系比较合理地联系了起来。使我们对"内在心理结构与外部事物结构上的同形或契合"①这一千百万年传承下来的人类本能有了一个全面的认识。

1. 以结构同形为基础的视觉呈现或转换

结构同形说的产生具有一定的生理基础,"不仅仅是'物理-生理'结构之间的同形,而且还有'生理-精神'之间的同形"②,这一知觉特性在原始人和儿童的感知中尤为明显。柯勒已有通过实验证实:以黑色的扣子当眼睛,以最粗糙的材料作外套的玩偶,使类人猿感到了恐惧,正是玩偶显现出人的基本结构特征,才使类人猿产生了恐惧。所以,少数几个突出的结构特征就可以创造出

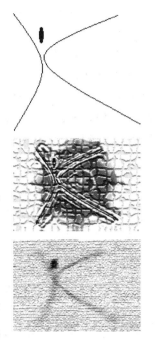

图 2-15

一个完整样式,人只要把握到这一对象的力的结构,就可以认出该对象。由于结构同形的作用,从审美感知的角度看来,一株造型奇特的松树就变成了一位伸手迎客的主人,一块孤零零的岩石就有可能幻化成一只遥望大海的猴子,在看似相近的样式特征下,暗示和诱导会很容易唤起人内心的经验和感觉,产生"一看有点像,越看越像"的感觉。这一原理的运用首先出现在绘画测验领域,例如罗夏投射绘画测验等,而后又被实践者直接运用到治疗过程中。根据结构同形原理,直接运用视觉形象表达或改变意象呈现的视觉状态,能干预当事人内心的心理感受与情感,从而实现对主观障碍的治疗。

儿童的知觉特点为美术这一独特语言的运用提供了最佳的平台。当知觉依据格式塔视觉法则找寻形的结构时,形式元素产生的改变,直接会引起儿童知觉的改变。绘画或雕塑等艺术手段表现出的结构、认知及动力关系,可以展现结构同形呈现出的儿童的行为状态。换言之,儿童创造出来的心象形式,会具有同其自身行为形态同质的功效。利用这一原理揭示的心理结构,治疗师可以协助当事人察觉自身的状态,澄清问题,认识自我。此时,对形式元素具有很好把握的治疗师,还可以通过协助当事人处理创生中的样式发展,展开互动,整体把握和探索治疗中视觉呈现的知觉状态,让当事人得以在艺术表达中呈现自己的内在动力,推进自性化成长。并借助对其作品的视觉再认知,帮助当事人认识自己,增进对其生活意义的觉察和改变。通过视觉形式本身形成的张力与平衡,促进当事人自我觉察能力的提高。

---

① [美]鲁道夫·阿恩海姆.视觉思维[M].滕守尧,译.成都:四川人民出版社,1998:67.
② 同上书,第68页.

## 2. 结构同形的文化特质

从知觉产生到格式塔"质"（视觉中的表现性）所呈现的整体形态中，儿童创造的视觉样式不仅具有情感性，还会带有其文化环境留下的印迹，在对其进行自上而下地整体把握和体验时，治疗师不应忽略文化差异带来的理解差别。由于格式塔的生成会受到人的基本生存活动的影响，并与人从外界获得的信息有关，所以，格式塔呈现的结构会很自然地带有当事人生存环境的文化特质，既带有其所处群类审美倾向的表征，又会呈现出地域特性。对其文化背景的了解，是理解视觉形式意义和内在心理结构状态的必要准备。

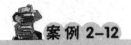

**案例 2-12**

### 珍妮·雷恩的格式塔美术疗法

雷恩开展的结构性格式塔美术疗法一般首先要求当事人创作连续的抽象画，表现他们对一系列具有情绪意义的词汇（如害怕、愤怒、喜悦、悲伤、厌恶、接受、期待、意外、清醒、疯狂）的反应。整个作品系列被看成是一个格式塔，即由当事人创造的"形"。每幅作品是整个系列的组成部分，它本身也是一个格式塔。这样，在对它们进行讨论时，既能立刻看到作为整体的格式塔，也能从中选择任何一个作为部分的格式塔进行研究。

当事人完成上述系列作品创作后，作为治疗师的雷恩至少花费一次会见的时间与当事人一起观看作品，而作品的结构与形、线条与造型中暗含的方向性运动等都是观看的焦点。雷恩写道："我们主要集中于作品的结构和形，我们注意到线条和造型中暗含的有方向性的运动，我们对这些形之间的关系产生兴趣，对感知这些形如何暗含着动态的紧张力产生兴趣。我们特别注意图形与背景关系，识别似乎需要注意的形。我们询问当事人，这些视觉意象如何能与当前的实际生活联系起来。我们一起审视所有的绘画，寻找对当事人的实际行为模式具有一定意义的视觉形式。总之，我们尽我们的智谋和感知去促进当事人健康的成长和整合。"

（周红.表情达意与心灵润泽[D].南京：南京师范大学教育科学学院，2005：81.）

人与时间、空间的隔离会导致智力及情绪上的失调，消除这种隔离，可以改善或增长儿童的感知和理解力，专注于此时此地的感受，正是格式塔美术活动实现"人与时空合一境界"的途径。

## 三、觉察力

如果说格式塔与审美体验、结构同形理论，让我们了解了美术图式生成中呈现的格式塔心理学原理，觉察力就是统整整个美术过程的格式塔治疗基石。那么，什么是觉察？觉察力是如何体现出来的？当我们的眼睛接触到光波，耳朵感受到声音时，觉察就出现了，所以"觉察"是人与环境两者都参与的交互作用。"觉察力"有时被用来指代人对自我的意识能力，有时是指人在自我剖析时的内省能力。在格式塔中，觉察力是一种体验形式，既不牵涉思考、反思，也不涉及自我审视，是一个人对于自身存在与外部世界"是什么"的察觉能力。觉察力体现在人知道自己在做什么，该如何去做，是一种对此时此地正在发生的事情非语言的感知或会意。觉察力是在接触的界限上同化和成长的能量,是自我认识、判断和创造的源泉。

### (一) 觉察的特性

觉察有五个不同的特性,即接触、感知、兴奋、图像形成和整体性。

接触:是差异的相汇体验,是一种涉及碰触差异的觉察特质,是人改变及成长的方式。

感知:是决定觉察的本质,内在的感知是身体的感觉、碰触或情感,外在的感知是视觉、听觉和嗅觉,是内外均有的整体感觉。

兴奋:"包含了情绪和心理兴奋的范畴"[①]。兴奋带给人的是一种内在的紧张状态,是想要行动的冲动。兴趣也是一种兴奋形式。

图像形成:指的是觉察被塑造及发展的方式(前面讨论的内容都是对这一阶段的诠释)。

整体性:是整体大于部分的总和,代表某种东西虽然由个别部分所组成,却被体验为一个单个的格式塔形。整体可以是概念的群集,也可以是由过去的事件所组成的,是本来就存在的完整性。

### (二) 觉察的过程和差别

连续觉察是从体验知觉开始,逐渐识别和命名这种知觉,理解这种知觉,直到决定如何对其做出反应或采取行动。觉察的同时,机体会与情境保持充分协调,完成整个过程后又会恢复初始状态。所以觉察体验的循环既可能是简单的,也可能是复杂的。

如果把觉察力理解成一个循环往复的连续谱,那么,仅限于机体的自主性反应就是觉察力的最底端(例如,当人处于睡眠时,呼吸、血液循环、机体调节都处在最基本的生理机能状态,身体的觉察程度很低,但还是会有应对危险的察觉反应)。连续谱的另一端则是完全的自我觉察,即融合带来的巅峰体验。这一时刻人会敏锐地感知到自己的存在,并感受到融会贯通带来的自由顺畅,觉得浑身充满了活力,对什么都充满了好奇心,会出现机体内外的通达。

### (三) 特殊儿童美术治疗中的觉察与创造

在借助美术形式和格式塔原理展开的干预技术中,觉察体验的呈现,常常表现为一种创造的生发。在整个过程展开时,环境与参与其中的当事人没有绝对固定的交互关系,两者间的主动与被动是轮流出现的,当事人的觉察状态会时而明确,时而模糊,时而主动,时而被动。例如,在以音乐营造的环境场中,处在环境中的人觉察到口渴时,就会注意桌上的杯子,此时,音乐就从他的觉察中消失了,他是主动的。如若正在找杯子的他,突然被音乐的声音所吸引,驻足倾听,忘记了桌上的杯子,此时环境就成了主动的。如果音乐中的某种特质被他觉察到,他开始离开放有杯子的地方,转而拿起了笔和纸想要表现出这一特质,这时清晰的觉察就转为了创造,在他主动用笔表现此时此刻的音乐结构时,行进中的声音在他的觉察中变得模糊,交互关系就又发生了变化。所以,创造实质上是一种强度的觉知及高度的意识。

美术治疗的过程首先是创造的过程,在这个过程中,艺术媒材、语言、肢体行为和环境是一个整体,觉察是交汇的关键。治疗师借用艺术材料协助当事人达到高度觉察的境界,不仅是通过环境与人的交互,还通过借助格式塔心理原理促进觉察力的提高,使模糊的形象在过

---

① [美]埃德温·尼维斯.完形治疗:观点与应用[M].蔡瑞峰,等译.成都:四川大学出版社,2007:22.

程中呈现出来,在当事人极力辨识这种知觉时,内外的觉知逐渐通顺,以此打破当事人成长的阻碍,增长其觉悟,达到心智的成长,从而推进自我的实现。

东方思维强调的"无心"境界与"无为而为"正是整体观照自然外物的觉察体现。中国古代的文人士大夫阶层,将作画视为养心的缘由,也在于通过画内画外的感受和觉察,在内外结构融合的过程中,调理人的心灵。

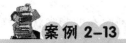

**在艺术教育治疗中实现的审美体验和创造(团体治疗性美术教育单元节选)**

对象是某培智小学10位重度智力障碍学生(多重)。课程内容为"节奏感知和表现"。每次35分钟,共8次。采用综合表现技术中的多媒介互动方式实施的团体教育干预。

(1) 方案产生及简略介绍

课程设计:在前阶段基础上加强感知直觉训练,添加多种艺术媒材:

a. 干预材质:多种不同风格的音乐媒材。

b. 表现材质:可以敲击的各类实物媒材、泥材、切面刻有图形的块状美术媒材(见图2-16)和水性水粉色等。

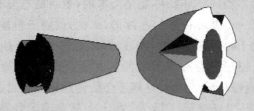

图 2-16

以两课为一阶段,分四次推进。

(2) 实施及作品呈现过程

第一阶段:节奏对比

第一次,教师选择片断音乐对比播放。学生在教师的引导下感知音乐,有的学生可以用线条长短对应音乐中的节奏快慢,但持续时间很短。多数学生会选择在黑板或大些的纸面上进行运动涂鸦,机体带来的快感大于对音乐的觉察。投入音乐的体验时间短。

第二次,教师改发小纸(A4)给学生,暂缓发放画画的工具,等学生安静下来后,示意大家静听,控制教室内"场"的气氛。播放的第一首音乐是朋克乐队的《墙》,第二首是《变幻之风》,当《变换之风》响起时,有学生开始随着音乐发出"哗……哗"的声音,有学生向教师要笔,欲画"风"的感觉,教师开始发放作画工具(水彩笔、蜡笔)。不一会儿,每个人都有相应的表现,有的学生开始涂抹;有的不满足于手中的画笔,想找替代材料在纸上表现;有的非常投入地闭上了眼,嘴里发着声,手拿笔跟随音乐有一下没一下地划着……

结束课程时,还有学生沉浸在体验中不愿停下来。

第二阶段：深入比较

吸取前面经验，教师开始注重"环境场"的控制，并针对前两次学生对信息分辨时的觉察程度，将反差大的乐曲作为对比音乐进行交替播放，以便掌握主动，调动学生的感受。

第一次比较，熟悉的曲子较易引起他们的情绪反应，神情和动作明显增多，有的学生蠢蠢欲动，手在桌面上不停地划着。陌生的曲子较少引起他们的反应，只有偶尔拍打的节奏响应，对新加入的欢快曲目（《小狗》）表现出好奇心，会跟随节拍敲击。学生都拿到工具后，有三四个学生开始进行长时间地专注体验并涂鸦，学生对笔的色彩和材质出现选择，感受不同曲目时，使用的颜色开始有了区别（如图 2-17 中的图 1）。

图1 一人画的不同曲目《变幻的风》与《魔幻时刻》

图2 朋克乐队的《墙》　　班德瑞的《巴格达之星》

图 2-17　绘画再现的音乐

第二次比较，教师增设了多种表现媒材，例如：切面有花样的萝卜、调好的水性水粉色等。并以开放的方式展现出来，供学生自主选择，不再发放工具。

在比较的曲目中筛选出《变换之风》和《墙》作为对比音乐，增强音乐干预的主动性。

开始后，他们很快被音乐所吸引，表现欲胜过前几次，当他们意识到可以自主选取表现媒材时，参与的积极性大增。切面沾了水粉后在纸上形成的图形和块面唤起他们极大的兴趣，纸面上的图形印痕和笔迹引起他们的关注，色彩融合后带来的变化也使他们很有成就感。在音乐的间歇中，有的学生出现拿着工具等待音乐的行为。当音乐再次响起时，配合音乐节奏运用线条和色彩的行为增多。

根据前面两个阶段的观察,教师将"《墙》、《变换之风》"作为后期的节奏对比体验系列,使用明确的主题音乐,推进美术活动。

第三阶段:主题音乐《墙》

以《墙》为主,班德瑞的《变换之风》系列为辅,循环播放。

第一次,学生中的觉察状态出现分化,有的只对班德瑞的音乐表现出兴趣;有的在两首曲子开始时其兴趣都会被调动起来,但在播放的后期开始游离;甚至有的学生一听到《墙》的音乐,就来叫老师,轮到《变换之风》就闭上了眼睛……课程进行到后期,大部分学生会和着音乐或轻或重、或快或慢地用画具在画面上表现,有的会边走边听,站站停停再画两下……整堂课中,学生对音乐的觉察程度明显增强,但结束时只收获了一堆印有零乱水粉色的画纸,图像形式的生成没有出现。

第二次,一些纸上开始出现各种抽象画面,有的学生被画面中出现的图底关系所吸引,开始主动给空白处添加图形或笔痕,有意识的组织行为出现。大部分画面会有色调差别,但没有图形的分化。

第四阶段:主题音乐《变换之风》

教师将舒缓的《变换之风》作为主放音乐,把《墙》改为辅助音乐,进行播放。

第一次,有敲打行为的学生减少了,使用画画工具的学生增多,而且大部分学生选择了坐在座位上画,一位重度脑部钙化儿童自始至终都在投入地体验并跟随涂鸦,学生的画渐渐呈现出多样性,有个别学生开始出现利用直线、色彩和图形等手段表现感受的行为,有组织的画面出现了。

第二次,安静画画的学生增多,课堂气氛较为稳定,大部分学生可以间断地表现捕捉到的音乐节奏,并借助工具表现出来。一个语言缺失智力障碍儿童画出了表现性明确的完整画面(如图2-17中的图2)。音乐呈现的内在形态被这个学生恰当地用视觉形式呈现出来。

案例中的对象是少有配合行为的重度智力障碍学生,在直觉训练的过程中,音乐呈现的特性,不是教师通过分析让他们感受到的,而是他们在与环境的交互作用中,依靠自身的感官整体把握觉察到的,教师的主动性体现在对环境场的控制和引导,以及提供了可以选择的干预媒材。音乐在这里只是提供美术创作的原材料(这一材料可以是任何形式,例如视像、舞蹈、文学等),在教师有意识地引导学生关注"此时此刻"的感受中,觉察会随着知觉的出现发生,当参与个体下意识地将耳中的音乐与手中的点、线合上节拍时,内在的关联就开始了,当事人的主动性也随着兴奋点的出现而出现。

审美体验的实现是教师协助学生觉察和感知外界(艺术形式)的起点,觉察是通过他们的耳、手、眼、身体和脑等机体的整体协作实现的。整个过程中,学生投入的神情、节奏的对应、视觉形式的产生,证明了逐渐增长的觉察力。这些没有任何基础的重度智力障碍学生并不是天才,他们表现出的觉察力,也显示了每个人都赋有在环境中成长的潜力,可以通过自身的整体知觉和感悟,觉察到外界的差异和因果关系,体验到心灵内的契合感受。利用格式塔原理进行的整体感知训练,能增强当事人内心对外部世界的感应力,整体推进觉察带来的心理和智力协作的转换弹性。案例中学生后期创作作品的出现,既是奇迹,也是整体感知能力发展的必然结果。

需要强调的是,尽管整个过程的主体是儿童,但治疗师所起到的能动作用不能忽视,作为心理场的行为环境,治疗师是整体的把握者和指挥者。给予当事人在美术活动中的表现自由并不是放任,而是使其自主性得以呈现。个体存在的差异性,决定了"因势利导"才是对当事人最佳的协助。因为整合是通过当事人自身来实现的,发现问题是解决问题的前提,任何非此即彼的判断和预设都是不可取的。与此同时,无论是当事人、治疗师与环境之间,还是当事人、干预介质与空白画面之间,行为场和生理场的关系也是至关重要的,整体性是格式塔原理运用的第一位,无论是参与还是观察,都应该联手进行。

在以往的美术治疗摸索中,已有不少融合了格式塔心理学和格式塔治疗理念与技术的实践,但并没有统一的方法,这些实践被统称为格式塔美术治疗(gestalt art therapy)。前面案例中涉及的珍妮·雷恩就是将二者联系在一起进行绘画治疗的实践者。她将一个绘画系列看成是一个整体的格式塔单位,每幅画又是一个局部的格式塔,通过当事人创作的作品,使问题呈现。在与当事人回顾作品的讨论中,促进当事人对图形的认知和认识模式的了解,帮助当事人逐渐意识到问题所在,并鼓励其去体验和面对"未完成的事务"(unfinished business),整合人格中的碎片和过去不知道的部分。在治疗中,她常以具体化的艺术手段,让当事人表达和体验此刻的知觉,以有力的知觉行动觉察整个治疗状态,通过作品呈现的构图、图底关系、分与合或心理动力状态等现象,以非语言的形式获得觉察和理解。算是较为系统运用格式塔原理的美术治疗师。此外,维奥莱特·奥兰克(Violet Oakander)、西莉亚·汤普森、约瑟夫·曾柯都是将格式塔原理运用到美术治疗中的探索者。① 这些前人的经验,为我们提供了宝贵财富,也给用于特殊儿童的美术治疗理论和技术添砖加瓦,但还需后来者去进一步修整和完善。

 **本章小结**

没有理论的实践是盲目的,任何卓有成效的治疗都会有其背后的原理支撑。一种研究角度或理解问题的思考,都和审视它的立场、知识结构和运用的方法有关。

如果说弗洛伊德在不知不觉中涉及了视觉意象的价值,荣格就应算是开启美术治疗的先驱,他用绘画探索幻象本身承载的无意识信息,将东方哲学作为自我心灵体察的理论基础,把意象看成是一种不同于外在的心灵实在的努力,为美术治疗的发展提供了更为宽广而肥沃的土壤。现象学疗法、完形疗法等治疗实践的出现,进一步推动了美术治疗整体治疗观念的出现和深入。罗尔菲德从智慧成长、情感成长、社会成长、知觉成长、生理成长、美感成长和创造性成长七个方面,系统分析和阐释了美术呈现出的儿童成长阶段和样式发展,提出了教育治疗的观点,使特殊儿童美术治疗的整体建构得以较为全面地体现,这一切都预示着整体性的治疗趋向势必成为特殊儿童美术治疗的主流。

---

① 周红.表情达意与心灵润泽[D].南京:南京师范大学教育科学学院,2005:80-81.

早在结绳记事的古代,视觉形式就是思考得以储积和传达的基础。在当今更为全面的综合艺术表现中,视觉语言的疆界早已被极大的拓展,成为融合了其他艺术形式的集大成者。美术治疗既不是纠正什么对错标准,也不是释放多余的精力,而是帮助儿童最大限度地成为真实的自我。以儿童当下的真实体验和机体现有能力为基点,帮助他们改变因主观障碍而遮蔽的知觉状态,发展其他可能的感知觉能力,实现推动其心智成长和潜能开发的有效干预,帮助他们获得整体能力的提高,是特殊儿童美术治疗学习的任务。

自然赋予万物具有自我发展的空间,当一扇门被关上时,一定会有另一扇门被打开。顺应儿童机体天然的知觉结构,提供相应的文化信息场,消除心因性障碍的禁锢,让儿童舒展自己的知觉去自由体验,这才是艺术潜移默化实现文化治疗的真谛。现象哲学的角度又一次连接了东方的整体宇宙、艺术和医学观,让我们再一次意识到"易,无思也,无为也,寂然不动,感而遂通天下之故"的感应力量。什么是特殊儿童美术治疗的合理目标?怎样的要素组合,才能构成一个积极的治疗干预体系?哪些因素导致美术治疗的成功或失败?美术治疗的改变性力量主要体现在哪里?……这些问题都还未最终落实,也许从现象学出发,在东方博大精深的《易经》中,我们可以找到开启他们的钥匙。

 思考与练习

1. 荣格的分析心理学都受到哪些外来的影响?中国哲学是如何看待意识活动的?都有哪些观点?请进行课外拓展思考。

2. 为什么说孩子是自发地使用象征性形象语言?象征性意象图示为何在美术治疗中至关重要?建立一个图像对应系统给治疗师们作为标准使用是否妥当?请谈谈你的认识。

3. 如何运用美术活动与儿童建立治疗联盟?美术治疗中会有哪些阻抗形式?

4. 在美术治疗中怎样看待儿童作品才是适当的?美术治疗中常采用哪些现象学的描述方式?请想象一位你熟悉的孩子,花一分钟的时间对他的性别、家庭状况、人格类型、出现的问题及他须如何努力才能解决自己的问题进行描述。

5. 为什么格式塔又称"完形"?什么是作品视觉场的内在场和外在场?

6. 什么是觉察力?觉察力都有哪些特性?为什么说创造的生发来自觉察?

# 第3章 用于特殊儿童评估诊断的绘画测验法

**学习目标**

1. 了解罗夏投射测验的技术要求、基本原理,并能活学活用。
2. 了解画人测验、"屋-树-人"(HTP)的演变、基本操作及其效用。
3. 了解并掌握家庭动力绘画的基本要点、演进发展及其优势所在。
4. 了解当今国内外绘画心理评定工具的发展、现状及问题所在。
5. 正确认识国内美术治疗诊断评估标准现状和绘画评定标准的运用。
6. 能借前沿实践尝试进行特殊儿童美术治疗的诊断评估探索。

绘画测验是心理测验的一种形式,在美术用于治疗之初,就被用于心理咨询和诊断,是了解和评定儿童心理特点与障碍程度的绘画评定方法,也是现今的美术治疗评估方式之一。

## 第1节 概 述

以绘画为介质的诊断评定,要求受测者按照一定要求作画,或者观看施测者呈现的视觉内容,以此做出相应的言语反应,施测者根据受测者的作品或口述表达进行分析,对受测者做出相应的分析诊断,是美术治疗必须了解的主要内容之一。绘画作为介质的诊断评估方法,可用于特殊儿童的心理评估和障碍诊断,可以用来了解儿童人格、心理、能力等多方面的整体状态,所以是进行心理干预或行为矫正的一种有效工具。

**一、绘画诊断与评估的理论基础与作用**

1997年,我国台湾的美术治疗实践者侯祯塘等指出,美术治疗在心理治疗策略中,是最能够消除儿童防御机制的形式。儿童一旦消除了防御,就会有很强的安全感,进而表现出的才是真实的自我状态。绘画诊断与评估要求儿童必须在安全、安静的情境中表现自我的认知和体验。在这个过程中,儿童能够通过非言语的方式表现自己的感受、观念等,儿童能够意识到自己内心的认知或情绪冲突,找到冲突产生的原因,以及认识到自己的错误认知,进而调整自己的心理状态,外化为自己的正确的行为表现。因此,绘画诊断与评估在特殊儿童美术治疗中,是个非常重要的环节,关系到治疗计划制订的成败和治疗效果的好坏。

**(一)绘画诊断与评估的理论基础**

绘画诊断与评估这种心理评估形式之所以能够存在和发展,主要是因为有很多相关的心理治疗理论和实践作为支撑。心理学家在对患者进行治疗的过程中,不断搜集具有象征意义的案例和资料(包括绘画、梦等),通过分析这些具有象征意义的资料,他们认为可以借此解读当事人的内心世界,了解潜藏在当事人潜意识中的无法在现实生活中表达出来的情感和观点,他们还认为通过这些象征意义的资料,能够引导当事人产生联想,找出冲突的根源,解决冲突。其中,具有代表性的理论是心理动力学理论和心理投射理论。

心理动力学理论在第 2 章已有论述,故此不再赘述。心理投射被认为是用于减轻焦虑和保护自我人格结构的一种防御机制,是个体将自己的过失或不符合社会要求的欲望投身于他人的过程。在发展心理学中,儿童的自我中心时期常会认为他人的感觉与自己是一样的。这种作用的产生可以是潜意识或意识的。事实上,它是社会认识中同理心与同情心的反面,是人不由他人角度认识,而由自身角度认识并推测他人与自己有同感。在分析心理学中,心理投射被认为是无意识主动表现自身的活动,是一种类似自由意志物在意识中的反映,投射的产物不仅通过梦境等实现,也可以通过艺术的形式反映出来。① 这为绘画用做诊断工具提供了理论基础。

### (二)绘画诊断与评估的作用

从绘画诊断与评估理论和实践的研究中,可以看出与其他形式的评估相比,绘画诊断与评估主要的作用在于鉴别与诊断在心理的某个领域有问题的儿童,并结合有关儿童的资料,评估其目前的现状,找出问题的原因,为个别化的训练计划和矫治提供依据。

这些作用的发挥主要在于绘画诊断与评估有自身的优势。首先,绘画诊断与评估不受语言的限制,可用于失语症、听力障碍等存在语言和沟通障碍的儿童。因为绘画是非言语的表达方式,是和语言并列的沟通形式(在沟通交往中,交往的双方可以自由选择方式进行沟通,如能清楚准确表达,又能让对方理解,那么沟通中信息的传达就是成功的)。其次,绘画诊断与评估给予受测者更大的表现空间。与一般的评估不同,绘画诊断与评估的题目不是描述性的,也不需要计算,因此对语言、数学等方面没有限制,只要受测者能够听懂指导语,就可以根据要求进行创造(如绘画测验的受测者按照指导语的要求将事物画出来就可以得到相应的分数)。最后,绘画诊断与评估可以减少受测者的焦虑和压力。受测者不需要掩饰自己内心的想法(与一般的评估不同,不需要推敲每一个题目如何回答,也不需要顾忌选择某个答案意味着什么),受测者接受绘画诊断与评估时会有更大的安全感和放松的感觉,就像自己在安静的环境下,进行创造和发泄一样,尽可能展现自己的内心所想。

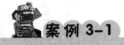

**案例 3-1**

**对特殊儿童的心理特点进行的绘画诊断与评估**

图 3-1 是一幅名为"击球员就位"②的雕塑品,是由一个 15 岁的多重障碍男孩完成的,他伴有智力障碍、严重的视觉障碍、脑性麻痹与肢体障碍,在多次的努力之后,他有能力学会摆出一个击球手的姿态,但是击不到球,雕塑的人物形象是通过手的抚摸确定方向,认真记忆平滑的黏土,帽子上凸起的字母,以及脸上渴望的表情,着色时使用的是他最喜欢的球队"美国佬"的颜色。

---

① 陈侃.神经症的绘画心理诊断[D].中国知网硕博论文集,2002:7.
② Cathy A. Malchiodi. Handbook of Art Therapy[M]. New York: The Guilford Press. 2003:226.

图 3-1　击球员就位

图 3-2　大触角的猫头鹰

图 3-2 名为"大触角的猫头鹰"①,是一个 12 岁的男孩创作的,他先天性盲,智力正常,有适应环境方面的障碍,他选择的是眼睛非常突出的一种鸟作为自己的创作任务,它的视觉白天半盲,晚上非常敏锐,代表着该男孩在黑暗与光明之间的挣扎,以及在适应各种环境中所付出的努力和艰辛,模型本身是灰色的黏土雕塑的,没有经过任何的着色和上釉。

## 二、特殊儿童绘画诊断与评估的方法

在特殊儿童的美术治疗中,使用单一的方法很难做到诊断与评估的准确无误,因为心理的诊断与评估往往存在很多变量,有些是可以控制的,有些则很难控制,但对诊断与评估的结果会产生很重要的影响,因此,美术治疗师要综合使用多种诊断与评估方法。一方面,要考查美术治疗本身所具有的诊断与评估作用,即前面叙述的绘画诊断与评估。另一方面,要考虑到美术治疗作为一种治疗手段,特殊儿童在接受治疗问题的程度与治疗之后问题程度的比较,类似其他的治疗方法一样,可以简单理解为治疗之后,如果治疗的目标达到,则其问题程度会减轻,治疗的效果较好。如果问题没有减轻甚至恶化,则治疗的效果较差。但是美术治疗有很大的灵活性和不可控制的因素,这些因素都会影响到治疗的效果。因此,美术治疗中的诊断与评估要慎重,而且要善于将多种评估的方法进行整合。

### (一) 观察法

观察法是指评估者通过感官和辅助仪器,有目的、有计划地对自然情境下的特殊儿童的心理特征或行为表现进行系统感知和描述,从而获得有关事实材料的方法。② 在对特殊儿童实施美术治疗时,美术治疗师要对当事人绘画前、绘画的过程和结果都要进行观

---

① Cathy A. Malchiodi. Handbook of Art Therapy[M]. New York: The Guilford Press. 2003: 275.
② 王辉. 特殊儿童教育诊断与评估[M]. 南京: 南京大学出版社,2007: 12.

察。在绘画前,美术治疗师要观察当事人的外在表现,包括言语、表情、行为,特别是对当事人需要治疗和矫正的问题进行观察,包括问题产生的原因、表现、结果、维持结果的条件等;在绘画过程中,要观察当事人对绘画任务的理解,当事人如何选择绘画材料,以及绘画过程中表现出来的情绪和行为特点,特别要观察当事人绘画中突然出现停顿时的情绪;观察绘画结束后,当事人对自己的绘画成果的反应,包括对他人赞赏自己的成果时的言语、情绪和行为反应。

### (二)测验法

测验法是指用标准化量表对个体心理特征进行量化研究的方法。[①] 在对特殊儿童进行绘画诊断与评估时,除了使用观察法之外,要通过标准化的评估工具衡量每一个需要达到的指标,从而使用分数的形式说明特殊儿童在某个方面的水平。运用测验法之前,要选择适合的评估工具,因为每一种评估工具都有自身的限制,如在受测者年龄上的限制以及施测方式上的限制等。在施测过程中,要严格按照指导语和规定的时间进行施测。施测后,对结果的解释要严格按照所使用的工具的要求,如原始分要转化为标准分数,实足年龄的计算,甚至涉及附加分的问题等。

### (三)谈话法

在心理学中,谈话法是调查法的一种,是指研究者根据预先拟定好的问题向被调查者提出,在一问一答中搜集资料,分析和推测其心理特点及心理状态的研究方法。[②] 谈话法在特殊儿童的诊断与评估中也是很常用的方法。为了了解特殊儿童的基本情况,可通过谈话法调查特殊儿童本人,特别是特殊儿童的家长及其他主要照顾者。谈话法搜集的资料对于整个的诊断与评估过程有重要的作用,可以作为诊断与评估结果的一种依据。

### (四)作品分析法

作品分析法也称为作品评估,类似于评定量表,将当事人的作品与一系列足以反映各种不同品质程度的作品进行比较,进而分析二者之间分数的差异,以及所代表的问题。在特殊儿童美术治疗的诊断与评估中,作品分析法没有所谓的样本作品,只是当事人自身的比较,包括前一次作品和后一次作品的比较,以及美术作品中所反映出来的当事人的内部状态。

## 三、绘画诊断与评估工具的种类

用于特殊儿童绘画诊断的工具分为两类:第一类,是要求受测者对标准化视觉图像做出语言回应,我们称为刺激性绘画测验工具。例如:罗夏(Rorschach)测验和席瓦尔(Silver)测验等。第二类,是要求受测者根据要求进行绘画,施测者根据作品呈现的特征进行诊断,我们称为作品评定测验工具。例如:画人测验和"屋-树-人"测验等。为了让大家认识各类绘画测验的运用特点、功效及演进,下文将根据目前国内外常用的几种绘画诊断工具,进行介绍和延伸拓展。

---

① 叶奕乾.普通心理学[M].上海:华东师范大学出版社,2004:16.
② 同上书,第15页。

## 第 2 节　罗夏墨迹测验

罗夏墨迹测验的全称是"Rorschach Inkblot Method"（简称 RIM），是瑞士精神科医生罗夏（Hermann Rorschach）在 1921 年创立的人格测验方法。后来几经变革，成为以精神分析为主的投射测验技术。在国外，这一探测方式有时被称为罗夏技术，或简称罗夏测验。它是借助墨迹图板帮助受测者建立自己的想象世界，以此探查受测者个性特征的一种个性测试方法。由于墨迹形状模棱两可，不同受测者会出现不同的情境反应，得出的联想必然会与自身的个人经验相联系，"能够对人的某些特征如认知、情感、意志的特点等进行诊断，故其被广泛应用于儿童临床心理学中"[①]。

### 一、关注的内容

罗夏在创立此法之初，受早期智力、人格测验的影响，曾试图将该测验的解释建立在客观的量化标准之上，有一套测验记分系统（罗夏系统）。该系统关注三个方面：① 受测者做出反应的部分来自墨迹图的哪个部分；② 受测者对此意象的主观印象特征；③ 受测者认为此意象属于什么种类的物体。后来的追随者们在此系统上又发展出不同的解释系统，如 Beck 系统，Klopfer 系统，Piotrouski 系统，Hertz 系统和 Rapaport 系统等。在应用这些解释系统时，图片在受测者面前的出现次序是有规定的。观测时间也在考量的范围内。例如，从看到图片到受测者第一个意象产生所需的时间，两张图片之间需要停顿的时间，整个过程所需的时间，受测者在整个过程中的行为反应时间，以及最后整合内容的时间。这些都是探查当事人生活经验、情感和个性倾向所关注的内容，有一个庞大烦琐的计算系统。但应用出现的问题让后来者开始意识到：墨迹图固有的特征只会引发相似图形的联想，并不是可以赋予任何个体意义的投射意象。他们开始重新认识罗夏创设此法之初采用的知觉和认知角度，以及罗夏记分系统与格式塔式"图形与知觉研究"的关系，注重源自泼墨游戏的罗夏墨迹图板引起的心理机制变化［例如 W. H. 霍尔茨曼的墨迹测验（HIT）出版了 A 式和 B 式两套，各 45 张］，把感知觉和已有的记忆痕迹在整合图形时的复杂过程考虑在内，以认知加工过程中潜在反应的解决过程，作为人格类型或特质的信息来源，通过最后所有图像的整合找寻投射依据，探查受测者不知不觉呈现出的问题。罗夏技术也因此在各类研究者们的实践中被不断改进。在这里，我们本着实用的观点，只对其整体流程进行一个归纳介绍。

### 二、具体的实施流程

罗夏测验实施的方式有两种：一种是个别施测法，另一种是集体施测法，这两种方式都可以用于特殊儿童的诊断评估，或进行美术治疗的分析诊断。

#### （一）个别施测法

个别施测法多用于儿童心理状态和障碍的诊断评估，较为严格。通常施测者依一定顺序呈现图片，每次一张，受测者每看一张图片时，施测者问其图片像什么，请受测者凭主观知

---

① 钟世彪，静进. 罗夏测验在儿童临床心理学中的应用[J]. 中国临床康复，2005，9(48)：98.

觉加以描述,看完10张图片后,了解受测者是对各张图片的哪一部位或特征做出反应的,最后,根据受测者反应的部位、特征、内容等结果,对应相关的检测评分系统,进行评分后的分析,把握所测内容的心理涵义。

一般测试时,施测者会要求受测者看过每一张图形后进行自由联想:这一张图或这张图的某一部分,或把图片旋转后像什么,受测者想到了什么。受测者把自由联想都叙述出来。通过这一过程来了解受测者的人格特征、意识和潜意识倾向。当一个人面对模棱两可的图形,进入这种特定的情境时,要他当场回答这张图形(包括局部和旋转)像什么,除了必须组织他知道的东西外,还会使他不由自主地与过去的人生经验和印象联系起来,回答就会不自觉地反映出自身的需求、动机、心理冲突等方面的内容,因而可呈现他的人格的内部形象,也就是受测者把自己的内心世界投射到这些墨迹图上。解释受测者的测验结果时,对颜色的反应投射出受测者对环境的情绪反馈,对形状与位置的反应可视为总体生活取向的指标等。

**(二)集体施测法**

集体施测法可用于儿童心理状态的普查诊断,是在罗夏测验的基础上进行的拓展性心理测试方法。施测者可根据受测者提供的绘画与叙述内容,分析其整体心理状态和人格,较少借助评估系统逐项检测评定,可作为投射绘画技术的一种拓展方法。

首先,以罗夏测验常用的十幅测验模版为参照,运用其原理,进行墨迹模版的制作,将墨水涂在纸上,折叠压印成对称的痕迹图(如图3-3所示),借助出现的图形,进行投射性的意象联想,进而运用罗夏测验的分析原理评定心理特点,此法也可称为墨渍(或墨迹)测验技术。具体实施过程包括:制作图板、自由联想和询问三个阶段,共五个流程,分别为:制作墨迹图像、调整墨迹及色彩强度、投射、整体构成和创作叙述。

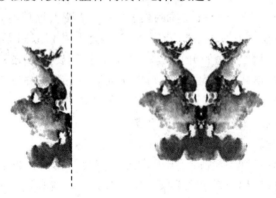

图3-3 罗夏墨迹图像的制作

1. 制作墨迹图像

材料的选择很宽泛,可以是墨水、水彩、水粉、油彩、丙烯、蜡笔等不易固定干结的材料,墨迹图像的制作以自由涂鸦的形式开始。可让受测者随机选择颜料涂抹在纸上,然后将纸对折,让半湿的图形在折叠拓印时"对印"到纸面上,产生一个对称的自然形状(如图3-3),第一步图板制作便算大功告成。也可以让参与者参照"罗夏测试图板"制作墨迹图像,消除受测者的顾虑。

2. 调整墨迹及色彩强度

第二步,让受测者观看自己做出的图板,如不满意可调整或重做,也可通过再次叠压加重色与形,或用另一张白纸再次压印,进行浓淡、混色的调和,直到受测者自己对意象"图形"满意为止。在随机图形的调整和改动中,视觉引起的心理对应会触动受测者的知觉感受,产生自发的视觉协调作用(例如:觉得舒服不舒服,看上去顺不顺眼等天然反应)。调整"意象"的过程便是受测者寻找图式呈现的过程。倘若受测者对前两步图像制作都觉得困难,可以直接让其借助已有的墨迹模板进行下一步。

3. 投射

这步的工作是以做好的墨迹图板为参照,让受测者通过观看图板,在另一张纸上将图板中似是而非的图形转变为具体的形象。此时受测者可以随意使用各类的绘画工具、形式和色彩,也可以语言描述,总之没有任何限制。治疗师需关注的是受测者从墨迹图板中看出的对应图形。治疗师通过询问受测者从墨迹图形中感知到的形状和内容,了解影响受测者视觉判断的决定因子,观察研究这一因素是否也在其他墨迹意象判断中产生作用,从而确定导致受测者反应的这一投射因子隐含的特征和性质。通常从以下四个方面了解图形意象的形成:① 根据整个墨迹图形得出意象结果种类。② 受测者是否是根据意象图形的常见细节得出的判断?都是哪些细节?③ 受测者得到的意象图形是否来自图形中不常见的细节?形成的依据是什么?④ 了解受测者得出的意象图形是来源于图形中的负面(白色空间)还是正面。

图形形成因素的判断分为四级。图形中连续或不连续的部位被综合在一起是一级,只用了图形中单一的区域为二级,疏忽图形中最明显的部分为三级,一般人通常不会出现的不寻常、不合理的图形为四级,这是问题明显的显现。整个过程进行完毕后,把所有的结果进行评分统计,最后得出对受测者的整体认识和判断。

在各类罗夏解释系统中,根据各系统的对应常模探查决定因子的投射程度和测验质量。例如:可以根据整个墨迹图形的测验结果进一步判断,包括受测者是否得出有运动特征的意象图形(如跳舞的女子、奔跑的狼、抛出的球等),是否是根据颜色的特征而出现的意象(如断定绿色部分组成了人物、不包括形状和运动得出的红色的血、以形状为主联想到彩色等),是否依据彩色而不涉及形状的意象(如阴郁的海、棉软舒适的地毯等),是否是不确定特点的意象图形(如散乱的树影、浓烟)等。这些统计,若接近常模提供的答案,则为公共回答,反之则是个人的经验投射。由上述内容引出的受测者的回答,也可以是判断的一个方面,经过其对应的系统分析、公式类比之后,治疗师可以对受测者的行为、思考方式,进行整体人格的判断。而后,可以选择不同的干预治疗模式进行下一步的整合。

4. 整体构成

整体构成是通过作品促成意识。治疗师通过让受测者给画出的第二幅画命名,使受测者的每幅画出现一个绘画意义,在当事人重新感受图板反应时,就会自我察觉到未被意识到的一些潜意识内容,格式塔原理的效应就出现了。

5. 创作叙述

罗夏墨迹测验技术的最后一步,就是让受测者把在第二幅画中得到的图像,进行整合后进行整体重组。通常,鼓励受测者用这些形象串成一个完整的故事,并要求他给最后的作品命名。最后的组织叙述,既可以采用绘画表现,也可以使用语言、写作等其他形式。总之是以受测者最擅长的形式进行创作表达,是协助受测者完成自我整合的关键阶段,也是治疗产生的重要时期。整个过程就是认识、梳理自我感受的过程,这一过程本身就在意识和潜意识间架起了互动桥梁,治疗师可以在此阶段协助受测者完成自我认识和反思,促成治疗的产生。

### 三、功效

罗夏测验是利用图形识别的视觉感知和加工过程,诊断评估受测者人格和心理,在心理诊断的应用研究中,有其广泛的使用价值,能够对儿童的认知、情感等方面做出较有信度的探查,是值得关注和借鉴的图像检测工具。国内外的一些研究表明,罗夏测验常被用于特殊儿童的诊断评估。卡特格诺和巴特经过大量的实验研究,证实了注意缺陷多动症儿童在罗夏测验相关的变量中表现出显著的特征,[1]也就是说,罗夏测验在很大程度上能够揭示注意缺陷多动症儿童的人格特征。阿克林等对言语障碍型学习障碍和空间障碍型学习障碍等两类学习障碍儿童的人格进行诊断,发现学习障碍儿童在罗夏测验相关的变量如视觉扫描、问题解决等方面存在显著的特征,研究结果表明学习障碍儿童在感知精确性、信息处理过程、自我概念、人际关系、情感敏感性等方面显著低于普通儿童。[2] 另外,罗夏测验还被心理学家和精神病学家应用于对自闭症、情绪与行为障碍等特殊儿童的人格诊断,是目前能够发挥重要作用的人格诊断与评估工具。

罗夏墨迹测验由于采用的视觉刺激方式较为模糊,具有一定的隐蔽性,能有效绕开受测者的阻抗建立意象联想,透露受测者的潜意识心理活动,可以涉及受测者解决问题、应付事件时的心理过程,展现未经伪装的潜在信息,因此,还可作为叛逆期儿童、有心理困扰与障碍的学生、心因性自闭和抑郁问题儿童的人格普查工具。

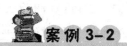
**案例 3-2**

**罗夏测验在儿童学习障碍、广泛性发育障碍中的应用**

阿克林(Acklin)等运用罗夏测验研究两类学习障碍儿童的罗夏反应特点,受测者包括有学习障碍的 17 例言语障碍型儿童和 24 例空间障碍型儿童,以及作为对照组的 143 例正常儿童(9~12 岁)。测试后发现:学习障碍儿童在包括感知准确性的问题,视扫描和问题解决的无效性,以及逃避情感刺激等方面存在明显特点。在罗夏回答中与对照组相比,学习障碍儿童在测试项目:惯常的形状、惯常的纯形状、歪曲形状、加工效率、发展质量组合回答、发展质量模糊回答、加权特殊分数、情感比率以及自我中心指数上,存在显著性差异。揭示学习障碍儿童在认知过程和信息处理过程、情感敏感性和人际关系方面与正

---

[1] Cotugno AJ. Personality attributes of attention deficit hyperactivity disorder using the Rorschach Inkblot Test. Journal clinical psychology, 1995, 4: 564-562.

[2] Acklin MW. Personality dimensions in two types of learning-disabled children: A Rorschach study[J]. Journal personality assessment, 1990(2): 57-77.

常对照组有显著的差异。

霍拉迪(Holaday)等将24例阿斯伯格(Asperger)综合症和24例有行为和情绪问题的儿童与埃克斯纳的综合系统(Exner的罗夏常模)作对比,阿斯伯格综合症在"合作性的运动"、"纹理回答"、"人类运动回答"、"人类回答"、"加权彩色回答"、"现实经验回答"等项目回答中显著低于常模,而在应对"缺陷指数"和"持续或综合错误"项目的回答中显著高于常模。从而支持了美国精神病诊断标准(DSM-IV)对于阿斯伯格综合症的诊断:即相互交往有质的异常,贫乏的社交关系和社交无能,弱的情感表达及建立和保持亲密关系的缺失。加齐乌德锭(Ghaziuddin)等用罗夏测验比较了12例阿斯伯格综合症(男,10例,3.3~12.2岁)和8例高功能孤独症(男,7例,3.8~12.2岁)的儿童,结果阿斯伯格综合症儿童在回答自我中心指数和原始性内容方面显著高于高功能孤独症儿童,阿斯伯格综合症儿童倾向于内向,而高功能孤独症则倾向于外向,提示阿斯伯格综合症儿童比高功能孤独症儿童有更活跃的内心世界,包括复杂的幻想和认知过程及更关注他们内在独特经验的转变。

(两个案例析自钟世彪,静进.罗夏测验在儿童临床心理学中的应用[J].中国临床康复,2005,9(48):98.)

## 第3节 画人测验

最初的画人测验是投射测验,是指"在测试过程中,给受测者提供纸笔等绘画工具,让受测者绘出人物形象,通过对这种作业的分析,了解其所投射出的情绪特征、人格特质和智力发展水平"[①]。后来才成为衡量儿童智力和情绪成熟的测验评估工具。画人测验包括画人、画自己两种测验形式,是特殊儿童美术治疗中常被运用的绘画检测工具。

### 一、主要工具的介绍

#### (一)古德伊纳芙-哈里斯绘人测验(Draw-A-Man,DAM)

1926年,美国明尼苏达州立大学的古德伊纳芙(Goodenough)编制了检测儿童心理年龄的画人测验常模,后经哈里斯(Harris)的修订,形成古德伊纳芙-哈里斯绘人测验(DAM),成为儿童智力成熟的测查评估方法。该测验主要用于评估4~12岁儿童的智力水平,特别是可以用来鉴别智力障碍的儿童。测验在操作上非常简便,被试只需要在10~20分钟内根据自己头脑中的印象画一个全身的人像,主试根据相应的评分标准对被试画的人像进行评估,主要从人像的整体和部分的完整性或缺失程度方面进行评定,最终将得到的分数转化为智商分数,再与常模做比较,确定被试的智力水平(IQ)。IQ在130以上,属于高智商;IQ在115与130之间,属于中上等水平智商;IQ在85与115之间,属于中等水平智商;IQ在70与85之间,属于中下等水平智商;IQ在70以下,属于低智商。其评价指标包括"人物形象

---

① 童辉杰.投射技术[M].哈尔滨:黑龙江人民出版社,2003:48.

的细节数量、身体各部比例的正确性、线条流畅性、身体各部位整合所表现出的动作协调性等"[1]。

### (二) 玛考文画人测验(DAP)

1949年，临床心理学家玛考文的"画人投射测验"(Draw-A-Person Test, DAP)开始分析画中人物映射的画者内心，将画面背景视为画者所处环境的象征，关注画中人像的"冲突特征、防御机制、神经症以及病理学特征"[2]，使画人测验成为衡量儿童智力和情绪的成熟测验工具。

### (三) 考皮茨画人测验常模(HFD)

1968年，考皮茨(E. M. Koppitz)把5~12岁儿童作为测验对象，将画人测验运用到探查儿童情感问题的评价体系中，根据临床实践设计了人像绘画测验常模(HFD)，列出三类（共38个）情绪指标，将其结合儿童在画里添加的地平线、太阳、月亮、断续的线条等内容进行综合分析，为儿童的人格诊断评估提供参考。例如，根据画人测验的情绪指标显示内向与外向儿童存在整体的差别。内向害羞儿童常出现的情绪指标有：图形过小、手臂过短、齐腕切断、缺鼻子、缺嘴巴等。外向攻击儿童常出现的情绪指标有：整合不良、手臂涂黑、四肢不对称、图形过大、透视、露出牙齿、手臂过长、手掌过大、缺手臂等。"1984年，他再次对情绪指标进行了发展和修订，将之分为5类情绪与行为类别（共29个），包括冲动指标、无安全指标、焦虑指标、胆怯指标、愤怒指标。"[3]以此了解"儿童对自己的看法和那些对自己有重要意义的人物的看法，以及儿童对问题、冲突的态度"[4]。关注分析画人测验反映出的儿童当前心态和感受。

后来的研究者们在研究了儿童绘画过程与其人格联系后，从儿童心理发展角度出发，把艺术理论、心理发展理论和人格理论有机地结合起来，将投射画人测验发展为心理诊断的辅助工具，例如：画人检测工具Human-Figure-Drawing(HFD)，出现了我们今天看到的众多"画人测验技术"。1933年画人测验被引入我国，是现今国内较为常用的美术诊断方法。

## 二、关注的内容

儿童画中，"人"是儿童最易涉及的内容，也是儿童喜欢画的题材，具有一定的共性。并且儿童画中的"人"通常会是自己的象征，画面形象的大小和色彩组织，都会带有显著的个人特征。例如自卑、怯懦的儿童会把人物画得很小，有抑郁情结的儿童多不愿更换色彩，画面色调相对单一。而自我感觉良好，好表现的儿童通常把人物画得很大，并辅以明快的色彩涂抹画面等。这些综合表征所带有的情绪情感指向，以及内在的共性特征，是引起研究者注意的焦点问题，也是画人测验分析的主要内容。通常诊断的内容有六个方面：① 观察作画过程中的行为与态度；② 整体印象；③ 画面内容分析；④ 从发展成熟度的角度分析；⑤ 从性格

---

[1] [美]Cathy A. Malchiodi. 儿童绘画与心理治疗——解读儿童画[M]. 李甦，等译. 北京：中国轻工业出版社，2005：5.
[2] 同上书，第7页.
[3] 崔滢，童辉杰，等. 绘人测验的发展现状及趋势研究[J]. 神经疾病与精神卫生，2006,6(4)：312.
[4] [美]Cathy A. Malchiodi. 儿童绘画与心理治疗——解读儿童画[M]. 李甦，等译. 北京：中国轻工业出版社，2005：9.

与情绪的角度分析;⑥从神经生理的角度分析。在投射测验中,受测者对施测者发出的绘画指令和任务要求做何反应?使用材料时的状态怎样?也被后来的研究者囊括到情绪诊断的画人检测中,成为发现问题和了解状态的情绪指标。例如:"遭受过暴力的儿童使用绘画材料时常保持持续的警觉和恐惧,害怕以前经历过的创伤会再次出现,"①会表现出呆呆的情绪指征。儿童画人时,是否自信而仔细,合不合群,有没有机械的重复等,都可以反映他们的状态。所以作画时的行为观察也成了画人投射测验中的组成部分。

### 三、具体的实施流程

"画人测验"的实施流程相对简单,工具选择也较为简便,一枝铅笔、一块橡皮和几张纸就可以进行。治疗师常以指导语引导当事人进入作画过程。例如:"请你在纸上画一个完整的人给我好吗?""你会画人吗?画一个给我看看。"……引导儿童随意画一个人,但必须是完整的人。由于儿童通常先画的人物都是他们最在意的人或是自己,可以直接通过提问找到儿童自己对"形象"内容的解释,从而了解他们的对应状态。例如,治疗者可以用访谈的形式进行相应的询问:"你画的是谁呀?""他几岁了?""这个人正在想什么或做什么?""心情怎样?"等,由此展开整体观察和对画面的分析评估。

### 四、功效

画人测验曾被用于辅助评价诊断儿童抑郁症、焦虑症和狂躁症等心理问题,就是因为大多数投射测验的研究者认为儿童画出的人物内容,可以反映其自身的身体和精神特征状态,儿童绘制过程和作品结果可以为治疗者提供相应的情绪指标,在此基础上,治疗师可以进行整体的综合判断(如典型案例所示)。古德伊纳芙也曾进行过以"自己的面孔"、"统合失调症患者正面像"、"背向像"等为主题的实证研究,探索颜色在画人测验中的投射功效,试图找寻个案本身投射出的"人"的一般性概念。

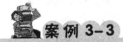

1. 针对特殊儿童的画人测验分析

古德伊纳芙认为,智力落后儿童(智商范围在50~70之间)的图画在描画细节方面是有缺陷的,形象的比例也是错误的。他们的图画缺少对线条正确的感知-运动控制,而且还包括了诸如将侧面和正面的脸整合到一幅图画中之类的奇异细节。另外的一些研究发现,尽管智力落后儿童图画的组织不如正常儿童好,但是在描画细节方面却超过了正常儿童。

([美]格罗姆.儿童绘画心理学:儿童创造的图画世界[M].李甦,译.北京:中国轻工业出版社,2008:338.)

---

① [美]Cathy A. Malchiodi.儿童绘画与心理治疗——解读儿童画[M].李甦,等译.北京:中国轻工业出版社,2005:147.

2. 画人测验在儿童发展和心理分析中的运用

图1 体现共性特点的琼尼画像　　图2 8岁女孩自画像"可怕的女孩"　　图3 9岁女孩的自画像

图 3-4　画人测验的特征分析

琼尼,一个 7 岁的男孩,想要告诉我他们家搬到了一座新的房子了,他是多么高兴,他就画了他自己在笑,嘴巴张得很大,牙齿也露出来了(图 3-4 的图 1)……它的确表现出夸张这一普遍的绘画表现特点。

"与抑郁症有关的毁灭性主题包括自我仇恨、自我诋毁、自我破坏、自责和非常低的自尊感。儿童会采取蔑视自我的态度来对待自己、取笑自己,把自己画得很丑、令人讨厌。受到忽视和虐待的儿童在图画中把自己看成是被损坏的、畸形的和丑陋的东西,这种现象并没有什么令人惊讶的。例如,有一个 8 岁的受到忽视和虐待的女孩,她把自己画成滑稽的、很丑的样子,并且给图画取了一个题目'可怕的女孩'"(图 3-4 的图 2)。另一个 9 岁的抑郁症女孩的自我形象只有半个身体和一张没有表情的脸(图 3-4 的图 3)。

([美]Cathy A. Malchiodi. 儿童绘画与心理治疗——解读儿童画[M]. 李甦,等译. 北京:中国轻工业出版社,2005:113,160.)

总之,"画人"是心理投射测验中治疗师探寻儿童群类表征的独特窗口,长久以来都是心理学家关注的焦点,有其应有的价值所在。但目前各式画人测验得出的研究指征,尚不具有独立诊断的功能,只能用来作为判断儿童心理与行为问题的辅助工具。《儿童绘画与心理治疗——解读儿童画》一书的作者凯斯(Cathy A. Malchiodi)在其著作中详尽地介绍了画人检测在各类诊断评判中的作用和局限性,在此不再重复叙述。所以,使用者应慎重避免只以单一的一张绘图解释儿童行为,最好结合多种手段和辅助检测多角度运用。

## 第 4 节　"屋-树-人"测验

"屋-树-人"(House-Tree-Person,HTP)原是巴克和哈莫(Hammer)开发出的智力测验工具。后被运用到诊断个体人格的投射评估。其任务是让儿童画出用一间房子、一棵树和一个人组成的画面,通过人物和环境的关系,探查其人格特质、人际关系、认同感及其情感状态。"巴克曾断言说,HTP 测验能激发儿童有意识的联想和无意识的联想"[①]。该法是目前

---

① [美]Cathy A. Malchiodi. 儿童绘画与心理治疗——解读儿童画[M]. 李甦,等译. 北京:中国轻工业出版社,2005:7.

心理医师们最为常用的心理干预和治疗形式,已在原法的基础上,发展出种类繁多的各种HTP测验方法,展开形式上也出现了许多变通。例如:多元HTP、加框的多面HTP、德田的Syn-HTP等,被延伸出更多具有针对性的绘画检测方式。不仅涉及受测者的人格特征,诸如感受性、成熟性、灵活性、效率性和综合性等,还具有一定的创造性,因而可以呈现一些智力性表征。有的心理医师也曾将其内容单列出来,作为局部探查的手段。例如,瑞士的科希(Koch)就单把树作为探究儿童内心状态的投射手段加以运用,让儿童进行单色或彩绘的"画树"美术活动,探查儿童的潜意识领域,加深了"树"的意象化涵义,形成别具特色的"画树法"等。

## 一、关注的内容

"屋-树-人"的图像表现,主要围绕三个意象形象:屋-树-人展开,这三个意象也就成了探查投射意义的分析重心。详细来说:"房子"被认为象征着画者对自己生活环境的感受,也反映着画者与外界的关系和现状,可以"反映家庭或家庭成员的相关信息和问题"[①]。"人"则反映了画者现在的状态。借助人物在画中的关系,可以了解儿童的人格特点、人际关系、对外界的认同感和情感状态。"树"是具有个体成长意义的象征,会呈现较深的自我投射现象。可以显示个体人格的特质和潜意识。树枝结构能够展现画者人格的组织,反映画者从外界环境中获得的满意度,也体现了画者内外的能力与需求,是画者对内在驱动力的协调程度。树干的表现,可以呈现画者的自我控制,常被看做是反映个体基本力量和心理发展的潜在状态。过去个体经受的创痛或不快都会显现在树干的表现中,体现了个体内在的生命成长。因此,"树"可以显现儿童的心理发展,反射出他们对外界的感受。研究者分析的重心,便是儿童画出的屋-树-人特征。包括"儿童画出的细节、比例、透视、颜色使用(包括图画中背景所使用的颜色)和对所画的形象进行评价。此外,对儿童评价时还要参考一份问卷结果。"[②]

我们通过对应已有的"屋-树-人"图像心理表征简表,可以了解此类测验关注分析的大致内容。

### (一) 作画时的表现

非常重的画出线条——冲动、焦虑、武断、攻击性。
非常轻的画出线条——适应差、矛盾、胆小、没有安全感。
决心的、不犹豫的笔画——有安全感、坚持。
断续、弯曲线——慢吞吞、依赖性重。
锯齿状线条——暴戾、情绪化、适应困扰。
长的笔画——控制的行为。
短而没有连续的笔画——冲动、激烈的倾向。
素描的笔画——焦虑、胆小、不能确定。
缓和地涂擦——弹性的调适。

---

① [美]Cathy A. Malchiodi. 儿童绘画与心理治疗——解读儿童画[M]. 李甦,等译. 北京:中国轻工业出版社,2005:7.
② 同上。

过度地涂擦——犹豫不决、不安、焦虑。
画得很大——攻击性、好动、情绪化、率直。
画得很小——自卑、没安全感、退缩依赖、自我概念较弱、退化。
画在中央——正常、安全感的。
画在上方——缺乏洞察力、自我期许较高、有较高的欲望。
画在下方——没安全感、不能适应、抑郁沮丧。
画在边边——不够安全和自信、依赖性、害怕独立。

### (二) 屋

1. 烟囱：强调——过分关心家里给予心理上温馨的需求、关心权力。
   省略——消极被动、缺乏在家中心理上温暖的需求。
2. 冒烟的方向：由左至右——比较保守。
   由右至左——较悲观、消沉、有压力。
   向左右两边——精神上有问题。
   单一线条——缺乏家庭温馨的关怀。
   大量过多的烟——个案在家里时,内心很紧张焦虑。
3. 屋顶：明显地交错画——强烈的是非道德心和跟随着罪恶感。
4. 门：缺少门——冷淡、退缩、被隔离感。
   很大的门——害羞、人际关系较差。
   非常大的门——过度依赖别人、社交上需要他人留下深刻印象。
   非常小的门——害羞。
   画出旁门——逃避心态。
5. 窗户：缺窗户和许多窗户——退缩、妄想和敌意相对开放的、期待与环境的接触。
   非常小的窗户——害羞、不易接近、较孤僻。
   有窗帘的窗户——期待有漂亮的家或较沉默。

### (三) 树

1. 树根的特征：似鹰爪——想掌握人或地方。
   画在纸边——没安全感、需要稳定的生活环境。
2. 树干：强调涂鸦线条——焦虑。
   模糊胆怯——消极。
   漩涡似图案的或疤——曾经有非常难过的事件或创伤经验。
   瘦长的树干——适应能力较差、生活较不稳定。
   风吹倒似的树干——承受生活压力和紧张。
   苹果树——依赖感的需求、依赖他人关爱和肯定。
   很大的树——不服从和对权威的违抗。

### (四) 人

头很大——攻击性、自大自负、充满幻想。
很小的头和很短的手臂——生活适应困难。
脸部特征省略——很差的适应能力。

强调嘴——较为依赖和不成熟。
省略脖子——适应能力较差。
不对称的身体——脑部受伤或攻击性的。
省略身体——学业成就低落、适应能力差、严重的心理困扰。
性器官显现——外显性的攻击、严重的病理症状。
双腿并拢——情绪上的困扰。
倾斜——攻击性、激动的、较差的成就。

这一"屋-树-人样本"采自我国台湾范琼方的 HTP 法图示表现表征的归纳,在此只是作为对 HTP 法探查内容的参照而不是范本展示。目的是帮助大家了解 HTP 法中,各意象图示所对应的方面,以便大家有一个直观的认识。在实际操作中,治疗师一般更侧重于每个儿童自身对作品内意象图形的解释。

## 二、具体的实施流程

该评估方法的操作形式很多,对工具的要求却不太强调,只要有笔、橡皮和几张纸就可以了。对受测者的要求一般不会太复杂,只要他们分别画出房子、树和人等图形就可以。关键是施测者是否能够借助画面呈现的形象对受测者进行相应的人格评估。例如:受测者的人格特质、人际关系、适应性以及情感状态等。

通常施测者根据评估标准对受测者所画的结果进行分析:一方面,从整体的角度分析房子、树、人三者的比例所反映的含义,以及受测者对三者关系的解释;另一方面,从部分的角度分析每个细节,包括房子的位置、大小、样式、颜色、构造等,树的位置、大小、构造、颜色、数量等,人的性别、数量、外表等,不一样的因素组合起来,反映的人格特征有很大的不同。

在拓展性的投射技术运用中,治疗师会用指导语让当事人开始绘画过程。例如:"请你在纸上分别画出房子、树和人等图形";"我们来画一个人,给他一个家,再画棵树好吗?你希望是怎样的一棵树呢……""如果有房子、人和树,你想先画谁……"在当事人作画时,治疗师可以用谈话的形式向当事人提些问题。比如:"这个房子有窗吗?它的顶是怎样的?""你画的是哪一种树呢?它会长成什么样……""这人是谁啊?他在干什么……""他怎样了?"由此帮助当事人展开绘画表达。

## 三、功效

由于 HTP 法可以无需绘画技巧就能导入内心"意象"的自由联想,深受心理咨询从业人员的欢迎,并已由早期的测验功能演变为一种临床绘画心理疗法,成为至今仍受重视的心理导入方法之一。各类 HTP 法在临床上的运用略有差别,但无外乎都以屋-树-人为最基本的符号媒介,且呈现出动态化的特点,其应用功效较为明显,也是现今被普遍采用的投射绘画技术。例如,治疗师借助综合分析当事人的多组 HTP,可以全面了解当事人的整体状态,增强对治疗对象的洞察力。在 HTP 投射测验中,当事人描绘的内容是一种内在意象的反映,是借助绘画的形式把潜藏在画面背后的心理现象呈现出来,为治疗师分析当事人的心理状况提供了重要的素材依据。因此,从心理投射技术的发展看,HTP 法所涉及的潜意识内容较为全面和丰富。也因其操作简便,很适合作为儿童美术治疗进程的检测方式,其潜在的发展前景较为广阔,多种 HTP 法的出现也印证了这一点。

### 案例 3-4

#### 运用 HTP 对特殊儿童进行的诊断评估

（1）案例基本情况

赵××,女,11岁,现就读于某特殊学校四年级,出生时早产1.5月,且伴有血红素偏高的现象,身高和体重正常。在成长过程中,比一般同龄儿童发展得慢,如发音比较晚,学会走路较晚等,在医院被诊断为轻度智力障碍。目前,在言语与沟通方面仍然存在很大的问题,声音较小,语音较短促,很多音都发不出来,不愿意和陌生人接触,经常面无表情,喜欢安静的环境,周围环境嘈杂或当需要不能通过言语进行表达的时候,就会生气和发怒,打自己或者摔东西,或者躲在墙角咬自己的衣服。主要的照顾者是其爷爷和奶奶,案例的父母亲比较忙,很少和她在一起。由于当事人的脾气很坏,教师面对她出现情绪问题的时候往往无从下手,只是提供安静的环境让她冷静,但是不能达到较好的效果。

（2）评估目的

根据当事人存在的问题,需要诊断与评估案例在人格方面是否存在障碍,找到问题的原因,并根据诊断与评估的结果制订相应的治疗方案,选择适当的治疗方法对其治疗,减少当事人脾气发作时的不良行为。

（3）评估工具

巴克的屋-树-人测验、家长访谈表。

（4）评估方法

观察法、测验法、作品分析法、谈话法。

（5）评估结果及解释

在屋-树-人的测验中,当事人能够把三种事物按照要求和顺序画出来(如图3-5)。首先,从整体上看,树和人占据了几乎整页纸张,说明当事人比较倔强,而且有强迫症的倾向和

图 3-5 赵××屋-树-人测验

焦虑症倾向。这样的结果与家长访谈获得的信息一致,如:家长反映当事人经常会看自己的腿上、手臂上是否有结痂,如果有结痂,当事人马上会把结痂弄掉,严重的时候会出血,然后再长出结痂,再弄掉,这样反复等强迫的行为表现。另外,家长还反映,当事人每次遇到一些新问题的时候,会表现出焦虑、慌张的样子,走来走去,甚至摔东西等。从各个部分上看,首先,房顶是涂成了黑色的,黑色代表着邪恶和肮脏,支撑房顶的墙代表着自我,表明自我被压抑了,门是锁着的,表明自我的一种封闭状态,以及对来自外界的恐惧。其次,树冠非常大,树干非常小,而且树冠上没有刻画出线条,说明当事人对内外界环境不是很关注,以及负面情绪积累过多,能量不能够得到释放。最后,人的眉毛很粗很黑,手臂长表明对自我的控制有一种无力感,张着嘴表明依赖性比较强。当事人在画树和人的时候线条比较轻,表明难以分清潜意识的自我与意识的自我。

## 第5节 家庭动力绘画

埃博(Appel)"1931年首先描述家庭绘画,他认为在解释人际关系方面,家庭绘画测验显然是优越于简单的画人测验"[①]。后来哈尔斯(Hulse)提出以家庭为单位进行绘画检测,哈莫、雷日尼科夫(Reznikoff)、考皮茨等也开始使用家庭绘画测检(Draw-A-Family Test)讨论儿童绘画。在此背景下,伯恩斯(Burns)和考夫曼(Kaufman)将其延伸为以家庭为单位的家庭动力绘画(Kinetic-family-Drawings,KFD),通过儿童画出全家成员在一起的活动内容,了解画面呈现的家庭成员关系,借助画面中人物间的动态状况,探察儿童内在的心理互动现象,透过对画面呈现的动作、样式与符号象征意义的分析,了解儿童与家庭成员间的互动状态,使家庭动力绘画,成为了解家庭结构和人员互动的检测工具。该方法常用来评估儿童在家庭关系中的心理状态,了解其情绪冲突和困扰的形成原因,发现儿童心灵深处不易言说的问题所在。由于家庭是儿童主要的生存环境,KFD的使用,可以较为全面地涉及儿童的问题,能够帮助治疗师察觉问题出现的原因,给予家庭相应的指导帮助,所以,KFD是现阶段美术治疗中运用最多的投射诊断工具。在以亲子关系为主的家庭美术治疗中,家庭成员和儿童一起进行该项动力绘画时,还可以增进彼此的了解,实现语言难以达到的关系互动,是帮助监护人了解亲子关系存在问题的有效办法,可以改善因不良沟通状况带来的理解障碍。因此,该法也是家庭绘画治疗的首选。

### 一、关注的内容

家庭动力绘画是通过当事人画中呈现的人物活动情境,了解当事人最为关注的家庭事件,透过画面呈现的人物关系,洞察当事人的心理状态,认识当事人的家庭状况,及家庭成员间的互动关系。画中的人物动态和表现、绘画样式、人在画中的关系是关注和探查的主要内容。

---

① 孟沛欣.以绘画艺术为介质的心理评定和心理治疗[M]//李砚祖.艺术与科学:卷四.北京:清华大学出版社,2006:16.

根据画中样式、符号的象征性、人物的动态、身体特征、整个作品的结构布局这五项指标对当事人进行诊断评估。

治疗师在关注绘画样式时,主要了解当事人是如何进行绘画的,是整体表现人物关系,还是分成许多格子分开来画?(如图 3-6)画在纸中还是画在纸旁?是否重涂人物?了解符号的象征性时,需要在互动中进行印证核实,最好不要全凭主观评断。治疗师需要关注画中成员呈现出的动态,了解他们都在干什么,同时还需对其动作的具体特征加以细致分辨。例如,每个手臂如何伸展?身体的哪个部分被省略了?哪些家庭成员被当事人细致描画?哪些被很草率地表现?当事人在画的过程中是否反复擦拭修改?其频率如何?等等。同时还需了解每个成员在画中的位置如何,彼此间的距离和关系怎样?等等。以此洞悉当事人心理层面的意义,了解当事人的自我概念和人际关系。

分离式的家庭动力画

整体式的家庭动力画

图 3-6　家庭动力画的两类样式特点①

## 二、具体的实施流程

首先给当事人一张空白的纸张,可以直接摆在当事人的面前,把笔放在中央,用指导语要求他画一张有全家人的画,要画出家人都在干什么。此时可以鼓励他尽可能按真实的样子去表现家人,而不要用教师教的简笔人物去表现。例如,"他们是长发还是短发?""都长什么样啊?""老师没见过他们,可不可以画出家人的特征啊?"等等。当当事人开始画画时,治疗师可以根据当事人的实际情况,决定离开还是守在他的身边,但必须让当事人独立完成作品的绘制。期间,可以通过语言或肢体行为给予支持鼓励。只有当当事人画完后,才以其作画的先后顺序,依次询问,了解画中人物的动作、绘画方式和图形符号的解释,以此对其解释进行测验计分。有的治疗师还使用坐标网格,测量画中自我与其他人物的距离、人物大小等,作为判断的依据。

## 三、功效

该法在各国的临床运用中较为普遍,是投射绘画测验中信度较高的一种,在解释人际关系方面,家庭动力绘画测验显然优越于简单的画人测验。然而,西姆斯(Sims)、雷文柏葛(Levenberg)、约翰史登(Johnston)等人分别对其效用进行过探讨,其中麦克菲(McPhee)指出 KFD 的形式表现反映了正常儿童的行为表现,尚不能据此判断儿童的情绪困扰问题。随后的 1978 年,麦克葛利尔(McGreor)以家庭动力绘画为题目完成其博士论文 Kinetic Family Drawing Text: A Validity Study,对其效用进行较为深入的分析探讨,对其揭示儿童家庭关系的作用,给予了肯定。所以,家庭动力绘画在了解儿童家庭环境影响和成员关系方面有重要的参考价值。

---

①　孟沛欣. 以绘画艺术为介质的心理评定和心理治疗一文[G]. P17,和范琼方. 艺术治疗——家庭动力绘画概论[M]. 台北:五南图书出版公司,2006:158.

## 第6节 绘画测验的综合运用

在实际运用中,绘画投射测验的目的早已超出了最初的人格检测领域。用于特殊儿童的诊断评估内容,已涉及认知问题、情绪问题、机能损伤和心理障碍等方面。单一的绘画测验,显然无法对受测者的状态做出全面的评定。因此现今国内外综合运用几种绘画测验技术进行诊断评定的做法较为普遍。由于各类测验方法尚不够完善,编制者们在修缮中也借助系列绘画的方式提高其评估检测的整体信度和效度,出现了系统化的综合运用方法,绘画投射测验工具的发展日趋多元。在美术治疗实践较为成熟的国家,陆续出现运用绘画评估系统进行美术治疗诊断评估的开放性尝试。

**一、绘画诊断工具的演变和融合**

巴克在1987年重新修订了他的HTP测验,要求施测者记录测试中的时间,包括受测者从听到指导语后到提笔作画的时间长度;过程中的停顿;整体时间;受测者自发的言谈;情感状态和细节的名称与数量。每个阶段结束后,还有画后情况问卷,对细节、比例和透视等因素进行量化计分。通过分析线质、态度、驱力、色彩等各方面的质性,进行定量和定性分析相结合的测验解释。同年,伯恩斯受家庭动力画的启发,将HTP改进为"动态屋-树-人绘画"(kineticl house tree person)。克诺夫(Knoff)等人因同样原因,编制了动态学校绘画(Kinetic School Drawing,KSD)。1991年,纳格利尔里(Naglieri)等人,在前人基础上编制了适用于6—17岁儿童和青少年的画人测验,用于筛选可能具有情绪问题的儿童。该法以3组画人任务构成,每组限时5分钟,分别画一个完整的男人、女人和自己。1990年,林达·盖特(Linda Gantt)根据罗恩菲德在1939年研究儿童空间关系的"人从树上摘苹果测验"(PPAT)(参看图3-7),编制了"形式要素评定量表",对病人进行PPAT绘画的诊断评估,并于1998年同卡

图3-7 人从树上摘苹果测验(PPAT)

米罗·泰珀(CarmelIo Tabone)一起,出版了形式要素评定量表手册(Rating Manual),总共包括14个总体形式变量,例如"突出色彩、问题解决、空间占用、色彩整合、发展水平、综合、线条质量、人物等"[①]。这一切都体现了实践者在修缮绘画检测时的灵活性和开放性。

## 二、成套绘画检测系统的出现

正因为所有绘画检测标准的编制者,都意识到单个作品不能有效反映儿童的心理状况,需从视觉元素的构成关系入手,找寻蕴含其中的投射信息,同时还须结合多个绘画任务互为印证,方能接近其准确性。所以,探索成套的绘画测验系统就成了编制者努力的方向。又例如,优曼用来评估儿童人格的评定程序、利维克(Levick)的情绪和认知绘画评估系统、科恩(Barry Cohen)创建的绘画诊断系列(DDS)等,这些绘画诊断评估系统的逐步改进,无疑为我们提供了更多的特殊儿童的诊断标准。

### (一) 依利诺·优曼人格评定程序(UPAP)

依利诺·优曼是最早采用成套测验形式进行评估诊断的先行者,她于1965年编制了人格评定程序——UPAP,从如何组织绘画和使用材料入手,探查受测者对空间、色彩、线条、形式、色块等绘画要素的使用。通过了解各图画作品间的关联程度,查找内容方面有无重复出现的主题,以主题的类别与特征进行人格诊断。"本套测验程序包括18英寸×24英寸规格的粉笔画4幅:① 自由绘画;② 根据指导绘画;③ 节奏性涂鸦;④ 选择自由画或者涂鸦,然后进行绘画。格拉迪斯(Gladys Agell)随后重新修订了此套测验的使用说明。"[②](参见图3-8)。该程序可用于特殊儿童的人格诊断评估。

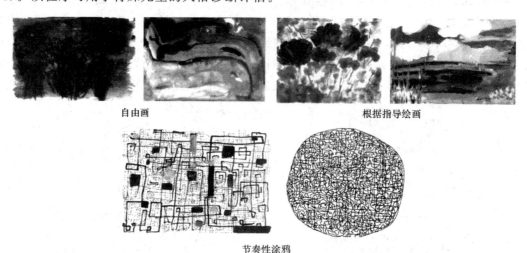

自由画　　　　　　　　　　　根据指导绘画

节奏性涂鸦

图 3-8　UPAP 人格评估程序的运用

---

① 以上内容析自:孟沛欣.以绘画艺术为介质的心理评定和心理治疗[M]//李砚祖.艺术与科学:卷四.北京:清华大学出版社,2006:16.

② 引自孟沛欣.以绘画艺术为介质的心理评定和心理治疗[G].李砚祖.艺术与科学:卷四.北京:清华大学出版社,2006:16.

## （二）诊断绘画系列（DDS）

科恩在1983年设计了DDS诊断绘画系统，两年后补充编制了DDS的绘画分析表格（Drawing Analysis Form，DAF）。该系统包括3幅18英寸×24英寸的蜡笔画：① 自由绘画；② 画树；③ 画情感（使用线条、图形、色彩）（参看图3-9）。其中自由绘画主要测量受测者的防御机能，了解个体对非结构绘画要求的反应；树作品是探查受测者生命能量的状况；而了解受测者的情感状态，则主要借助其情感作品，并限制每件作品须在15分钟内完成。最后根据23个变量，诸如线条、色彩和形状等的存在与否，对儿童情绪和认知状态进行评估诊断。该测验将绘画评定与精神诊断标准（DSM-Ⅳ）联系起来，可以用来探查儿童的精神状况。美术治疗师尼勒（Neale）对该DDS系统做了改进后，将其用于儿童的绘画诊断（CDDS），通过颜色类型、线条或形状、整合程度、地平线、无生命物体、抽象符号、空间使用等绘画形式的分析，筛查变量显著的适应障碍儿童①。

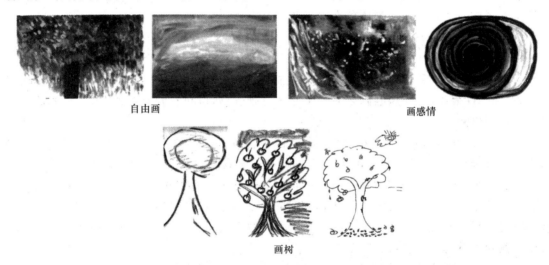

图3-9 DDS诊断绘画系统评估的运用

至今为止，通常用于评估的绘画投射测验在实际应用时，常作为心理治疗的辅助工具，被综合运用在人格检测中，较少单独以一项为依据进行运用。

## 三、设计研究的基本步骤

一项绘画检测工具的研究开发，通常会经历五个步骤。从确立检测的主题到检测工具的效用验证，都须经过大量的数据处理，最后形成可以综合使用的基本单位。这五个步骤也是现阶段设计评估检测工具的基本途径。其步骤如下：

（1）**准备期**：确定检测研究的主题——搜集分析相关的文献——撰写研究计划方案。

（2）**试验期**：组织人员编制绘画分析表——进行信度与效度的验证——修订完善。

（3）**研究期**：确定受测对象——实施设计方案——搜集分析作品——记录绘画内容和

---

① 孟沛欣.以绘画艺术为介质的心理评定和心理治疗[G].李砚祖.艺术与科学：卷四.北京：清华大学出版社，2006：17-18.

主题。

（4）**资料分析期**：对资料进行量化分析——处理资料信息——进行相关访谈。

（5）**完成期**：总结归纳得出结论——撰写研究论文。

#### 四、我国用于少年儿童的绘画检测工具研发

我国目前对绘画检测工具的开发和研究尚属起步，最先进行"精神分裂症绘画评量工具"研究的孟沛欣做了大量的资料翻译和相关介绍工作，并对以绘画为介质的评定模式进行了深入的理论总结和相应的实践摸索，已初有收获。

致力于儿童绘画检测工具的研发实践，现阶段初有结果的是华东师范大学钱初熹主持的"少年儿童心理健康绘画检测工具"的研制，他们提出这样的假设："学生的心理状态能通过线条、色彩、造型和构图等特征在自由描绘的绘画作品中得以体现，因此学生的绘画作品能够作为测试心理是否处于健康状态的工具。"[①]

##### （一）儿童绘画测试工具的研发

该项研发设计以儿童"自由画"为分析主体，将市区内幼儿园、小学、初中和高中的在校生作为第一期受测对象，设计了《音乐联想画抽象画》PPT测试软件、前测表（学生基本情况了解表）和后测表（音乐联想绘画之后学生心情调查表）两份问卷调查，对受测对象实施感知绘画的表现检测。

通过抽查10名幼儿、49名小学生、10名初中生和10名高中生，共79份测试样本，对测验工具进行调整和改进后，制订出第二期绘画测试工具的设计方案，从"能否区分儿童心理健康状况"、"操作是否简便"、"是否适合不同年龄段小学生使用"三个维度出发，制定出绘画检测工具的参考量表，借鉴《青少年生活事件量表》（ASIEC）、《学生社会焦虑量表》（SASC）和《学生孤独量表》，最终完成《"三合一"学生心理健康量表》（又名综合问卷）的设计研制，完善绘画测验工具的检测项目。

检测项目研制完成后，综合问卷由各校心理老师在心理课上让全体学生做，而绘画测试则由各校各班的班主任根据学生性格特点，选择两组（健康/不健康）受测对象，到美术室完成，以分组集体测试、对照比较的方法，分别进行绘画测试和问卷调查。在测试过程中，施测人员不参与现场学生的绘画测试，不对照前后测量表和综合问卷，直接根据作品呈现的形式内容判断其健康状态，进行归纳总结，最后再将所得结果对照量表进行评估诊断的考量，以了解绘画测试工具可能具有的效度。

##### （二）检测工具的分析考量

事后，研究小组对受试者作品进行了分析调研和信息量化，从其研制绘画检测工具的施测结果展示[②]，我们可以略知一二。

（1）ZXL1-02的《心理健康量表》，发现她有一定的思考和防范心理，人际关系较差。而后测表中则有"把内心情感发泄出来"、"内心有些伤感"、"疯狂"、"心中不爽"等感想，对照她的绘画作品可见绘画测试结果的可信程度更高（见表3-1）。

---

① 钱初熹.美术教育促进青少年心理健康[M].上海：上海文化出版社，2007：91.

② 以下四案例抽取自：钱初熹.美术教育促进青少年心理健康[M].上海：上海文化出版社，2007：98-105.

表 3-1 青少年心理健康测量表（1）

| 编号/前测 | | | | 作品 |
|---|---|---|---|---|
| ZXL1-02 | 女 | 七年级 | | |
| 今天心情 | 愉快 | 外貌特征 | 可爱 | |
| 特长 | 唱歌、跳舞 | 爱吃的食物 | 带鱼 | |
| 最讨厌的颜色 | 橙色 | 最喜欢做的 | 家务 | |
| 最讨厌做的 | 跑步 | 理想 | 做一名总经理 | |
| 兴趣爱好 | 跳舞、有时爱画画 | 性格特点 | 开朗 | |
| 学习成绩 | 一般 | 身体状况 | 一般 | |
| 家庭状况 | 一般 | 眼中的自己：我可爱，善良，活泼，开朗，爱交朋友 | | |
| 后测 | | | | 绘画判断：— |
| 画画后你的心情 | 开心 | | | |
| 为何有这样的感觉？ | 把内心情感发泄出来 | | | |
| 对自己的画满意吗？ | 非常满意 | | | 心理判断：+ |
| 为何有这样的感觉？ | 爽 | | | |
| 你为什么选这音乐？ | 内心有些伤感 | | | |
| 它使你想到了什么？ | 疯狂 | | | |
| 你画面中表达什么？ | 心中不爽 | | | |
| 还有什么没能画出来？ | 没有 | | | |

（2）在 ZXL1-08《心理健康量表》中发现该学生先用黑钢笔打钩，有多处改动，又用红色荧光笔确认，并出现一些矛盾的选项。从前测中得知他身处"父母离异"的家庭。在后测中又出现"很难过"、"心情忧郁"、"因为画出了自己的心境"、"心情不是很好"、"沧桑"、"忧郁的心情"等感想，说明绘画测试能更真实地反映出他的心情（见表 3-2）。

表 3-2 青少年心理健康测量表（2）

| 编号/前测 | | | | 作品 |
|---|---|---|---|---|
| ZXL1-08 | 男 | 七年级 | | |
| 今天心情 | 平静 | 外貌特征 | 有能杀死人的眼神 | |
| 特长 | 打篮球 | 爱吃的食物 | 带鱼 | |
| 最讨厌的颜色 | 黑 白 | 最喜欢做的 | 试验 | |
| 最讨厌做的 | 唱歌 | 理想 | 律师 | |
| 兴趣爱好 | 篮球 | 性格特点 | 成熟稳重 | |
| 学习成绩 | 一般般 | 身体状况 | 良好 | |
| 家庭状况 | 父母离异 | 眼中的自己：我长得不算很帅，球打得不错，很外向，善于交流 | | |
| 后测 | | | | 绘画判断：— |
| 画画后你的心情 | 很难过 | | | |
| 为何有这样的感觉？ | 心情忧郁 | | | |
| 对自己的画满意吗？ | 满意 | | | 心理判断：+ |
| 为何有这样的感觉？ | 因为画出了自己的心情 | | | |
| 你为什么选这音乐？ | 心情不是很好 | | | |
| 它使你想到了什么？ | 沧桑 | | | |
| 你画面中表达什么？ | 忧郁的心情 | | | |
| 还有什么没能画出来？ | 不觉得 | | | |

（3）从 ZXL6-11《心理健康量表》中可见这名学生在测试过程中很肯定,无任何犹豫或涂改的现象。从指标看,只是比较内向,但无严重的不健康的因素。她选择的是第 3 首音乐——舒曼的幽雅缥缈的《梦幻曲》,在后测表中表示:"因为好听"、"想到了自由"、"表达我的自由",画面与她所写的相一致,灿烂而美丽,无拘无束,轻松自如。我们认为绘画测试结果更能反映她的心理状态（见表3-3）。

表 3-3　青少年心理健康测量表(3)

| 编号/前测 | | | | 作品 |
|---|---|---|---|---|
| ZXL6-11 | 女 | | 六年级 | |
| 今天心情 | 愉快 | 外貌特征 | 脸上带副眼镜 | |
| 特长 | 无特长 | 爱吃的食物 | 蔬菜 | |
| 最讨厌的颜色 | 绿色 | 最喜欢做的 | 做小制作 | |
| 最讨厌做的 | 做不喜欢做的事 | 理想 | 教师 | |
| 兴趣爱好 | 喜欢英语 | 性格特点 | 内向 | |
| 学习成绩 | 还可以 | 身体状况 | 很好 | |
| 家庭状况 | 很好 | 眼中的自己:我的英语好,我喜欢做小制作,我长得很可爱,我做作业快 | | |
| 后测 | | | | 绘画判断:＋ |
| 画画后你的心情 | | 开心 | | |
| 为何有这样的感觉? | | 因为随心所欲画的 | | |
| 对自己的画满意吗? | | 满意 | | 心理判断:－ |
| 为何有这样的感觉? | | 因为画得好 | | |
| 你为什么选这音乐? | | 因为好听 | | |
| 它使你想到了什么? | | 想到了自由 | | |
| 你画面中表达什么? | | 表达我的自由 | | |
| 还有什么没能画出来? | | 没有 | | |

（4）XQY3-15 反映出小学阶段也有同样的情况。这名女生的心理测试结果为"－",但其画面虽然行笔较慢,然而充满张力的构图、鲜艳的色彩,全然没有不健康的因素（见表3-4）。

表 3-4　青少年心理健康测量表(4)

| 编号/前测 | | | | 作品 |
|---|---|---|---|---|
| XQY3-15 | 女 | | 三年级 | |
| 今天心情 | 愉快 | 外貌特征 | 招风耳 | |
| 特长 | 画 | 爱吃的食物 | 寿司 | |
| 最讨厌的颜色 | 粉色 | 最喜欢做的 | 贺卡 | |
| 最讨厌做的 | 家务 | 理想 | 当演员 | |
| 兴趣爱好 | 电脑 | 性格特点 | 胆小 | |
| 学习成绩 | 优秀 | 身体状况 | 良好 | |
| 家庭状况 | 良好 | 眼中的自己:我长得很可爱,我又有点胆小,我最喜欢电脑,我有许多好朋友,我还是妈妈的好帮手 | | |

续表

| 编号/前测 | | 作品 |
|---|---|---|
| 后测 | | 绘画判断：＋<br><br>心理判断：－ |
| 画画后你的心情 | 非常开心 | |
| 为何有这样的感觉？ | 因为是自己画的 | |
| 对自己的画满意吗？ | 非常满意 | |
| 为何有这样的感觉？ | 我觉得画得很好 | |
| 你为什么选这音乐？ | 因为好听 | |
| 它使你想到了什么？ | 想到太阳是暖暖的 | |
| 你画面中表达什么？ | 太阳光 | |
| 还有什么没能画出来？ | 没有 | |

### （三）研发实践的分析总结

通过用4所学校，共1847份绘画测试结果，进行检测工具的信度和效度测查，研发者对检测工具的效用进行了分析总结。

1. 测试后的结果分析

小学组有83.3%的分析结果与心理健康量表的结果一致，初中仅有40%的一致性，存在一定的信度疑问。在分析研究资料后，设计者分析和整理现象，总结出如下几点：

（1）儿童的防范心理对数据的真实性有一定影响。

（2）儿童心理状态具有多面性的特点。

（3）儿童自身的气质特征会影响分析者对心理健康的判断。

（4）问卷形式采用的文字叙述对儿童来说有局限性。

（5）绘画检测是命题绘画，对儿童的思维有一定约束。

（6）流行的概念化样式表达缺少特别表征，使测试人员的主观臆测成分大。

2. 结论

这项研究虽然取得了一定成就，但尚有一定的局限性。由于时间不足、场地拥挤、绘画工具的不完备，影响测试效用。集体创作会出现相互干扰，影响作品的信度。缺少初三、高中或大学阶段的样本，因此样本不够完整。此外，研究成员对画面的分析和判断缺少一致性，也不能对典型案例作进一步追踪访谈，使研究样本缺少完整性。有待在今后的研究中逐渐完善。

因此，到目前为止，此项工作在国内还未有较为明显的突破，有待在此方面有兴趣的后来者继续努力。为了方便大家对绘画检测评估的程序有一个整体了解，我们在本书的附录部分附上已出现的艺术治疗评估推荐表和评估表样（参看附录1），供大家参考其格式，酌情加以改进。

 **本章小结**

以绘画为介质的评估检测工具，是美术用于治疗的一个重要目的。自美术治疗诞生以来，绘画测验就是其中的一种职能方向。我们在此粗略介绍的几类绘画投射测验，是现今运用最为广泛，但尚未完善的绘画评定方法。它们各有所长，尚有可以演变和发展的空间。希望这里的点滴引述,能为大家今后的实践和思考提供一个启示。但需要强调的是,绘画诊断测验技术不是可以用来机械套用的"X光片"透视法,绘画不能产生忽略个体个性机制的分析结果,只有在共情基础上的绘画观察,才可能成为了解各类意象表征的绘画诊断依据,任何试图把图像作为纯粹诊断工具的观念都将导致方向上的误导。因为视觉因素和表现因素是绘画图像信息产生的重要部分,绘画过程中审美和认知因素所起到的作用,在美术治疗中的意义更为重大。画人测验的实践者古德伊纳芙根据自己的观察指出,儿童画不能用来诊断精神疾病,也不应该作为一种诊断手段。因为艺术作品具有完整性,我们很难按照一个个独立的特征将其分割,使用绘画投射测验的心理医生,必须首先尊重儿童本人在作品中所表达的意义。因此大多数情况下,心理医生运用绘画投射测验对儿童进行人格特征测验或检验时,都会结合其他形式(例如:量表、自我报告或家人与教师等观察者的记录等)得出结论。"虽然绘画投射测验已经建立了评分系统,但投射任务主要还是作为其他评价方法的一种辅助手段。"① 只有把绘画投射测验结果和其他方法得出的结论结合在一起,投射结果才是可信的。

自绘画测验工具诞生以来,无论是古德伊纳芙、玛考文、考皮茨,还是后来的巴克、波恩斯与考夫曼等,其绘画常模的信度和效度始终处在质疑中。我们不禁要问,这是否与这些研究者所采用的方法论和研究理念的不恰当有关呢?在我们看到的绘画常模中,"对于画出的身体部分与其意义之间关系的寻求,是与构成心理分析方法主体的诠释策略相抵触的"②,绘画符号语言是如何陈述其图像信息的?视觉发生及视知觉的动力学原理如何产生效用?这一切都有待后来者重新审视和思考。故而,我们没有将各项繁絮的解释内容在方法介绍和操作步骤中进行长篇罗列,而是把各"绘画测验"的拓展应用介绍给大家,希望大家更多关注其具有价值的部分,在实践中创造性地借鉴和应用正在发展的绘画投射的测验技术,以改进和完善现有的分析测验方法。

 思考与练习

1. 人们通过画人测验能了解哪些内容?HTP法是怎样产生的?"屋""树""人"分别代表什么?

2. 绘画测验都有哪些发展?应该从何种角度出发分析儿童绘画?现今都有哪些用于特殊儿童检测的绘画测验系统?请试举一例。

---

① [美]Cathy A. Malchiodi. 儿童绘画与心理治疗——解读儿童画[M]. 李甦,等译. 北京:中国轻工业出版社,2005:276.

② [美]格罗姆. 儿童绘画心理学:儿童创造的图画世界[M]. 李甦,译. 北京:中国轻工业出版社,2008:335.

# 第4章 适用于特殊儿童的涂鸦技术

### 学习目标

1. 了解和掌握涂鸦技术的基本概念、特性和组织操作形式。
2. 了解自由涂鸦、感知涂鸦和联想涂鸦的性质特点及效用。
3. 了解和掌握团体涂鸦的基本操作及运用方式。

如果说绘画投射测验是用于特殊儿童诊断评估的美术治疗形式,涂鸦就是可以用于特殊儿童检测干预和潜能促进的行为治疗形式,对于特殊儿童来说具有更重要的意义,尤其是重度残疾儿童。在特殊儿童美术治疗中,涂鸦技术的运用是最为广泛和重要的环节,有时甚至是唯一的干预治疗手段。正因如此,我们把它单列出来作为一章,具体介绍其内容、方法和效用,帮助大家认识涂鸦在特殊儿童康复中的重要性。

## 第1节 概 述

无论是南伯格的乱画法、线条法,还是温尼科特的互动涂鸦法,涂鸦总是和机体的运动有关。身体机能运动带来的痕迹,是儿童产生涂画兴趣的开始。儿童发育初期所涂鸦的东西,并不是表现什么,而是一种行动的展示。从人类的发生学角度看,涂鸦始于感知觉和肢体运动的发展。当儿童能够独立行走后,用手进行的探索就变得更加自由,随之而来的本能行为就是到处涂抹。这便是涂鸦的开始。所以,涂鸦行为是人类本来就具有的一种本能行为(这种行为产生的结果就是涂鸦画)。这些痕迹的产生、结果及其发展,如被用于诊断或干预治疗,我们就可以把它看成是一种涂鸦技术。治疗期间产生的涂鸦结果,既是涂鸦用于治疗的依据,又是治疗产生变化的凭证。

### 一、什么是涂鸦技术

涂鸦是一种不预先构思的涂画行为,是人在自然状态下随意涂抹出视觉痕迹的一种自由描画活动。在特殊儿童美术治疗中,我们把从涂鸦痕迹出现,到有意味形式的产生,看成是可以利用涂鸦实施干预的主要阶段,促成涂鸦行为发生、推进涂鸦阶段深入以及引导涂鸦行为的延伸,以实现干预治疗目的的手段,即是涂鸦技术。涂鸦技术既可以单独运用,也可以混合其他形式展开,是所有儿童都可以采用的美术治疗技术。

### 二、涂鸦技术的特性

涂鸦技术的特性体现在治疗师对涂鸦行为的掌握、控制与推进上,对当事人涂鸦时的行为表现、运动特点、涂鸦痕迹与色彩在涂鸦中呈现的情绪性变化等问题的关注,是利用涂鸦判断和推进治疗干预或康复训练的关键。借助涂鸦的视觉形式实施针对性的干预,是涂鸦技术需要解决的主要目标。所以,关注当事人涂鸦的运动性和涂鸦的视觉表现性,是实施涂鸦技术的一大特点。

### (一) 运动性

首先,涂鸦的产生源于运动,儿童因为发现运动痕迹,才会重复带来痕迹的涂鸦行为。其次,儿童手臂的运动机制可以决定涂鸦产生的形状、范围和方向,他们惯有的性情特点也会通过动作痕迹得以呈现,坚定或软弱,自信或怯弱,都可以通过儿童涂抹的速度、力度等痕迹特点表现出来。例如,正常状态下,又轻又浅、平稳雅致的线条,多半会出现在性情谨小慎微的纤弱儿童手下,浓重有力而又强劲的粗犷线条,大多会是具有较强意志力的儿童的产物。因此,儿童涂鸦的运动方式、幅度和结果,是涂鸦技术关注的信息来源,其运动开始的方式,还是如何展开儿童美术治疗的关键点。

作为某些特殊儿童(诸如:脑瘫、肢体残障等)的康复训练法,涂鸦的运动幅度、时间、次数等,还是康复方案需要涉及的内容,通过不同程度的涂鸦训练,可以增进该类儿童的身心发展。涂鸦本身的运动性就是协调训练的目的之一,是特殊儿童康复治疗中的一个重要环节,所以,涂鸦的运动性是涂鸦技术需要重视的内容之一。

### (二) 视觉表现性

涂鸦还是儿童最初的一种表达方式,儿童天然的生命状态和本能情绪,都会在涂鸦作品里以视觉的方式展示出来。儿童伊始的涂鸦,随心所欲,与其说是一种表现,不如说是一种下意识的自然展现,零乱的线条表征能反映儿童此时此刻的一些基本状态,可以成为了解儿童身心状况的一种参考。

当儿童发现自己的涂鸦痕迹时,他的注意力就会被吸引过去。在辨认痕迹的过程中,一方面会出现不自觉的知觉联想,另一方面还会引起他想要控制视觉痕迹的兴趣和冲动,自发的主动涂画表现就会产生。此时,涂鸦技术就体现在利用涂鸦的视觉性,推动特殊儿童自我表现、自我觉知的心智活动,是运用动力原理调动当事人内需的开始。所以,涂鸦的视觉表现性是涂鸦技术展开心理干预的主要媒介,也是涂鸦用于治疗的一个主要特性。

重度障碍儿童多具有多重障碍,大多表达能力欠佳或缺失,有的还因心智发展滞后,身体残疾严重,其运动范围也很有限,不能进行复杂的表达交流,因此,涂鸦技术就成了该类儿童主要的自然诊断和干预方法。由于涂鸦技术既可以用于探查此类儿童的协调性、控制力、肌体机能、性情和心理状态等身心特点,又可以借助涂鸦行为的运动性,推进这类儿童的身心康复训练,所以,涂鸦还可以作为特殊儿童统觉训练的一种方法,协助他们发现自我、恢复天然的感受力。

## 三、涂鸦技术关注的内容

涂鸦行为是大自然赋予人类的一种潜在本能。在涂鸦技术中,如何利用这一本能活动了解当事人状况?怎样通过自发涂鸦推动当事人有意识的行为反应?并在其发生过程中施以适当的身心干预?这些都是涂鸦技术需要解决的问题。因此,痕迹的出现、出现的方式、其发展趋势,包括当事人对痕迹的反应和处理痕迹的方法,都是治疗师在实施涂鸦法时关注的核心。对重度残疾儿童来说,引发涂鸦行为,也会成为涂鸦技术需要涉及的问题。所以,我们在此谈论一下涂鸦法需注意的几方面内容。

### (一)涂鸦活动的开始

首先,治疗师要考虑为当事人提供相应的涂鸦条件。例如,任何可以成为涂鸦工具的材料:各种笔、棒状蔬果、手指等,一个可以着落的面:纸张、画布、墙面等。而后便是导入涂鸦行为的开始。在这一阶段,让当事人注意到涂鸦痕迹的出现很重要。一是涂鸦的起点:工具落在面上;二是涂鸦痕迹的产生:工具在面上的运动。这两点对无任何配合行为的特殊儿童尤为重要。虽然任何涂抹行为都会导致涂鸦的实现,但并不是所有人都能注意到涂鸦痕迹,儿童只有觉察到运动痕迹,才会出现自发涂鸦。治疗师通过变换提供给当事人的工具,可以控制画面可能产生的形状,不同形状或颜色的涂抹痕迹,会引发不同的反应,这便是利用涂鸦干预当事人注意力的开始。例如,铅笔和水笔画出的线条就有不同,毛笔和蔬果画出痕迹又是另一番景象。这些都可以作为引起当事人觉察涂鸦结果的办法。再有,对于可以用语言交流的当事人,指示语的引导,也可以打开局面。例如:"你的手指在哪里?我们把它放在纸上好吗?动一下看看会怎样?沾点颜色再在纸上动一下又会怎样?你看到/感觉到什么了?好玩吗?"……诸如此类的语言提示,会帮助儿童通过身体感觉建立与作品有关的初步联系。

### (二)涂鸦的阶段特征

当事人的自发涂鸦开始后,涂鸦的阶段特性就成了判断当事人状态,洞察干预契机的关键。何时当事人的涂鸦只是一种无意识运动?何时是当事人知觉发生作用后的结果?怎样的涂鸦是情绪的反应?何种涂鸦是控制力提升的表现?……这一切的判断都来自涂鸦反应的阶段特征,我们先借助罗恩菲德的研究结果,对儿童涂鸦的阶段特征进行一个基本认识。

1. 没有区别的涂鸦(见图 4-1 的图 1)

由于动作的协调性不够,纸上呈现的是一些随机的点和杂乱的、不规则的线条,画面常出现混乱和无组织状态。这类涂鸦是儿童无意识涂画的结果,是他们处于感知运动阶段的体现。涂鸦是儿童首次从视觉上体会到肌肉的运动,以动作去思考的表现。

图1. 没有区别的涂鸦

图2. 控制涂鸦

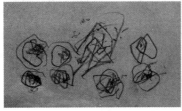
图3. 圆形涂鸦

图4. 命名涂鸦

图 4-1 儿童涂鸦的阶段特征

## 2. 控制涂鸦(见图 4-1 的图 2)

一旦儿童开始反复他的动作时,我们就可以确定,这个儿童已经发现了可以用视觉来控制动作,从这时候起,儿童会有意识地上下或左右地画线,出现从单色到多色的线条变化,可以控制的线条增多。能控制肌肉动作是儿童一项很重要的经验,他不但从这种控制的感觉中得到信心,同时,他也可以从视觉上面体会到肌肉的运动。此时可要求儿童做需要肌肉协调的动作。

由于肌肉的协调是儿童成长最重要的成就之一,处在控制涂鸦阶段的儿童,除了在纸上涂涂抹抹外,通常没有其他的创作意图,他所有的满足,均源自这种肌肉运动感觉和对它的熟练。

## 3. 圆形涂鸦(见图 4-1 的图 3)

结果不断的重复后,儿童便尝试更复杂的动作,这些动作使儿童发展到能画圆圈的线条,这一阶段儿童是用整只手臂来涂鸦了。处于这一时期的儿童用大大小小的圆形来表现一切事物。

儿童自己的身体动作、画笔在纸张上留下的轨迹以及想象中物体的运动都被压缩在能够画出圆形旋转线的视控动作之中。显然,肌肉动作和表征知觉此时融合在一起,这种状态被马休斯称为"动作表征"。

马休斯把这些动作-言语行为解释为"象征性的"行为。从图画表征的角度看,这种动作表明了图画发展的早期和原始阶段,在这一阶段中,空间、物体、飞行轨迹、声音以及作为主角的儿童本人还没有分化。

此时符号化进程的程度依赖于图形符号与其参照物之间的可区分性,二者之间的混合并不是真正的象征动作。儿童在审视已完成的作品时开始出现辨认图形的意图以及与它相关的意义,符号及其参照物之间的区分并不会减少儿童的绘画和涂色活动。在此涂画中,他们能够体验到动作带来的快乐,画出的图形使他们感到惊讶,赋予动作以情感意义的心理表象和联想,成为构成各种各样事物的基础,这促成了动作与符号之间的联系。

## 4. 命名涂鸦(图 4-1 的图 4)

当儿童把动作与想象经验联系起来时,涂鸦从单纯的肌肉运动转向想象思维,[①]儿童开始发现图(痕迹)与底(背景)呈现的图形关系,会为其加上意义或命名,此时的涂鸦是反映其生活经验的象征性思考,是心智发展的一大跃进。

对应这一提示,我们不难发现:没有区别的涂鸦是一种运动带来的结果,肌体动作产生的协调感,是儿童享受涂鸦过程的原因,后知后觉,甚至不觉,是这一时期的主要特征。当有意识的控制涂鸦出现后,手、脑与感官的联结就开始了,此时是儿童知觉开始产生作用的感知关键期。儿童会出现想要控制自己行为的内在需求,这一动因是导致儿童执著于不断涂鸦的缘由。这一涂鸦阶段,是儿童觉察自己触觉、视觉、知觉和身体运动的整体体验期。其涂鸦的时间、涂鸦状态、画面结果等特征,都能反映其心智变化和情绪性。圆形涂鸦的出现,可以看成是儿童控制性和知觉能力提高的表现。在特殊儿童美术治疗中,是治疗师引导儿

---

① 上述阶段特征的叙述参照了[美]罗恩菲德.创造与心智的成长[M].王德育,译.长沙:湖南美术出版社,1993: 88-92.

童发展知觉的关键阶段,儿童知觉到的涂鸦结果可以成为引导联想的基础,是认知出现前的启蒙期。命题涂鸦则是儿童动作与想象经验的连接。儿童在整个命题涂鸦的过程中,从单纯的肌肉运动渐进到图画促成的思维联想,会出现间接满足自己需求的思考方式,是治疗师全面打开儿童思维活动的最佳阶段。例如,幼儿在涂鸦时会开始说故事,他会对画中某种看似像形状的痕迹说:"这是房子";对笔正在运动带出的线条说:"这是我在逛街……"或者说:"这是汽车在走……"虽然画中尚未明确出现人或汽车,但线条在他头脑中,已经连接在人或汽车行走的轨迹上,激发思维处理记忆和现在的知觉关系,识别、认知、联想等脑部活动都被激活,儿童内心与外界的联系也开始渐渐出现,这一切对儿童心智的发展具有极大的意义。

所以,涂鸦的阶段特征是涂鸦技术的关键点,无论是审视判断,还是干预,对当事人涂鸦特点的准确把握,都可以为治疗师确定干预方案提供相应的帮助。

**(三)涂鸦的特点、发展趋势和引导**

治疗师通过对当事人涂鸦阶段特征的判断,能够决定如何展开干预或支持,但涂鸦法的成效却是干预过程中治疗师的引导效度决定的。治疗师需要在实施的过程中,观察当事人具体涂鸦时的特点,痕迹可能出现的发展趋势,以及当事人因痕迹产生的联想内容等,决定具体展开引导的时间、引导的步骤和引导的方向。一方面,治疗师需要关注当事人的涂鸦变化,了解其整体感知和思考的方式,把握时机。另一方面还需要治疗师具有随机应变的反应能力和经验积累。只有二者结合才能使干预发挥最大的功效。

一般来说,易被儿童知觉到的涂鸦首先是线条。这种状况会出现在任何治疗对象的涂鸦活动中。对线条变化的觉察是儿童感知自己涂鸦行为的主要特征。控制线条痕迹的走向、长短、轻重的过程,可以间接反映当事人的整体能力,既是判断的依据之一,又是治疗师干预当事人知觉和控制力的起点。当治疗师发现当事人已经具有知觉和控制能力,自己也足以掌握左右当事人注意力的契机时,治疗师可以借助引导当事人关注线条涂画的方向,影响其知觉状态。当事人在跟随治疗师进行描画体验时,干预控制也就开始了。这一运动既可以用手臂带动手指进行与儿童同步的描画,也可以借助儿童的触觉器官直接进行。例如,把着当事人的手,带动其控制笔的走向,表现出感觉到的知觉信息(声音节奏或视觉形状等),使他发现控制走向呈现的涂鸦结果和感受信息的一致性,当他意识到这样控制笔的运动,可以实现对应的表现时,有意识刺激就达成了,当事人便会出现主动联系二者的内外互动,"觉"与"识"便出现了。

此外,当当事人在为自己画出的线条添加联想时,治疗师也可以通过引导当事人的思维走向,达到促其领悟的作用。比如当当事人在画圆圈时自言自语说:"这是苹果。"治疗师可以及时地对他说:"它会在哪里买到啊?拿什么去买啊?还可以从哪里找到啊?"……这时,当事人就会跟随这个问题产生联想反应,或出现相应的动作。此时言语干预的目的是鼓励其产生新的想象思考,而非让他们画出可以辨认的物体,当他将苹果与商店、钱联系起来时,就会对获得苹果的方法产生领悟。这种干预式的刺激方法,会促进儿童自发地将涂鸦内容与认识思考联系起来。

以上几点既是涂鸦法关注的内容,也是涂鸦技术能否有效实施的三个环节,了解儿童现有的知觉特征和思维特点,认识视觉形式产生的规律,增长对环境和人的行为的洞察能力,是成功把握涂鸦技术的条件。

**四、涂鸦技术的功效和作用**

阿恩海姆指出,愈原始的创造活动愈不受形式的影响或干扰。在涂鸦时,人是用整个身心去体会这一行为,直觉的感与知,是以整体的方式进行运作的,潜藏心底的无意识之流便会自然释放,肌体运动带动的视觉变化,使无意识被意识所察觉,激活人体系统的认知行为,有助于恢复人本能的形式感受力,是训练和提升敏锐感知力的开始。

**（一）涂鸦活动产生的作用**

在宇宙混乱无形的物质中,星云生成的大漩涡和星体运动最接近儿童初期的涂鸦,儿童绘画活动从一开始就是天然描画线条的运动。正如婴儿在体会自我平衡中可以学会行走一般,涂鸦也是人知觉成长和肌体配合获得统整的必经过程。从涂鸦到"有意味形式"的出现,是儿童脑与机体整体提升的发展过程,由此产生的符号形式,是儿童归纳、提炼自己认识的结果,与心智活动密切相关,是"有源之水",能形成可能带来质变的促进作用。因此,涂鸦活动有别于那些跳过感知环节的模仿绘画（在成人画一笔儿童描一笔的模仿中,图像是以概念的形式,作为一种符号被儿童机械记忆的,不会带来觉察力的提高和心智的质性成长）,是一种整体知觉感知力的提高方式。涂鸦阶段也就成了所有幼儿至关重要的自我成长阶段。基于涂鸦带来的能力发展,有助于儿童学习能力和思考能力的提高,这在特殊儿童的康复训练中尤为重要。

此外,涂鸦还是一种自我表现,是儿童心理活动的一种投射。涂鸦所用的线条都会带有儿童潜在的隐秘心理活动,可以流露儿童天然的知觉结构和情绪状态。涂鸦形式的发展直接与儿童的知觉状态对应,儿童控制涂鸦形式的程度,体现了儿童感知和表达的程度,因此,涂鸦画可以成为我们了解儿童图像语汇发展的一把钥匙。

**（二）基于涂鸦的治疗效用**

儿童涂鸦具有试验性和动态性,所以涂鸦行为用于治疗就是治疗师诱导下的涂鸦尝试活动,是治疗师协助当事人恢复和建构自己的体验系统,提升当事人感知觉平衡,发展觉察力的动力干预过程。有效的涂鸦技术,可以推进当事人整体觉知能力的提高,使当事人获得整体感知的丰富性。当当事人恢复对周围世界的感知力时,原本熟视无睹的外在事物就成了当事人探查的目标,对内外互动体验的持久关注和自我吸纳,会增长当事人的学习能力,为随之而来的思维组织能力和更高的反应能力打下基础。所以,涂鸦法是适用于任何儿童的知觉康复训练方式。对重度智力障碍、身体残疾的人群来说,该方法都是极佳的外在干预方法,越是低龄的特殊儿童,越能体现出涂鸦技术带来的治疗功效。

运用涂鸦技术,治疗师可以全方位干预当事人的视觉、触觉、知觉甚至是整体的感觉统整,涂鸦形式的发展只是干预实现的某一方面。由于人体整体知觉系统的不断恢复,由此产生的联觉,便会带动当事人各方面的发展,从而恢复当事人的好奇心、表现欲、觉察的敏感力等一系列身体机能,调动当事人思维的活跃因子积极地响应外界刺激,达到内外信息交流的通畅,使当事人从被动停滞的状态中解放出来,主动地建立与外界的互动关系,实现生命能量的转换。因此,从某种意义上说,涂鸦是一种最基本的康复方法。

在无意识涂鸦到有意识形式出现的过程中,儿童把握和控制自我的能力会得到空前提高,治疗师可以运用涂鸦技术协助当事人克服心理怯懦,恢复他们对自己的信心,帮助当事人在更为主动的控制中,增强表达的准确性和对外界的判断力,改变当事人保守定型的刻板,在当事人主动处理视觉信息和内在理解的过程中,协助他们建立对事物性质、规则和特点的判断系统,发展其思维能力,促进生理和心理的平衡发展,使他们在表达实现中获得快慰和审美感受,增进领悟力的提高。

在操作上,涂鸦技术没有固定的形式,所以形式可以层出不穷。其表现形式又具有隐性特质,不易引起当事人的防卫阻抗,会带给当事人感觉上的安全性,便于有心理障碍的儿童进入治疗活动。涂鸦的游戏性质可以使当事人在快乐运动中释放积压的情感,减轻心理困扰带来的重负,获得内心的平衡。

**五、涂鸦技术的操作形式及流程**

涂鸦技术的操作形式有三种:个体涂鸦、互动涂鸦和团体涂鸦。顾名思义,个体涂鸦是儿童独立进行并完成的涂鸦活动。互动涂鸦是两人以上,以一对一互动的方式进行的涂鸦活动,其过程须有来有往地展开。团体涂鸦则是一种集体行为,是治疗师指导下的涂鸦活动,其展开形式也最为多样,是特殊儿童美术治疗中,非常重要的一种操作形式。

**(一)个体涂鸦**

个体涂鸦是我们最为常见的一种涂鸦形式,任何常态儿童都会自发地进行该类涂鸦行为。在美术治疗中,常在初次诊断时采用,是治疗师整体探查儿童状况的一种方式。在特殊儿童美术治疗中,有时还是一种训练方法。例如,用于脑瘫、肌肉萎缩或任何协调性欠佳的特殊儿童康复训练等。其操作极为简便,只要给当事人一支笔和一张纸,就可以让当事人进行这样的涂鸦活动。在初次诊断时,治疗师可以坐在当事人的对面或九十度的地方,用语言发出邀请(例如,随便涂涂画画就行,试试看等),在不打扰当事人涂鸦的原则下可以简单与之交谈,也可以离开,让当事人自己完成。个体涂鸦的时间可长可短,视当事人状况和治疗目的而定,一般不宜太长,以 5~20 分钟为宜。当当事人完成后,还可酌情考虑以涂鸦作品为媒介,进行询问或讨论。

**(二)互动涂鸦**

互动涂鸦是一种交流性质的涂鸦活动,具有游戏的特点,通常由治疗师以接力游戏的涂鸦方式与当事人一起进行,也可以由其他人替代治疗师的角色,与当事人展开涂鸦互动(例如,同伴或父母等)。在美术治疗初期,互动涂鸦一般用于有心理阻抗或交往障碍的儿童,也是家庭治疗的首选方式,既可以增添涂鸦情趣,又可以增进彼此的情感交流。其操作形式较为多样,可以一张纸两支笔,简单进行,也可以准备各类涂鸦用品(笔、涂抹材料等),在各类平面(纸张、瓷板或画布等)上进行丰富多彩的互动涂鸦。在涂鸦中,可以交谈与行动并举,使交流通畅。时间一般以 10~40 分钟为宜。完成后,还可以共同分享讨论。

**(三)团体涂鸦**

团体涂鸦是一种集体涂鸦活动,治疗师在其中占主导地位,整个涂鸦过程的操作,应具有形散、神不散的特点,是治疗性美术教育和团体治疗的主要方式。在美术治疗中,治疗师既是整个涂鸦活动的设计者,又是涂鸦开始的引导者,通常需根据治疗目的设计相应的展开形式。例如,如果想要整体评估儿童的行为表现,可以通过游戏导入儿童自发的自由涂鸦,借助团体涂鸦的群体活动形式,治疗师可以运用现象学的研究方法,洞察每个儿童画内外呈现的整体状态,获得对其协调性、控制性、反应状态、配合程度和处理信息能力的全面认识。倘若将团体涂鸦作为一种干预训练,则可以借助不同主题的"场"效应,激发儿童的知觉和思维活动,通过感知或联想涂鸦训练,促进儿童心智的整体发展。

此外,在用于重度残疾儿童的团体涂鸦训练中,由于该类儿童自身的局限性,其信息接受和机体反应都会存在不同程度的障碍,治疗师不仅需要调动他们的涂鸦行为响应,还要将康复训练与感知涂鸦联系在一起,通过指导他们的肌体运动,引导他们发现运动带来的视觉痕迹,加大运动幅度,延伸涂鸦愉悦,从而使重度障碍儿童在涂鸦中获得身心的双重收获。例如,给儿童提供可以任其挥舞的大纸面,或引导儿童通过运动性的群体游戏互动,发现痕迹带来的视觉性,在指导其肢体(手、腿、身体等)运动的同时,引导他们关注视觉痕迹的变化等。这也是治疗师对重度障碍儿童实施美术治疗干预的起点和重点。

1. 团体涂鸦的注意事项

与前面两类涂鸦形式相比,团体涂鸦的操作要复杂得多。在群体中,既有特立独行的成员,也有热心帮忙或全无反应的成员。涂鸦的形式也是多种多样,可简可繁,可以单一进行,也可以系列递进,非常灵活。时间可长可短,还可交替结合,少至十几分钟,多则一个小时。如何展开?怎样引导?如何把握其进程?这些是治疗师需要思考的问题。

首先,作为整体活动的把握者,治疗师要以真诚的态度无条件地接纳每一位儿童,通过营造环境,为儿童创造一个宽容、温馨、合作、安全的整体"场"氛围,让进入其中的成员获得一个良好的暗示,便于他们放松和舒展自己,以最佳的状态释放自己的表现力和创造力。

其次,治疗师应整体观察每个成员在群体中的基本状态,了解其身心活动的大致状况。例如,进入活动区的成员是积极?还是被动?是附和群体?还是独自进行?……这些都可以反映他们的性格特点和处事态度。成员涂鸦的方式是运动性的?还是模仿性的?成员在团体环境中关注的是老师?同伴?还是谁也不看?……这些又能映射儿童的心理和思维活动。通过对整体现象的初步判断,治疗师就可以决定如何把握整个治疗场的基调,决定给哪些成员安排互动合作,决定对哪些成员进行放任,决定重点引导哪些成员,以带动环境内儿童的行为反应,使整个治疗进程有轻有重。

治疗师还需要熟练运用接纳、倾听等情感反应技术,以正面和积极的言行,鼓励成员们的任何参与行为。促进"场"互动,随时为儿童创造团体内的交流,让他们体验到成员间的互帮互助,便于他们建立自己的归属感。通过团体传达的支持,是最有效的干预影响,这也是团体形式特有的优势。

当涂鸦作品出现时,治疗师要能及时引导儿童关注自己的行为结果,协助他们展开自己的知觉活动,帮助他们在活动中发现自我,还可以通过团体分享方式,推进整体治疗的进程。

2. 团体涂鸦的实施流程

团体涂鸦在操作上通常分为三个阶段:暖身、涂鸦创作、讨论与分享。这三个阶段在时间分配上,可根据治疗对象的不同而有所差异。一般整个活动以40分钟左右为宜。

(1) 暖身

暖身是活动前的适应阶段,其作用表现在两个方面:一方面可以凝聚团体,另一方面则可以拉近与成员的距离。这一阶段可以从治疗前的"场"调整开始。治疗师可以播放音乐,或让成员参与环境布置,营造治疗空间的场气氛,通过让成员聊近况,谈感想,或对上次团体活动进行回馈,了解团体成员的准备状况与参与度,引导儿童进入本次的主题,建立友好联盟。治疗师还可以在该阶段设计一些既有趣又简单的热身活动,进行一些快速的创造性练习,调动儿童的兴趣,帮助焦虑的成员降低参与的抗拒性,消除紧张,放松身心。暖身阶段重在传达一个信息:怎么画都可以,重在感受,最好能将感受用笔表达出来。时间一般控制在5~10分钟左右。

(2)涂鸦创作

该阶段是活动的主体阶段,乱画法、运动法、线条法等各类涂鸦都可以实施,治疗师可以通过示范或游戏展开活动,引导当事人信手涂抹,帮助他们体验把笔放在纸面上的移动感受,鼓励他们采用现有的工具和色彩,进行不加思考的即兴涂鸦,在过程中寻找乐趣。此时,治疗师可以通过观察,了解当事人的反应,在不打断当事人涂鸦的情况下,提醒当事人注意画面痕迹的变化,进行简单的交谈,以此引导其进行自然联想。在这一阶段,治疗师可以鼓励当事人成员间的添加修改,或通过亲自动手为成员增添简单的绘画元素,促进当事人对涂鸦内容的观看和思考。时间最好控制在20—40分钟之间。

(3)讨论与分享

这是团体涂鸦的最后阶段,是将焦点放在作品上的言语交流。通过团体成员欣赏和分享他们自愿展示的作品,使成员间的交流更进一步。治疗师也可以适时以相互讨论的方式,推进他们进一步的自我觉察,认识自我。该阶段包括成员向团体讲述自己的作品,讲述同伴的作品,或以小组为单位的互评形式等。

这些操作方式可以酌情用于各类性质的涂鸦技术中,以推进整体治疗的进程。如果说操作方法是展开涂鸦的形式,那么,不同性质的涂鸦训练就是导致干预实现的原因,因此,我们将对自由涂鸦、感知涂鸦和联想涂鸦这三类不同性质的涂鸦技术进行专门的叙述,方便大家有针对地借鉴和运用。

## 第2节 自由涂鸦法

根据涂鸦活动在治疗中的性质,我们把不经控制肌肉就可以进行的随意涂鸦形式称为自由涂鸦。自由涂鸦是一种以本能运动就可以进行的随意涂鸦方法,是没有任何要求就可以展开的涂鸦活动。在自由涂鸦中,儿童会体会到来自运动的协调性,是行为带动思考的促进方法。

**一、自由涂鸦的性质**

从人的表现能力看,一岁半的儿童就可以进行相应的随意涂鸦了。自由涂鸦技术基于本能表现,可以用于人的任何阶段,是促进人的知觉经验、身体、手指细小动作协调的一种涂鸦活动。其性质是一种适用于任何人的无障碍涂鸦技术。在特殊儿童美术治疗中,自由涂鸦法可以让没有任何配合行为的重度残障人士出现行为配合,是涂鸦技术实施的起点。

**二、自由涂鸦呈现的技术种类及效用**

重度残疾者和婴幼儿喜欢涂鸦的一个主要原因,就是享受涂鸦运动的过程。所以,自由涂鸦技术在康复训练中,常作为训练特殊儿童肢体细微动作的一种方式。但在美术治疗中,自由涂鸦法不仅是重度障碍儿童的康复训练技术,还是一种帮助他们恢复本能知觉力的有效疗法,在此过程中,他们可以体验到机体"联觉"带来的整体性恢复。

从未经控制的无意识涂鸦,到有觉知的控制涂鸦;从控制涂鸦,到有意识表达;进而出现有意味的形式,涂鸦技术呈现的作品结果确是有证可寻的。我们不想在这里剖析其推进儿童自主控制和感知进程的这一过程,旨在从其形式对应的能力入手,介绍一下可以实现相应干预的训练方式,通过作品呈现的特点,对其训练类型和效用进行总体叙述。

**(一)线条类训练**

该类涂鸦训练多以线的形式呈现,方法多样,是自由涂鸦活动的主要方式。在涂鸦训练初期,多以运动的形式为主,是容易引起儿童注意的涂鸦形式,能激起儿童的跟从性。线条急缓、轻重等特点,可以反映儿童的天然状态和情绪,适合作为最初运用的诱发方式。南伯格、温尼克特、后藤·中井、伊集院、津田等治疗师都对该类涂鸦方法情有独钟,是运用最为广泛的形式之一。列举的操作示范如下。

1. 运动法

材料:素描纸、水彩笔、蜡笔等。

程序:治疗师先把儿童组织到备有固定纸张的治疗场地,在一处纸前,通过移动手或肢体,让笔在纸上留下痕迹。在或快或慢的移动中,引导儿童发现手下痕迹的变化。然后要求儿童效仿,信手涂鸦,睁眼或闭眼都可以,鼓励他们在其中寻找乐趣。

指导语:注重引导对笔运行的关注。例如:"哟,快看,红色的笔开始走路了,它要到哪里去?""呀,我的手在纸上跳舞,上上下下"……而后引导儿童参与。例如:"谁要和老师一起来?""红笔太孤单了,谁来和它一起走啊?""嗯,这样运动真舒服,你也来试试?"……鼓励儿童自由随意地乱涂乱画。

2. 乱画法

材料:素描纸、水彩笔、蜡笔等。

程序:治疗师随意在纸上或使劲地、或轻轻地画线条,要求儿童也来试试。鼓励他们带有情绪地乱画,或相互画,在其中寻找乐趣。

指导语:注重引导表现性的涂鸦,协助儿童自发地开始。治疗师可以说:"我生气了","我在跑呢……","嗯,真痛快。你们也来试试?"……儿童动起来后,治疗师开始观察。

治疗师可以通过当事人控制线条的状态,了解其控制程度。一旦当事人在涂鸦时开始重复他的动作,就说明他已经可以用视觉控制动作,这是第一步。当当事人涂鸦后,开始关注线条的特点,并有所表示,说明他对自己的行为有了觉察力。当线条可以随情绪或急或缓时,说明他的机体已具备了一定的协调性,可以开始控制涂鸦的训练了。

**(二)点、线类训练**

该类涂鸦作品呈现的形式比线条类丰富,是体现儿童控制性的涂鸦结果。所以该类自由涂鸦是培养感知力和控制力的涂鸦技术。其训练方式可以是运动的,也可以是感知的,属于控制性涂鸦的范围。可以训练儿童对其小肌肉群的把握,也是了解儿童敏感性和控制性的涂鸦方法。列举的操作示范如下。

1. 长短涂鸦法

材料:素描纸、水彩笔、彩色铅笔、油画棒等。

程序:治疗师用笔在纸面上停停走走,使纸面的痕迹出现长短不一,要求儿童控制笔的方向,让笔在划出后可以有停顿和快慢的变化,鼓励儿童结对子开始比赛涂鸦,相互找纸面中图形的问题。对能画出不同长短线条的儿童给予表扬或奖励。直到儿童可以自如控制笔的停走。

指导语:注重引导当事人注意运动轨迹的不同,区别点线的差别。例如:"呀,我的笔在滑冰,嗖,划出好远,现在累了,一点一点走","我的笔在跳高,落下了,哟,又跳起来了,又落下了……","咦,快看,这个线不一样噢,你会吗?""让我看看,哪一组同学的画里有长短?""你们谁画短线?谁画长线?看看哪个画对了?"……

2. 蔬果涂鸦法

材料:素描纸、水粉色、各类棒状蔬果(例如胡萝卜)等。

程序:治疗师用蘸有颜色的蔬果在纸面上或点或划,使纸面出现随意的点、线形状,要求儿童自己开始选择使用的工具进行混合涂鸦,对能区分点线的儿童进行表扬,并让每人独立完成一张涂鸦作品。相互进行辨认,对能做到的儿童给予表扬或奖励。

指导语:注重引导当事人注意控制工具留下的点线差别。例如:"呀,你看,你让画里的形状不一样了,真神奇!再试试!""比比看,看看哪位同学涂出的不同形状最多?"……

当当事人在这一训练方式中,可以做到控制线条的方向、长短等,说明他的协调性开始渐渐自如,如果可以有意识地控制点、线表现,并使其与自身感知对应时,说明他内在的联觉开始复活,是天然感知力恢复的表现。在点、线类的控制训练中,治疗师还可以借助音乐、声音等外在场的控制,强化当事人的内在机体运作,推进其自我控制与知觉感知的同步配合。

### (三) 形状类训练

有形状出现的涂鸦训练属于控制涂鸦到命名涂鸦的过渡范畴,是可以引发联想的自由涂鸦技术。在自由涂鸦阶段,该类训练一方面是控制力和感知力的提升训练,另一方面也是从无到有的联想能力训练,是运动方式到思维方式的过渡训练。形状类的涂鸦训练不仅可以增进儿童的控制力和觉察力,还能在由此产生的后知后觉中,帮助儿童建构自己的思维方式,促进思维继发过程的出现和联想思考的实现。列举的操作示范如下。

1. 终点回到起点法

材料:素描纸、水彩笔、彩色铅笔、油画棒等。

程序:治疗师要求儿童控制笔的方向,让笔在划出后再回到开始的地方。直到出现任何一个形状为止,并给予表扬或奖励。

指导语:注重引导儿童对笔的控制。例如:"我们出发了,但最后要回到开始的地方哦!""看看哪个同学能让笔回到起点?""我们做个游戏,看哪个同学让笔在纸上来回跑,最后还能回到开始的地方?"

讨论:讨论可以从每个人画中的形状开始,让儿童随便说对它的感受。

2. 添加法

材料:素描纸、水彩笔、水粉、各种形状的拓印工具等。

程序:治疗师要求儿童用拓印工具随意在纸上拓印涂抹,然后让儿童用笔给已有图形添加边线或点,使其出现一个形状为止,并给予表扬或奖励。

指导语：着重引导儿童将点、线添在自然形状中，使无意识出现的内容被其注意到。例如："哇，好漂亮的，看看像不像朵花，给它加个花心吧！""你的画里有这么个小鱼，给它加个圆形鱼缸吧"……

讨论：讨论可以是集体展开，也可以是个人，询问大家看到了什么，或指着具体的图形问大家觉得像什么。

由于该类自由涂鸦所出现的图形较为多样，涂抹后的添加完善，需要当事人根据已有图形的形色进行对应，所以，当事人在训练中会遇到对工具和颜色的选择问题，比前两类训练更需要自主意识的参与。不同工具带来的不同图形结果，会使当事人注意到图形间的关系，随后的选择判断可以促进当事人直觉的处理信息，使当事人整体的思维能力得到锻炼。当当事人可以自发地给图形进行补充添加，或调整画中的图底关系时，相应的联觉判断就产生了，格式塔效应也会在这样的活动中出现。当事人在观察、调整的过程中，发展了自主取舍的组织能力，同时也会出现相应的思考，学习的能力便开始出现。因此，该类训练是通过无意识涂鸦激发有意识反应，帮助低龄或障碍儿童增强自我意识和自主判断的思维训练。其结果可以呈现当事人的控制性、信息处理能力、组织能力、思维联想能力和视觉感知能力等整体状态。当事人在此过程中，添加图形的准确性，色彩搭配的关系，处理画面的方式，以及是否有联想？是多是少？……这些都可以体现训练的有效性。

在我们列举的重度智力障碍儿童作品里（见图4-2），自由涂鸦技术通过不同阶段的训练，呈现出一个有序递进的发展过程，证明即便是抓握困难的重度智力障碍儿童，也可以在涂鸦训练中从未经控制的无意识涂鸦，转变为有意识、有觉知的控制涂鸦。同时，重度残疾者也可以在自由的涂鸦过程中，恢复一定的知觉感受力。例如图中形状类涂鸦作品，就是一位9岁的脑瘫儿童从无意识涂鸦产生的色彩图形下，通过主动知觉，主动添加控制线条后，完成的自我互动作品。作品不仅呈现了儿童的知觉组织能力，也反映了儿童尚未完善的生理控制特点。

　　　线条类训练涂鸦　　　　　　点、线类训练涂鸦　　　　　　形状类训练涂鸦

**图4-2　重度智障者的自由涂鸦画**

### （四）自由涂鸦的作用及指导策略

治疗师采用自由涂鸦的首要目的是探查和评估特殊儿童的状况，其次是为了解除儿童的心理束缚，释放他们内在的生命力，唤起其好奇心与参与兴趣，引导儿童尝试表达。并通过丰富多样的涂鸦运动，促进其残障肌体的协调运作，增进手、眼、脑和身体的配合，扩大其与人交流的方式和范围，恢复自信。

在实施自由涂鸦训练的初期,重在了解当事人状况,改变当事人的被动状态,激发主动的涂鸦行为。治疗师除了利用各种方式,引导没有任何能力的儿童使用动作外,不需要太复杂的刺激形式,重在调动特殊儿童加大运动幅度,尝试选择工具,协助其发现涂鸦痕迹的变化,并鼓励他们试验各种各样的涂鸦方式,创造性地进行涂抹行为。例如,治疗师可以鼓励当事人选择一种合适的工具,将其放在纸张上合适的地方,再启发当事人想象自己的手像落叶飘零、雪花飞舞、小鸟翱翔、鱼儿畅游、陀螺旋转一般随意运动,让放到纸上的工具跟着感觉涂鸦。还可以先让当事人做点运动,放松身体后,让运动带动手中的笔即兴涂鸦等。

当当事人开始有意识区分涂鸦呈现的形式,并出现控制涂鸦或圆圈涂鸦时,治疗师可以推进有针对性的训练和干预进程,一方面可以采用强化他们意识参与和控制力的涂鸦训练,恢复和培养他们的分辨和觉察力。另一方面,可以适度增加一些外界的刺激元素,加强"场"的信息影响。例如,声音(长短、高低等)、肢体行为(快走与停止、拍打与抚摸等)等,以此配合当事人的自由涂鸦行为,通过其反应,了解可以采用的信息干预方式,为后面的正式干预训练做准备。当儿童可以顺利完成形状类训练时,治疗师就可以考虑实施具有针对性的治疗干预了。

有效的自由涂鸦训练,可以让当事人从被动变主动,自发的涂鸦行为会增多,时间也会被延长。当事人在涂鸦时的注意力,会集中到画面表现和涂鸦活动本身,能自在而投入地进行涂鸦探索。当事人自身整体的敏感度、协调性和求知欲都会得到一定的恢复。此时,治疗师只需要根据具体情况,把握环境"场"的氛围,配合当事人的行为表现,在场观察和记录。通过整体现象和当事人的涂鸦作品,便可以获得较为有效的判断和干预方案,可以根据当事人的具体问题设计相应的干预措施。所以,自由涂鸦是治疗师深入探查当事人整体状态的理想方式。

### 三、实践案例

自由涂鸦法无需任何技巧,操作方式也最为灵活,但采用这一方式的治疗师,通常都会带有自己的目的性。例如:为了整体观察儿童的反应和表达,进行相应的诊断评估,或消除儿童的阻抗,以此为媒介进行进一步的接触,等等。所以,自由涂鸦技术展开的形式和时间长短,通常与治疗师运用该技术的目的有关。它在特殊儿童美术治疗中,既是可以用于治疗的基本方法,也是治疗性美术教育实施的基本方式,且大多用于集体的团体涂鸦。

**(一)案例的目的和针对的特殊儿童类别**

案例是一则团体涂鸦系列方案中的子方案,实施对象是完全零起点的重度智力障碍儿童。对于无描绘技巧、反应机制差、信息处理程度极弱、完全无学习能力的人群都可以采用。

1. 实施目的

(1) 激发"无配合行为"儿童的表现本能,唤起其主动动手行为的产生。

(2) 训练儿童手、脑、眼的协调配合。

(3) 采用现象学方法了解儿童的整体状况,以此为据制定相应的措施。

2. 该方案对象状况(如表 4-1 所示)

表 4-1　自由涂鸦方案的实施对象

| 无配合行为重度障碍儿童的基本状况 | | | | |
|---|---|---|---|---|
| 代称 | W | J | Z | S |
| 年龄 | 12 | 8 | 8 | 11 |
| 类别 | 脑瘫/严重退缩行为 | 广泛性发育障碍/无语言 | 脑瘫/严重弱视 | 低功能自闭症/无语言 |

**(二) 前期准备事项和时间安排**

1. 材料：图画纸或黑板(四开、二开)、铅笔、油画棒、水彩笔、粉笔。

2. 场地：便于儿童坐、站、走动的开放空间，四边的墙上、桌上都贴有可以更换的纸张，近旁放有可供儿童取用的笔，黑板和桌边有板凳，可以让儿童随意就座。

3. 前期工作：先将两位脑瘫儿童分别带到不会被碰撞的角落桌旁与黑板旁，播放轻松的背景音乐，再带其他儿童熟悉环境，做开始前的准备工作。

4. 时间安排：由于采用的是团体涂鸦的操作方式，方案总时间为 30 分钟。

**(三) 团体自由涂鸦方案展开的步骤**

1. 热身(时间 5 分钟)

首先，将背景音乐的声音降至最低，开始用语言和肢体行为同儿童交流，让进入的儿童选择一个自己喜欢的地方，并摸摸近旁的纸张和器物，熟悉一下周围的东西摆放。让儿童选择一个愿意抓握的涂画工具，并协助弱视儿童用另一只手摸到黑板的边缘，用触觉感受黑板的形状。让每一个儿童都感受到自己选择的快乐，获得被尊重的感觉。

其次，可以鼓励团体成员将涂画工具放在身旁的纸上试试移动一下，看看会出现什么。这一阶段可以设计一些引导游戏。例如以儿歌的形式引导：小手小手拍拍，小笔小纸找找，纸在哪儿呢？笔在哪儿呢？笔在纸上走走……

**注意事项**

(1) 儿童无配合行为的原因很多，但大多是心理原因，所以热身阶段首先要突破心理阻抗。

(2) 重度残障儿童大都伴有多种类型的障碍，应考虑儿童身心障碍特点，提供丰富的工具选择(我们在实施时，就遇到抓不住笔的脑瘫儿童和始终对笔恐惧的情绪障碍儿童)。

(3) 让儿童进行选择，是一种调动他们参与的方法，在尽可能的范围内给儿童足够的尊重。

2. 涂鸦(时间 20 分钟)

该方案实施的是线条类的自由涂鸦，采用了运动法、乱画法(参看前面训练分类)。

热身后，儿童对握笔在纸上涂抹产生了兴趣，J、Z 两人很快就开始了在纸上的涂鸦探索，S 则反复重复把笔拿起又放下的动作，一直哼叫，并四处观看其他儿童的行为，其间还跑到外面，又跑回来，最后在墙上的纸面上画出了一道线条。之后，就留在了这张纸的旁边，很兴奋。W 握笔较为困难，需要整个手才能抓住粗的油画棒，是最后一个开始涂鸦的人。涂鸦中，笔还是多次从手中掉落，但直到结束还有想画的要求。

在该过程中，治疗师渐渐调高了背景音乐的声音，协助儿童找笔，指引他们发现纸的位置，配合儿童的涂画运动，并观察他们的行为，不时与涂鸦中的儿童进行简单的交谈，引导儿童在涂抹运动中随意联想。如果有人停顿，治疗师就开始提醒他看看纸面是否还有空地，引导他换换工具再试试，看看有什么不同。

**注意事项**

(1) 涂鸦阶段应给儿童充分自由涂鸦的时间,尽量不打断他的探索活动。

(2) 自由涂鸦中,治疗师要控制整体"场"的氛围,主要把握环境场,只提醒儿童,或引导儿童延续探索尝试,但不过多介入活动本身,只给儿童提供协助。

(3) 治疗师的主要任务是观察和判断儿童状况(参看治疗师角色部分),把握推进下一步治疗环节的契机。

3. 分享(时间 5 分钟)

涂鸦后,让儿童相互看看自己的运动成果——作品,并对能够克服身体障碍的 W,进行重点表扬,对每个儿童的努力都加以肯定,并给予适当奖励。

**注意事项**

(1) 分享阶段在自由涂鸦中主要起到承上启下的作用,以鼓励为主。

(2) 加强团体间的相互关注是这一阶段的主要任务。

**(四)记录分析和方案制订**

采用现象学描述法记录观察到的儿童行为,并对儿童的心智特点进行分析(见表 4-2),确定下一次实施涂鸦的内容,并制订相应的方案。

根据现象综合评述分析:整体成员的心智状态极为滞后,最先开始涂鸦的两位儿童 J 和 Z 握笔没有太大困难,涂鸦的运动幅度较大,但线条缺少控制性。J 的涂鸦主要是运动涂鸦行为,无目的,无意识。Z 较为投入专注,线条有力,基本是凭借触觉判断笔的运动。S 有明显严重的心理障碍,反映出较大的自我冲突。不会拿笔,但肢体和手指的生理运动没有问题。有一定的觉察力,能偶尔发觉自己或他人的行为,却没有后续反应。W 的心智程度比其他人要好,可以发现自己的行为结果,画面线条有重复性,但肌体障碍严重,握笔困难,好在兴致已被调动出来。

方案设计:采用单元的方案设计,以线条类涂鸦训练为主,强化康复训练的成分,分别设计运动涂鸦、控制涂鸦和圆圈涂鸦三个递进环节,延续团体涂鸦的实施操作,每次时间延长至 40 分钟。

表 4-2 罗恩菲德的涂鸦评量表[①]

| 涂鸦阶段 | | 是 | 否 |
| --- | --- | --- | --- |
| 心智年龄 | | | |
| 2~3 | 是否有未控制的线条?<br>他只敲击和揉黏土吗? | | |
| 智慧成长 2  1/2~3 1/2 | 他用黏土做螺旋体吗?<br>他喜欢剥裂黏土吗?<br>所有的动作是有控制而重复的动作吗?纵横线或圆圈? | | |
| 3~4 | 儿童对他的涂鸦加以命名吗?<br>儿童对他的黏土加以命名吗? | | |

---

① 罗恩菲德.创造与心智的成长[M].王德育,译.长沙:湖南美术出版社出版,1993:100.

续表

| 涂鸦阶段 | | 是 | 否 |
|---|---|---|---|
| 心智年龄 | | | |
| 这儿童喜欢涂鸦吗？<br>这涂鸦是否没有定型的重复？<br>诸如： | | | |
| 感情成长 | 涂鸦的线条是否受到干扰？<br>动作果决而有力吗？<br>动作的强度和方向有所改变吗？ | 没有 / 有些 | 很多 |
| 社会成长 | 这儿童专注于他的动作吗？<br>要转移这儿童是否很难？ | | |
| 知觉成长 | 这儿童在玩黏土时喜欢触摸的感觉吗？<br>这儿童表现出大动作的欲望吗？（运动自由）<br>这儿童是否用视觉来控制他的活动？<br>当他命名他的涂鸦时，他是否用不同的色彩区别不同的意义？ | | |
| 生理成长 | 动作有力吗？<br>线条粗犷吗？<br>这儿童使用整只胳膊吗？ | | |
| 美感成长 | 这儿童把他的动作分布于整张纸上吗？<br>这儿童在分配紧密和稀松的涂鸦时，显示出平衡的感觉吗？ | | |
| 创造性成长 | 这儿童在涂鸦时是独立的吗？<br>当他与其他儿童一起涂鸦时，这儿童不受影响吗？<br>他通常是否反对模仿？<br>当他对其涂鸦加以命名时，他会独自地发展故事吗？ | | |

## 第3节　感知涂鸦法

感知涂鸦法顾名思义，是突出治疗过程中的体验性方法。因此是以儿童为主展开的涂鸦技术。此时，治疗师只是作为儿童的协助者，出现在治疗空间中，为儿童的感知体验提供支持，但不左右儿童的行为选择，儿童的主体性可以得到充分发挥，是用来恢复儿童本能知觉感知力的主要方法。

**一、感知涂鸦的性质**

感知涂鸦技术不刻意强调儿童主动联系主客体关系的能力，而是通过"场"作用，配合儿童知觉经验的形成，在互动的感知中促进儿童觉察外界的变化，从而调动儿童内在的本能反应和求知欲，推进主动探寻行为的出现。它是以儿童为中心，协助其建构自己的联觉系统，恢复和发展觉察力，促进本能感知系统的重要方法。

感知觉能力，作为人在生物进化中形成的重要功能，本身就具有接收、传递和交流信息的作用。由于人类知觉的生理结构和功能器官的发展具有同步性,相应的知觉刺激训练,能促进知觉能力的发展,一些本能的感应能力就会因此而得到恢复,甚至可以促成一定的质变,使人的某些感知力得到增长。特殊儿童都具有人的基本特质和潜在功能,因此感知涂鸦技术便是逐层推进儿童知觉和感知表达的重要手段。

## 二、感知涂鸦呈现的技术种类及效用

当儿童可以发觉并有意控制涂鸦痕迹的发展时,儿童就具备了基本的感知和联觉能力。这时儿童的自由涂鸦,便开始从运动涂鸦转变为有意识的控制涂鸦,"手、脑、眼"的配合转为了"眼、脑、手"的联觉,感知涂鸦便可以开始了。感知技术分为两大类:一是强化内外联觉,增强信息分辨和对应的感知训练,另一个是将感知到的内化感受,转变为视觉表现的表达训练,二者存在递进关系,但更是交替并行的,是推进知觉感知力不可缺少的两个方面。在实施时,可以有些先后的侧重。

### (一)"内外联觉"的感知训练

感知训练多会借助外界刺激增强儿童的感受,以此唤醒儿童潜在的感知力,推进儿童整体分辨和判断的觉察力,逐渐恢复和建构对信息的整体处理能力。因此,该类训练常围绕知觉或情感的感受性展开。例如,节奏、亮暗、冷暖,或情绪、情感等。可以通过训练,使儿童恢复原本存在,但不被其注意的感受经验,增强感知这些感受的敏感性,增进理解力。例举的操作示范如下。

1. 节奏训练

(1) 材料:纸、水彩笔、油画棒、蜡笔等。

(2) 程序:展开方式——游戏。治疗师首先用铃鼓和声音作为外界的干预介质(也可用音乐/肢体舞蹈等),通过敲击铃鼓、哼唱高低起伏的曲调,让儿童分辨各种声音的长短、曲折,并用画笔进行点、线涂鸦的对应表现。然后,增加快慢、急缓的音乐节奏对比,要求儿童根据此时此刻的感受进行涂鸦练习(场的控制很重要,儿童开始感受时,治疗师尽量保持静候)。

(3) 练习要求:增加对各类节奏的觉察力(也可用诗句节奏、自然节奏、音乐节奏、舞蹈节奏等)。儿童回应感受的涂鸦方式不限。

(4) 讨论/目标:整个过程结束后,让儿童观看涂鸦作品,和儿童一起讨论感受到的内容(见图 4-3)。

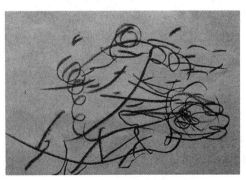

图 4-3 重度智障儿童不同节奏、旋律的涂鸦

2. 冷暖训练

（1）材料：素描纸、水彩笔、水粉颜色、油画棒、棒状涂色工具等。

（2）程序：将6色或12色水粉色调好，依次排开，让儿童可以直观地看到。询问儿童那些色彩给人感觉是温暖还是寒冷？让儿童根据此时此刻的感受自己选择搭配，并进行涂鸦练习（涂鸦手法不限）。

（3）练习要求：强化儿童对色彩的有意识感受，为儿童主动运用色彩表现情感做铺垫。可以根据情况，设计个人的系列训练或团体训练。

（4）讨论/目标：结束后，将所有涂鸦作品共同展出，大家共同讨论作品表现出的冷暖感受，评出最佳表现（如图4-4所示）。

图4-4 重度智障儿童的冷暖涂鸦

需要注意的是，治疗师在协助儿童增进觉察力的感知训练中，须遵循从简单到复杂的递进增长，既要尽可能提供一个丰富的整体文化场，又要有针对性地增加强化感知的具体内容。在设计感知训练时，既要避免不考虑特殊儿童实际状况就进行"想当然"的训练设计，又要注意不要不加选择地对儿童进行"无作为"放任，等待儿童自己觉醒，这两者都是不可取的态度。由于特殊儿童不同于常态儿童，只有在适度的有效刺激下，他们的内在潜能才会呈现良性发展。此外，感知训练阶段不必强调画面的表现性，而是在整个涂鸦活动中，通过对儿童行为的观察，把握儿童的感知接受状况。

从自由涂鸦阶段过渡到感知涂鸦阶段，是探查儿童联觉能力的重要阶段，治疗师只有准确觉察儿童知觉发展的状态，才能在适当阶段推进儿童领悟的联觉反应。所以，以儿童为本，从特殊儿童现有的能力出发，在观察儿童自由涂鸦的基础上，设计感知训练的内容，才能真正有效推进儿童感知能力的恢复和发展。感知训练促生的变化，可以体现在无意义涂鸦到有意识符号出现的转变中，儿童在此过程中会得到全方位的整体发展，是涂鸦技术中最具知觉康复价值的训练技术。

### （二）"感知对应"的表现训练

将感知到的感受，以涂鸦的方式表现出来，是表现涂鸦训练的目的。表现涂鸦是感知涂鸦的外化阶段，是儿童视觉判断、控制和表现的综合能力体现。表现涂鸦训练可以丰富儿童表现感受的视觉语言，使儿童在感知作品时，觉察自己的情绪或感受。

特殊儿童通过有效的感知训练后，就会开始对周边的事物发生兴趣和关注，随着觉察能力的提高，他们的表现欲也会逐渐增长。在"同构感知"的涂鸦训练中，特殊儿童会对视觉形式中的异质同构现象越来越敏感,并逐渐体现在有意识的涂鸦表现中。此时,协助他们发现"感觉到的"与"表现出的"内在一致性,便会促使他们主动地用涂鸦表现自己感受到的同构内容,这也是他们建构主客体内外互动的开始。特殊儿童的思维,会随着探索活动的深入,渐渐"活"起来。感知、处理、表达、再感知,这一系列活动便构成了动力关系,可改变特殊儿童刻板和僵化的状态,改善或减缓学习障碍。因此,该类涂鸦训练可以增强特殊儿童的整体表现力,增进他们对美感的体验,提高自我学习的能力,提高美术的表现能力。

具体操作时,治疗师首先需要从较易直观感知到的自然内容开始,逐渐增加与之相关的系列内容。也可以延续感知训练中已经被当事人感觉到的内容,推进将这种感受外化出来的表现。这时,治疗师自身的素养直接会影响到当事人对整个"场"的感受,也会带动当事人的感知变化。例如,画水的感受时,可以给当事人听水的声音:滴答声、流动声、或急或慢的流动声等,让当事人跟着声音的变化试着画。作为治疗师的教师也可以把着当事人的手,带领当事人一起体验听声画水(或观形画物)时的感觉,还可以借助相关的艺术表现(如音乐、诗歌、影像等),带动当事人的感知。虽然当事人是感知的主体,但治疗师提供给当事人的"同质不同形"内容的丰富度,直接影响到当事人对"质"性内容的理解和分辨。当当事人能够感知其表达的变化后,治疗师可以逐渐增加所提供内容的丰富性,如河水流动的变化、音乐中水的表现等。列举的示范操作如下。

1. 画"风"

(1)材料:素描纸、水彩笔、油画棒、彩色铅笔等。

(2)程序:让儿童体验以自己喜欢的方式画出气流(注重场的控制:通过声响或环境激发儿童的感受)。

(3)练习要求:用线条表现风的走向、强弱。如大风,轻风,还是龙卷风?如冷风还是热风等。

(4)讨论/目标:画后讨论画面痕迹表现的气流方式,比如:是像龙卷风式的旋转,还是以极弱、极小的曲线表达出的微风?是强劲的大风?还是短促的气流?让儿童把感觉和自身表达联系起来,并就"风"表现出来的水平进行探讨。

治疗师还可以根据儿童状况,酌情推进表现与对应物的联系,感受自然中的不同气流,并和自己的情绪相联系,丰富表达(见图4-5)。

图4-5 脑部钙化儿童在音乐引导下画的"风"

2. 画情绪

(1)材料:纸、水彩笔、油画棒、水粉颜色等。

(2)程序:在开放空间的墙上、桌上、地上放有固定好的纸张,让儿童体验不同情绪:高兴的、生气的、伤心的、愤怒的,要求儿童用动作和画笔在纸上表现,可以在环境中的任何纸面上开始涂鸦。

(3)练习要求:要求儿童注意形、色和情绪的对应,形式不限。

(4)讨论/目标：画后把作品展示出来，让儿童自己说说，或相互猜猜涂鸦表现的情绪，看看自己画的和大家猜的是否一样。例如：高兴的色彩是冷调还是暖调？伤心呢？生气了会怎样？都会有什么颜色？什么形状？……让儿童自己把感觉和涂鸦画联系起来，并就作品中的表现进行讨论(见图 4-6)。

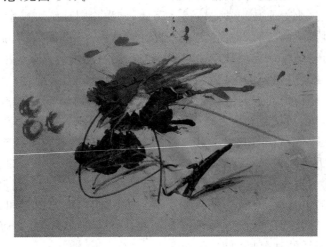

图 4-6　重度情绪障碍儿童画的愤怒情绪涂鸦

感知训练和表现训练只是把握感知涂鸦的侧重点不同，它们是协助儿童恢复和促进知觉联觉能力的一种策略。在涂鸦技术中，感知涂鸦是一种干预性质的体验技术，对恢复特殊儿童的知觉能力，促进潜能开发极为重要。在实施时，最好是以系列的方式进行，通过阶段性递进，整体推进儿童感知能力的发展。该涂鸦技术适用于学习障碍、多动症、智力障碍、语言缺失、心因性缄默、心理障碍等各类儿童的前期恢复阶段，也是实施治疗性美术教育的有效方式。

**(三) 感知涂鸦的作用及指导策略**

感知训练的重心在于促发儿童联觉行为的出现，增进儿童的觉察和领悟能力，是培养儿童整体感知外界和自我的一种训练方法，对特殊儿童和低龄儿童都具有至关重要的作用。与此同时，涂鸦阶段还是低龄儿童整体能力发展的重要阶段，相应的感知表现训练，还可以推进儿童"觉"和"知"体验的深入程度。

在运用中，首先要了解面对的对象。比如：对象是常态的低龄儿童，还是特殊儿童？是哪一类的特殊儿童？哪些是他们的优势？哪些是他们的劣势？他们在自由涂鸦中的表现如何？从哪里入手较为妥当？这些都对设计感知涂鸦的内容、方式和进度等至关重要。对象不明确，训练也就无从考究，缺少针对性。例如，对没有视觉能力的儿童进行视觉感知训练，肯定收效甚微，倘若从触觉感知训练入手，也许会惊奇地发现，儿童觉察的能力不仅提高了，还能创造出让人震惊的作品，这一点罗恩菲德已经为我们做出了榜样。所以，整体认识面对的对象，是确定感知涂鸦训练的第一步，这里谈及的认识，并不是进行心理分析和行为量表的考量，而是可以在自由涂鸦中进行的整体观察和探查。

其次，心理辅导者要明确运用该技术的范围和目的。比如：是用于特殊儿童的康复训练？心理干预治疗？还是治疗性美术教育？是哪一类的康复训练？听觉/视觉为主？视觉/

触觉为主？还是触觉/听觉为主？是怎样的干预治疗？心因性沟通障碍？情绪冲突？还是思维刻板？哪一类治疗性美术教育？常态儿童？还是特殊儿童？只有明确了以上这些，才可以针对儿童的特点和状况进行相应的协助。

### 三、实践案例

本案例是上一个系列案例的延续，为了减少不必要的重复环节，我们省略了部分的对象介绍和前半部分自由涂鸦系列的介绍，直接展开感知涂鸦训练的具体叙述。

**(一) 案例设计的目的和针对的特殊儿童类别**

案例是针对重度智力障碍儿童设计的知觉干预方案，是在系列自由涂鸦训练基础上的感知涂鸦训练。方案设计依据的是本章上一节自由涂鸦现场的观察分析。

通过前期的自由涂鸦训练，四位无配合行为儿童的知觉状态已经有所改观，除 S 外，都可以进行或多或少的随意涂鸦。该方案实施时，只有 Z 不能定期到场，其他三位儿童基本能够配合实施时间。

1. 感知涂鸦实施的目的

(1) 恢复儿童的知觉感知本能，因人而异地推进儿童的整体领悟力。

(2) 进一步通过感知涂鸦练习，帮助儿童调动手、脑、眼的联觉配合，训练协调性。

(3) 针对性地增设外界"场"刺激，采用以"节奏训练"和"色彩感应训练"为主的训练方法，循序渐进，协助儿童恢复和发展自己的知觉判断和表现力。

(4) 运用动力原理干预推进儿童的感知对应能力，促发无意识联觉到有意识表达的实现。

2. 实施对象现状（如表 4-3 所示）

表 4-3  感知涂鸦的实施对象

| 无配合行为重度障碍儿童的基本状况 | | | | |
|---|---|---|---|---|
| 代称 | W | J | Z | S |
| 类别 | 脑瘫/严重退缩行为 | 广泛性发育障碍/无语言 | 脑瘫/严重弱视 | 低功能自闭症/无语言 |
| 现状 | 羞怯退缩行为基本消除，握笔弱，但明显改善，涂鸦具有控制性，并乐于涂鸦。对外界的觉察不明显 | 涂鸦开始出现控制性，有重复涂鸦行为，眼能发觉手的运动，对声音的变化敏感，但手、脑、眼的配合基本处于后知后觉状态 | 抓握能力较好，弱视严重，脑瘫程度严重，需搀扶行走，对外界觉察迟钝，较被动 | 基本消除对笔的恐惧，可以接受现在的新环境，开始观察其他成员的行为，有表现欲，但不稳定，具有攻击性 |

**(二) 基本准备和时间安排**

1. 材料：图画纸或黑板（四开、二开）、铅笔、油画棒、水彩笔、粉笔、调好的 6 色水粉色、棒状涂色工具（萝卜制作）、音乐卡带等。

2. 场地：场地还是原来的开放空间，儿童基本会直奔自己选择好的固定地方。

3. 相关工作：让儿童参与环境的布置，比如：摆放笔和色彩盘，收拾杂物等。让儿童选择希望使用的背景音乐，要求儿童穿工作服，并开始要求儿童涂鸦结束后，整理自己用过的东西，增强儿童有意识的自主能力。

4. 时间安排：感知涂鸦的时间为 35 分钟。

### （三）展开感知涂鸦训练的步骤

感知涂鸦可以作为独立课程，一次性进行，也可以作为单元系列课程，整体进行。对于特殊儿童来说，一般采用单元的方式较为有效。在展开本实践案例时，前期侧重感知训练，后期侧重表现训练。

1．感知涂鸦的感知训练单元

（1）单元目标：本单元增加了节奏比较、色彩感知的知觉训练内容，有意识增设了"场"刺激，利用声音、音乐作为强化视觉与听觉的知觉联觉介质，扩大参与成员的知觉联系范围。协助成员体验介质中的美感特质。扩大他们活动的范围和活动自由度，有意延长儿童机体与感官间整体协作的涂鸦频率，训练其眼、脑、手的配合和灵敏度（对于重度残疾儿童，需把机能训练与感知训练结合在一起，共同进行）。

（2）观察重点：重点观察儿童肌体的配合程度、持久性，知觉的感知状态和整体反应。了解儿童运用涂鸦工具的能力：观察儿童选择工具的主动性，了解儿童工具的使用（控制性和创造性）。

（3）实施前的准备：工具准备有干预媒材（音乐）、表现媒材。

设计的展开方案：团体涂鸦（本单元共 8 次，35 分钟/次）。

过程记录形式：视像、作品。

（4）实施中注意的方面：

① 环境"场"的营造：观察儿童在"场"中的反应，调整"场"氛围。

② 儿童感知音乐的程度：根据儿童知觉响应程度选择刺激媒材的表现强度。

③ 儿童如何选择表现工具：据此评估儿童心理关注的趋向（重形式还是注色彩表现）。

④ 儿童响应节奏的能力：了解整体感知的回应性如何，有哪些感知优势。

⑤ 画面的变化状态：了解儿童的情绪、思维状态及表达程度等。

（5）实施后的分析与方案调整：现象分析（参看效用分析比较部分：第 20 次课堂表现）

2．感知涂鸦的表现训练单元

（1）单元目标：本单元注重引导儿童有意识地控制涂鸦走向，给儿童自我体验觉察的充足时间，协助儿童觉察自己涂鸦的结果及画面变化，促进儿童有意识表达。

（2）观察重点：重点观察儿童整体的知觉感知状态和画面表现，了解工具运用能力。

（3）实施前的准备：工具准备有干预媒材（音乐）、表现媒材。

设计的展开图案：团体涂鸦（本单元共 8 次，35 分钟/次，实施 5 次）。

过程记录形式：视像、作品。

（4）实施中注意的方面：

① 儿童感知的投入状态：了解儿童知觉响应的程度，是否对媒材内的美感特质有觉查。

② 干预是否奏效：了解问题行为的改变状态，评估干预强度是否适当和有效。

③ 儿童涂鸦与感知内容的对应程度：从工具使用和画面表现了解整体状态。

（5）方案总结和效用分析：参看效用分析比较部分：第 29 次课堂表现。

### （四）前后干预效用分析比较

整个涂鸦干预的前后期变化还是较为明显的，证明即使是全无配合行为的重度残疾儿童仍然可以在感知训练中获益,而且依然具有心智发展的空间。为了让大家对效用分析有个直观的认识,我们将该组 W、S、J、Z 感知训练的单元效用进行一个对照展示的分析。

1. W 的感知涂鸦效用分析

(1) 感知训练的效用分析(选自 W 在感知涂鸦训练阶段的第 20 次课堂表现,见图 4-7)

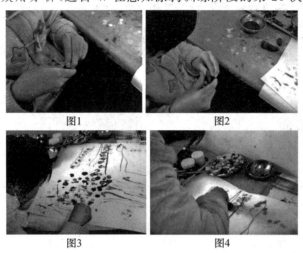

图 4-7　涂鸦干预:感知涂鸦训练阶段第 20 次课堂表现

手部状况(见图 4-7 的图 1、2):主动抓握不同工具,能连续涂鸦 35 分钟以上。手指小肌肉群的控制性有所改善,掉笔次数减少。可以控制粗细线条走向,能旋转涂色工具画出不同形状。

感知状态(见图 4-7 的图 3、4):主动性倾听增多,有联觉反应,画面开始出现对应音乐的点线表现,但持续时间很短,不能连续表达。可以响应音乐节奏的变化,有所区分地选择不同表现工具完善画面。涂鸦开始出现明显的形式组织(点、线形成的抽象表达)。

整体状况分析(见图 4-8):羞怯退缩行为基本改善,开始说话,每次涂鸦都很主动。可以站起来画画,肢体运动的幅度较大。整个涂鸦过程虽然很吃力,但兴致较高,笔掉了,也能努力捡起来。对色彩和工具的使用,有明显的选择意识。画面线条有粗细、长短、方向和色彩的变化,用笔的方式也不同,能点、按、转动、划、斜着画,有意识地控制涂鸦痕迹。"感知状态"体现出眼、脑、手的配合,出现组织能力和一定的感知表达。

图 4-8　W 用点线组织出的体验表现(听《高山流水》曲)

（2）表现训练的效用分析（选自 W 在感知涂鸦训练阶段的第 29 次课堂表现，见图 4-9）

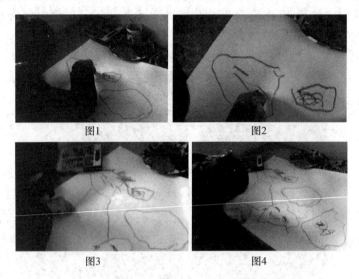

图 4-9　感知涂鸦训练第 29 次课堂表现（结束）

感知状态：能感觉音乐节奏的变化，对喜欢的曲子反应明显，会主动起身挥笔表现。

画面表现：W 先进行了圆圈涂鸦（图 4-9 的图 1），然后通过添加线条完成了笑脸的绘制（见图 4-9 的图 2），体现出很好的控制性、响应联想性和组织能力，完成的画面具有很好的完整性。W 第一次主动坚持涂完所有颜色（持续了近一个半小时）。

工具运用：手对笔的控制性越来越好，线条清晰肯定，从上到下一气呵成（见图 4-9 的图 3、4），涂色方法也有变化，可以转换笔的方位涂色，能用三指夹住笔涂色、描画。

整体状况分析（见图 4-10）：经过一学期 29 次的涂鸦训练，肢体的运动协调性有所改善，减少了原来的羞怯退缩行为，会大声对别人说："这是我画的！"自信心增强，与人交流增多，开始主动和伙伴玩。绘画能力从无到有，已经能借助外界刺激进行联想涂鸦，给画起名。W 是四人中感知和表现恢复最好的一个（见图 4-11）。

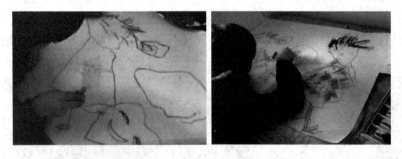

图 4-10　感知涂鸦时的画面进展（听 CD《流淌的歌声》进行的创作）

根据现象分析：W 的心智程度较好，原来的无配合行为主要源自心因性行为羞怯退缩和严重的肌体障碍。通过涂鸦技术的干预，W 恢复了自信心，减轻了问题行为，身体的持续锻炼又改变了原有的肌体僵化，最终在作品完善的过程中体验到升华的快乐。

图 4-11　最后的作品《放风筝》(2 开素描纸)

2．S 的感知涂鸦效用分析

(1) 感知训练的效用分析(选自 S 在感知涂鸦训练阶段的第 20 次课堂表现,见图 4-12)

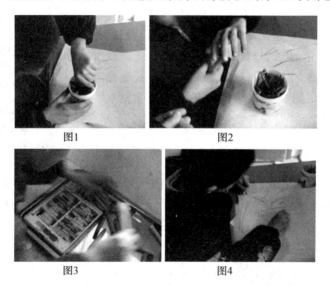

图1　　　　　　　图2

图3　　　　　　　图4

图 4-12　感知涂鸦训练阶段第 20 次课堂表现

手部状况(见图 4-12 的图 1、2)：整个过程可以自如抓握各类笔,对工具的选择有目的性,会挑选自己需要的笔,没有选择教师递来的笔。手可以控制线条走向。

感知状态(见图 4-12 的图 3、4)：对笔不再感到恐惧,用笔表现的兴趣大于对笔的兴趣。关注手对不同笔的抓握感受,关注色彩在纸面上的变化,感觉方式主要是触觉式。画面出现不同色彩的线条表现,但缺少有意识的控制能力。

整体状况分析：肢体的协调性较好,身体的机体反应状况良好,智力状况滞后,内在冲突严重。现阶段已消除了对笔的恐惧感,在感知训练中可以体会节奏和音律的变化,但响应成分不多。出现涂鸦表现欲,对美术工具的关注和尝试是涂鸦的动力源,持续时间一般为 5 分钟左右。对他人的攻击性减少。

(2)表现训练的效用分析(选自 S 在感知涂鸦训练阶段的第 25、29 次课堂表现,见图 4-13)

感知状态:出现联觉反应,会主动感受"场"信息,对熟悉的曲子会发出声音跟随,并主动挥笔表现(见图 4-13 第 25 次图 1、2)。急于表达感受,表现不出来时,会向教师求援,当教师手把手带领他感受时,会闭上眼睛体会,体验中再次反映出触觉感知有优势。

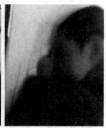
第25次图1　　第25次图2

画面表现:画面涂鸦开始丰富,出现有意识涂鸦控制,除色彩选择有对应外,还出现了涡状圆圈涂鸦,涂鸦持续时间延长,约 10～15 分钟。能涂完一张纸(见图 4-13 的第 25 次图 3)。最后一次能独立连续画几张,画面出现不同形状的组织(见图 4-13 的第 29 次图 1、2)。

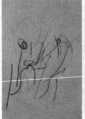
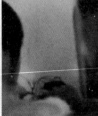
第25次图3　　第29次图1

工具运用:运用工具熟练自如。

整体状况分析:经过干预训练,S 将攻击工具(笔)转为了表现工具,也消除了部分的心理冲突,可以正常体验外在环境"场"的变化。能走出封闭的自我世界,与教师和同伴进行一些正常的互动交流(观看别人画画、向教师求助等)。可以有意识控制手的行为,画面的自主控制增多,无意识行为减少,出现触觉和视觉交替感知的主动表现,开始审视自己的作品,发现自我的存在。绘画能力从无到有有了突破。

第29次图2

图 4-13　感知涂鸦训练第 29 次课堂表现(结束)

根据现象分析:S 的心智程度较低,自我封闭严重。无配合行为主要源自无法理解他人的意图,心因性障碍和智力障碍是主要原因。通过涂鸦技术的干预,S 恢复了一定的知觉体验能力(首先是触觉,而后是视觉),能够发现自我的存在,并感受到理解他人和被他人接受的快乐,增长了自尊和自信心,原先的整体状态得到一定的改观,开始热衷各类的尝试学习活动(如插雪花片、涂鸦等),且持续时间有所延长。

3. J 的感知涂鸦效用分析

(1)感知训练的效用分析(选自 J 在感知涂鸦训练阶段的第 20 次课堂表现,见图 4-14)

手部状况(见图 4-14 的图 1、2):手部的抓握没有问题,但小范围的涂鸦控制较难做到,喜欢运动幅度较大的涂鸦活动,能持续涂鸦 20 分钟以上。手臂活动从运动性转为控制性,能进行快、慢、缓、急和长短的控制表达。

感知状态:听觉的分辨较为敏感,属于听觉/触觉、听觉/视觉两类感知方式交替进行。有明显的联觉反应,可以主动地感知体验。会根据感觉的不同,主动选择工具。喜欢尝试不同材料,持续时间越来越久,出现超常发挥,完成一张完整作品。

整体状况分析(图 4-14):J 的各方面发育状态滞后,但整个机体的运作状况较为平衡,智力障碍明显。感知状态大多处于无意识直觉觉察,主动觉察较少,开始时不能把自己的涂鸦行为和结果对应。但干预后,有所改观。手部的控制明显增强(见图 4-14 的图 3),主动的

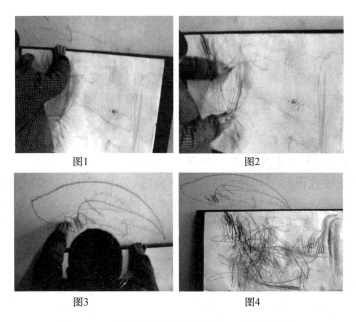

图 4-14　感知涂鸦训练阶段第 20 次课堂表现

联觉体验增多,会长时间感受"场"的变化,对外界刺激反应明显。开始将手部控制和直觉感受联系起来(见图 4-14 的图 1、2)。并能认识到自己的涂鸦结果,会长时间注目观看。

(2) 表现训练的效用分析(选自 J 在感知涂鸦训练阶段的第 29 次课堂表现)

感知状态:能分辨出音乐中较明显的节奏,并用点、线来表现。但听的时间多,画的时间少。

画面表现:可以进行小范围的控制涂鸦(见图 4-15 的图 1),换纸的频率较高,开始不满意自己的涂鸦作品,会有选择性地撕毁画面,能进行对应的涂鸦活动,并可以在"线"状图形上画圈形,出现有意识的控制结果(见图 4-15)。

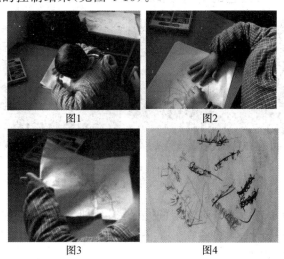

图 4-15　感知涂鸦训练第 29 次课堂表现(结束)

工具运用：可以进行工具的整理，会选择运用，对可以调和的水性流质颜料感兴趣，乐于尝试。

整体状况分析：经过训练，J的心智有所发展，从无意识运动涂鸦到有意识表现，体现出内在的动力变化，对自己的作品从"不察觉"到关注，再到有意识处理，体现了认识上的变化。手对线条和形状的控制，是协调性增长的体现。原本的后知后觉状态有所改变，主动表达增多（包括行为上的）。

根据现象分析：J的心智障碍较为明显，无配合行为主要源自大脑神经系统存在惰性导致的思维滞后。通过涂鸦技术的运用，J内在的动力状态得到改善，知觉的感知机制开始有所恢复，肢体运动的增大带动了内在感应机制的复苏，整个人开始活跃起来。由于J听觉感知较为敏感，听觉和触觉的配合首先出现，而后才是视觉体察，因此，后期体验"场"信息时，联觉带来的变化较为明显，但由于整个智力状况严重滞后，需要一个长时间的康复训练方为理想。

4．Z的感知涂鸦效用分析

（1）感知训练的效用分析

手部状况：可以握住教师给他的笔，抓握有力。手指小肌肉群的控制较为僵化，只能左右移动。

感知状态：弱视严重，主要凭借触觉和听觉体验外界，有语言能力，思维反应较为连贯。

整体状况分析：脑瘫症状明显，有心因性障碍，不愿主动尝试，但没有太大的抓握困难，思维反应较好，可以鼓励其运用触觉感知外界。

（2）表现训练的效用分析（选自Z在感知涂鸦训练阶段的第29次课堂表现）

感知状态：能感觉音乐节奏的变化，开始有想象色彩，会主动跟随音乐节奏涂鸦，能大声跟唱。

画面表现：画面出现线和点的不同处理（见图4-16的图1），体现出较好的联觉响应和控制性。

工具运用：会向教师要红色的笔，会主动要求换笔的颜色。

图1　　　　　　　　　图2

图4-16　感知涂鸦训练第29次课堂表现（结束）

整体状况分析：由于不能配合训练时间，Z的干预训练基本处在感知训练阶段，但每次都很愿意进行涂鸦活动，喜欢在大纸上涂鸦。最后可以区分节奏的不同表现，能响应音乐的节奏变化，可以用点、线区别再现。

根据现象分析：Z的思维和反应在该组中属于较好的，也没有明显的羞怯退缩行为，无配合行为的主要原因是弱视和脑瘫带来的行动不便。通过涂鸦技术的干预，Z恢复了主动性，减轻了对视觉的依赖，开始注重触觉带来的感受体验，在干预阶段积极响应联觉带来的变化，行为表现因此得到改观，身体的僵化在活动中变得灵活，使自信心得到恢复。

我们的实践证实，重度残疾儿童的知觉是可以在有意识的干预下获得改善的，涂鸦不是作为美术技能的训练，而是作为知觉恢复的训练技术，被运用到特殊儿童的知觉康复治疗中。感知涂鸦作为一种美术治疗方法，对儿童直觉能力的培养具有重要的价值。我们列举的示范，不能展现儿童的全部改变，只能展示短期涂鸦训练（29次）带来的画面和行为变化，重在让大家了解其干预疗效。

感知涂鸦训练的重心在人，不在画，只有明了感知训练的目的是增进人的本能知觉力，才能万变不离其宗。万不可本末倒置，只照本宣科地照搬操作方式。无论是哪一类型的特殊儿童，都会具有感知外界的能力，不必苛求儿童首先具备什么能力，而是发现儿童还有哪些能力，这是实施感知训练的关键。

## 第4节 联想涂鸦法

与自由涂鸦法和感知涂鸦法相比，联想涂鸦法的重点在于人的思维意识活动，借助涂鸦产生的痕迹引领联想，引发儿童的无意识和有意识思维运作，探寻儿童的潜意识内容。所以，协助儿童搭建自我觉察和认识的桥梁，增进内在领悟和外在洞察力，是联想涂鸦法实施的主要目的，因此，联想涂鸦是促进儿童思维发展的重要方法。

联想涂鸦还是一种积极的心理干预技术，是治疗师深入了解儿童心理活动、协助儿童消除内在心理隐患的一种投射处理方法。联想涂鸦已不再局限于视觉形式本身，可以拓展到各类感知觉的联想体验中，借助涂鸦进行的各种联想表达（如语言、肢体表达等），具有与图像表达同等的心理干预价值，所以被广泛运用于心理治疗。

### 一、联想涂鸦的性质

在联想涂鸦中，儿童是联想涂鸦的主体，基于涂鸦展开的联想是一种以儿童为主体的主客体互动。在艺术教育治疗中，它是促进思维分化，推进儿童感知觉和思维统整的训练方法。在美术心理治疗中，它是带动思维转变，促发治疗产生的重要手段。

### 二、联想涂鸦呈现的技术种类及效用

能够进行联想涂鸦的儿童一般都具备了一定的感知和思维能力，可以借助具有相近结构的不同意象进行联想，但展开联想的方式会有所差别。我们把涂鸦后，因固定的涂鸦痕迹触发的延伸性形象联想，称为图像联想式。把在涂鸦过程中，联想与涂鸦同步进行的互动形象联想，称为活动联想式。以此将种类繁多的联想涂鸦技术分为两大类。

#### （一）图像联想式涂鸦法

图像联想是利用涂鸦的视觉形式促发儿童思维活动的一种联想方式，是涂鸦后进行的各类联想活动。图像联想式涂鸦法具有以下几个特征：

第一，先涂鸦后联想。用来引发联想的涂鸦画可以是当事人自己自由涂鸦的结果，也可以是与他人合作的涂鸦作品，涂鸦的过程和结果并不具有具体的意义。

第二，涂鸦后的联想内容是治疗关注的重心。图像联想式涂鸦法关注的重点是当事人在观看涂鸦痕迹时的整体反应和表现。治疗师以参与者的身份旁观当事人对涂鸦痕迹的联想过程，捕获当事人在联想中的自我投射内容，凭借自己对当事人联想行为的整体觉察，判断当事人思维的发展状态，获得对当事人的全面认识，探查当事人的问题所在，以此提供相应的心理支持。

第三，涂鸦是思维交流的象征媒介。该类涂鸦技术不关注涂鸦表现的好坏，只借助涂鸦痕迹引发带有个人经验成分的联想内容，探查具有象征性的意象意义，以此展开分析或干预。

该类联想涂鸦可以推动儿童思维能力的发展，帮助特殊儿童建立思维的连贯性，改善特殊儿童的思考方式。在儿童的心理治疗领域，图像联想式涂鸦技术多被用于儿童心理的诊断和探查协助。例如：南伯格的线条法、中井的画框涂鸦法等。列举的具体操作示范如下。

1．画框涂鸦法

（1）材料：纸、各类笔。

（2）程序：让儿童在画纸上开始涂鸦。要求儿童共完成两幅自由涂鸦画，一幅是在画有格子的纸上涂鸦，另一幅是在空白纸上涂鸦。

（3）要求：让当事人先在格子纸的空格中涂鸦，然后再用没有格子的画纸涂鸦。

（4）对涂鸦进行自我投射的联想：涂鸦结束后，与当事人进行交谈，让当事人分别对两幅画的内容进行自由联想，再将联想结果进行比较对照，探索当事人投射的潜意识内容，以此研究当事人的人格。通常治疗师会用指导语展开引导问询。例如：你在这里可以看到一些什么形状？我们来做一个找找看的游戏。看看这里面藏着什么呢？找找看能不能发现其中有人物、动物或者什么风景？

该法的创立者中井（1971）通常会提供一些提示性的选择，例如：这是软的还是硬的呢？是光滑的还是粗糙的呢？是轻轻的，还是重重的？它大还是小？是液体、气体，还是固体？它看起来远还是近？是张开来的还是缩起来的？是浮着的还是沉下去的？感觉是亮的还是暗的？看上去是什么颜色啊？[①]……以此引发儿童的连续响应。

2．单色涂鸦法

（1）材料：白素描纸、单色水笔、其他材质的单色媒材（如萝卜、毛刷、海绵块等）。

（2）程序：以团体或互动的方式，让儿童在一张纸上随意涂鸦，有意识地引导儿童注意痕迹差别（图），发现纸面中空白处的形状（底），通过儿童在画面上相互添加痕迹，完善画面制作。

（3）要求：只用单色进行涂鸦活动，突出单色痕迹形成的图底关系，便于每个儿童随后展开自由联想。

（4）展开联想讨论：可围绕出现的痕迹让儿童展开交流，诱发儿童表达对不同痕迹的相关感受，在团体互动的氛围中激发儿童的联想能力，通过已有痕迹引发儿童的补缺联想，以

---

[①] 杨东．艺术疗法—操作技法与经典案例［M］．重庆：重庆出版社，2007：189．

此探查儿童的感知状态和理解力,培养儿童思维的连贯性。可以通过互动的接龙游戏展开联想,也可以用指导语引导儿童进行联想。例如:我们来看看这里面都有些什么啊?这些白色的像什么呢?有什么藏在这些深色线条里呢?眯起眼看看,里面都有些什么呢?转动一下画面,你会发现什么?

让儿童试试从别的角度观看,引导儿童在感受痕迹长短粗细和节奏性时,发现图底关系,借此丰富儿童的感知和联想,并进行适当的象征性情感探索。总之,引导儿童开始联想的方法不限。

3. 点到点涂鸦法

(1) 材料:白素描纸、各类大小、粗细不同的毛笔、水粉流质媒材等。

(2) 程序:让儿童用不同的笔在纸上进行随意滴洒的自由涂鸦,还可以让他们用拇指沾色进行点或按的涂抹(可参看自由涂鸦的点线训练)。

(3) 要求:滴洒的色点可以随意重叠或分散,完成涂鸦后,让儿童对由色点痕迹形成的图底关系进行自由联想。

(4) 展开联想讨论:通过让儿童观看纸上画或滴出的不同点关系,逐渐延伸出联想的意象。治疗师也可以用指导语引导儿童开始表述。例如:嗯,这两个重叠在一起的像一串糖葫芦哦,你们看看,其他的痕迹像什么呢?让我们来看看这里都有哪些颜色?这个浅色点和深色点在一起有什么感觉呢?让儿童通过不同的形、色痕迹进行情感和知觉联想的投射,还可以利用色彩探查儿童的潜意识情感状态,了解儿童此时此刻的心理感知情况,以此探查儿童具有象征性的意象内容。

在这里,涂鸦是消除儿童思维阻抗、推进表达的一种方法,治疗师不是根据画面中是否含有某些特征或细节来确定儿童可能有的意图,而是通过联想过程中的象征性表征来整体察觉儿童的状况,这些象征性表征是通过画面、言语和行为中反复出现的指代对应显现的。例如,儿童在进行涂鸦联想时,会把某种颜色线条称作某个特定的人或物的轨迹,一边联想其活动,一边表现出该象征物的活动特征,这时治疗师便可以将三者对应起来,了解该意象在儿童意识中的象征指代。比如:儿童会指着涂鸦中的某条乱糟糟的红线说:"这是小红鱼游过来了,它想吃鱼虫,啊呜,啊呜,它游来游去总也吃不到,是被旁边的黑鱼给抢了。"并表现出愤愤的样子,这时治疗师就可以将涂鸦痕迹与儿童的行为表现、语言表达联系在一起,整体判断儿童在群体中遇到的交往问题。

因此,在图像联想式的涂鸦技术中,涂鸦是治疗师与当事人思维交流的媒介,也是治疗师协助当事人发觉自己潜意识内容的最初方法。但凡具有自由涂鸦能力,又有一定理解力的儿童,都可以进行该类的思维联想。因此,图像联想式涂鸦法常被用于儿童的心理诊断和干预治疗,成为心理医师的首选。

**(二) 活动联想式涂鸦法**

活动联想是伴随着涂鸦的发展进程,逐渐推进的一种思维联想。活动联想式涂鸦法都具有参与者主动处理的成分,其涂鸦过程会呈现出一种无意识和有意识交替进行的发展趋势,具有探索性、偶发性和变异性的特质。涂鸦结果往往是画者意志控制的体现,其画面表现是思维联想的产物。活动联想式涂鸦法大都具有阶段特征,其特点如下:

第一,涂鸦初期都是无意识的随意涂鸦。活动联想式涂鸦展开的形式多种多样,任何涂鸦形式都可以作为该类联想涂鸦的开始。操作形式不限。

第二,涂鸦过程带动思考,思考又推进涂鸦。当无意识痕迹产生后,思维联想也就开始了。涂鸦者根据现有的不着边际的视觉痕迹,进行意象的感知联想,逐渐将它们与某种感觉或形象联系起来,通过有意识添加或去除某些视觉元素,让画面中的意象逐渐变得清晰明确。思维的联想变化在涂鸦的过程中透过视觉形式呈现出来。

第三,涂鸦的最终结果是思维联想的体现。涂鸦中的联想过程是形象思维的演变过程,涂鸦者在思维联想的引导下,将无意识涂鸦变成具有象征性的有意识表达,最终发展成含有投射寓意的完整作品,使无意识涂鸦转变为有意识的形式呈现。

第四,思维联想与画面发展具有同步性。思维活动在该类联想涂鸦中具有显著的特质,从无到有的画面形式是涂鸦者思维建构的过程体现,画面的组织与构成,直接反映画者内在的意识状态,两者具有密切的联系。

由此我们可以发现,活动联想式涂鸦法会关注涂鸦的整个过程,其结果更具有视觉表现性,是当事人整体感知和思考能力的体现。既可单独展开,也可以互动进行。列举的操作示范如下。

1. 凯恩的联想涂鸦法[①]

该法是协助儿童自己进行联想涂鸦的操作方法。整个过程分为三步:

(1) 自由涂鸦阶段:包括预备的呼吸练习和有节奏的身体动作练习,要求每个儿童用彩色粉笔在自己的纸上完成涂鸦。具体实施时,让儿童整个身体有节奏地动起来,在空中进行"绘画"运动。节奏和动作达到一定的自由度和强度后,让儿童闭上眼睛在纸上涂鸦,用任意的、不表现具体对象的形状表达自己的心境与情感。

(2) 自由涂鸦结束后,让儿童从不同角度审视自己的"涂鸦",直到从中看到某种形式的意象。

(3) 在"涂鸦"的基础上画出自己看到的意象,不断细化直至完成。在此过程中,充分利用原有涂鸦里符合自己构思的线条,去掉那些不符合构思的线条,这样,最后的作品就具有了儿童自身的投射内容,与原来的涂鸦出现较大差别。

2. 随机联想涂鸦法

这是一种干预性较强的互动联想涂鸦法,是儿童在治疗师的诱发下进行的活动联想式涂鸦法,可以根据实施的阶段特点,进行有针对性的内容调整。

(1) 前期涂鸦:鼓励儿童随便画出一笔,由治疗师来修饰完成一个图像,以此引发儿童的参与兴致,建立联盟关系。然后由治疗师在纸上随意画出一笔线条,让儿童对这些线条进行自由添加。

(2) 干预性阶段:治疗师有意识地沿着儿童添加后的痕迹趋势进行诱导添加,使涂鸦内容呈现暗示性特征,刺激儿童对画面痕迹进行意象的感知联想,激发儿童有意识地添加或修改画面,治疗师根据其画面的演变发展,了解和探查儿童的状态,随机参与儿童的联想涂鸦,让双方的思维交流随着视觉形式的发展逐渐深入,促成交流的默契(期间可以根据情况加入相应的言语探询和交流)。

---

① 周红.表情达意与心灵润泽[D].南京:南京师范大学博士论文,2005:45.

（3）后期作品的完成：当儿童主动控制画面的修饰完善时，治疗师只以旁观的方式支持儿童的主动表现，对其进行适当的观察和提醒，由儿童自己体察自我在涂鸦中的思维演变，并自己决定完成作品的时间。

3. 交替式涂鸦法[①]

该法是温尼科特创立的一种联想涂鸦技术，又叫"接着画"，其主要特点在于治疗师与儿童间的互动：彼此先分头自由涂鸦，然后由对方在涂鸦作品上通过联想完成修改。具体实施流程如下：

（1）治疗师与儿童各自在画纸上进行随意涂鸦。

（2）交换画纸。

（3）分别想象对方画出的线条可以看做是什么东西，再把它加工成画。

（4）上色。

该法用于初期导入时，需注意交替涂鸦的流畅性，要接替迅速，至于绘画的完成程度并不重要，主要目的是通过平等的交换操作，消除当事人的阻抗，拉近与当事人的距离。同时也使通过非侵袭性行为在当事人和治疗师之间建立治疗同盟的尝试变为可能。

在中期或后期用于引发自由心象的联想时，需注意在意义交流中可能出现转移的意象内容，以及攻击性、挑战性心象特征的出现，这些都可能是儿童用来表现内心不安和关切的形式表征。温尼科特在分析这些涂鸦式图画时，不只根据画中是否含有某些特征或细节来确定其形式意义，而是凭借自己的整体感觉来判断儿童画的意义。

需要注意的是，上述两种互动联想技术在运用时，会带有治疗师自己的潜意识成分，这些会给儿童带来一定的影响。需注意尽量避免负面信息的流露，多以正性信息干预儿童的思维发展，或酌情调整涉入的深度。

无论是图像联想式，还是活动联想式，联想涂鸦是促成象征意象产生的重要手段，它是运用美术干预儿童心理的基础。联想涂鸦还是促成有意味形式出现的主要方式，是涂鸦技术与绘画技术的衔接阶段，具有承上启下的作用，其涂鸦结果也是最具有诊断价值和干预性质的涂鸦作品。该类涂鸦的演进过程便是干预的治疗过程。

### 三、实践案例

联想涂鸦是能引发自发性绘画表达的一种有效手段。温尼科特在《儿童的治疗辅导》（1971年）一书中介绍了大量的该类实践病例，可进行借鉴参照。考虑到联想涂鸦在心智健全儿童的心理干预中，将会具有更为广泛的运用，我们选择了一例适用于心理危机儿童灾后处理的团体案例，在这里向大家展示。

**（一）案例设计的目的和针对人群**

这是一例2008年四川汶川灾后危机干预方案[②]，实施的目的是帮助成员调适灾难事件带来的冲击力，通过重构技巧，协助他们转化强大的心理压力，进而获得面对灾难的内在力量。

---

① 杨东.艺术疗法—操作技法与经典案例[M].重庆：重庆出版社，2007：186-189.
② 张雯.心理辅导方案应用实例灾后绘画艺术[J].艺术评论，2008(7)：19-24.

适用于各类创伤事件的心理减压与重建工作。例如,各类学校(特殊学校、中小学、大学等)出现交通事故、自杀等危机事件后,需要进行的善后心理辅导,可针对与该类事件密切相关的特殊儿童类别,进行小范围的心理辅导,也可组成十人左右的专门小组,对整个团体进行减压疏导。

**(二)实施前的准备工作**

(1)时机选择:危机事件发生后的1~7天内。其中有代表性的切入时机包括:在灾后一周的全国哀悼日,对大众的替代性心理创伤进行团体辅导,面向非灾区大学生。灾后两个月内,为灾区师生做心理辅导。建议运用的其他时机包括:中国传统节日如中秋、春节、元宵节前后,危机事件的周年纪念日等。

(2)操作方式:团体涂鸦辅导(人数约为8~12人)。

(3)进行场地:尽量不受干扰、有可移动的桌椅教室。

(4)干预时间:根据组员人数和分享的情况,弹性掌握,约在1.5~3小时之间。

(5)艺术媒材:蜡笔或水彩笔,每人有三张A4的白纸(可用正反面)。

**(三)展开的步骤**

第一步,治疗师简单介绍要求后,发放工具。彩色笔(蜡笔)、A4白纸。

第二步,明确减压团体的目的及过程。说明活动是为了帮助成员调适这一灾难事件带来的压力,而不是进行检讨或开调查会。

第三步,说明基本规则。如:组员平等、互相保密、成员请不要对同伴的话录音、记笔记等。

第四步,行动式的社会测量。选一个颜色代表此事件,将这一颜色画在画纸的一个位置,借此了解这一灾难事件对参与者的影响程度或关系程度。

第五步,层层递进的作品涂鸦与分享。每个人画六张。

(1)初期热身阶段

① 第一幅:非惯用手涂鸦。

第一,请成员在第一张白纸上,用非惯用手在白纸上涂鸦。用刚才所选的颜色在纸上乱涂。

第二,原理说明。这是具有"暖身"功能的步骤之一。采用非惯用手涂鸦,可以减低成员对创作好坏的焦虑感。涂鸦是最简单的方式,它无关乎任何绘画的技巧,同时可以突破好坏美丑的概念,涂鸦会唤起人们早期涂鸦的经验与记忆,这是鼓励成员直接去"做"、"画",来代替去"想"的暖身活动,帮助成员将自己最原始、抽象的图样呈现出来(见图4-17第一幅)。

② 第二幅:惯用手涂鸦。

第一,请成员将白纸反过来,再选另一个颜色,用惯用手在白纸上随意涂鸦。

第二,视觉分享。请成员比较左右手画的这两张图画的面貌与形式,只做作品的"视觉分享",可以观察自己左右手的涂鸦形式,以及自己与他人的相似、相异点。

第三,成员心理评估。要注意观察成员在这两幅作品上的创作方式及完成时间,以及是否有成员在这个阶段需要耗费很多时间来覆盖涂鸦,甚至想平涂,或者有无法停止的状态。治疗师可通过这些方面,来评估成员心理反应状态(见图4-17第二幅)。

③ 第三幅:表现手法为"线条"。

第一,请成员拿出第二张白纸。治疗师先以行动示范的方式,画出几种不同类型的"线条"。并用来说明在绘画中,"线条"是有开始和结束的涂鸦,黑色的灾难和被摧残的花朵线条是有意图性、方向性,同时也会有终点的,比涂鸦需要更多的控制力。

第一幅 黑色的灾难

第二,接下来在引导中,要注意以"中性情绪"为开始,并以"正向、有能量的情绪"作为结束。

下面是几种线条主题,可用于引导情绪,供参考。

请找出一个颜色来代表赖床,并画出表示"早上不想起床,赖床的线"。

选一个颜色来代表生气,并画出表示"生气的线"(愤怒、可恶、不公平)。

第二幅 被摧残的花朵

选一个颜色来代表倒霉,并画出表达"倒霉的线"(伤心、痛苦、悲伤)。

选一个颜色来代表平静,并画出象征"平静的线"。

视觉分享:请各组成员指出自己画出的每一条线,在组内观察自己与他人对于相同情绪所使用的线条、色彩的表达方式有何相同或不同(见图4-17第三幅)。

④ 第四幅:表现手法为"图形"。

第一,请成员将第二张白纸反过来,在背面按下面的提示画出不同的图形。

第三幅 用以表达不同情绪的线条

图 4-17

第二,治疗师先以示范方式来说明什么是图形。是从一条线发展到一个图形,将线的开端与结尾相连就会成为图形。"图形"是从一条线发展出来的,比线条更有控制性,因为将线的开端与结尾相连时就会成为图形。

第三,选一个颜色,画"关于这次危机事件"的图形。在此例中,是关于地震灾难的图形。

第四,选一个颜色,画表达感觉的图形。"在危机事件中,觉得有一些令你感到或窝心、或舒服"的东西。

第五,选一个颜色,画一个图形表示"在危机事件中,最糟糕的状态"。

第六,选一个颜色,画一个图形表示"如果我早知道会面对这样的危机事件,那又会怎么样呢?"(如图4-18第四幅)

注意事项:如果成员对危机事件的表达很抽象,则可邀请成员给每个图形着色,着色可以建构对此事件的情感联想。但要特别注意的是,当成员情绪过于强烈时,则切勿要求成员将图形着色,以免过度引发成员情绪。

(2)深入的推进阶段

第五幅:危机事件图像。

① 邀请成员拿出第三张白纸之后,治疗师说:"想到这一灾难性的事件时,如果你可以用色彩、线条、图形来呈现,它可以是具象的图画,也可以是抽象的图画,只要你自己知道你

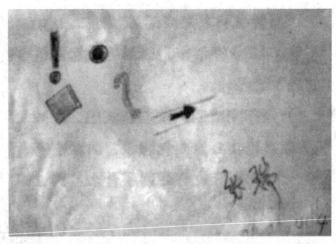

图 4-18　第四幅　图形

所呈现的是什么就可以了,请将你感受到的用图像的方式呈现在白纸上。我们有 12 分钟的时间创作,在这过程中请不要与别人交谈。"成员正式开始画危机事件图像。12 分钟创作,通常可唤起危机事件所引发的当下的经验。

② 创作完成后,做意象冥想。治疗师可以说:"请让自己在心里面先想象、回顾刚刚画的作品的每一个部分,它让你想起了什么?图上的象征性意义是什么?"(见图 4-19)

图1 有意识的联想涂鸦

图2 近三秒之差

图3

图 4-19　第五幅　"危机事件"环节部分成员的作品

③ "看图说话"讨论分享(图像联想):每个人就自己的画在小组中做分享与讨论。如果有些成员难以表达画中特殊部分,可以用下列问句做引导:a. 这里发生了什么? b. 那是什么? c. 那是谁? d. 怎么会在那儿呢? e. 你在图画中的哪个地方?

在提问中还要注意,不用"为什么?"而是以什么、谁、如何、哪里、何时等来提问。也就是说,提问不要侧重原因探究,而是侧重具体事实。

④ 治疗师在成员分享时,要注意将成员在危机事件中的状态给予"正常化",同时将危机事件赋予新的意义,也就是说,进行意义的重构,从而帮助成员转化此时此刻的情绪与意义。

这部分是整个绘图减压的重点,治疗师如果能在这里给予回应,促进转化,就能够进一步加深绘图的意义与效果。这一方案实施的目的只是对灾难事件发生后的减压,因此它属于治疗性心理教育模式,而不是心理治疗模式,所以,心理辅导者在引领的过程中,只需要表现出通情达理的情感支持,侧重进行意义的转化,而并不在团体中做深层分析挖掘的工作。

(3) 最后完成投射寓意的作品(见图 4-20)

图1 带来希望的爱心之手 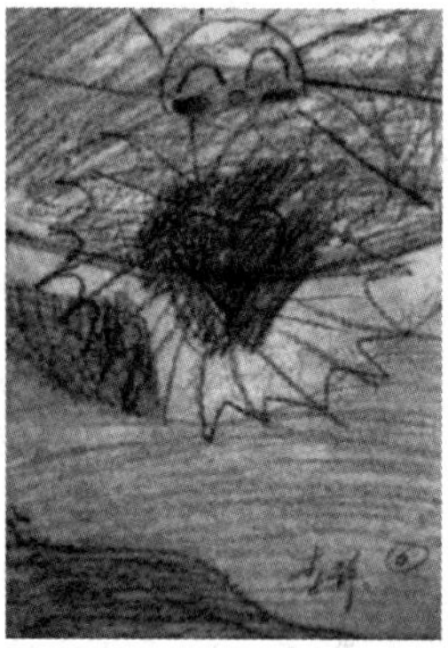　　图2 准备重新开始

图 4-20　第六幅 "重新得力"环节的部分作品

第六幅:重新得力。

① 请成员将第三张白纸翻过来。治疗师邀请成员冥想:"如果现在有智慧老人现身(可以改为适用于该年龄的称呼,如魔法棒、机器猫),或者说,如果我可以拥有更多能力、智慧,通过这次经验,我可以有更多的准备时,万一我们再次面临类似的危机事件时,会如何来面对与反应?"

② 画面呈现。请成员创作"当自己有更多智慧时,面对此危机事件"的图像,如果我有魔法棒……指导语:"请你用色彩、线条、图形来呈现,它可以是具体的图画,也可以是抽象的图画,只要你自己知道你所呈现的是什么即可。有 8 分钟的时间可以创作,请你创作时不要跟人交谈。"

③ 团体分享与讨论,可按照下列原则:a. 将最后两张作品比较,请成员在两张图画中找出不同的部分。b. 进一步邀请成员分享自己在这次危机事件中已经学到的一些正向的经验,以及自我欣赏的部分。当成员自己没能找到时,治疗师要结合成员作品及分享内容,将这一灾难对人的影响进行意义上的重构。

然后,请成员用几分钟时间,写下内心的感受(略)。

联想涂鸦的价值在于促成当事人认识感知的转变。从预备阶段用来消除心理阻抗的自由涂鸦开始,到逐渐深入的意识体验和涂鸦过程,治疗师需在接受和包容当事人的情况下,积极采取各类技巧,促使当事人的自我揭露表现,在此基础上方能增进后期联想深入的成效。把握两类联想涂鸦的基本特征,将美术治疗原理作为实施的内在技巧融合运用,方法就会层出不穷,借鉴他人经验的目的,是为充实自己的实践,所以,还需根据对象调整实施的策略,只有适合的才是有效的。

**本章小结**

　　特殊儿童美术治疗实施的对象较为特殊,不仅包括各类需要心理帮助的特殊儿童,还包括各类残障儿童和身心障碍儿童,如何让儿童开始涂鸦行为,实施涂鸦技术?曾是我们在实践中遇到的主要问题。因此,本章涂鸦技术便是基于该点建构整体的叙述框架,将有利于探查儿童整体状态的自由涂鸦放在首位,着重介绍了三类涂鸦训练的方法,并在实践案例中详细叙述了团体涂鸦的运用,使大家对如何展开涂鸦技术有个直观的认识。在本章的第3节,重点详述了可以广泛用于特殊儿童教育干预的感知涂鸦训练,着重介绍能够推进特殊儿童心智成长,激发其潜能,帮助儿童建构联觉反应的感知训练和表现训练,让大家充分认识感知涂鸦技术在恢复儿童知觉感知力中的效用所在。最后才涉及美术治疗中广为运用的联想涂鸦,通过对两类不同联想涂鸦的特征介绍,让大家了解可用于心理治疗的"图像联想式涂鸦法"和用于美术行为治疗的"活动联想式涂鸦法",了解联想涂鸦在心理干预和治疗领域的功效,使大家借助各节实践案例,对涂鸦技术有个整体的认识。

　　以运动涂鸦作为起点的康复治疗,是特殊儿童恢复知觉感知和创造力的前提。经由这种涂鸦经验建立起来的内在联系,会增进儿童自我觉察的本能反应,对创造力的建构起到关键的作用。无论何种障碍儿童,障碍的程度如何,再无意义的刻板行为,都会在运动涂鸦到感知涂鸦的复苏中变得富有生机。身体经验到的最初联觉,是感知外界的开始,所以,表达的最初方式可以透过身体运动得以实现,而具有游戏性质的涂鸦,又是最佳的美术治疗切入点,这些都是涂鸦技术的意义所在。

**思考与练习**

　　1. 什么是涂鸦技术?实施涂鸦技术需关注哪些内容?涂鸦技术具有何种效用?
　　2. 涂鸦技术都有哪些操作方式?团体涂鸦的操作是如何展开的?请简述一下实施流程。
　　3. 自由涂鸦、感知涂鸦和联想涂鸦有什么性质差别?

# 第5章 适用于特殊儿童的绘画技术

1. 了解并认识象征"符号"在绘画技术中的重要性。
2. 认识并掌握基本的绘画技术方法所针对的特殊儿童适应对象。
3. 了解绘画技术在心理治疗领域的治疗优势和技术特点。
4. 了解绘画技术在行为矫正中的作用和技术特点。
5. 了解应用绘画技术需具备的综合能力训练。

绘画是儿童自主掌控、表达需求和展现自我世界的图像语言。儿童绘画呈现的多维特征,不仅可以为我们了解儿童心灵状态提供表征依据,还会向我们显现每个孩子独特的思维特点和气质特征,是美术治疗中重要的媒介形式。治疗师是否能够敏锐地觉察到图像蕴含的内在象征,能否理解和把握绘画形式语言的运用,是运用绘画技术的关键。因此,用于特殊儿童的绘画技术同涂鸦技术虽说都是借助描画进行的治疗干预技术,但两者还是有些区别的,绘画技术重在对图像意义的运用和把握,它需要治疗师不仅具有相应的心理辅导和治疗能力,还要具备视觉训练和自如的图像运用能力,只有这样才能帮助需要借助绘画调整深层冲突的儿童,协助他们发展对外在世界的知觉和理解力,也只有具备艺术和心理的双重综合能力,治疗师才能对儿童绘画进行较为准确地诊断和分析,采取的干预对策方能产生较有深度的治疗成效。

## 第1节 概 述

绘画技术运用的成败与儿童的绘画表现能力关系不大,却与治疗师的艺术素养密切相关。因此,我们沿着涂鸦技术的进程,在全面介绍绘画技术的同时,和大家一起讨论一下绘画技术在使用中的具体问题,期待各位在今后的运用中逐步完善。

### 一、什么是绘画技术

绘画技术是治疗师借助有意味的图像形式与当事人进行沟通交流,利用图像符号高度的信息性,探查和干预图像背后的心理意义,并根据具体情况,运用语言的意象投射技术辅助交流的一种治疗手段。由于绘画具有直观展现意象的特点,呈现当事人心理和感知信息的画面具有自身的形象语言特性,特有的沟通特质决定了使用者必须熟悉形式结构和色彩的心理效应,才能较为准确地捕获图像符号的象征内容。因此,借助图像符号搭建交流的渠道,领悟图像的意象含义及构成信息,是运用绘画实施探查、心理支持和干预的重要条件。

由于画面的两维空间是治疗展开的视觉"情境场",信息交互的媒介是由"情境场"中具有象征意味的图像来承担的。因此,我们把"符号"的出现与运用,作为涂鸦技术与绘画技术的分水岭,将使用有意味的符号语言进行交流与治疗的诊断和干预,称为绘画技术手段,"图像符号"便成了绘画技术的主要介质。

## 二、绘画技术的特性

与涂鸦不同的是,绘画的图像信息更具有画者赋予的象征性内容。治疗师与当事人展开的意象交流,是从对画面的有意识关注开始的。治疗师借助画面图像的意义转换,推进当事人对画面的直觉体验,促发当事人的积极想象,从而实现治疗目的,所以,运用象征性视觉形式激活当事人的意识活动,协助当事人搭建内在沟通的桥梁,促成领悟,是绘画技术特有的优势。治疗师选择探查和干预的形式,也是随着当事人呈现的象征性图像符号的特质而变化的。因此,象征符号的出现与运用,是绘画技术的主要特性。

### (一) 符号的出现

绘画技术中的象征性符号是指任何有意味的形式元素,包括抽象和具象的形式表现。"符号化成为自我发展的基本黏合剂,使得过去、现在和未来的连续性得以保持。"[①]符号是人用来代表外在事物的样式表达。

儿童运用的象征符号一般来自两个方面:一是通过涂鸦发展而来,带有普遍的知觉和再现特征,具有一定发展规律的有意味形式符号,我们称其为自发性绘画符号;一是在模仿学习中产生,带有共性的象征性特点和样式化,是自我意义较为模糊的形式符号,我们称其为样式化绘画符号。两类符号的出现和演进,只有经历"典型的简化性"到"个体的差异性"转变过程,才具有个人化的象征表征。

1. 自发性绘画符号

伴随涂鸦自然演进的自发性绘画符号,会呈现"不因种族的不同而发生变化的那部分大脑结构的心理表现"[②],含有自身意象象征形式的潜在内容,是随着儿童心理发展的速度,呈现儿童自身理解阶段顺序的绘画形式。"绘画形式的发展要取决于神经系统的基本性质,而这些基本性质一般都不容易随着文化和个性的改变而发生变化。"[③]这类绘画符号是直接经验的产物,包括抽象的共性符号(如"圈"和"曼荼罗"样式等)和各类源自自然感知的具象符号(见图5-1)。该类符号的形式发展,会与儿童自身发展规律相契合,是可以展现儿童心智成长的"心灵地图",其符号意义的延伸和丰富,能体现儿童心智成长和认知的阶段特点。

---

① [美]阿瑟·罗宾斯.作为治疗师的艺术家[M].北京:世界图书出版公司,2006:5.
② [美]鲁道夫阿·恩海姆.艺术与视知觉[M].北京:中国社会科学出版社,1984:280.
③ [美]鲁道大·阿恩海姆.艺术与视知觉[M].北京:中国社会科学出版社,1984:279.

图1 涂鸦出现的符号　　　图2 自发性象征符号的出现　　　图3 自发性绘画符号的演进

图5-1　常态儿童的自发性符号发展演进

2. 样式化绘画符号

样式化绘画符号多会带有文化环境的影响，是儿童通过间接经验获得的集体符号，通常是儿童通过模仿他人或间接学习产生的概念化象征表征，该类符号带有样式化的共性特点，符号本身携带的自我投射内容相对有限，不会随着人心智的发展有所改变，却具有概念表达的意义。这一部分符号的形式表现，通常会带有儿童的社会环境和主客关系信息，是儿童可以用来表达概念的图像符号，带有共性词汇意义[①]（见图5-2）。

图1 我国台湾6岁半儿童的样式化符号　　　图2 日本5岁儿童的样式化符号

图3 耶路撒冷儿童的样式化符号　　　图4 中国21岁成人的样式化符号

图5-2　不同地域的样式化绘画符号

自发性绘画符号和样式化绘画符号是绘画技术中赖以分析和判断的"形式语言"基础，

---

① 图片1来自范瓊方.艺术治疗-家庭动力画概论[M].台北：五南图书出版有限公司,2006：107.图2、3来自 Claire Golomb.儿童绘画心理学[M].李甦,译.北京：中国轻工业出版社,2008：143,178.图4来自蔡晨瑞.我画我心[M].合肥：安徽人民出版社,2008：141.

也是治疗师可以运用的图像介质。需要强调的是：儿童符号领域有其内在的规则和发展规律，决不能通过"绘画技巧教学"实现"符号"形式的发展。任何单纯"对某种表现形式的模仿"都会危害儿童感知能力的发展，甚至会形成感知与表现阻碍。所以，南伯格主张学习美术治疗应该先从涂鸦开始，只有从自然涂鸦发展而来的形式表征，才可以演化出丰富的"心灵故事"，也最具探查的价值意义，以此为依据展开的治疗，才能更具有针对性，而不会仅停留在诊断层面的治疗意义。

### （二）基于象征性的干预方式

绘画技术的切入点是象征性形象，只有基于当事人创造的象征性形象，治疗师才可以借此展开推进当事人积极想象的干预治疗，这是绘画技术有别于涂鸦技术的又一特点。无论是以象征符号为媒介进行的语言性心理干预，还是用绘画形式为介质进行的视觉性行为干预，都是借助感知视觉图像，促进特殊儿童的积极想象。其干预特性是一种借助视觉形式的认识领悟。所以，在绘画技术的实施过程中，有时可以无须语言的诠释分析，就能帮助当事人意识到潜意识中较为具体的冲突和真实状况，推进当事人的自我认识和反思。正因如此，绘画技术才可以消除特殊儿童隐讳的顾虑，为特殊儿童提供深层的心理帮助，这成为美术治疗最为核心的部分。

## 三、绘画技术关注的内容

绘画技术注重象征性形式的含义、演进和转变。绘画治疗的契机，多孕育在"形象"的互动中，视觉意象的发展和变换历程，应直接触及当事人内心深处的情感和意念。所以，用于特殊儿童的绘画技术关注当事人创作中呈现的象征性表达，注重画面治疗空间内的形象互动关系，借助图像分析，了解当事人深层的心理困扰和行为缘由，以绘画为媒介，推进当事人内在意象的转换。

因此，治疗师如何探查特殊儿童象征图像的意义？怎样借助视觉"符号"本身的丰富性和寓意性，传达相应的支持，推进治疗互动的深入？是治疗师在绘画技术中需要解决的问题。是否需要在治疗中诠释特殊儿童的绘画？如何交替运用绘画和语言？怎样发现形式交流中的治疗契机？如何以象征绘画的形式推进特殊儿童内在的积极互动？等等，都是在治疗中展开绘画技术即将面对的具体问题。如何运用绘画心理治疗进行干预？怎样的美术互动能推进美术行为治疗？这些都是绘画技术关注的内容所在。

## 四、绘画技术的功效和作用

绘画和涂鸦技术都是在二维平面中进行的视觉涂画活动，它们之间的联系远大于差别，是构成美术治疗中极为重要的绘画介质手段，二者虽存在一个治疗角度和维度上的差别，但都具有推进当事人自省和洞察，促进自我完善和成长的功效。

绘画技术运用图像推进思考，其直觉的形象思维方式，最适用于心灵的交流，是走进特殊儿童内心的有效途径。它能通过图像的意象联想，实现"一把钥匙开一把锁"式的非语言方式的心理诊断和治疗。同时，绘画符号的象征性，具有中立的特点，当事人隐在其中的愿望和问题具有隐蔽性和模糊性，所以当事人没有使用语言时的顾忌，便于治疗师绕过语言概念带来的阻抗，发现问题。特殊儿童无法理清、也不愿明说的隐晦内容，会在图像互动中获得疏导和处理,使特殊儿童感受到被接纳和理解的安全性,从而在释放的过程中能够渐渐面对问题的实质,察觉和接受自己排斥的自我,把破坏性的能量变成建设性的能量,实现人格整合。因此,绘画技术不仅能实现诊断、教育干预、治疗等多种功能,也可以安全释放儿童的破坏性力量,促进特殊儿童的升华体验。

总而言之,绘画技术正是利用视觉图像信息优于语言概念信息的最大优势,发现或传递更为丰富的信息内容,实现诊断和干预的治疗功效。能否恰当地读解和运用视觉语言信息,直接影响绘画技术实施的成效。因此,运用绘画技术的治疗师首先应该是图像信息的解读者和制作者,没有深入的视觉感知训练,很难把握推进绘画技术的契机。

### 五、不同性质的绘画技术针对的特殊儿童类别

通过诊断评估或现象学方法对特殊儿童进行了解后,治疗师就可以针对特殊儿童的整体特点和适应症,选择相应的切入点,展开治疗或教育干预了。特殊儿童绘画技术的对象,主要是儿童神经官能症、心因性反应、非典型性精神病、边缘人格等,对改善抑郁症儿童、生理残障儿童和青春期适应症少年出现的各种心理障碍具有良好功效。通过对已有实践观点的总结,可从三个方面(见表5-1)了解不同绘画技术在各类儿童适应症运用中的作用。

表 5-1 各类绘画技术针对的适应问题

| | 实施特点和要求 | 治疗目的 | 适应问题 |
|---|---|---|---|
| 命题绘画法 | 1. 用指示语展开,需要较好的导入技术<br>2. 命题形式具有针对性<br>3. 可借助绘画评定工具进行探查,无需太多绘画技巧,操作简便<br>4. 作品具有丰富的投射内容,要求治疗师具有综合诊断能力和心理治疗技巧<br>5. 是美术心理治疗方法 | 1. 运用投射技术探查当事人的问题所在<br>2. 建立交互沟通的桥梁,促进心理干预和治疗的开展<br>3. 通过画面呈现的图像表征,借助语言协助当事人展开积极想象,实施相应的心理治疗<br>4. 运用投射技术深入干预儿童的心理冲突,促进当事人的自我觉察,整合自我<br>5. 筛选发现各类适应症 | 心因性情绪障碍<br>家庭治疗<br>各类社会适应性问题<br>神经质多动症<br>心理困扰和心理冲突<br>抑郁症<br>精神官能症<br>有行为问题的边缘儿童<br>心理咨询等 |
| 互动绘画法 | 1. 过程即是治疗,是美术行为治疗方法<br>2. 通过绘画行为建立治疗关系,需要治疗师具有一定的图像表现能力<br>3. 需有敏锐的觉察力和应变能力,能够把握突发状况,并做相应判断<br>4. 善于运用"象征性"形象和意象对话技术,是绘画干预方法<br>5. 要求治疗师具备较为全面的综合技能,可以连续响应当事人画面中出现的状况 | 1. 消除阻抗,增进治疗者和当事人的理解,建立治疗联盟关系<br>2. 核查图像对应的象征意义,提供支持性信息,实现阶段性诊断<br>3. 便于展开美术行为疗法<br>4. 实现干预治疗的针对性,以画面或环境为"情境场"推进治疗的深入,能够最大限度地运用"场效应"实现干预治疗目的<br>5. 通过象征性形象互动,促进当事人自我认识和洞察,协助当事人面对问题"情结",运用意象象征技术转换当事人的消极意象内容 | 语言缺失<br>自闭症<br>各类精神官能症<br>心因性行为问题<br>问题行为的矫正辅助<br>家庭治疗<br>发展迟缓<br>轻度抑郁<br>精神障碍<br>学习障碍<br>智力障碍、残障<br>害羞、退缩等行为问题等 |

续表

|  | 实施特点和要求 | 治疗目的 | 适应问题 |
|---|---|---|---|
| 自然绘画法 | 1. 是康复训练方法<br>2. 是以绘画协助当事人实现自性化领悟的支持技术<br>3. 是处理移情问题的脱敏方法<br>4. 是教育干预的主要方法<br>5. 以写生和创作形式展开<br>6. 对治疗师的美术综合技能要求高 | 1. 发展和提高当事人洞察与自省能力,获得生活乐趣<br>2. 增长内在的正生命信息,改变对生命价值的认识,促进净化和升华的实现<br>3. 改变情绪状态、主客关系和建立归属感<br>4. 巩固治疗效果,脱离治疗关系<br>5. 促进心智成长,开发潜能<br>6. 激发创造力,改善人格结构 | 精神官能症的康复训练<br>脑部钙化、脑伤<br>智力障碍<br>情绪障碍<br>广泛性发育障碍<br>发育迟缓<br>各类身体残障<br>各类学习障碍<br>亚健康的自我调节等 |

针对特殊儿童的绘画技术应便于当事人理解和接受,不宜有太复杂的操作程序,但展开方式和交流干预的方法,还是有性质上的差别。在实践中,各种绘画技术可根据需要交叉运用,不应有明确的使用界限。

## 第2节 命题绘画法

命题绘画是让当事人按照治疗师给出的要求进行绘画组织和创作,当事人完成创作后,治疗师以作品为媒介,同当事人形成治疗关系,展开心理分析或干预,实现治疗目的。命题绘画的要求包括题目、画中应该出现的内容,甚至是内容出现的前后顺序,让当事人在一定时间内完成。听上去似乎与绘画测验有些类似,但其实不然,虽然二者都有绘画过程和心理诊断两部分,但在本质上有明显的差异。绘画测验是诊断评估的工具,是以绘画为介质的心理评定方法,而命题绘画重在治疗,是运用投射技术进行的美术心理治疗。

### 一、命题绘画的性质

绘画技术中的命题具有目的性,作画过程和作品结果都属于治疗师构建的治疗方案内容,是直接借助绘画作品进入和推进干预治疗环节。治疗师给出的命题性质,决定当事人象征表现的范围,涉及图像可能揭示的方向,具有针对性和引领性。例如:家族命题绘画法将为我们了解当事人的主客体关系提供治疗内容,而人物画则会引领当事人展现心灵深层的潜意识内容。采用哪类命题,直接决定治疗师分析干预的范围。但围绕命题给出的具体题目,可以千变万化,治疗师可以根据具体情况随机选择,自行设计。例如,家族命题画中,可以画"我的父母"、"我的亲戚"等,以此类推。

#### (一)命题绘画法遵循的一般原则

命题绘画具有明确的针对性和限制范围,是意识主动参与的绘画组织形式。运用时,治疗师首先给出要求,让当事人依据要求创作,然后依据绘画作品进行相关的讨论。但治疗师给出的命题性质应该有所选择,需要有目的地进行,才能实现探查和干预的针对性。是采用开门见山的探查式命题绘画,还是在实施其他方法后进行切入式的命题绘画,通常需要治疗师在命题前就决定。运用命题绘画法应抓住针对性原则,只要治疗师把握命题针对的性质类别,不管题目是当事人自选,还是治疗师指定,其揭示结果是一样的。

**(二) 命题绘画法运用的阶段特点**

命题绘画法在导入治疗初期使用时,一般会借助指示语或游戏展开,需要一定的操作技巧。而穿插在整个美术治疗中的命题绘画,则具有导向性,起到承前启后的作用。后期命题绘画的运用,则带有较强的诊断和探查意味,是治疗师了解治疗成效,把握治疗进度和选择结束方式的依据。如何设立创作命题?是探查、推进还是转换内容?采用独立命题还是系列命题?……都要考虑运用时的阶段特点,只有考虑这些因素后实施的命题绘画,才可以最大限度地缩短治疗进程,获得治疗价值,否则就会使治疗出现漫无目的的停滞状态。

## 二、命题绘画的操作流程及种类

**(一) 操作流程**

命题绘画法分为指定命题和自选命题两种。指定命题是由治疗师直接给出创作命题的题目和要求,让当事人根据题目要求进行创作。自选命题则由治疗师将命题范围告诉当事人,由当事人自己决定创作的具体题目和内容。

1. 命题导入

在初期,治疗师要有调动当事人进行创作的能力,可以借助一定的操作和指示语进行,也可以借助导入创作的方法展开,借此提出选题进行指定或让当事人自选。常用的导入方法有以下几种。

(1) 指示语导入:直接用语言发出指令,进行命题创作。

(2) 游戏式导入:可做一些具有启发性的游戏活动,例如儿歌或拍手游戏等,导入命题。

(3) 象征式导入:通过一种象征性行为为当事人提供一种安全性暗示,或是借助某种样式让当事人根据命题自发推进联想创作(见图5-3)。

图1 画框法

图2 森谷的九宫格绘画法

图 5-3 命题绘画方法

画框法:是中井九夫发明的一种导入方法。治疗师当着当事人的面在 A4 纸上用水彩笔画出边框,再让当事人填上画的内容,以此消除当事人对作画行为的抵触。画出的边框起到保护的暗示作用(见图5-3的图1)。

九宫格绘画法:又称九分割统合绘画法(NOD),是日本森谷创建的一种导入方法(见图

5-3 的图 2[①]）。他认为分格子能使各描画空间具有保护性,顺序的描画可以使画面空间更具有层次,能使当事人更容易开始绘画活动。该方法注重技术操作的过程,选择的描画顺序,有近似于向心和扩散的两种涡式走向,以递进的图绘方式展开。该法先由治疗师当着当事人的面,用笔在白纸上画出边框,再把框内分割为3×3的九个格子,让当事人以顺序的方式从头或尾处开始,一幅接一幅地填上绘画内容,形成多幅连续的画面,使画面意义呈现出整体性,便于展开客观分析。此法最适合一对一进行。如运用到团体治疗时,可用事先印好的九宫格纸。

在针对特殊儿童的九宫格绘画法中,不必恪守步骤套路,围绕九格描画的顺序和命题选择这两个技术要点,可酌情进行调整。还可以在当事人画完 9 个格子之后,请他们给每幅画命名,最后用颜色上色。

2. 作品完成阶段

治疗师可以根据情况选择在场或不在场,让当事人独立完成创作过程,在不影响当事人自主创作的基础上可以和当事人进行语言交谈。

3. 以作品为介质展开的交流讨论

作品出现后让当事人先说,可以采用提问方式。例如:让我们看看画里都有什么？这张画让你想到了什么？今天画的与先前的不同,真棒！讲给我听听……给我看看你的画,说说里面的故事……要让当事人感到被关注和尊重,使当事人借作品展开解释和思维联想。当事人自己对象征符号的诠释最具有权威性,让当事人谈论作品的过程既是疏导的过程,又是寻得认同的过程,对画中符号对应内容的了解,是治疗师运用图像传达信息的依据,也是与当事人进行沟通的象征词汇。作品提供了画面自身与当事人和治疗师三方的互动平台,形成了具有心理意义的开始。在此基础上,可以运用精神分析原理展开动力互动,推进当事人的积极想象,运用投射技术进行针对性探查或干预。

第一步,通过绘画组织了解或解决问题。

分析绘画作品时,治疗师要明了自己的目的(透过作品要了解什么):当事人的认知范围、思维的连续性、情绪状态、领悟能力、主客体关系、社会沟通能力等,然后再做出判断,采取对策。

第二步,作品完成后的有效利用。

(1) 传达支持性信息:赞赏(平和的语气)、信任、鼓励等。

(2) 促进积极想象:让当事人借助画讲述心灵故事和自己的感受,共同分析绘画形式。

(3) 提供干预协助,构建视觉组织:通过画内和画外的"场"效应进行分析和促进活动,建立深层互动关系。

第三步,分析画面符号的一般发展。

(1) 形式:符号象征性对应,借此探寻当事人意识内容,尽量运用刺激法探寻。

(2) 空间:了解当事人的感知、认识和理解力。对物体在空间中的联系理解,可以反映当事人的联觉处理能力,可以运用观察法进行判断。

(3) 色彩:色彩运用可以反映当事人的感知特点和情感关系。

---

① 图 2 选自杨东,蒋茜.艺术疗法—操作技法与经典案例[M].重庆:重庆出版社,2007:198.

**(二)可以展开命题绘画的种类**

1. 人物画

可参照画人测验的开始方式。命题范围围绕单个人展开,可以直接要求当事人画个人,或给出题目。例如:"我的妈妈"、"自画像"、"我最喜欢的人"、"我最讨厌的人"等。探查当事人最关注的人和事。可借鉴相关画人检测研究进行参考,例如古德伊纳芙的"统合失调症患者症面相之研究"等。列举的操作示范如下。

(1) 我的妈妈

材料:素描纸、马克笔、油画棒等。

程序:要求当事人画自己的妈妈,方法不限,可以选择画有关妈妈的记忆。如:在厨房烧饭的妈妈等。

讨论/目标:探讨各种和画中人物有关的事情,了解母子关系,探索积极与消极的品质,目的是促进自我接纳。

(2) 自画像

材料:素描纸、马克笔等。

程序:要求当事人画自画像,或代表自己的象征物。

讨论/目标:了解当事人状况,促进当事人自我意识的互动。目的是分析当事人心灵,促进当事人自我接纳和认识。

(3) 最好的朋友

材料:素描纸,马克笔等。

程序:要求当事人画自己认为最好的朋友(过去、现在、假想或将来的)。

讨论/目标:要求当事人讨论他们的独特友谊,讨论这个朋友和自己的交往方式、亲密关系,认识朋友的重要性。探索如何维持友谊和寻求友谊。

2. 家族画

了解家族内互动关系和作用,加深心理洞察。命题范围围绕家庭关系展开,也可给出相关题目。例如:"我的一家"、"我和妈妈爸爸"、"我的爷爷和奶奶"等。还可以隐藏针对性,根据当事人最喜欢的内容,以象征性家族画展开,如动物家族画、植物家族画、星球家族画等。例如:"美人鱼家族"、"恐龙一家"、"森林家族"等。该命题很适合结合九分割统合绘画法运用。列举的操作示范如下。

(1) 我的大家庭

材料:素描纸、水彩笔、油画棒等。

程序:要求当事人画出一家人在一起活动的画面,尽可能把想到的家里人都画出来。方法不限,可以按自己的愿望组织画面。如:一家人在过节或在旅游等。

讨论/目标:探讨当事人和家人的感情、做事方式、互动形式等,了解对当事人成长极为重要的人或事件,探索当事人与家人的互动。目的是探查当事人的成长环境,了解家庭成员在当事人成长中的作用,唤起当事人对亲情的感受。

(2) 恐龙家族

材料:素描纸、水彩笔、油画棒、颜色笔等。

程序:要求当事人给恐龙组织一个家,为恐龙安排所有家人在一起的活动。

讨论/目标：了解当事人的情感和成长需求，促进当事人对亲情的体验。目的是绕过阻抗了解当事人内在的真实需求。

(3) 森林家族

材料：素描纸、马克笔、水彩笔等。

程序：要求当事人以树为主画小树和大树组成的森林家族（可结合画树法、风景构成法混合运用）。

讨论/目标：了解与当事人成长有关的内容，探查当事人的情感世界。

3. 屋-树-人

可以了解当事人对环境、自我和基本生命状态的认识态度，是从绘画测验演化而来，后来导入治疗，在心理治疗上具有广泛的临床价值。由其他绘画测验演化出的画树法、画风景法等都可以加以变通应用。可以直接让当事人用屋-树-人画张画，或让当事人画棵树（可参看第3章），也可以给出引导题目。列举的操作示范如下。

(1) 我居住的地方

材料：素描纸、铅笔、油画棒等。

程序：要求当事人根据自己的愿望画一个居住环境，在环境里要有树、自己和住的房子。方法不限。

讨论/目标：整体探讨三者的关系和象征意义。

(2) 看风景的人

材料：素描纸、水彩笔、水粉等。

程序：要求当事人画有房子和树的风景画，要加上看风景的人。

讨论/目标：讨论树的生长、房子的特点和人看风景的感受。目的是促进当事人的自我觉察和认识。

(3) 看林天使

材料：素描纸、水彩笔等。

程序：要求当事人画出一位天使在看护树林，要画出天使住的房子。

讨论/目标：和当事人讨论天使是怎样的（老少男女）？树林中的树又是怎样的树（品种、树龄、生长状态）？天使喜不喜欢看护的树？房子又是怎样的？如果让当事人选择，是愿意做天使还是愿意做树等。探索当事人的情感状态和亲子关系。

除上述种类，还可以借鉴中井九夫的风景构成法（Landscape Montage Technique, LMT），让当事人依次用河流、山、稻田、路、房屋、树木、人、花、动物、石头组成一幅可添加内容的风景，借此进行相关的讨论。总之，命题绘画的样式可以层出不穷，只要能够让当事人按要求画出可以显现讨论范围的绘画内容，就可以实现命题绘画的目的。

命题绘画作品会以单张或系列的方式呈现，围绕绘画展开的讨论是治疗干预和探查的重点，也是展开心理治疗的主要阶段，治疗师以图像为依据展开象征语言的运用，利用意象技术探查和解决可能遇到的问题，是绘画心理治疗的主要方式。在这里，绘画为治疗者提供了当事人象征符号的意义和演变轨迹，便于治疗师以此为媒介与当事人分析探讨，展开联想交流，运用图像的象征性进行投射技术干预，是可以和绘画测验结合起来延伸分析的心理治疗手段。

### 三、实践案例

以下选用一则针对精神分裂症的阶段治疗案例[①]在本书中进行展示,旨在呈现规范的运用过程。

#### (一) 案例性质

案例对象是一位成长于特殊家庭的性格障碍少年,在住院期间接受了绘画治疗,以下选择他的第1—2阶段治疗案例进行展示。

#### (二) 实施前的准备工作

治疗师首先对该少年的家庭情况、成长经历和现状进行分析评估(例如:成长环境中父母的状况、少年住院期间的自虐行为、出院后的自杀和再次住院时的状况等),详细了解当事人的病症和谈话治疗失败的原因,根据当事人前面接受心理治疗的总体状况,选择了绘画心理治疗与谈话心理治疗交替进行。

#### (三) 命题绘画案例的步骤

整个绘画治疗分五个阶段完成,在这里按治疗的次数展开案例实施的前两段过程(参看图5-4的范图所示。为忠实展现,对话尽量采用引用的叙述形式)。

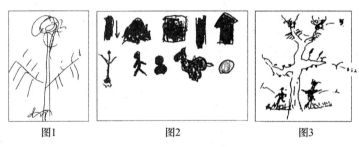

图1　　　　图2　　　　图3

图 5-4　命题绘画案例

1. 第 1 次

跟随护士走进来的克莱恩特给人的明显感觉就是不愿意接近人。自我介绍之后,当问他为什么来这儿时,他用生硬的口气回答说:"是为画画而来的。"治疗师也不多问,直接要求他画棵树(见图5-4的图1)。当治疗师说明要求后,当事人拿着治疗师给他的铅笔,目不转睛地看着画纸。然后用力在纸上胡乱地画起来。画完后,治疗师问他这是什么树时,他粗鲁地回答:"不知道。"于是治疗师接着他的话展开了询问:

治疗师:"这棵树的年龄有多大?"

克莱恩特:"3 岁了。"

治疗师:"那么,3 年以后会变成什么样呢?"

克莱恩特:"枯了。"

治疗师:"如果枯了以后还能发芽的话那该多好啊。"

克莱恩特:"不可能了,因为没有结果。"

---

① 杨东,蒋茜.艺术疗法—操作技法与经典案例[M].重庆:重庆出版社,2007:251-269.

治疗师:"真希望不要枯萎啊。"
克莱恩特:"枯了,因为没人给它浇水。"
治疗师:"他(主治医生)会给它浇水吗?"
克莱恩特:"不知道,可能会吧。"
治疗师:"你也是不希望这棵树枯萎吧?"
克莱恩特点了点头。

这次交流之后,治疗师对其进行风景构成法治疗(见图5-4的图2)。

克莱恩特心不在焉地看着图画中的景物回答治疗师的提问。对图画中的景物说明如下:

时间是3月,有人去爬山,树木是枯萎的,山上有乌鸦。因为人类是肮脏的,所以用黑色将其抹黑。至于是什么动物就不得而知了。图画中的自己在河流中游泳,由于不识水性而溺水身亡。

第1次分析评述:在克莱恩特的心目中,一切都是死的。河流是无意识的象征,患者在无意识中有自杀的倾向。树木枯萎和大片的黑色也是无生命力的表现。

2. 第2次

大约半个月后,克莱恩特带来了在病房里画的画,画里是一棵树。他还对这棵枯树进行了说明(见图5-4的图3)。

第2次分析评述:通过前一次的交流让克莱恩特知道了治疗师第一次和他交流的目的,并且图画作为传递信息的媒介在他心里应占据了一定的位置。毫无疑问图画的树木是克莱恩特自己的化身。树旁边的两个人被认为是治疗师和主治医生。在这里,树木其实是一种象征,是自我的象征,也可以说是自画像。人物的符号化某种程度上可以说是患者自我防卫意识的一种反应,也可以看出患者自身还是存在很强的自我防卫。

3. 第3次

第3次是风景构成法和画树法同时进行。在画树法中,他只画出树的下半部分,而且在此部分的最上端用斜线来表示。他对此图画作出说明:"在此(指斜线)为被锯断的树木。"当治疗师问到被锯断的那部分时,他才把上半截补上。而且他还说:"这棵树不会枯萎,至于以后会变成什么样我也不知道。"(见图5-5的图4)

图4　　　　　　图5　　　　　　图6

图5-5　命题绘画案例

图画中的事物和第1次相比要大得多,但此图画还添加了山上的岩石。他对此图画的说明是:他是在山上玩,去了河里,然后回家,随后踢石块,树木是腐烂的(见图5-5的图5)。

第 3 次分析评述：从作品中可以看出克莱恩特已经有了些许变化。他的来生愿望是：重新做男人。此图画中的树木只有一颗果实。果实一般是新的生命诞生的象征，虽然果实比较少，但应该说，从目前的治疗进展来看，患者逐渐地意识到生命，总体可以感觉出至少心理治疗的初级阶段进展还算顺利，但有可能目前的治疗还是有些操之过急了。

4．第 4 次

克莱恩特第 4 次接受心理治疗时，他走进房间就坐在椅子上笑。当问他为何笑时，他说是想到了好笑的事情。真令人感觉不可思议。此次治疗首先让其"通过线来画画"。顺便实施风景构成法。在画画过程中，他说了下面这些话。

第 1 张画：森林、田地、树木和河流。夏天，人们在地里劳动。

第 2 张画：由于厌世，跳河自杀。

第 3 张画：尸体被河流冲走。

第 4 张画：只剩下脸部了。

治疗师看了图画（见图 5-5 的图 6）一眼后问："你现在觉得画画越来越吃力了吗？"他表情严肃地说："是的，我现在惧怕画画了，自己在想什么都不知道了。"

第 4 次分析评述：画中的事物很小，图画中的鱼、树都是没有生命的。当问到图画中的什么是有生命时，他的回答是"河流、田地、山川"。这些可以看出患者的生命能量极度萎缩，而且，从构成过程来看，图画中的克莱恩特是在河流中玩耍，回到家后觉得无聊钓鱼去了，回家途中在田里睡觉，睡醒后就回家了。整个过程显示出内部世界的一种混乱。在这个时候，治疗师要注意处理技巧，千万不能操之过急，要让患者慢慢地恢复到正常状态。太急会引起患者内部世界的混乱。

此次会面结束后，治疗师和主治医生针对画面分析进行了探讨。认为应该停一段时间。一年后，因为克莱恩特希望画画，治疗师和他再次会面了。

5．第 5 次

克莱恩特的心情看上去不是很糟糕。治疗师认为有必要在每一个细微环节上认真对待当事人。

治疗师要求当事人还是以树为题进行绘画，顺便进行风景构成法绘画。在画树中，当事人问："可以从根部开始往上画吗？"然后就开始画了。他从根部慢慢地往上画。治疗师在一旁耐心地等候。画成之后，只见图画的右上角有一个太阳。克莱恩特还对图画作了说明："从根部往上画是为了强调树不会倒，只要根部牢了树就不容易倒了。这是一棵既有叶子，又有果实和花的树木。以后还会逐渐地开花。画这个太阳是因为树木的成长需要太阳。"治疗师沉默不语只是认真倾听（见图 5-6 的图 7）。

和以前的树木相比，比较明显的感觉就是树木开始有了生命的活力。显然图画中的事物和以前的相比具有联系性，且图画中还画了绿色的池塘。可克莱恩特对此图画作出如下说明："秋天的早晨，山上被红叶所覆盖。住宅区的前面父子俩在散步。我来到河边钓鱼。"（见图 5-6 的图 8）

第 5 次分析评述：通过这些图画和克莱恩特的解释，我们可以明显地感觉到，树木和图画中的风景已经完全改变了，树木和风景都具有生命的力量。从这可以看出克莱恩特一年来的成长，由此可以让人感觉到克莱恩特放弃了轻生的念头。照此发展下去，他将会越来越注重自己的存在。风景构成法中道路首次被画进图画的风景里,但画出框外的花朵让人感觉到他还存在情绪化的危险。

这次见面快结束时,克莱恩特对治疗师说:"我现在很怕别人的眼光,以前从未出现这样的情况。"如治疗师所料,克莱恩特的治疗开始遇到新问题。于是,治疗师缓慢、沉稳地对他说:"如果想画画的话你直接给主治医生说就可以了,我还是和原来一样待在这儿的。"

图7　　　　　　　　　　图8　　　　　　　　　　图9

图 5-6　命题绘画案例

6. 第 6 次

4 个月后,在克莱恩特的要求下,治疗师和他见面了。治疗师得知他常和护士下棋,邀请其下象棋,两人之间的沟通还算顺利。克莱恩特的情绪也比较稳定。下完棋后,治疗师让其根据图画的线来画画。克莱恩特说了如下一番话。

第 1 张画:早晨起床去看海,看到海鸥在海上飞。我是住在深山林里。

第 2 张画:线条太生硬了,没有思路,所以拒绝画画。治疗师从这感觉到有一股力量能抑制住克莱恩特冲动的情绪。

第 3 张画:来到河边。天气晴朗,所以去划船。

第 4 张画:去公园游玩。看到很多好玩的东西,但是没有玩伴。(见图 5-6 的图 9)

画完后,治疗师问他:"觉得怎么样?"

克莱恩特高兴地回答:"以前觉得画画很让人疲劳。现在不会了。"

治疗师趁热打铁,问:"以后两周一次来此画画或谈话,行吗?"

此后,治疗师对其进行谈话心理治疗。

7. 第 7 次

再次会面时,克莱恩特向治疗师讲述了入院前的经过和病房内的生活情况。当他对别人的不信任感变得强烈时,主治医生和护士都不会让其出院,所以他不得不控制住自己的情绪。此外,他还向治疗师讲述在家住宿时的情况。由于在家住时心脏的跳动很快,直冒冷汗,此时母亲就会很生气地对他说:"如果以后还那样的话,就不要再回来了。"正因为这些事情,所以常常会让克莱恩特的情绪很不稳定,但他还是抑制住自己的情绪。当他说到对别人不信任时,治疗师问他:"你有多信任我呢?"他回答:"百分之八十。"

会面后,治疗师把全部的事情交由主治医生处理。这以后,克莱恩特的情绪波动很大,难以控制住自己的情绪。不久后,治疗师再次对其实施画树法治疗。

克莱恩特对图画进行了如下的说明:这棵树原本很小,但我认为大一些要好一些,所以就把它画大了。树干上有伤口。因为有人从树的下方往上看。所以我想这棵树已经发芽了。因为不知道树的上方是什么,所以让其树干一直延伸。(见图5-7的图10)

第7次分析评述:通过当事人自己的解释和画对照。克莱恩特在忍受现状的痛苦中成长,同时,能够开始关注自身了。

随后克莱恩特向治疗师讲述自己在外住宿的事情,以及那时所做的梦。梦的内容是:克莱恩特在用电脑时,突然感到有炸弹从宇宙中落下来,由此引发宇宙战争,他在梦中不断地听到自己的呼救声。深夜被梦惊醒的克莱恩特变得不安,就把电脑胡乱塞进了马桶里,以为可以睡得安稳些,没想到又做了同样的梦。这个叙述让治疗师觉得:被没有生命力的事物所惊吓的克莱恩特又开始不能区分恐怖的事物和非恐怖的事物。

第8次到第13次治疗师只进行了一般的观察和咨询,未采用绘画技术实施治疗。当事人的焦虑感越来越强烈,身体状况每况愈下,一吃就吐,情形不是很好。他差不多有一个月的时间一直在向别人倾诉:"在我身体中还有另外一个我,当我想到这时就会睡不着。"治疗师听到后深感不安,认为需和主治医生商讨此问题。这时当事人开始出现自虐行为,治疗师和主治医生尝试了各种方式,效果均不明显。根据主治医生的意见,他们给当事人穿上了保护衣,当事人边说太热边伏在桌子上。过了一阵子,他说:"说了也是白说。"然后就想往医院外跑。治疗师抱住他,催促他回到房间去。然而当事人说:"为什么?没什么好说的。"然后又说:"我要回病房了。"就离开了接待室。治疗师对当事人的现状感到力不从心。

这次见面之后,治疗师再次找主治医生谈话,希望针对如何控制当事人的焦虑行为和当事人商量一下。

8. 第14次

从这次开始,又恢复使用绘画疗法,治疗师依然延续了画树和风景构成法治疗。(见图5-7的图11)

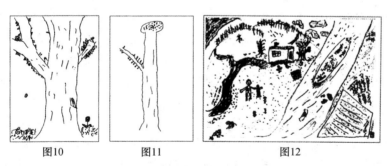

图10　　　　　图11　　　　　图12

**图5-7　命题绘画案例**

这之前,克莱恩特都会对其图画进行说明,但是这次他只说了一句:"这是一株普通的树。"就没再说什么了。看着窗外的克莱恩特突然问道:"树木不会枯萎吧?如果这棵树长大了,无论如何也不会枯萎吧?"治疗师立即反问:"那它在长大之前不是很有可能枯萎吗?"克莱恩特嘟囔道:"人类还不是一样?"

第14次分析评述:从这次治疗可以看出,患者对于内心世界的发展存在诸多的矛盾,应该是在一种生或死的矛盾中反复不断地向前走。

9. 第 15 次

那以后，克莱恩特请护士给他织了一个沙袋。如果当其感到很焦急时，他就用拳头击打沙袋以此来控制焦虑。这时，治疗师对其实施风景构成法治疗。

图画的说明：春日里的一个下午。克莱恩特自己在河边钓鱼。图画中的母子从家出发去散步。图画中的河流有沙洲，因为河流很浅的缘故。（见图 5-7 的图 12）

第 15 次分析评述：和前次所画的图画相比，河流的面积大幅度增加，受此影响，所以此次没有画桥。但此次的道路通往山和家，发挥其应有的作用。和前次一样，此次的母子俩也是在散步。河流和克莱恩特的打击可能有一定的联系。此次的图画给人的印象是，当事人在情绪上应该有好转了，开始变得快乐了。确实，这次画画之后的下一次见面，克莱恩特很健康和快乐。

由案例可以发现，命题绘画的主要形式是绘画促进的谈话治疗，治疗过程中更注重借助绘画展开的语言交流。所以，命题绘画既有指令式疗法的特点，又有绘画式谈话治疗（art-facilitated verbal therapy）的内容，是以绘画为介质的心理干预形式。

## 第 3 节　互动绘画法

互动绘画法是动力式、认知式美术治疗方法，是以绘画表达作为干预工具，以创作的互动过程作为调解冲突和升华情感的治疗方式，将绘画过程作为探查和治疗过程的一项行为治疗技术。

### 一、互动绘画的性质

互动绘画强调非语言的沟通，是可以从游戏或涂鸦过渡到意象处理的象征性图像交流模式，在互动绘画的运用中，绘画本身具有调试干预性质，是治疗师探查符号意义和实施干预的手段。在运用中，治疗师更多借助绘画媒材传达支持和探寻，以图像表达的形式协助当事人洞悉自己的情感和意识，绘画创作所产生的"象征性转换"是互动绘画促成领悟效用的关键，这是互动绘画不同于命题绘画的独特之处。温尼科特发明的"续画"是最为典型的儿童互动绘画法，它成为后来诸多互动绘画技术的基本形式。

#### （一）作为图像制作者的治疗师

在互动绘画中，治疗师更多依据作品的"视觉场"推进治疗，画面就是非语言交流和处理问题的治疗空间。治疗师不依据画中图像的某些符号表征或细节分析图像的象征意义，而是凭借互动中的图像交流和整体观察，综合评判和分析儿童状况，选择干预角度确立实施方案，找寻时机，推进当事人的领悟进程，为当事人提供自省协助。

所以，互动绘画的实施者首先是一个图像制作者，他需具有一定的图像感知和表现力，具备敏锐的觉察和应变能力，能够运用绘画艺术语言为当事人提供支持和共鸣，连续处理当事人在互动绘画中的情绪表现，把握画中出现的突发状况。在实施过程中，治疗师不仅需要为特殊儿童提供相应的建设性协助，还要能够在适当的时候，运用"象征性"形象互动，帮助当事人改变整个作品的形式意义，调试具有负性作用的图像信息，运用视觉形式转换或"擦去"负性信息的不良影响，添加积极因素，强化正性信息的传达，实现干预目的。因此，治疗师必须具备运用图像进行创作的能力,才能在互动绘画中切实地为当事人提供帮助,实现行为带动治疗的促进功效。

**(二) 参与图像处理的治疗干预形式**

互动绘画的另一个技术特点是治疗双方的参与互动性。在实施过程中,治疗师不用等待当事人结束创作,再展开象征意义的探察和交流,而是关注并参与到当事人的绘画创作中,象征图像的产生、演变和转换是由双方共同完成的,互动行为伴随绘画过程,贯穿整个治疗,双方对图像意义的认同和使用,是互动绘画的一大特色。在此,治疗师与当事人使用共同的图像表征传达信息,有时无需语言介入,就可以心领神会地实现交流。达成共识的象征性符号,直接发挥着干预转换的治疗效用,是双方在绘画形式互动中形成的认同默契,具有一定的利用价值。与此同时,"绘画、涂色以及建构的过程,是儿童把环境中多种多样的元素整合成一个有意义的整体的复杂过程。在选择、解释和改造这些元素的过程中,儿童呈现给我们的不仅仅是一幅图画,而且还是儿童自己的一个部分。"[①]治疗师在参与当事人构建作品的同时,也是协助当事人建构自我的过程,不只是旁观的支持见证者。在共同处理作品的互动中,当事人在感知治疗师添加的图像信息时,会很自然地产生对应觉识,这一反应直接作用于当事人内心的心理交互过程,治疗师也由此走入当事人的内心,成为当事人思维互动的一部分,协助当事人修复扭曲、丧失或抑制的感受,发现有益自身发展的良性内容,实现治疗促进。

应该说,互动绘画从语言性形象与视觉性形象双重基点出发,由图像直接参与形象思维互动,进而产生效用,比以绘画为介质,单从语言入手的心理干预更为直接,当事人在治疗师的支持协助下,还会把模拟试行境界的体验转变为行为。

## 二、互动绘画的操作流程及种类

**(一) 操作流程**

互动绘画的展开较为自由,没有固定的形式,是开放式的自由画过程。整个治疗以动力学原理为主导,从建立治疗联盟、消除阻抗到移情干预,实现治疗的推进,具有阶段性特点。

**1. 游戏互动的了解展开阶段**

这是治疗师运用视觉形式和语言,探查当事人图像表征的象征性阶段。治疗师可以运用视觉的同形同构原理进行符号对应,也可以利用异质同构原理进行筛查,必要时还可以借助语言印证特别的象征指代,完成对当事人形式语言的认知,这一切都应在自然而然的状态下进行,是同步探查当事人潜意识内容的主要阶段。在彼此感知的互动中,会产生一些双方共创的象征图像,它们也成为双方共有"词汇"的一部分。这一阶段主要通过游戏互动开始,可以借鉴联想涂鸦的交替互动技术展开最初的探索。

**2. 探查和干预的治疗阶段**

在这一阶段,治疗师开始主动运用共同的象征性图像传达支持和协助,回应当事人的图像表现,运用动力学原理探寻当事人存在的实质问题和困扰,提供相应的帮助,促进当事人

---

① [美]Cathy A. Malchiodi. 儿童绘画与心理治疗—解读儿童画[M]. 李甦,译. 北京:中国轻工业出版社,2005: 19.

的意识互动。在操作时,治疗师主要运用共同的象征性图像传达包容和理解的信息,给予当事人接纳性回应,调动当事人主动表达和积极感知,促进其展开积极想象,酌情处理过程中出现的内在冲突和情感问题,促进当事人内在意识的互动和主客体交流,以此协助当事人对问题的领悟和自我成长。

3. 撤离互动的自我融合阶段

在这一阶段,当事人会渐渐进入整合的强化阶段,治疗师可以通过逐渐增强正性信息的传达,协助当事人在作品完善中,实现自我强化,推进自性化的实现。这时,治疗师应逐渐退出互动关系,让当事人从与治疗师的互动转入与作品的互动,从被动感受画面到主动调整作品,实现最后的完全撤离。治疗师也应从主动参与协助变为旁观、支持、等待,实现脱敏处理。

**(二)可以展开互动绘画的种类**

1. 自由续画

自由续画是以特殊儿童为中心,根据特殊儿童或治疗师此刻想到的内容随机进行的互动绘画。开始内容可以天马行空,围绕当事人联想的图形展开,具有灵活机动的特性,是互动绘画中主要的展开形式。无论互动开始时的图像是什么,在续画的过程中都会导向当事人关注的内容。治疗师须遵守一个原则:当事人为主,自己为辅,跟随当事人展开形式内容,随机应变地调整策略。列举的操作示范如下。

(1) 游戏互动法

材料:素描纸、水彩笔、油画棒等。

程序:和当事人讨论决定谁先画?画什么?由一个人先开始画,另一个人接着续画,交替进行展开互动。可以设计一些开始的小游戏,例如:猜谜语找内容、涂鸦找图形、猜拳定先后等。

要求:促使当事人主动表现,治疗师依据当事人呈现的图像特点选择表现形式。例如:当事人用抽象符号表现意图,治疗师就对应抽象符号;当事人用具象符号,治疗师则对应具象符号,求得认同消除阻抗,展开随后的治疗。

(2) 角色互动法

材料:素描纸、水彩笔、水溶性铅笔、水彩等。

程序:征询当事人的意见,双方确定一个象征形象,以图像互动的方式出现在随后开始的交替续画中,展开联想表现(若在治疗中途开始,治疗师可直接根据情况确定角色,激发当事人回应)。例如:当事人想做小鱼,治疗师便以另一条小鱼的身份出现在画中,招呼当事人响应,或以鱼妈妈的身份出现在随后的续画中。当事人想做"三角",治疗师可以扮演"圆"或"方"展开图像互动,但可以给图形添加表情。以此类推。

要求:角色带有针对性,是探查和干预的媒介,可根据治疗目的进行确定。例如:伙伴类、养护关系类、镜面效应类等。

(3) 交替互动法

材料:素描纸、铅笔、水溶性铅笔、水粉颜料等。

程序:根据当事人愿望交替运用象征符号,以互动的方式变换续画过程中的符号形式,运用对方创立的象征图像进行表达交流。

要求：借助象征符号的交替运用，探查符号象征性的准确性，再通过立场和角度的转变，实现干预治疗目的。

2．交互色彩绘画

运用色彩的象征性，交替进行绘画表现，讨论色彩组织后出现的感觉，以此传达情感和象征内容。整个过程既是分析感知，又是意识表达，具有双重投射的干预特性。此法是一种无需形象表现能力，就可以进行的抽象绘画互动，适用于重度特殊儿童的干预治疗，在统合失调症儿童的康复干预中颇有效果。列举的操作示范如下。

（1）手指画

材料：素描纸、6或12色水粉颜色、水彩笔等。

程序：首先按色彩的冷暖顺序展示调好的水粉颜色，让当事人直观体验色彩面貌。然后让当事人凭感觉选择象征某种感受的色彩，用手指沾色按到画纸上，治疗师用水彩笔为当事人的手指印添加形式内容，让手指印变成一个色彩形象，强化色彩象征意味，双方再讨论如何根据形象和色彩进行下一步，周而复始地交替进行，最后成为由当事人自己进行添加……例如：温暖—寒冷、春天—秋天、伤心—高兴等。

要求：让当事人把握配色的主动权，治疗师酌情协助当事人处理形象，强化视觉色彩的象征性，借助过程中的交替表现和交谈，进行相应的干预。

（2）色彩分割画

材料：分好格子的素描纸、水粉色、画笔等。

程序：任意选一个主题，双方根据这个主题用象征色彩交替填在格子纸上，讨论画面色彩呈现的感觉，展开联想和画面调整，内容不限。例如：快乐、愤怒、爱等。

要求：由当事人决定色彩主题，治疗师配合当事人进行象征对应，再交替展开。利用色彩的象征性传达意图，干预当事人联想的内容，需根据不同对象和问题选择组织色彩的方式。

（3）象征投射画

材料：素描纸、油画棒等。

程序：直接运用色彩象征性进行创作互动，双方各选一种颜色开始在各自的纸面上创作（喜欢的或不喜欢的），酌情交流感受，讨论象征色彩之间融合或冲突关系，展开投射性内容的联想交流，最后互换作品交流感受。例如：红色和蓝色的对话、黄色和紫色的对话、黑色和白色的对话等。

要求：运用色彩语言的象征性展开投射交流，进行相应的干预治疗，该法适合在处理内在冲突的干预中使用。

形与色是绘画语言的视觉元素，带动特殊儿童运用形、色展开联想创作是进行治疗的前提，互动绘画正是主动运用形式元素的象征性，唤起特殊儿童的积极想象，通过对视觉形式的处理，传达投射其中的信息。无论是具象的形式，还是有意味的抽象元素，都能获得同样的交流功效。但需要根据特殊儿童的具体情况进行选择。

## 案例 5-1

### 凯若·勒克的美术治疗案例

她最初有些犹豫,不愿意碰那个装着彩色蜡笔的盒子。"我害怕",她说。我请她挑选出一种她最不喜欢的颜色。她拿出一支赭红色蜡笔递给我,我在她的喘息中把它折成两截。

我鼓励她(用赭红色)尝试不同的动作:急速的,缓慢的,柔和的弧形,突兀的直线。我让她尝试动作中力量的强度:细巧柔和的,粗重有力的。她的能量逐渐增加。"现在拿起另一种颜色,你真正喜欢的一种。"她毫不犹豫地拿起了一只蓝绿色,在没有赭红色的地方画了起来。

"我发现蓝绿色和赭红色没有接触。"我说:"我不想把蓝绿色弄脏了。它把赭红色包围起来了,不让她跑出来。"她坚定地说。

"如果赭红色和蓝绿色的线真的绕在一起,那会发生什么?"我问,我预感到她会把这些色彩混合起来。她果真这样做了,然后停下来说:"我不想失去这两者之间的不同,但我也喜欢这些混合起来的地方。"然后她笑了,"对啊,对啊,我懂了。我们一直都在为此努力,是吗?就好像我努力克制自己的愤怒不让别人发现一样。"

(高颖,李明,等.艺术心理治疗[M].济南:山东人民出版社,2007:138-139.)

针对重度特殊儿童的干预,可以从涂鸦技术逐渐过渡到绘画技术,互动绘画法无疑是最具有优势的干预方式,它可以不受特殊儿童表达的限制,直接从感知过渡到联想,再从联想进入到象征性绘画的表现。这里列举的展开方法仅为大家提供参考,实践者可以举一反三,围绕形、色两方面的视觉特点自我发挥,推陈出新地进行设计。

### 三、实践案例

案例对象 DD 是位伴有学习障碍的 8 岁儿童,经医院诊断确诊为阿斯伯格症,前期进行过感觉统合训练和结构化行为干预,但一直伴有视觉幻觉和妄语,不分亲疏,有轻度行为问题。

#### (一)案例性质

这是一例阿斯伯格儿童的治疗干预阶段案例,由于图画内容较为庞大繁杂,其间不仅有当事人绘制的部分,还有治疗师和参与者绘制的内容,以下仅将互动绘画实践的阶段记录和部分局部图片进行呈现,突出方法过程的展示,为大家了解整个操作过程提供一些参考,不做权威示范。

#### (二)实施前的准备工作

了解当事人现状、问题、前期干预情况,进行阶段的观察,建立治疗联盟,用排除法进行问题行为的生理和心理筛查,锁定切入点,选择绘画作为探查和干预的介质。前期观察记录:喜欢画昆虫、水族和史前生物,不喜欢直接画人,图像表现是触觉式,自发性绘画时会自言自语,有很强的自卑感,多用小生物象征自我状态,呈现弱势、被动、孤立无助的特点,思维呈跳跃性、易断裂、封闭的特点。象征符号来源于认识而不是模仿学习,主观性强,寓意丰富,有创造力。探查互动中喜欢自顾自画,不愿回应外界,惧怕、回避交流,主客体关系有脱离现象。象征性信息的接收呈现选择性,关注求助信息,有助人愿望。

(1) 干预方法:互动绘画——强化洞察力与互动合作的心理干预。

(2) 干预目的:运用支持性心理疗法调动当事人内在潜力,加强社会适应性,运用图像协助当事人理解他人的语言与行为,运用绘画的象征性和意象对话技术,帮助当事人面对冲突,增长内在的正性信息,建构自我与他人的交流方式,增强自信。帮助当事人建立画内想象与画外现实的区分,干预当事人的视幻与听幻。

### (三) 互动绘画案例的步骤

这里展示的是第18—23次的阶段记录。开始前的状况:原来认同的互动对手(当事人DD的"镜面伙伴":互动时当事人曾下意识地将"自我拔发"行为转为"拔对方头发",发觉后,会意识到自己的行为问题)因故离开,重新更换了互动老师(笔者),当事人DD的状态受到影响,前次的画中表现出没信心,认为新伙伴"画得好",自己不行。本次开始,减少了部分自由画互动时间,添加色彩游戏,帮助他缓解压力,拉近彼此的距离。

1. 第1次:星期三

开始后,DD先画水草,再画蝌蚪与蝌蚪的"敌人","敌人"是条小鱼,笔者添加青蛙来保护,他画了条更大的鱼,说:"它要来吃蝌蚪了!"笔者给青蛙添加了勾回蝌蚪的舌头说:"蝌蚪被青蛙救回,它就吃不掉了。"(参看图5-8的图1)

DD开始改画虾,嘴里说:"吵死了,安静些……"表现出被打扰的烦躁,笔者添加了一尾金鱼,DD主动给鱼着色,说道:"这就是你了。"笔者随即画第二尾金鱼,他在金鱼旁画了一条迎面而来的小鲨鱼(图5-8的图2),并表示这条小鲨鱼想跟金鱼做朋友,也愿意成为金鱼的同类……随后添加的画面内容大都是相持、吞食……半小时后,DD提出不想继续了。

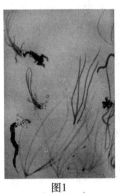

图1 　　　　　图2

**图 5-8　互动局部**

分析:① 感到孤独,不太适应换伙伴。② 不自信,有危机感,但状态尚平稳。③ 对介入治疗的工作人员有依赖和排斥的矛盾心理。

解决方案:① 以DD为主,选择(伙伴角色)配合他的思路,完全顺应他,不做任何刺激性干扰。② 建立有秩序的时间阶段和次数,帮助他适应现有关系。

2. 第2次:星期五

前半段互动较频繁,但有些散乱,回避语言询问,有阻抗。

临时调整方案,去除绘画过程中的语言介入,尽可能用画来回应。

第2次开始后较顺利,DD首次出现运用色彩来象征他认识的人物感觉(见图5-9),并用语言说明,但很短暂。

图5-9 第二次的作品展示

很快,他又回到单色画中,把刚才回避的威胁关系转到画中的鱼身上。在后来的画中危机四伏,小鱼被追杀,反映出对外界的不信任。在绘画的后半段出现两次轻微的拔头发现象。当意识到治疗师的阻止行为后,略有点烦躁。转而画没画完的油画,对鲜亮的颜色有兴趣,但对黑色依然有依赖,不愿意涂底色中的海水,只想修改和添加小鱼,觉得底色太麻烦。

分析:① 上次判断基本准确。语言探询让DD感到有压力。调整后,DD的阻抗明显减少,在结束时表示希望下次还画画。② 当事人用图像思考顺畅,其意识活动可以在图像中得到反映。③ 首次主动运用色彩表现周边人的性格,是一个很好的开端。可以加入象征色彩的运用。

解决方案:① 延续这种合作,慢慢消除他的不安感。② 注意环境场的控制,减少外在干扰,尽量用图像交流。③ 加入象征色彩的信息传达。④ 探查当事人运用的象征性图像意义。

3. 第3次:星期三

DD带来了一张在家中画的彩画,有两处是表现交配的昆虫,并主动讲给治疗师听。大意是一对"蜻蜓"正在交配,一只"螳螂"很饿,生气地想吃了它们,而后面有一只"毒蜈蚣"想吃"螳螂"。一对是正在交配的"蚂蚱",水中有三只"水蜘蛛",有一只"蜻蜓"幼虫变成成虫逃离水面,另一只快要变成"蜻蜓"的幼虫却被"水蜘蛛"给吃了,旁边有各自忙碌的水生物和"蚂蚱"。

随后,DD拿笔画画,治疗师坐在一旁等待。

他先零散地画了一些鱼,开始问治疗师想画什么,关注治疗师画的内容,提出想画张大的。治疗师给他一张大纸,他却只画小鲤鱼,并开始诉说。他给鱼分了公母,对公鱼开始关注。画中出现了前面曾让他感到威胁的黄鳝,但是从DD的神情看,此时威胁感受开始减轻。

渐渐的,DD的情绪变得愉快了。思维开始流畅,画面中家庭关系的内容也多了起来,多与学校和游戏的内容有关。出现了定时来清扫的"卫生鱼"(可能家里有钟点工),对闪亮的金色、银色感到愉悦,选择色彩越来越明确,开始用两个颜色画鱼身,画面的延续性多了些。

环境较为安定,DD开始画得越来越深入,画面中出现的卫兵是被"鱼"租来保护自己的……在表现一群"鱼"游戏时,他联想到曾见到的动物争食现象,主动画了只乌龟,这回乌龟是个猎食者。

半小时后，DD开始转而画蝌蚪（蝌蚪是用得最多的自我象征符号），青蛙妈妈总在看着蝌蚪，怕他有危险，蝌蚪中有一个"蓝色"的被改了基因的蝌蚪，在逃避鱼的追捕。黄鳝来了，藏在大鱼的身后。DD表示它（黄鳝）意识到好像不太安全，但不是很明白为什么。他画了一个"用暗语来设置"的海绵电话机，表示小鱼希望用它来交流，可以在不同的地方通话。

他在画有牌子的地方画了一条小鱼，说道："小鱼从游戏厅跑到学习的地方跟金鱼学数学，可金鱼用鱼听不懂的话上课，小鱼们感到不懂。"随后再次提到被染色了的蝌蚪，说道："青蛙妈妈不担心染色的蝌蚪。"结束后感到愉悦，主动说自己搬新家了。

分析：① 用象征图像表现感受让DD感到安全，思维活跃很多，表达也顺畅。象征性指代在互动中被引证：青蛙指代妈妈，蓝蝌蚪是自己，对两者之间的状态有点无所适从，总觉得自己碍事，有自责，表示"小蝌蚪不会伤害青蛙"的，画中表现了自己的感受。② 金鱼老师的出现，是学校生活的反映，老师很漂亮，但老师讲的内容他听不懂，表明有学习接受困难。③ 外在威胁是一种压力的代表，有莫名的恐惧感。画到后来感到压力减少后，开始觉得轻松些，对自己现在的感觉表示较满意。④ 公鱼带来的积极信息较多，在画中是一个积极因素。⑤ 色彩的象征性再次出现，并具有针对性，是对感受的一种表达。蝌蚪是蓝色的，有些阴郁。说明有些忧郁情结，但整体还稳定。

方案：延续原有方案。

4. 第4次：星期五

这次有位年龄相仿的儿童（Q）介入绘画活动，Q作为DD的伙伴在一旁做画，DD表现出明显的依赖性，希望治疗师加入他的创作，与他一起画故事，参与互动。

DD一开始还是画水中嬉戏的小鱼和水蜘蛛（鱼的食物），有大鲨鱼、小鲨鱼（黑色的）和捕食的安康鱼和平共处。渐渐的，开始出现迁移的鱼群，有大鱼带领鱼群，从一处到另一处考察学习，不同地方的鱼还互换交流，相互学习，DD和治疗师分别为画面填上了颜色，DD的颜色都能填进轮廓里（原来较为困难），情绪稳定，时而哼唱，时而诉说，治疗师跟随他添加鱼群中的鱼儿，他开始强调不同地方的鱼类色彩会不同，并要求治疗师填他指定的颜色。最后主动对治疗师的"帮助"表示感谢（见图5-10）。

图5-10 第四次的作品展示

分析：① DD 的主动性明显增强,语言解释开始增多,注重细节表现,但自己画的部分多情节关系,缺少组织性。对治疗师产生依赖,开始不排斥治疗师的帮助和意见,并接受治疗师的建议思考小鱼间的关系(几次连续的心理支持很见效),出现接纳行为。② 易接受心理暗示,意识到自己画得"太琐碎",有努力调整的迹象。③ 鱼群交换场地相互学习,都是积极的现实联想,是生活感受的反映。④ 这次画画的过程中,同步的语言描述大于情感表达,后半段想解释自己的画,但缺少表达的连续性,未能表述清楚。⑤ 对同龄孩子介入表现出兴奋,适合进入自然状态下的儿童群体进行治疗性教育干预。

方案：① 可以提供色卡纸协助他选择画面的象征性基调(对色彩的要求说明他具有潜在的绘画天赋)。同时通过他对颜色的选择,了解他深层的心理问题。② 自由互动画可邀请同龄儿童加入,增加正面引导。③ 添加环境影响,用声音配合他画中的偶然变化,增加整体"场"的感知成分。④ 鉴于对治疗师的接纳,增设认知环节,引导他走出自我,关注外界,转移局限的关注范围。

5. 第 5 次：星期五

DD 和妈妈一起来,妈妈很配合,共同加入互动作画。

治疗师拿出色卡纸,DD 无神的眼中开始出现喜悦之色,有了画画的兴致,要求用蓝色的卡纸画画。第一个画的是海马,随后是一尾小孔雀鱼和一条小鱼相对,治疗师在画中画一条在水草间玩的小鱼,DD 的妈妈在左边同 DD 一起画海马。这时,DD 注意到治疗师画的小鱼,在小鱼的下方开始画张开大嘴的鲨鱼,要攻击小鱼。治疗师将小鱼画到左前方,逃避追赶。他又在左上方画一尾大鱼阻截小鱼,治疗师即刻画出小鱼转身向右,他干脆在治疗师画的小鱼上加了一个大网罩,困住小鱼。此刻,他的情绪有些激动,色彩涂得快速而草率。画完后,放下笔表示不想画了,要求换一张白色的 A4 纸(下意识中寻求安全感)。

他开始在白纸上画海马、小鱼、小孔雀,但情绪不稳定,有点烦躁。画出的小鱼和孔雀鱼也是相互对执,海马在中间观看。他很不满意,要求换张大纸。

治疗师没有给他大纸,只是换了张干净的白纸给他,便拿过他不想画的第一张画作添加新内容。他的情绪开始有点变化,哼起了歌,情绪慢慢稳定,开始用语言描述治疗师正在画的这张画中的小鱼的感受,并对治疗师添加画出的鱼提出批评,挑剔治疗师的画技。治疗师附和着他,赞同他的观点,称赞他画得好。他平稳下来,一边预测治疗师将要画的东西,一边画自己的画。不时关注一下妈妈和治疗师所画的,哼唱的曲调变得欢快起来。

治疗师随机提议穿插个小游戏,按他发出的声频进行绘画表现,他很愉快地回应。这种即兴的配合很奏效,对治疗师接下来的求助,他很快响应,帮治疗师一起画第一张画。画中海葵同龙虾的交战引起他的注意,开始讲述他的联想,语言丰富生动,随后着重讲述了会变色的安康鱼,开始主动解释自己的画。

分析：① DD 来后直接画鱼们的冲突和海马,却不能很好表达。说明画中"鱼儿间的关系"、"海马对鱼儿的态度"是这段时间主要困扰他的原因(伙伴关系、师生关系的反映)。② 看到治疗师画的小鱼引发他的角色互换(这是他常表现的画面),使他从旁观的角度感受似曾相识的画面。③ 对白纸的选择,表明有过度的危机感。④ 他对节奏的反应很好,说明他对声音和图像都很敏感,有良好的艺术感觉。

方案：① 增加写生认知部分,开始缩短自由续画。② 加入互动的色彩节奏对应,强化视听配合的联觉刺激。③ 保持完全的接纳状态。

6. 第 6 次：星期五

DD 来后主动提出由治疗师与他配合，排除了妈妈的介入。并声明只画小鱼，不希望有大鱼。

但他开始画后，出现的小鱼很散乱。治疗师加入了一条稍大的鱼，他表现出烦躁情绪，要求换纸，治疗师巧用胶带除去了那条鱼，他的情绪才缓和下来。这时，他开始在纸上画出一条海龙，并在小鱼间加了一条黑色的魔鬼鱼，随即解释说："鱼之间有抢劫。"

治疗师在一旁画一群鱼时，他开始默默地在治疗师的鱼群中用铅笔加入一尾鱼，治疗师画出招呼它的鱼儿，他就接连加入不同的外来鱼。随后他开始画攻击小鱼的食肉鱼，口里做着同步配音，使画面关系变得生动起来。当他在鱼的下面画了一个很小的海胆时，治疗师戏言看不到它（海胆）了，他很开心，说道："要是鱼来吃海胆就会被刺到。"并画了一大块岩石，上面添加很多的软体生物，治疗师随即加了些有斑点的海母，他很高兴，解释大部分海母都无毒。很快，我们的画面演变成了一个"大市场"，他画了来卖食物的鱼，治疗师加入来买东西的鱼，我们开始讨价还价进行交易……

治疗师在水草上加了海龙准备开课，他马上来响应，并把课程安排成生物课。他让海龙给鱼上鱼的结构介绍课，在治疗师随后画出的听课蜗牛旁，他画了一个"有毒蜗牛"，解释道："这个蜗牛和别的不一样，它有毒，别的蜗牛都不敢碰它。"随后转到下面画了吃鱼的鳄鱼正在吃食草鱼，食草鱼被咬伤流血……整个绘画过程流畅顺利，内容丰富。

分析：① 强烈地拒绝大鱼的出现是在回避来自成人的控制干扰。② 小鱼世界有生活的投射内容，也包括自己急于疏通的焦虑感受。③ 细小的海胆有自我投射的部分，总想回避威胁和问题也许是他此刻的态度。④ 海龙表明这段时间里比较吸引他的学习是生物课。⑤ 黑色的魔鬼鱼是一种象征，是被伙伴拒绝和被过度关注的恐惧感。⑥ 总想加入鱼群，表现出他在潜意识中渴望被接受和认同。⑦ 内在冲突使他想用攻击方式发泄自己的压抑。挫败感是攻击行为的诱因。⑧ 对买卖交易的关注带有一定的投射内容，是缓解对未来的过度危机感，有内在忧虑。⑨ 被吃的食草鱼是他潜意识中消极情绪的流露，反映他的悲观情结和求援心态。

从上述互动过程记录可以看出，在整个交流沟通中，主要媒介是象征性绘画。图像表达实现了语言无法做到的沟通和探查，当事人运用图像时的积极联想非常通畅。治疗师也借由图像传达了支持，缩短了与当事人的距离。困扰当事人的冲突、当事人对外界的理解和感受都在象征绘画中显露出来。随着治疗师运用象征图像的探查深入，双方运用象征性的默契也开始产生，随之而来的理解和接受也变得顺利，当事人从一开始的惧怕、排斥，转变到可以直接挑剔和指导治疗师，角色的转换提高了当事人的主动积极性，治疗师也因此介入当事人的意识活动中，成为协助其建构自我的一部分。同时，互动绘画还包含了动力美术疗法（spontaneous art expressions）和美术行为疗法的一些方法和指导原则，实践者可根据实际情况进行融合延伸。

## 第 4 节　自然绘画法

自然绘画法是一种发展式、认知式美术治疗技术，是通过绘画促进障碍儿童心智成长，增长正生命信息，推进特殊儿童整体感知和领悟的自性化进程，实现升华和潜能开发的康复干预方法。它具有多维和灵活的特性，是心理支持疗法和认知能力训练的主要手段。

## 一、自然绘画的性质

运用自然绘画可以处理心理干预中的移情问题,改善障碍儿童认识外界的方式,调试情绪,增进他们的理解力和洞察力,进而完善他们的人格结构,提升生命价值,提高社会适应性,是教育干预的主要方式之一。因此,它对治疗师的艺术素养要求最高,不仅要有美术心理和视觉感知的能力,还要具备一定的美术创作与技能训练能力,才能实施相应的美术教育干预,实现干预治疗成分的美术教育功效。它是适用于各类残障儿童的自然康复方法。

### (一)以儿童发展阶段为参照的指导模式

以障碍儿童的发展阶段为起点,增进他们的能力发展和潜能训练,是自然绘画法的主要特征。该技术可以将创造性活动用于发展障碍儿童的思考能力,帮助停滞在发展期中某一阶段的儿童突破自己的封闭状态,拓展经验范围。它是以当事人自发感知和教师引导的互动形式,协助障碍儿童借助现有感知觉能力发展自我整体能力的教育治疗方法。通过刺激大脑右半球的思维意识活动,增进潜能开发,利用本能的直觉结构,帮助特殊儿童从较低发展阶段逐渐发展到较高阶段,以此提高特殊儿童整体能力,改善其整体障碍状况,增进社会交往能力和适应性。

因此,对儿童发展阶段的了解,是运用自然绘画的一项主要内容。从事特殊儿童美术教育治疗研究的罗恩菲德,在自己的实践中摸索出一套儿童发展阶段的评估方式,可为认识儿童发展阶段特点提供一些经验。我们根据他的分段方法将不同阶段儿童能力发展的不同特点,用列表的形式做一个整体展示(见表5-2),以供大家参照。

表 5-2 儿童美术能力发展阶段的不同特点[①]

| 特征 | | 人物 | 空间 | 色彩 | 设计 | 刺激方式 | 工具 |
| --- | --- | --- | --- | --- | --- | --- | --- |
| 涂鸦阶段 2~4岁 | 有阶段递进: 1.涂画是肌体运动,动作不受控制 2.进而可控制涂鸦 3.出现不同动作控制的圆圈涂鸦 4.从运动思考转为想象思考 | 只在最后阶段以命名的方式表现想象的人物,可进行联想 | 控制涂鸦出现后有肌体运动的空间感 | 多是无意识使用色彩,没有任何意图 用色彩区别涂画的意义会出现在第4阶段 | 无 | 鼓励任何形式的涂鸦行为 可用启发联想的方式引导 | 单色蜡笔 平滑的纸张 颜料 黏土 |
| 样式化前阶段 4~7岁 | 1.发现绘画、想象和实际间的联系 2.开始追求观念 3.出现象征符号 | 出现蝌蚪人发展出形体观念 符号产生源于认识 | 出现没有次序的空间 | 出现有意味的象征性色彩(多为情感因素) | 会意识到,但缺乏有意识的表现方式 | 启发联想 从自我认识开始 | 蜡笔 黏土 粉状颜料 大张的纸等 |

---

① 此表编写参照了罗恩菲德的儿童绘画发展阶段表的分类方式和部分内容。

续表

|  | 特征 | 人物 | 空间 | 色彩 | 设计 | 刺激方式 | 工具 |
|---|---|---|---|---|---|---|---|
| 样式化阶段 7~9岁 | 1. 发现人与环境的明确概念 2. 能使用概念样式 3. 后期出现带有自我经验的样式形式 4. 开始有意识地运用形式符号 | 1. 人物观念来自自我认识或概念样式的学习，出现分化 2. 表现经验出现分化，但都会夸张重要部分，忽略或省略不重要的部分 3. 人物样式分化明显 | 1. 用基底线表现概念空间：基线、地形 2. 发现内外联系，认识到自己是环境的一部分 3. 出现形式交叉的重叠表现 4. 出现不同时间和空间表现 | 色彩表现出现分化： 1. 能发现客观色彩，会随类赋彩 2. 出现样式化色彩 3. 象征性色彩样式带有个人感情经验 | 出现重复生成的下意识设计 经由学习能掌握按照设计要领进行的装饰造型 | 最好的刺激是促进其对质地、形象、空间等的观察、体验 | 彩笔 颜料 大张纸 各类笔 黏土等 |
| 理智萌芽阶段 9~11岁 | 1. 样式分化明显 2. 合作观念弱 3. 表现出群体年龄特征 4. 意识到性别差别 | 1. 用服饰区分男女 2. 人物表现概念化，但出现自我意识和细节的强调。脱离了样式化 3. 有明确的写实形式追求 | 1. 脱离基底线表现 2. 出现前后空间 3. 发现空间与平面的关系 4. 出现色块处理的空间关系 | 1. 有意识地强调象征性色彩 2. 色彩的使用与主观经验有关 | 1. 出现有意识的装饰表现 2. 关注材料质地： 用技巧表现装饰。 用重复有意识设计。 对材料性能感兴趣 | 鼓励出现的自觉意识 组织合作方式的创作 以制作方法建立合作关系 | 剪纸 颜色 黏土 各类综合材料 |
| 推理的拟似写实阶段 11~13岁 | 1. 出现从众心理，下意识采用写实方式 2. 视觉和触觉式特点开始明显 3. 喜好有动作或戏剧化表情 4. 智慧发展分化明显 | 关注动作、透视带来的形体变化 1. 视觉型：注重整体关系和客观性 2. 触觉型：重表现和本质的认识 | 1. 三维空间出现 2. 表现样式出现特性分化 视觉型：注重色块、虚实等客观状态的提取 触觉型：注重主观感受和情感性投射 | 视觉型会因距离和感受调整色彩 触觉型不与自然发生关系，喜好用固有色、情感色 | 1. 个人情感色彩明显 2. 注重规范表现 3. 对各类材料感兴趣 4. 注重色彩的装饰性 5. 出现简单设计 | 提供观察和创作的对应物，推荐相应的表现技巧 培养以客观为参照的设计意识 鼓励用色彩表现心情 | 各类材料 |

续表

| | 特征 | 人物 | 空间 | 色彩 | 设计 | 刺激方式 | 工具 |
|---|---|---|---|---|---|---|---|
| 决定性阶段 13～17岁 青春期危机 | 1. 对环境和表现有自省式评判 2. 视觉型、触觉型和混合型特点明确 视觉型：视觉觉察。关注点为视觉印象。创造角度为旁观者。 触觉型：身体感受。关注点为主观经验，感情表现。创造角度为涉入者 | 视觉型：强调外观特点。关注瞬间印象描述 触觉型：强调内在情感与外貌的对应性，关注描述性格和表现，通常运用象征性 | 视觉型：透视表现。关注形态改变而产生的视觉效应 触觉型：主观价值决定表现样式。认识、理解的感受决定空间关系的呈现 | 视觉型：随视觉感受的改变处理色彩。对色彩关系采取分析态度 触觉型：随主观色彩处理色彩关系，强调固有色和色彩的心理效应 | 视觉型：注重对形式、色彩的美感阐释。设计具有装饰性质 触觉型：注重抽象性质的感情阐释。以理性的机能设计为主 | 根据感知特点运用不同指导方式 | 所有材料 |

### （二）与自然交融的心灵成长方式

自然绘画法的又一特点是让特殊儿童在环境中自然感知和发展自身的觉察与经验，所有认知和能力的发展是建立在与外界环境的接触中，通过尝试、感知和判断共同完成认知和创造活动，将自我体验融于认知和能力发展的学习中，最终实现"透过知觉分化过程而达到的知觉发育"①，是与自然环境交融的成长促进方式。

自然绘画法的运用，是基于人类共有的知觉潜能，依据残障儿童的知觉特点发展其感知和理解力，协助他们直接参与到感知环境和自我的绘画活动中，通过处理感知材料的美术活动，促进机能发展和智力增长，实现康复训练和教育干预。不仅关注特殊儿童通过体验或观察获得的经验意义，而且还注重特殊儿童在感知过程中找寻一种结构或代码处理感知信息的能力，所以这一技术运用，充分发展了儿童"感知自然环境并在头脑中想象可能的视觉型的能力"②。

## 二、自然绘画的操作流程及种类

### （一）操作流程

在操作时，一般分为两类：一类是自发创作式自然绘画，一类是指导式自然绘画，这两

---

① [美]艾略特·W.艾斯纳.儿童的知觉与视觉的发展[M].孙宏，等译.长沙：湖南美术出版社，1994：90.
② 同上书，第100页.

类都具有如下四个阶段的操作特征。

1. 评估了解

在实施前,实施者首先要对当事人所处的发展阶段有一个基本的认识,了解当事人的整体感知状况和基本需要,方能采取相应的方案措施,协助当事人实现感知和认识的发展。这就需要利用美术材料刺激和诱导特殊儿童的感官知觉,借助美术媒材促发特殊儿童的自发绘画行为,从而实现整体的评量了解。现阶段,我们主要参照的是罗恩菲德的儿童发展阶段评量表(参看附录2)。

2. 感知表现

这一阶段的感知促进和能力发展,包括借助媒材的自我探索和感知外在事物的知觉探索两部分。其特点是借助美术活动激发当事人的联觉反应,拓展当事人的感觉经验和认知范围,促进智力因素的发展。

(1) 自我探索表现

自我探索表现包括自我感知觉察和自我认识。通过让当事人在美术活动中尝试美术媒材的运用,激发其行为表现,协助当事人觉察自我感受,发现感官间的联觉反应,认识自我。通过刺激当事人不断地尝试、表现,调动当事人整体的感官统觉,帮助当事人主动调动感知觉器官,在自我有意识的运用中促进知觉的发育。

(2) 知觉探索表现

知觉探索表现是建立在一定的自我觉知基础上,包括运用直觉判断感受和洞察外物两部分,是知觉发展必经的过程。体现在绘画活动中,则是当事人分辨感知信息、有意识选择和表现感知信息的能力,包括当事人用来表现感知到的形态、空间、色彩等知觉信息的手段,是增进当事人知觉敏感和促进当事人智力成长的重要过程。

3. 能力提升

这一阶段是量变到质变的提升过程,是当事人在发展知觉表现的过程中自我促进的主要阶段。当事人整体能力的提升是以循环递进的方式逐渐增长的,每一循环的起始都会呈现质性的发展特点,但推进的过程则以绘画的能力表现递增展现出来。

4. 个性化的思考和处理过程

这一阶段当事人会出现主动思考和有意识表达,知觉推进的结果就是整体联觉的提高和智力活动的增长,会产生带有个人色彩的判断和组织方式,治疗师把它看做是自然绘画法实现促进的质性增长。在这一阶段中,当事人会因感知能力的增长出现主动的个性化表现,其表现形式会带有当事人自身的人格特质,出现求知愿望和学习需求,因此,这一阶段会呈现当事人阶段发展的整体特征。可通过考量儿童的感知特征、处理信息能力、绘画表现和呈现方式来评估干预疗效,是推进特殊儿童接近群体阶段特点的决定阶段。

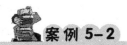 **案例 5-2**

### 发展式美术治疗通过儿童的自然绘画对儿童发展阶段进行的评估

娜欧米是一个四岁的混血女孩,由于她常乱发脾气及注意力持续度短暂,因而被转介来做艺术治疗。因为其生母有毒瘾问题,娜欧米因而被安置于盲幼院。

当娜欧米第一次进入艺术工作室时,觉得有些焦虑不安但跃跃欲试的样子。娜欧米游戏似地尝试了几种媒材。她的首张蜡笔画(见图5-11的图1)说明了娜欧米正值绘画发展中的控制涂鸦期。显而易见,从娜欧米的图画及她对选择媒材时的机动来看,其发展是迟缓的,而其背景也未能提供正常的感觉经验。此外,娜欧米的口语表达十分有限,并且其言语喃喃不清。她未能叫出一些基本色彩的名称。因此,治疗的取向以发展为主。

我们给娜欧米提供许多机会去游戏及把玩黏土、积木……她能借由照镜子的练习及手压画等美术活动来探索自己的身体(见图5-11的图2)。在艺术创作过程中,治疗师问了许多问题,以鼓励她的口语来表达。

在为期四个月,每周一次艺术治疗会谈的最后一次,她已经进展到前样式化期的绘画发展阶段,开始画人(图5-11的图3)。此外,她能运用到整张纸的空间,如她所画的一张风景画一样(图5-11的图4)。这张画有非常清楚的基底线,她用长线来涂满天空。在此时,娜欧米在托儿所的行为表现有戏剧化的进步。她不再殴打别的小孩。而在育幼院,娜欧米变得较好照顾,其呐喊哭叫的次数也减少了。

图1 呈现其发展状态的控制涂鸦

图2 借助艺术媒材感知和探索自己

图3 治疗后出现前样式化特点

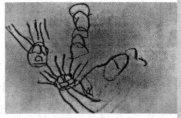
图4 用基底线表现地面和天空

图 5-11 案例推进的阶段对照

娜欧米的艺术治疗反映发展式取向对儿童介入时的四个原则。首先,依据娜欧米的需要及发展阶段,治疗师促成了许多感觉经验。第二点,在她创作时,治疗师鼓励她去说自己的创作。第三点,艺术治疗师非常积极地去拓展经验来强化娜欧米的感官觉知。最后,艺术治疗师以绘画发展的理论来评价娜欧米的成长和发展。

(玛丽亚·罗梭.儿童艺术治疗[M].陆雅青,译.台北:五南图书出版社,1993:43-47.)

### (二) 可以展开自然绘画的种类

1. 自发性绘画

自发性是指由当事人自行开始,具有感知和自我探索特点的行为。自然绘画法中的自发性绘画则是借助艺术媒材,充分调动儿童眼睛、耳朵和触觉感官,尝试感知和表现的绘画方法。它是关注当事人意象产生,借助形象思维刺激右脑运作,从而带动当事人自发性绘画行为的干预技术,万不可理解为无作为地等待当事人自发绘画。在实施时,治疗师首先要消除当事人阻抗,建立良好的联盟关系,方能展开具有引导作用的促发方式。列举的操作示范如下。

(1) 感知绘画

材料:感知媒材(声音媒材/视觉媒材等)和表现媒材(素描纸、水彩笔、油画棒等)。

程序:运用感知媒材作为刺激意象的干预介质,提供相应的表现媒材供当事人选择,通过整个"环境场"营造氛围,让当事人进入其间,给予当事人充分的活动和选择自由,激发当事人感知经验的出现。例如:声音感知(自然声:森林鸟鸣、水流声等)、图像感知(水果、蔬菜、景物等)。

要求:用于特殊儿童的干预媒材须具有明显的意象特征,遵循由简及繁的规律特点逐步推进。开始的表现媒材不易过于丰富,以免分散当事人的注意力,也需要由少到多的逐渐增加。注重引导当事人直觉感知,感知过程要简单直接。

目标:运用艺术媒材刺激儿童感知觉的发育。

(2) 体验绘画

材料:感知媒材(触觉媒材/视觉媒材等)和表现媒材(素描纸、水彩笔、油画棒等)。

程序:运用感知媒材刺激当事人进行象征性联想,提供可选择的表现媒材,让当事人充分把玩和接触媒材,调动当事人的内在体验,然后收起干预媒材,让当事人选择工具表现自己体验到的感受,可以充分发挥想象。例如:质地体验(毛的、光滑的、软的等)、形状体验(方的、圆的、三角的等)等。

要求:让当事人体验干预媒材的时间要充分,收起感知媒材后再让当事人进行知觉联想的绘画表现和联想,使媒材特征能在当事人整体感知中凸现出来,强化信息的知觉处理过程,通过感知促进有意识思维联想。

目标:运用绘画活动调动当事人内在联觉的运作,增进思维分辨和信息处理。

2. 指导式绘画

指导式绘画是由实施者参与到当事人的感知和体验中,通过控制和调节当事人的感知方式,指导当事人增进有意识体验,影响当事人感受进程的教育干预方法。在实施时,治疗师是当事人知觉感知和判断的建议者和引导者,起到了引导当事人分辨觉察、增进经验判断和意识处理的指导作用。在指导中,治疗师并不参与当事人的绘画表现,只是充分调动当事人眼睛、耳朵和触觉感官的尝试认识,通过有意识地引导当事人察觉感受,分辨感知信息,建构自己的心智运转机制。通过内化作用,推进当事人心理和认知能力的提升,促进感知和表现的整体发展,实现教育干预目的。列举的操作示范如下。

(1) 认知绘画

材料:素描纸、水彩笔、油画棒等。

程序:引领当事人面对实际的物体进行观察体验,可以鼓励当事人运用触摸、看等感知方式全面了解真实物体的质地、形状等外在形态,指导当事人对自己感受到的知觉信息进行分辨,提供可选择的绘画媒材,让当事人边感受边进行绘画尝试,实施者在旁进行感知辅导。例如:静态物体(身边随处可见的任何实物)、动态物体(人、流动的水、动物等)、自然景物(树木、花草、房屋等)。

要求:指导重点在于协助当事人体察感受,调动当事人现有的感官知觉认识分辨,引导当事人对认知对象进行直觉判断,鼓励其尝试自我表现。

目标:推进直觉的整体觉察,发展当事人现有的知觉能力,促进其知觉发育,推进当事人的发展进程。

(2) 创作绘画

材料:素描纸、水彩笔、勾线笔(马克笔、油性笔等)、颜料等。

程序:指导当事人从真实感受出发,选择任何可以感知的实际内容进行组织联想的创作尝试。例如:基于认知的联想创作(桌子板凳的世界、衣柜里的一天等)、基于感知的联想创作(听觉分辨、视觉感受、嗅觉体验等)。

要求:把握从真实感受出发的指导原则,引导当事人从发现到联想,调动当事人主动选择感知内容进行画面组织,强化对感知内容的信息处理和判断,不做空对空的联想刺激。

目标:重在借助绘画创作协助当事人进行感知探索和形象思维,修通当事人认识外界和自我的通道,建构属于当事人自己的感知和思维系统,促进意识成熟。

总之,无论是自发式还是指导式的自然绘画,都是从特殊儿童的阶段特点出发,通过协助他们运用自己现有的感知潜能发展自我的整体能力,以一点带动整体,拓展自己的认识范围,促进他们现有知觉的发育,从而实现推进心理进化,促进知觉成熟的教育干预目的。

### 三、实践案例

案例涉及两位重度智力障碍儿童 Y 和 M,接受为期近四个月的治疗性美术教育干预。Y 是一位 17 岁的语言缺失少年,障碍类型是小脑发育不全。M 是一位 14 岁的低功能自闭症者,被人呼唤时常表现出一脸茫然,刻板回应,两人都存在表达障碍。

**(一) 案例性质**

这是一则运用自然绘画技术,改善重度障碍儿童沟通能力和自我觉察力的艺术教育治疗案例,下面节选其第四阶段的教育干预内容进行方法展示。

**(二) 实施前的准备工作**

1. 前期工作

(1) 评估了解:二人都处于运动涂鸦阶段,喜欢涂鸦时带来的运动感。Y 常会固定在一处进行涂鸦,而 M 则喜欢边走边画,不时地还蹦蹦跳跳。

(2) 媒材使用和感知训练:第一阶段到第三阶段采用了自由涂鸦、感知涂鸦、黏土技术和多种媒介的互动干预,取得了一定成效。在阶段评量中,Y 已经出现圆圈涂鸦,并能进行一定的联想。而M则可以进行控制涂鸦,开始意识到自己的涂鸦行为,会注视自己涂鸦后的结果。

2. 本阶段的准备

(1) 设立阶段方案——符号(三周共6次,35分钟/次)。

(2) 准备相应的干预媒材(音乐、超市产品彩图)和表现媒材(水彩笔、油画棒、纸张)。

(3) 将治疗室作为开放空间,允许当事人自由进出。

3. 干预方法

自然绘画——感知绘画/认知绘画。

4. 干预目的

在原有基础上运用干预媒材刺激当事人进行联想。通过有意识的语言引导,推进当事人对自己行为的觉察和感知。鼓励当事人通过各种方式认识和了解表现媒材、物品和运动中的人,激发表现兴趣,协助他们调动所有感官增进知觉判断,大胆尝试表达。

### (三) 自然绘画案例的步骤

1. 第一周:感知绘画

(1) 材料选择与运用

① 运用音乐媒材(韩国励曲)刺激儿童进行自发性绘画,其间用语言跟随他们的感知和创作行为,引导他们发觉自己的行为及结果,刺激他们体察感受。

② 运用图像媒材(产品广告)为他们提供感知内容,进而让他们分辨不同物品的相近形状,获得知觉认识,例如:葡萄、西瓜、橘子、桂圆等都是圆的,电视机、冰箱、柜子、微波炉等都是长方形的,等等。允许他们自己翻找内容组织表达,还可以在身边找寻实体物品(各类球、颜料盒等),进行各类对比尝试,用描摹或比照进行绘画表现,举一反三。

(2) 阶段评量

M在第一周总在重复有意识的控制涂鸦,喜欢在贴在镜面的纸上涂画,画完总是注视一下。

Y在前一阶段就能够顺利地用象征形式的点、线表现直接的感受。在第一周他用相近形状表达不同的物体,不仅可以顺利画圆,还能用其组织简单的画面,表达一定意图(见图5-12)。

2. 第二周:感知绘画与认知绘画交叉进行

(1) 材料选择与运用

① 延续感知绘画,主要以音乐媒材刺激儿童的感知和联想,增进自我体察。

② 增加认知内容,一方面引导儿童关注自己绘制的心象形式,刺激儿童再体验、再分辨内心的感受。另一方面引导儿童关注外在形式与自己绘制图形间的相近性,鼓励他们依据自己画出的符号形状在身边找寻对应物,并鼓励有意识地对应表达尝试,让他们根据画出的内容进行联想和组织。

(2) 阶段评量

① 到了第二周,M可以进行旋转的圈形涂鸦(曼荼罗心象符号的出现),并有意识地添加线条,出现了第一个符号形状(见图5-12)并自己给它命名为"树"。根据儿童阶段特点,M画中表现出涂鸦期最后阶段的联想涂鸦特点。延续了感知刺激,增进了知觉分化过程。

② 在认知绘画训练中,他开始变得不安分,跑进跑出,嘴里总是哼哼唧唧。从画面看,他已经进入样式化阶段,可以运用抽象形式表达简单的概念,能够通过重复增进形式表现。可以进一步引导他体验形式表现的对应性。

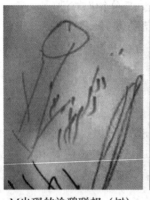 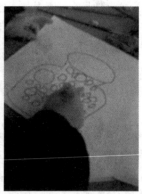

M出现的涂鸦联想（树）　　Y用圆圈表现的石头

图 5-12　自然绘画技术

3. 第三周：强化阶段

(1) 材料选择与运用

① 对 M 依然以音乐为干预媒材刺激其延续联想,在引导中强化对他的行为叙述,向他描述作为观察者看到的他的行为,协助他觉察自我行为,增进感知、体察和判断的连续反应,帮助他认识自我,增进对形象符号的再感知。

② 对 Y 则鼓励他发现周边的实在物体,将同类形状的视觉形式进行归类描画,可以借助触摸和观察,了解认识,尝试符号表现,进而进行图像的联想创作。

(2) 阶段评量

① M 开始出现有意识的符号内容(见图 5-13),并用涡状形式表现空间感受,用自己的名字称呼符号,给其命名。在后一次自发绘画中,"我"的形象越来越丰富,除了有明确的眼和口,还有头发、耳朵、手脚和衣服,涡状空间也更为清楚。在回答询问时,他可以把"我"和"M"对应起来表达自己感受到的内外关系,传达了体验——在感受音乐的自己。

M首次出现的"我"　　M最后一张"我"

图 5-13　自然绘画技术

② Y 的知觉对应更为明显,出现人物样式化符号的形式表现,并且可以将其作为概念符号传达自己的感知和意图(见图 5-14)。他通过在教室外的观察,用绘画的形式表现出"正在打球的同学",并兴奋地拉来教师看自己的作品,再带教师看外面正在打球的同学,让教师明白了他的表述,用绘画弥补了语言缺失带来的沟通困难。

Y知觉后的绘画表现　　Y知觉体察到的景象　　Y的最后一张联想创作作品

图 5-14　自然绘画技术

从儿童绘画发展阶段的特点来看,M 的画中不仅出现了来自自我认识的人物样式,而且表现出对空间的感受,出现有意识联想,其发展已进入样式化阶段。而 Y 则在自然绘画中增进了表达能力和知觉归纳力,出现创造性绘画行为。画面符号开始呈现分化,有自身感知经验的细节内容,关注到同伴活动和周边人物的状态,整体发展进入理智萌芽的阶段,并在最后出现完整的创造表现(见图 5-14),画出一幅美丽的鸟。

通过性能、方法介绍和实践案例的展示,大家也许可以对绘画技术产生一个整体的认识和了解。在此,我们只是将自己不成熟的实践摸索呈现出来,引起大家思考,让更多的有识之士一起来完善特殊儿童艺术治疗的学科建设,促进治疗性教育理念的推进。

 **本章小结**

总而言之,涂鸦和绘画技术都是在二维平面中进行的绘画治疗,它们之间的联系远大于差别,只是存在一个治疗角度和维度的差异性。主张无需美术能力就可以进行干预治疗的心理医师们,只看到涂鸦技术的直接性,忽略了"视觉图像"信息优于"语言概念"信息的最根本优势在于视觉语言的全面性和模糊性,使绘画技术在心理治疗领域只起到诊断和分析的媒介作用,未能充分发挥绘画形象的概念转换价值。然而,若想实现运用图像直接干预儿童的意象信息,就得了解美学心理,掌握相应的视觉感知和运用训练,这也是现今绘画技术的运用不能深入的根结所在。

在特殊儿童领域,绘画治疗不仅是心理干预介质,还是发展儿童知觉感知的教育干预介质。我们通过身体感官得到的认识和理解,并不是肌体感官对外界信息的简单复制,而是整体联觉的产物,所以,协助儿童在绘画活动中通过感官进行探索,最大限度地促进特殊儿童的自我完善,调动机体进化本能,实现潜能发展,借助绘画的形象感知和表现活动,促进特殊儿童右脑的开发,发展残障儿童的知觉能力,是绘画技术用于特殊儿童的宗旨,也是治疗性美术教育的首要作用。

 **思考与练习**

1. 什么是命题绘画?它是如何操作的?命题绘画有哪些种类?对治疗师有什么要求?
2. 什么是互动绘画?它具有怎样的特点?互动绘画对治疗师有何要求?
3. 什么是自然绘画?它是如何进行的?为何说自然绘画是治疗性美术教育的主要方式?

# 第6章 适用于特殊儿童的综合表现技术

**学习目标**

1. 了解综合表现技术的概念、特性和关注的内容。
2. 掌握综合表现技术实施的基本步骤及特点。
3. 了解拼贴、综合制作和黏土技术的相关内容及操作方法。
4. 了解多种媒介互动技术的相关内容及各种方法的操作。

美术的表现形式本来就多种多样,任何用于治疗的美术形式都是美术治疗的一部分,选择儿童喜闻乐见的美术形式,协助儿童展开具有治疗性的美术活动,实现美术作为介质的治疗干预,一直都是美术治疗师运用的技术手段(如拼贴、黏土、剪纸等)。因此,多种美术媒材与绘画交替运用的治疗局面在美术治疗中始终存在。

另外,由于借助艺术中同质同构、异质同构的美感特性,可以有效地帮助儿童获得知觉感知的提升,增进他们觉察和理解的敏锐性,所以许多美术治疗师开始思考和尝试多种艺术在美术治疗中的运用,并出现了各类采用多种手段传达知觉信息,协助当事人增进直觉领悟和表现的综合艺术治疗实践[①]。这些多种艺术形式的运用,使美术治疗不再局限于单一干预方式,出现多维的艺术干预局面。

## 第1节 概 述

多手段、多媒介的综合美术疗法拓展了特殊儿童美术治疗的疆界。美术中的综合表现技术不仅可以适应特殊儿童对不同艺术形式的偏好和需求,还极大地丰富了美术中艺术传达的表现手段,满足了不同障碍带来的知觉差异需求,使各类儿童都能通过多手段的艺术方式获得知觉发展。例如:视障儿童,可通过触觉感受外在事物,黏土、综合制作等美术形式便可成为发展他们现有触觉的有效手段。对声音敏感,却存在生理障碍的儿童,可以借助音乐和绘画的综合形式推进他们知觉的统合运用,提高综合感知的联觉能力。让儿童运用自己创作的美术作品(如木偶、手工等)进行即兴表演、游戏,可使有心理或行为问题的儿童增强意象感知和思维表达,深化儿童对问题的领悟和自我认识等。总之,以开放的姿态选择有利于治疗展开的任何艺术形式推进治疗进程,是综合表现技术的宗旨。

---

① 例如将音乐律动融进美术表现、推进美术治疗进程的米尔德里德·拉齐曼钱平,借助放松技巧、动作、音乐和戏剧实施相应引导的哈瑞特·沃德生等,都进行过这样的美术治疗实践。

## 一、综合表现技术的概念

综合表现技术是指在美术活动中,运用替代性美术媒材与多种介质艺术形式实施的表现性艺术治疗,是以美术行为为主线展开的多手段治疗干预技术。它比绘画技术的形式更为广泛,既有替代绘画表达的其他美术媒材的创造性美术治疗方法(例如黏土、拼贴、手工等),又有以美术贯穿整个治疗,并融合多种艺术形式手段的综合性表现治疗技术。是现今虽已出现,但尚不完善的各类美术形式治疗的总称,所以又可称为创造性艺术治疗法。

由于表现性疗法(expressive therapy)的治疗特点就是表现性和治疗展开的多样性,可采纳的艺术种类几乎可以涵盖所有艺术形式,所以,综合表现技术就会涉及与意象感知和出现有关的所有形式,包括所有的美术形式和加入其他艺术手段(例如音乐、舞蹈、戏剧、诗歌等)的美术治疗活动。

## 二、适用于特殊儿童的综合表现技术特性

用于特殊儿童的综合表现技术,需依据各类特殊儿童自身的知觉特点和现状,选择适当的美术创作形式,帮助特殊儿童增进感知力,促进他们的情感表达,以调试其情绪,传达支持性信息,推进联觉产生,所以具有多维的表现形式和多样的感知方式。

### (一)多维的意象表现形式

美术的形象表达不仅有两维平面的各类美术形式(如蜡染、水墨、油彩、版画、拼贴、平面设计等),还有三维的塑形形式(如雕塑、立体构成、黏土、手工等)和四维的影像形式(虚拟成像系统等)多种方法(见图6-1),这些形式都是特殊儿童可以感知和采纳的意象表现形式。

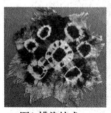
图1 蜡染技术

图2 拼贴技术

图3 黏土技术

图4 综合制作-木偶

图5 多种媒介互动(虚拟影像)

图6-1 综合表现技术[①]

---

① 此处图4出自:陆雅青.艺术治疗—绘画诠释:从美术进入孩子的心灵世界[M].台北:心理出版社,2005:131.

例如，便于视障、脑瘫、智障和自闭症等特殊儿童使用的触摸媒材有黏土（紫砂、瓷土、陶土等）、综合制作媒材（布、纸、贝壳等），这些是引发儿童内在控制需求的理想干预介质。有了这些介质就可以进行两维或三维的形象表现，可转移和触发儿童的情绪和注意力，而一些需要细致深入的手工媒材（如蜡染、雕刻、剪纸等），则更适合为暗示解惑提供一个含蓄、间接的交流平台，对心理障碍儿童的疏导和情感转移具有极好的运用价值。与此同时，一些快速产生视觉效果的虚拟影像（见图6-1的图5），是能够诱发强烈机体或行为反应的刺激工具，可以调动特殊儿童的身体运动，激发参与热情。所以，有效选择和运用各种媒材进行美术创作，建立多维的艺术表现方式，实现预期的肌体训练或心理干预，是综合表现技术突出的特性之一。

### （二）多样的感知方式

综合表现技术还能利用不同媒介的感知特点，刺激当事人的感知功能，调动当事人的自发行为。例如，通过让特殊儿童观看各类图像形式（绘画、雕塑、连环画、影像等），或聆听与其情感相接近的诗歌和音乐等，可达到修正情感反应、缓和紧张状态的治疗目的。而针对有特殊嗜好的恋物癖儿童，选用触觉性综合材料实施美术治疗，还能通过转换不同质地的媒材，进行感知的适应性刺激，让他们从"图像接受"转到"触摸同一图形的不同材质媒材"，调试他们的感知状态，逐渐提高他们对"敏感材料"的适应性，从而消解其心因性行为问题。

此外，综合表现技术包含了将多种艺术形式作为"刺激媒材"推进美术治疗进程的表现性创作疗法，使各门类艺术内容均可成为处理"情绪"和调动"感知"的"处方和良药"，让美术治疗中可以选择的综合表现组合呈现出多样的感知转换形式。例如，运用"共振音乐"协助特殊儿童提高血氧饱和浓度，调试自主神经系统的感知和控制活动，实施节奏涂鸦，可获得事半功倍的干预功效。对失语、自闭症或心因性缄默儿童运用不同的"音乐处方"让他们边听边画，在活动中推进他们的联想表达，通过画面呈现的状态，治疗师能够了解儿童可能具有的体察优势，有选择性地调整和转换干预介质传递信息，可以最大限度地完善美术治疗中的"场"营造。所以，借助相应的艺术媒介影响儿童的感知，在美术治疗中促进他们洞察能力的恢复和内省力的发展，是综合表现技术的又一重要特性。

### 三、综合表现技术关注的内容

本着实现干预和推进治疗进程的目的，选用适当的媒材提供创作条件，是综合表现技术在美术治疗中运用的焦点。例如，障碍严重的儿童可能会一直停留在移动、泼溅颜料的阶段，只能感知到运动结果，无法进行自发的涂鸦探索，如何使其萌发冲动进行表现，便是判断是否采用综合表现技术的原因之一。当遇到生理机能完善，却对画画存在心理障碍的儿童时，如何创建一个触发沟通开始的非语言交流平台，则是判断选用何种综合表现手段的先决条件。在有些情况下，儿童会觉得把自己的问题告诉别人有种犯罪感（特别是当这些问题涉及他们挚爱或惧怕的重要人时），治疗师是否能为他们提供一个安全、有序和连贯的象征性交流空间，间接、含蓄地解决他们体验到的困难和感受，则是设计综合表现技术方案需要注意的问题。同时，对儿童综合能力的判断也是是否运用综合表现技术需要了解的主要方面。

### （一）特殊儿童对美术材料的选用

在综合表现技术的运用中，首先要让当事人尝试和探索不同的美术材料，这是决定使用何种美术媒材展开干预的第一步。当事人对哪些材料感兴趣？这些美术材料的运用会涉及哪些机能的配合？可能产生怎样的结果？这些问题都会关系到技术实施的程度。比如，可控制媒材（黏土、纸片、实物等）要比流动性媒材（水性颜料、墨等）容易唤起儿童对形状的阐述，而流动性媒材的使用往往能加强情感的表达。了解当事人喜好哪些媒材？哪些材料适合针对性使用？这些问题都是展开治疗需要了解的部分。例如，当儿童戳、揉、挤、摔和拍打黏土时，他可以直接感受到接触黏土产生的亲和感受和运动体验，运用拼贴时，材料带来的质地差异，"撕"、"剪"形成的控制动觉都会对特殊儿童产生一定的作用。治疗师可以通过观察、判断，为特殊儿童提供适当的表现介质。

### （二）特殊儿童现有的知觉要素和理解能力

对特殊儿童知觉要素的了解是决定选用干预媒材的主要内容。选用何种艺术媒介用于互动，直接与当事人现有的感知觉（如触觉、听觉和视觉等）状态密切相关。治疗师可以通过观察当事人在安全、放松的环境中自然的知觉反应，了解当事人潜在的本能知觉，根据反应试探，判断当事人知觉特质与感知能力的强弱，以此决定采用何种知觉干预媒介。同时，还要关注当事人的理解能力，这是治疗师决定是否使用其他艺术形式对当事人进行"同构"干预的主要因素。当当事人处理信息的能力过弱，判断、回应都很差时，相对单一的美术媒材运用就会更为合适。如果当事人知觉和处理信息的能力都较为良好，治疗师就可以考虑借助其他艺术形式推进当事人的领悟和感应的出现。

总之，关注特殊儿童的行为反应、注重特殊儿童在美术表现中流露的知觉特点、气质特征及机体状况，选择恰当的干预刺激媒介，采用适合的表现性艺术手段，是实施综合表现技术的主要内容。

## 四、综合表现技术的功效

综合表现技术由于具有丰富的形式和手段，意象传达的方式和信息渠道也呈现出多样的特点，因此具有更为宽广的治疗功效，是治疗师用于消除当事人防御反应的首选。同时，由于综合表现技术中多种艺术形式都具有传达"同构"信息的功能，治疗师可以迂回碰触当事人回避的问题，却不会给当事人造成威胁，通过非指导性的活动和正性信息的强化，实现协助当事人改善冲突、直面问题产生思考的心理干预功效，所以，更具有发展的活力和空间，在运用时成功的概率也较高。

## 五、综合表现技术实施的步骤及种类

综合表现技术的核心部分是美术，所以整个干预治疗活动的设计和展开还是围绕视觉艺术进行。由于艺术是相通的，各类艺术形式的融合会增强创造性表现的实现，怎样围绕一个宗旨安排多种艺术形式进行治疗的推进？是设计综合表现技术方案的关键。

### （一）实施综合表现技术的基本步骤

通常，综合表现技术的实施会采用列表的形式制订整体方案，根据特殊儿童的艺术偏好和敏感性，设计针对性介入或刺激形式的先后顺序，确定方案的切入点，通过观察当事人的感知和思维特点采取实施的具体步骤，通过实施效果调整方案内容，再调整各类媒材的运用，重列推进顺序。

1. 治疗方法列表

一般来说，在与特殊儿童初步接触后，就可以了解是否需要进行综合列表方式设计治疗方案了,如需实施多项内容,可直接进行治疗方法列表。大部分情况下,治疗师都需要在整个方案的调整中进行补充性列表,根据治疗演进的程度,考虑需要添加的艺术媒材和刺激内容。所以实践时可灵活掌握。

2. 实施治疗

若先列表后实施治疗,依表推进治疗即可。如果在治疗中需要补充调整实施内容,需考虑治疗方法间的衔接问题,根据实施现状进行微调,相应的调整需根据特殊儿童的具体状况而定。

3. 治疗方法重列

即使是事先列好的治疗方案,也需要根据治疗进程进行阶段调整,在此笔者称其为"治疗方法重列"。就是在依表治疗一段时间后,当事人的状况可能会发生相应的改变,再次推进治疗时,要对现有的治疗措施进行调整,以适应新阶段的当事人需要。这种经过调整和改进的列表实际上是另一个治疗单元的开始,相当于一个新的治疗方案,它是调整?还是推进?都是在前一个治疗方案的实施结果上进行设计的。

所以,综合表现技术是以这三个步骤为一个单元,周而复始循环推进治疗过程,每一循环都是治疗的深入延伸。

**(二)综合表现技术的种类**

所有尚不成熟的表现性美术治疗形式探索,都隶属于美术治疗的综合表现技术,所以种类繁多。但从其性质上讲,大致可归为两类:一类是以各种替代性美术媒材为主的混合式综合表现实施形式,我们称其为多种美术媒材表现技术。这是各类用于治疗的美术介质的总称(如黏土、拼贴、木偶制作等)。另一类是在整个美术治疗进程中加入其他艺术形式实施的综合表现治疗技术,我们称其为多种媒介互动技术(如加入音乐、舞蹈、戏剧、文学、游戏等元素的综合运用)。这是以视觉艺术为主线,围绕一个治疗目的逐层推进的多层次、多媒介、综合了各门类艺术的表现性艺术治疗形式。该技术是利用综合艺术互动形成的"场效应"实施全方位表现性视觉情境治疗。

由于各种技术的发展程度不尽相同,按其性质,叙述会出现轻重差别,故下文从美术治疗在特殊儿童中的有效运用出发,偏重实际应用的美术媒材部分,重点介绍拼贴技术、综合制作技术、黏土技术以及多种媒介互动技术。

## 第2节 拼贴技术

拼贴技术是日本医科大学教授杉浦京子和森古宽之教授在1989年首先倡导的一种心理治疗方法。它是指从报刊、广告、宣传册、画册等材料中选择、裁剪画像,在特定的纸板上拼装、重组的美术创作过程。它已被广泛应用到心理临床、学校教育、行为矫正等领域。

**一、拼贴技术的特点**

拼贴技术融合了很多箱庭疗法的技法,又被称为"迷你箱庭"疗法。拼贴技术的特点是可以适用于不同年龄、不同健康状况、不同文化背景的人群,即使是低龄儿童或重度残障儿童也可以找到适合的素材,借助治疗师代为剪切,自己用胶棒粘贴,轻松地制作出拼贴作品。

它无需特殊的场所、贵重的仪器设备,具有方便、简单、易操作而又有实效的特点。

## 二、拼贴技术的实施方法

普通的拼贴制作很简单,主要是材料的选择。选择何种材料进行拼贴本身就显现出当事人的意图,具有探查的价值。而用胶水粘贴没有难度,如何组织选择的材料进行创造性表现是治疗展开的重点。开始前需要预备各类不同素材、底板及糨糊、胶水、胶棒等用具,供当事人选用。

### (一) 素材选择(见图6-2)

1. 纸张类

纸张类包括报纸、杂志、说明书、广告册、商业宣传手册、明信片、旧书、照片等可以剪切的图画和文字。尽可能覆盖多个领域(如运动、综艺、时装、风景、家庭生活等)。还可根据发展阶段的需要,提供从婴幼儿到成年人的各类杂志等。

2. 综合材料

颜料、细绳、纱线、碎布、羽毛、彩色沙子、珠子、贝壳、面纸等。这些材料的质地和颜色对儿童有着极大的吸引力,还能够让他们具有感官体验,有助于儿童表达情绪情感。

通过儿童对拼贴素材的选择可以了解儿童的思想情感。另外,根据选择和使用这些材料的难易程度、制作拼贴的方式,可以了解他们的身体和精神状态。

图6-2 拼贴素材的运用——纸张类

### (二) 准备底板

1. 纸质底板

底板大小没有严格规定,可视当事人的要求而定,也可以根据实践和当事人的兴致来调整,多用图画纸、制图纸、复印纸等。一般一个小时的个人治疗会使用A4大小的底板。

2. 其他材质

木板、泡沫托盘、塑料板、瓷砖等也可以作为底板使用。

### (三) 实施拼贴创作

1. 选取素材并剪成合适的形状备用

(1) 一种是当事人选取素材,自己剪切,称为杂志图案拼贴法。当事人可以剪下自己喜欢或认为合适的人物、动物、食品、花鸟鱼虫、山水树木等插图、照片,使其成为有各种不同图案、形状和色彩的素材。

优点:可以自由选择素材。

缺点:会局限于某一类型的素材,对能力弱的特殊儿童难度较大。

(2) 一种是拼贴盒法,由治疗师事先选取使用的素材并剪切下来,放到盒子里,再由当事人从盒子里随意选择材料,构图并粘贴。

优点:因为由治疗师代为选择素材,较为机动,可以具有针对性。对缺乏积极性的当事人或不能使用剪刀的当事人都可实施。

缺点:费时。当事人的表达范围会受限。

2. 拼贴实施

让当事人用糨糊、胶水、胶棒等,把剪下的纸张根据自己的意图粘贴起来。如果是集体制作,也可组合别人剪下的纸张,粘成一幅团体拼贴画。个人制作时间一般在3~10分钟,集体制作时间一般在30分钟左右。

### (四) 完成

拼贴完成后,可以让当事人用蜡笔、粉笔、水彩笔在画面上进行补充添加,还可以添加一些文字,完善表达。列举的示范如下。[①]

1. 脸谱拼贴

材料:杂志、剪刀、胶水、美工纸。

程序:从杂志上剪下人的面部的一部分,然后用胶水在纸板上拼贴出一张独特的脸谱。

讨论/目标:讨论自尊和自我意识。当事人可讨论他们对自己外表的满意度以及外表对他们的情绪、态度和社交生活的影响。

2. 目录拼贴(需求与愿望)

材料:目录、美工纸、胶水、剪刀。

过程:给出各类商品目录,让当事人剪出他们想要的或感到需要的商品。将图片粘贴在美工纸上。

讨论/目标:要求当事人描述他们选择的图片并解释其意义,主要探讨实现愿望、需要和目标的方法。

3. 作为情感说明的词语

材料:杂志、剪刀、胶水、马克笔、美工纸。

程序:团体领导者从杂志上剪下一系列煽动性的词(例如愤怒、激动、无畏)。让每个人从中挑选一个或几个,贴在自己的纸上。如果他们愿意可以解释这些词,或用自己喜欢的方式进行安排。

讨论/目标:主要讨论所选词的意义,目标包括探索情感、问题、注意力调节和问题解决。

4. 制作冰棒棍拼贴图

材料:冰棒棍(普通的或有色的)、胶水、美工纸。

程序:给每个当事人一大把冰棒棍,将其置于纸上,形成图案,写实或抽象,普通冰棒棍可根据需要涂上颜色。

讨论/目标:主要讨论已经完成的作品的意义,及冰棒棍摆放的位置,观察哪些参与者制作两维的作品贴图,哪些参与者制作更有立体感的作品是十分有趣的。这可能反映了冒

---

① 此处示范析自:[英]苏珊·布查尔特.艺术治疗实践方案[M].孟沛欣,韩斌,译.北京:世界图书出版公司,2006:95-100.

险人格和顺服人格的差异。顺服人格在生活中常持保守态度。目标包括问题解决、注意力调节和抽象思维。

5．生活经验拼贴

材料：杂志、剪刀、胶水、美工纸。

程序：鼓励当事人从杂志上剪下或撕下他们认为有意义的图片。他们可以找寻那些与他们相关的，或者能象征他们生活的不同方面的图片。当事人可剪下词语、字母、广告等。将图片按照重要程度或时间顺序粘贴在一张大的白色纸上。

讨论/目标：主要讨论所选择的图片，在纸上安排图片的方式，图片的大小和意义。当事人探索目标、自尊，以及对他们生活中重要的人或事的想法。还可探索他们对生活的满意度及向积极方面转变的方法。

6．另一位团体成员的拼贴

材料：杂志、剪刀、素描纸或美工纸。

过程/目标：要求当事人讲述他们自己，谈论各自的目标、兴趣、爱好。将团体成员分成2～3人的小组，让他们轮流面对全组分享。然后让他们找出令他们想起其他成员的杂志图片。例如：猫和狗的图片让他们想起一位喜欢养宠物的成员；国外的照片让他们想起一位喜欢旅游的成员；一位漂亮女孩代表某个有吸引力的成员。要求他们按自己喜欢的方式将图片粘贴在一张大的素描纸或美工纸上。

### 三、适用于特殊儿童拼贴的种类

用于低龄或特殊儿童的拼贴技术，一般会选择各类取材较为方便的纸质材料（见图6-3）。由于其可撕、可剪，较为方便灵活，品种繁多，很适合低龄儿童和特殊儿童进行操作。此外，较为复杂，可用于处理心因性行为问题或边缘儿童的拼贴技术有以下几种。[①]

#### （一）混合媒材粘贴

混合媒材可以为当事人提供无限的兴致。比如可以用马克笔、墨水或者油性彩色粉笔在杂志插图或者图片上涂画。将有色的或透明的玻璃纸罩在图片上，可以实现一种若隐若现的效果，玻璃纸片上粘贴图片也可以保留原状。

#### （二）随手捡到的东西的粘贴

让当事人随手捡一些树叶、树皮，只要是可以用胶水粘到一起，就可以拿来用。例如让当事人用蛋壳和种子做拼贴画，或把预先混合好的花香涂在厚纸板上，用来刺激当事人的嗅觉等。

图 6-3 适合幼儿的普通拼贴

---

① 此处三种种类析自：高颖．李明等著．艺术心理治疗[M]．济南：山东人民出版社，2007：272．

## （三）面纸拼贴

面纸拼贴可以加入色彩、压条等手法。将面纸用颜色弄湿，可以达到一些非常有趣的效果，比如流血。用压条的方法，可以把底层的颜色透出来。还可以通过揉皱面纸表现特殊的纹理和颜色。胶浆和面纸按照 50∶50 的比例混合可以做出非常形象的流血的样子。例如：斯蒂芬妮（Stepanie Zentz）用面纸拼贴画来处理自己对患有艾滋病的儿童的反应。

## 四、案例

本案例改编自德博拉·格林斯潘·莱恩切（Debra Greenspoon Linesch）的《青少年艺术治疗》[①]一书。

### （一）案例性质

这是一例精神分裂症少女的绘画、拼贴综合疗法案例，案例对象是 15 岁的女孩苏珊娜，被诊断为患有精神分裂症。她受到过无数的心理创伤，受过性虐待，经历过亲子分离，被人视为发育迟缓的幼儿来养育。

### （二）前期状况介绍

苏珊娜在一家精神病院里住院两年，并接受了一段时间的心理治疗，但效果不佳，经常处于发作期，退行到幼稚的、精神分裂的状态来逃避焦虑感觉。后来院方采用绘画干预技术对其实施治疗，期望能帮助她获得与自己年龄阶段相衬的自我表达方法。

### （三）治疗过程

在开始的几次治疗中，苏珊娜一直保持沉默。治疗师并没有鼓励她说话，仅仅是向她提供各种可以用来表达自我的工具。她选择了纸和彩色笔（整个治疗作品参看图 6-4 至图 6-6）。

图1 满是婴儿的托儿所　　　图2 婴儿鲍尔　　　图3 退行的婴儿群像"托儿所"

图 6-4　苏珊娜画的作品

1. 第一阶段——阻抗期

她创作了表现同一主题——"满是婴儿的托儿所"系列画。在这一系列画中，每一个婴儿和他们的情感都有苏珊娜内在体验的投射，这一大群婴儿的聚合体是苏珊娜扭曲、错位的自我表达。但是她受损的自我功能严重限制了她辨识这些自我代表符号的能力，使她画出

---

[①] 案例内容来自：Debra Greenspoon Linesch. Adolescent Art Therapy：An Adlerian Integration[M]. Psychology Press，1988：98-114. 本节以下案例和图片转引自徐光兴.儿童游戏疗法心理案例集[M].上海：上海教育出版社，2007：256-268.

的婴儿图像都是不能反映情绪感受的相似符号(见图6-4的图1)。

在苏珊娜反复不断地重复画一群群婴儿像后,治疗师开始针对这一阶段的状况,将焦点集中在促进苏珊娜感受自己内心世界的体验上,制订了干预方案。鼓励苏珊娜单独地画每一个婴儿,与她讨论婴儿们的情绪,帮助苏珊娜关注一些具体的细节,引导苏珊娜用婴儿的脸部表情表现她描述的情绪。一段时间以后,苏珊娜可以画出不同的表情了。她和治疗师的关系也有所增进,对治疗师从作品中切入的提问也能越来越自如地应答了,所画的作品和讲述的故事也愈加全面和具体。同时,她也开始渐渐意识到一些什么,她的脸上也可以表现出这些情绪。图6-4的图2是苏珊娜画的婴儿鲍尔,隐喻地表现了她自己的愤怒情绪。虽然苏珊娜所画的婴儿具有明显的象征意义,但治疗师决定在治疗初期阶段不将这一隐喻点破,而是间接地向苏珊娜指出画作和她自身体验可能有一些关联。

当治疗师知道苏珊娜因为最近在院里表现不错而得到了表扬时,就让她从自己这一时期的开心感觉出发来画婴儿的开心感觉。图6-4的图3是这次治疗会面所画的作品。

苏珊娜从画纸的中间偏左一点开始画起,先画了一对小人(注释为:治疗师要探讨她的情绪"意义",对此她感到"害怕"),随后,她迅速地在画纸顶端处加了一个标题——"什么让我开心?"此举一来是重新拾起了治疗师的问题,二来是表明她明白了治疗师询问她情绪的目的。她对于治疗师的这一要求产生了防御性阻抗,退行到前一阶段,继续原来的"托儿所"主题的婴儿群像,以此否认才开始在画作中表现过的负面情绪。很明显,她还没有准备好面对自己的情绪,她依然需要用隐喻来进行交流。她的阻抗使她的画作风格退回到原来的阶段,婴儿的表情和情绪相当雷同。在这一幅画作中,苏珊娜对于情绪表达的掩藏需要得到认同,她需要按着自己的步调来发展。

2. 第二阶段——尝试表达

治疗展开后的第四个月,苏珊娜突然停止了画婴儿,开始关注杂志图片的搜集,并尝试把它们拼贴起来。这一阶段她做了一系列的拼贴画主题——母爱的关怀(图6-5的图4)。虽然婴儿依然是她情绪的隐喻表达,但在这一阶段这些婴儿不再单独表现一种情绪,而是参与在人际关系中。她将自己放在一个家庭系统中来表达情绪感受了,显然是一个进步。

随着苏珊娜从画画转向拼贴画,她的行为也发生了一系列的变化。她的固执行为减少了,与治疗师的目光接触更多了,对于作品的联想也更多了。

图6-5的图5中展示的家庭是苏珊娜理想中的家庭,母亲能满足婴儿的需求,还能保护她。边上的文字注释为:"凯伦,你不能抱她。"图中的父亲则比较被动,无侵入性,完全不像对她施行性虐待的父亲。

此时,苏珊娜似乎已经处于领悟的临界点,她开始明白这些婴儿代表她自己。偶尔,她在谈起拼贴画中的婴儿时,会无意识地用"我"来代替"她"这个代词。

图6-5的图6显示她已经准备好直接表达她的情绪,图中明显地反映出苏珊娜对成年的恐惧并且想继续维持在婴儿状态。在这幅作品中,苏珊娜直接表达了她的情绪,这是治疗的一个重要转折点。

3. 第三阶段——表达期

进入明确的表达期。在接下来的一系列自发创作中,苏珊娜在自我表达上的进步得到了进一步证实。图6-5的图7中,每一个婴儿都标注了"苏珊娜",表明这些婴儿表达了她自己的情绪,显示她不再像以前那样拼命掩饰自己。治疗师跟她详细地谈论了这幅作品的喻义,并跟最初的画进行了比较。苏珊娜意识到她自己有了很大的进步。

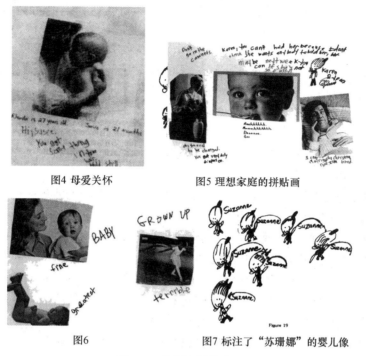

图4 母爱关怀　　　　图5 理想家庭的拼贴画

图6　　　　　　　图7 标注了"苏珊娜"的婴儿像

图 6-5　苏珊娜画的作品

在接下来的两个月里,苏珊娜在自我了解和表达方面又迈出了更大的一步。治疗师让她用拼贴画单独表达早期作品中的每一个婴儿和情绪。此时,治疗师已经不再像以前那样使用非指导性的方法,其目的在于提升苏珊娜的悟性,使她明白作品中投射的内心世界。

图 6-6 的图 8 就是其中一个代表作品。这幅作品的主题是"关爱",边上的注释为:吉米,8 岁:"我要糖果,我喜欢吃糖";福瑞德,48 岁:"告诉我,儿子,你想要什么,你为什么要糖果啊?"这样一幅投射了她的情绪并充满了人际互动的拼贴作品,是苏珊娜进步的又一个证明。

图8 吉米和福瑞德　　图9 拼贴与绘画的结合作品——愤怒　　图10

图 6-6　苏珊娜画的作品

4. 第四阶段——转变期

有一次,治疗师调整了苏珊娜的治疗预约时间,苏珊娜表现出了愤怒情绪,紧接着,她就创作了图6-6的图9这幅作品。这是苏珊娜治疗过程中的一个里程碑。

首先，在这一作品中，同时存在拼贴画和绘画，并且两者表达了同样的情绪。其次，苏珊娜用她新发展起来的图解语言表达了对咨询关系的此刻情感。这一点比前者更重要。在这一作品中，苏珊娜运用艺术材料，在两种隐喻的语言中，表达了她的愤怒。在早期的作品中，苏珊娜用化名"甄妮"来表达自己，但是在这幅作品中，她直接表达了她对治疗师的愤怒。这对于原来的她是非常困难的一件事情，但是现在她做到了：直接表达情绪。当她同时用画画和拼贴的形式将她的愤怒投射到画纸上后，她在语言上也开始认可她的愤怒。苏珊娜长期对自我情绪的掩盖终于渐渐开始转变了。

5. 第五阶段——脱离

治疗即将结束前，治疗师希望苏珊娜能够用之前在治疗中发展起来的自我表达方法来探讨对于即将来临的分离的感受。

图6-6的图10描述了苏珊娜对这一变化的体验。她从画纸的左侧开始画了一个婴儿，早期作品中典型的样子，表现了她早期的情感："悲伤、害羞、恐惧。"画纸中间的一团流线型涂鸦，代表了在数月治疗之后的放松情绪，中间上部写了"考虑"，下部写了"拼贴画，我们的感受"。右边是锯齿形涂鸦，加注了文字，表达了她对分离的焦虑。苏珊娜对治疗进展的概括表达惊人地准确。这一反应表明了她在治疗终结阶段的退行，只有退回到最初的防御风格的画风中，苏珊娜才能安全地表达她对离别的情绪。出现这种退行是治疗终结阶段常见的现象，这不能抹杀苏珊娜获得的进步，反而能证明她使用各种表达形式的能力得到了发展。

从案例中可见，绘画和拼贴技术的使用过程为苏珊娜提供了一个拓展表达方式、探索原始情感的机会，同时又不会迫使她放弃自我控制，避免了引起她的焦虑。

## 第3节 综合制作技术

综合制作技术是一种以手工材料为绘画替代媒材进行的美术治疗方法。通过帮助儿童进行塑形或手工物品的形象创作，在制作、粘合、描绘等操作过程中，训练儿童的控制能力，调试儿童情感，协助儿童进行投射表达和自我认识的一种替代媒材美术表现法。

### 一、综合制作技术的特点

综合制作技术的内容非常广泛，有人物类、器物类和随意制作类三大类。它的特点是通过制作中的合作形式培养当事人的合作意识，并通过以作品为沟通介质的交流方式（如情境表演、问答等），推进治疗目标的实现。是融合了绘画、游戏、手工制作等多种表现形式，却没有固定模式的综合表现法。

### 二、综合制作技术的实施方法

综合制作技术采用的形式多种多样，材料也不固定，基本上是就地取材，因地制宜。归纳起来有两类：一类是选用现成的各类模具，再在模具上通过彩绘、粘贴或加工，完成整个塑形创作的彩绘类。一类是直接选择材料随机制作，或采用缝补、添加填充物等手工方式，进行塑型创作的塑形类(如图 6-7 所示[①])。这两类实施方法各有所长,在特殊儿童美术治疗中的运用和作用也略有差异。

图1 彩绘面具　　图2 布质填充材料的手工玩具

图 6-7

彩绘类:利用模具设定的界线,在不干扰当事人创作意愿的同时,为治疗师实施探查或干预提供了范围和界线。塑形类:则是通过从无到有的整个制作过程,为治疗师实施评量或实现治疗目的提供了行为发生的意义空间。但二者都是注重过程和作品利用的治疗形式,所以我们把它们统称为综合制作技术。

### (一) 彩绘类

(1) 材料:该类材料有模型材料和装饰材料两种。模型材料多为硬质纸类、泥土类、泡沫材料、木头等各类立体形状的美术模型。装饰材料多为水粉、油彩、油漆、丙烯等具有覆盖作用的颜料和各类彩色贴纸、各类毛线、布条等。

(2) 方法:先根据当事人的意向和需求,选择模型材料的形状,让当事人根据自己的需要选择色彩进行绘制或装饰粘贴,完成制作后,请当事人给作品命名,以此了解当事人情感和情绪,探查当事人最为关注的人或物。治疗师可以随时运用作品切入与当事人的交流,推进与之相关的治疗内容。类型列举如下。

---

**彩 绘 面 具**

媒材:各类素色面具模型(美术用品店有售,也可自行制作)。具有覆盖性的色彩涂料(水粉、油彩等)。

粘贴类素材(适合于低龄或重度障碍儿童的彩色纸、彩色布片等)。

程序:让当事人自由选择喜欢的面具类型,随后进行相应的修饰,完成后给其命名,互换赠送并借此展开交流。例如,团体成员互送,借此探讨感受。

讨论/目标:探讨与重要他人的互动关系。

---

### (二) 塑形类

(1) 材料:包括可选用的素材和制作工具。素材可以是各色不同质地的布、弹性材料、废旧物品、细绳、纱线、碎布、羽毛填充物等。制作工具有剪刀、针线、扣子、胶水等。

---

① 图1出自陆雅青.艺术治疗—绘画诠释:从美术进入孩子的心灵世界[M].台北:心理出版社,2005:212

图2出自美国艺术治疗协会网:http://www.arttherapy.org/aata-aboutus.html.

（2）方法：先让当事人选择喜欢的材质，治疗师依照当事人的要求，协助当事人一起完成三维的基本型制作，由当事人自己通过缝补、粘贴等方式完成最后的成形制作后，再进行填充和命名。在共同制作的过程中，治疗师可以通过询问当事人的意图，了解当事人的问题和需求，在完成后借助作品展开深入的心理干预。该法很适合针对心理问题的干预治疗。类型列举如下。

> **情绪对应物**
>
> 媒材：硬纸板、油彩、粉彩、黏土……
>
> 程序：由当事人自己决定主题（例如人、树等），把纸折成需要的形状，用黏土压在纸上做造型，完成后用色彩进行彩绘和整体装饰，画中形象一定要加上边框控制。
>
> 讨论/目标：讨论当事人选择的作品主题（其关注内容），探讨作品形状、色彩和整个构图的处理，探查当事人投射其中的意义。

### 三、适用于特殊儿童的综合制作技术种类

目前可用于特殊儿童美术治疗的综合制作技术大致有三类：建筑类、容器类和木偶娃娃类。

#### （一）建筑类

材料：一般多为木片、橡胶填料、纤维、烟斗通条、铁丝、雪糕棒、压舌板、细绳子、泡沫塑料杯、瓦片和各种板材，比如盒子、装蛋箱、纸巾芯或者厕纸芯等。

方法：可以用钉子、胶水、胶带等将材料组合起来，用颜料或热胶喷枪来作装饰（如粘贝壳、有机玻璃等），用布装饰，或者在立体形状上做拼贴。复杂的建筑塑形可分阶段进行。

效用：有些特殊儿童在制作平面的东西时很难集中精力，但在建构立体的东西时可以持续很久而乐此不疲。对于这类儿童，一次只注意一个小东西的制作要容易一些，用连续推进的步骤方案协助他们完成构造，不会导致混乱。该法对具有神经损伤的青少年和注意力缺失的儿童颇为有效。

#### （二）容器类

材料：常会选用废旧的盒子、硬卡纸、毡、漆、木片、瓷砖、管、墙纸、铁丝、杂志插图、泡沫塑料以及其他废料等。

方法：用粘贴纸盒的方法建房子，让当事人决定在每个盒子中放入一件东西（象征物或写有字的纸条等），可以给盒子涂色，里面也可以放东西。治疗师可以根据实际情况，让当事人从中选出可以先打开看看的盒子，切入或推进相关治疗。还可以在一些容器中放上大米、种子、钉子或者小卵石等，然后涂上颜色，做成可以产生声音的乐器，让当事人利用各种小棒相互敲击发声，或敲击其他的空容器，以此展开深入的探查活动。

效用：适合于慢性心理疾病的美术心理治疗、学校咨询和有创伤经历的儿童等。

#### （三）木偶娃娃类

木偶娃娃在帮助特殊儿童学会如何与别人交往方面具有重要作用。如果当事人把木偶娃娃做成自己的样子，那么这个木偶娃娃对于表现当事人自我或者当事人希望成为的那个

人而言就特别重要。木偶娃娃的价值不仅在于它们在制作过程中可以发挥创造性,而且在于可以使用木偶娃娃表现人际交往关系。该类综合制作常用于儿童的心理干预,材料和方法都较为繁多,但效用相近,所以,我们按不同种类进行介绍。[①]

(1)毛毡娃娃:制作简单的娃娃可以通过把两层毛毡钉到一起,然后填充碎料。在填充之前,可以用马克笔或者其他可以粘在上面的东西来装饰。如果想让这个过程更简单,则可以事先为当事人把毛毡剪切好。

(2)袜子娃娃:袜子娃娃是通过在袜子中填充材料和用纽扣、纱线、布头等装饰制作成的布娃娃。四肢可以用布头来做,然后粘上泡沫材料来做手脚。

(3)缠线娃娃:缠线娃娃的制作是重复性的围着某个东西缠绕纱线或布条。具体方法是用两条布片重叠,在中间打结,然后缠绕成头部。用几根长度足够的双股线做四肢。在脖子部位打个结,反复在两条布条上面缠绕丝线来做身体,在适当的地方分开来做两条腿。在做两条胳膊的双绞线上也要缠绕丝线。可以在头上粘一些小东西作为五官。用丝线做头发,用布条做衣服。

(4)石膏纱布娃娃:用石膏纱布做娃娃,完成后再粘上亮晶晶的纸片或者金属。

(5)真人大小的娃娃:真人大小的娃娃可以更真实地代表另外一个可以交流的人。可以用布或者纸来做。先帮助当事人把身体的轮廓画在布或纸上。然后沿着轮廓剪出两片同样的布或纸片,接着用缝纫机把两片布缝到一起(纸张可以粘贴)。留一个开口,可以往里面填充材料。再用多种材料粘上丝线、珠子、金属片和布片等来装饰,最后完成。

(6)长筒袜娃娃:用长筒袜做的娃娃可以做出非常有表现力的面部。制作时,用长筒袜做出大致的头、手、脚后,可用棉絮填充进去,用细线或者其他东西来做头发夹子,再用针脚来做五官完成制作。也可以通过绘制和粘缝珠子、贝壳之类的小东西进行装饰,这样的娃娃可以直接用布片做衣服。

(7)木偶娃娃:木偶是可以套在手上活动的布娃娃,有舞动和说唱的表演功能。

方法一:可以把气球吹到希望的大小扎紧后,用橡皮膏或石膏绷带在气球上贴三层左右,用硬纸做一个环,同样贴上橡皮膏或石膏绷带做成脖子,等整个材料都凝固后就可以把气球弄破,完成头部制作。五官可以直接粘上一些珠子或贝壳来做成,也可以用颜色描画出来,再用布料和丝线做头发和衣服。

方法二:直接用泡沫塑料球做木偶头,用一些细棒来支撑头部和作为手脚。

方法三:用泡沫塑料杯来做动物木偶头,将其切成两半做成下颚,用纸板做獠牙,用毛毡做舌头,通过绘制完成头部造型,用长筒袜或旧纸芯做木偶的身体。

总之,各类塑型形式层出不穷,始终处于创生中。这里罗列的方法都是前人实践中出现过的美术干预形式,在摸索中的综合表现制作中,只有不变的问题和干预目的,没有固定的操作模式,这也是其充满挑战和创新的优势所在。因此,实践者可以根据自己的实际能力和现有条件进行更新尝试,推陈出新。

---

[①] 高颖,李明,等.艺术心理治疗[M].济南:山东人民出版社,2007:273-282.

## 四、案例

本案例改编自玛丽亚·罗梭(DR. Marcia L. Rosal)的《儿童艺术治疗》一书。[①]

### (一)案例性质

这是一则调试取向的美术治疗案例,是采用综合材料实施的替代性媒材美术治疗(如图6-8所示)。

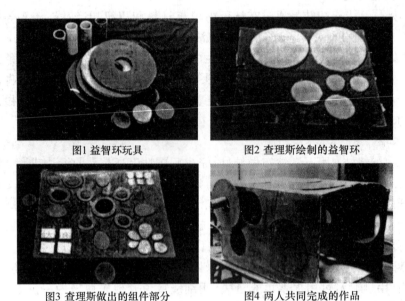

图1 益智环玩具　　　　　图2 查理斯绘制的益智环

图3 查理斯做出的组件部分　　图4 两人共同完成的作品

图 6-8　综合制作

### (二)前期状况介绍

当事人是位 10 岁的自闭症儿童,名叫查理斯。查理斯非常活泼,但注意力集中时间十分短暂,他不用口语,只会用手势来与人沟通。他因为经常乱摸东西、用手拍打和拥抱大人等行为问题,被转介来接受艺术治疗。

### (三)治疗过程

查理斯的治疗师将治疗目标定在帮助个案设定界限,尤其是巩固其肢体的界限。

查理斯有许多优点和能力,包括他喜欢玩益智(puzzles)环,喜爱吃点心,有无限的精力来涂鸦等。为能达成治疗目标,治疗师在艺术媒材的选用上,曾仔细地评估查理斯的能力及优缺点。治疗师体会到画纸上的简单线条,并不足以为界限的象征。

结果,在诸如绘画和剪贴的活动中,治疗师利用厚纸板的造型和卷筒来暗示其界限。治疗师帮助查理斯运用厚纸板剪出造型并加以设色,来制成简单的玩具(见图 6-8 的图 1)。

查理斯十分满意他的这项成就,因此,治疗师就让他以类似的手法,利用造型与色彩来画益智环图(见图 6-8 的图 2)。由于查理斯喜欢食物,因此,治疗师鼓励他以他最爱吃的点心造型,来画一张益智环图(图 6-8 的图 3)。当两人共同创作一件大型的游戏箱时,治疗师

---

① 案例出自:[美]玛丽亚·罗梭.儿童艺术治疗[M].陆雅青,译.台北:五南图书出版社,1993:66-70.

与查理斯的相处达到了最高点(见图6-8的图4)。这个箱子的制作融合了以往做玩具及绘制益智环图时的所有技巧,并且大到能让查理斯爬进去做游戏。

这个简短的治疗案例是利用当事人所喜爱的玩具和当事人的趣味展开的,治疗师发展了一些创意,来帮助查理斯解决肢体的界限问题。厚纸板的使用,说明了可以以替代性美术媒材来实现美术治疗目的。

## 第4节 黏土技术

黏土技术是借助不同性能的黏土为创作媒材实施的游戏或创造性表达。

### 一、黏土的特点

通过利用黏土的亲和性,治疗师可以帮助当事人从触觉的接触开始,尝试和感受表现。用于治疗的黏土技术,对黏土成型技能的把握没有什么要求,但会强调土质的触觉性能和塑形特点,注重土的亲和力运用,只有在向更高要求推进时,技能才服务于"创作",所以,这里的技术不等于技能。在特殊儿童美术治疗中,一般更多的是利用黏土的材料特性去关照、发现和探查特殊儿童身心发展,运用相应技术去化解他们的内在冲突。因此,有必要了解一下黏土的性质。

#### (一)可塑性

黏土含有一定的水分,质感会很柔软,用手或工具很容易将土块分离,分离后的泥块在合力下又能很快复合,具有很好的可塑性。

#### (二)黏性

泥土的黏性是特有的,但不同黏土的黏性会有所差异。在黏土创作中,通常有两种粘结方法:一种是湿接法,即趁塑好的型还没干时,把它们用力接上。例如,泥条盘筑法等。另一种是干接法,就是先把黏土加入较多的水后调成泥浆,在干好的坯体接口处涂上泥浆,利用泥浆的黏度把两者结合起来。例如,陶瓷雕塑的制作方法等。这些方法都是利用了泥土本身的黏性完成的,这是黏土特有的一种属性。

#### (三)可修复性

黏土含有一定的水(油)分,通过一些辅助方法保持黏土的湿度,就可以在创作中不断调整其造型。在没有烧结之前,还可以通过增减水的多少来调节黏土的性能,可反复使用。即使是做好的黏土作品也可以进行增减修改,所以,可修复性也是其特性之一。

泥土是柔软的、包容的,也是坚硬的、刚强的。其触觉机能可以带给人心灵的抚慰。

### 二、黏土技术的实施方法

黏土技术的实施很简单,方法大致有两类:即黏土游戏法和黏土联想法。

#### (一)黏土游戏法

利用土的材料属性进行游戏表现,通过不同土质发挥其自身的自我治疗力,具备游戏和艺术的双重性。可根据不同儿童对各类黏土的接纳度、敏感度安排"玩土游戏"。从泥性方面和使用黏土的手段切入引导治疗。

（1）借泥宣泄：利用陶土或瓷土的特殊性，治疗师可引导当事人对泥土进行戳、揉、压、挤、摔、打、敲、踩、踢、撕、扯等方法进行操作。把内心不良情绪（压抑和愤懑）、情感和期望宣泄和释放出来。一种是引导当事人直接把泥块假想成不良的情绪加以发泄；另一种是先协助当事人把自己的不满情绪用泥塑的形式表达出来，再把做好的泥塑破坏掉。操作时需避免一些危险因素的发生，结束后可与当事人探讨感受。

（2）双手挤泥：即引导当事人双手挤泥来提高身体和大脑的协调性，带动手臂肌肉的运动、唤起触觉机能的参与。该法简单直接，可以团体进行，但需要治疗师的互动参与。操作时需注意以下几点：① 给当事人一块相对较软、大小适度的黏土。② 告诉当事人把黏土尽量全部握在手中，然后五指往里挤压，尽量用最大力气捏紧拳头，使泥浆从指缝中挤出。③ 伸开手掌，看看谁手上留下的泥浆最少。④ 手上泥最少的就是赢家。

在评定游戏中可以对赢得胜利的当事人给予奖励，反复推动游戏的进行。此法对于连画笔也拿不住的脑瘫、肌肉萎缩儿童都有很好的疗效。

（3）闭目捏塑：让当事人通过闭眼来增加游戏的神秘性，尽量避免外界的视觉干扰，以更加集中的思想、更加专注的精神、更加平静的心境与手中的黏土进行沟通和对话，驱除心中的杂念，以捏塑的方式把内心的恐惧、经验或想象表达出来。操作方法如下。

① 给当事人一团硬度适中的黏土，让他（们）闭上眼睛，告诉他们可以随意地揉、搓、挤、压、捏，可以用一些辅助工具来改造手中泥块原有的形状，捏塑成自己想要的形象。

② 睁开眼睛，将捏塑出来的形象放置在陶艺桌上，引导当事人进行仔细的观察，问问当事人看到了什么？看看自己做的像一个什么动物，还是一个人像？

③ 数分钟后，再次闭上眼睛，把自己从泥里看到的形体进一步塑造，使形象更加具体化，直到自己感觉满意为止。

（4）盘筑游戏：是用粗细均匀的泥条做出各种形状的作品。盘筑时可改变泥条的长度、方向或增加一些装饰性泥条美感修饰。泥条盘筑的作品可以保留原始的肌理效果。此法是人类最早掌握的制造方法之一。在国外常将泥条盘筑和手捏成型并称为"手筑"。操作方法如下：先根据作品大小确定泥条的粗细，搓好的泥条要用塑料布或湿布包好，然后开始。

① 搓一泥球并均匀地压成泥片作底。

② 取一泥块压成泥板。

③ 取一团泥，先捏成粗长条的形状，放在案板上，双手五指岔开，用力均匀地轻轻前后滚动，由掌心到指尖反复地操作，随着泥条的伸长由粗变细，双手逐渐向两侧移动，可根据需要来控制泥条的粗细和长短，搓泥条的过程中，有时用力不匀把泥条压扁，可以将压扁的泥条拧成麻花状，继续在案上搓动，即可复原。

④ 在作底的泥片上盘筑。

⑤ 边盘筑边把内侧抹平粘牢。

⑥ 中间可以加一些装饰性泥条。

⑦ 到一定程度时需要等待一段时间，稍干后待泥条有一定的支撑力再继续盘筑，直到达到需要的高度。

此法可延伸为亲子盘筑游戏，就是通过母子相互配合共同完成一件盘筑作品。一般是家长完成搓泥条部分，再协助小孩用泥条盘筑。以此促进亲子感情交融，消除家长与子女的隔阂。

（5）黏土拼贴：即利用不同泥色和泥质的泥条、泥片排列或组合成想要的形象。操作方法如下。

① 治疗师事先把各种不同的黏土放置在儿童容易取到的陶艺桌上，将当事人带到治疗室，试着引导他们去触摸黏土，并说出自己的感受。

② 让当事人挑选自己最喜欢的一种黏土，当然也可以是几种黏土混合使用。

③ 选择一块平板或立体的容器作为底面，指导当事人在上面进行拼贴，拼贴的内容可根据当事人的能力和需求而定。在拼贴的过程中，治疗师要随时关注当事人的状况和情绪的变化，在关键时刻有必要给当事人提供一定的帮助。

④ 拼贴完成，放置好拼贴好的作品，治疗师和当事人一起讨论制作的感受和画面的内容。

（6）团体拉坯游戏：拉坯是利用力学和同心圆原理，在快速转动着的轮子上，借助螺旋运动的惯力，让黏土向外扩展、向上推升，形成环形坯体。多数儿童对拉坯充满好奇，可作为美术治疗中感受泥性和引发参与的有效方式。基本操作如下。

① 取一块加工好的泥团，放置在拉坯机的转盘中心。打开电闸使转盘转动，双手均匀用力压泥团使之平滑。

② 开孔压底。从泥团顶部用双手拇指慢慢压下，同时向上挤压和向外拉大泥孔，用左手的掌心下压泥团开孔后的中心，并向外推动。

③ 翻沿。用右手的四指从中心逐渐向左向上提和压，同时以左手扶住外沿，翻起泥团的外沿。

④ 扶正。经过上一动作，已为拉坯找出造型器壁所需泥料，两手随转盘的转动扶正泥料。

⑤ 成筒。双手挤压泥壁，左右手配合向上提拉，形成泥筒。

⑥ 拉高。双手均匀用力，将泥筒拉高。

⑦ 外展拉高。将左手伸入筒内，与右手同步向上拉高和向外扩展。重复扩展，拉成陶瓶的基本形。

拉坯靠双手来协调力量的平衡，用脚来控制速度的快慢，用眼睛来观察所要的形状，需要当事人全神贯注。所以，拉坯还可以锻炼身体的协调能力，转移人的注意力，使人变得平静。

**（二）黏土联想法**

黏土联想法是以材料的偶发形状为基点，利用黏土制作中的偶发性和可变性，引导当事人通过随机形状带来的知觉感受进行联想表达，以此展开创作表现或交流，促进当事人整体感知和思维的运作，促成投射性表达的实现，改善当事人对外在事物的认识和联系，推进治疗环节。治疗师通过帮助当事人去发现，"刺激"和引导当事人将黏土游戏导向更高层次的"创作"，以此唤醒当事人潜伏在内心深处的情感，引导他们由模糊的状态逐步走向清晰，这也是黏土联想的治疗性所在。所以，如何由一种视觉或触觉形式转化为一种新的自己的理解产物，是黏土联想法的主要目的。

1. 形状的偶发联想

在通过摔、打、挤、压、搓、捏、拧等手段改变泥的形态后，治疗师可以用语言引导当事人去关注泥的形体改变,当一些有意味的形态在不经意间发生时,治疗师要能随机抓住这种模棱两可的形态激发当事人观看或感受,让当事人将其与生活经验中的某个东西对应起来。比如,泥条和蚯蚓的联想,甩出的泥块和鱼或人的联想等……此时治疗师的帮助和诱导起到了刺激当事人去观察的作用。

2. 肌理的联想

肌理是材料的组织和质感特征。从泥浆到泥巴,从泥巴到干燥的坯体,在每一个过程中,用不同的方式和技法都能产生不同的肌理和质感,给人以不同的视觉和心理感受,由此引发的联想会与当事人的内在感受密切相连,较易唤起当事人对情感和经历的回忆。比如儿时对母亲的记忆,生活中留下的感受等。

当我们用手敲打柔软度和湿度较好的泥巴时,就会发现手在泥面留下的指纹痕迹。土的这一转印功能,可以成为促发联想的基础。不同肌理出现的方法多种多样,没有固定套路。一般情况下,可以通过控制水分改变泥的性能,利用泥的干湿度来制作肌理,如龟裂、泥浆等。也可以借助工具的使用制作肌理,如断锯条、麻布、破木片、纱网、草绳等凹凸不平的材料。这些看似不起眼的废品可以做出很多意想不到的肌理效果。操作方法如下。

(1) 镶嵌法:镶嵌法是陶艺创作中使用的一种手法,它可根据需要,镶嵌出不同图形。如可以镶嵌出点、线、面等,还可以把多种不同泥料镶嵌在一起,产生不同的肌理。

(2) 胶泥法:把两种以上不同质或不同的泥搅在一起揉搓,会产生一种自然流动的肌理,如同天然大理石的花纹。它可随揉搓的时间而变化,揉搓时间长肌理细腻,时间短则肌理粗犷。

(3) 雕刻法:雕刻法是陶艺装饰中常见的一种手法,它是在干燥的坯体上用刻刀进行雕刻,可随刀法的变化产生丰富多样的肌理效果。

(4) 叠压法:叠压法是在湿坯上,刮上一层浓泥浆,然后用木板或橡胶片叠压,把泥浆粘拉成毛状肌理,可通过泥浆的厚薄调整肌理的粗细。

(5) 堆贴法:堆贴法是陶艺中采用的一种手法,它是在湿坯上堆贴碎泥片形成的。泥片可采用不同质或不同的颜色。泥片的利用可采用刮削碎泥片的方法,刮削泥片的大小形状不一,堆贴出的肌理生动活泼,富有变化。

(6) 印压法:印压产生的肌理在陶艺创作过程中运用得比较广泛,它可用不同质的物体(如石头、植物、纤维织物等)在泥巴上印压产生同印压相似的肌理。

(7) 干粉龟裂法:干粉龟裂肌理的方法,是在湿泥坯的一面撒上一层干泥粉,坯体略干后从另一面向撒了干粉的一面扩张,因干粉使坯体表面干燥,受力之后,就会出现自然的龟裂肌理。此方法多用于手工拉坯时,如果用不同的质或色彩的干粉,效果则更为明显。

特殊儿童在思维上具有一定的局限性,他们对事物认识较模糊,觉察能力相对迟钝,实施者可以在他进行玩泥的时候有意识地去制作一些肌理,唤起他们的注意或联想,哪怕是一个纽扣在泥上留下的痕迹,在他们看来,都可以变为一个动物的眼睛或者一个花纹。

### 三、黏土的材料种类

黏土材料的种类很多,现今可用于特殊儿童美术活动的常见泥材有以下八类。

1. 陶土(紫砂)

有宜兴紫砂泥(本山绿泥)、红泥(朱砂泥)和紫泥三种。

原料特点：颗粒较粗，泥坯强度高，具有很强的韧性和可塑性，触摸时，有一定的黏性和摩擦性，干燥收缩率小，经中温烧制后作品可长久保存，但不易携带，易脏。适合立体塑形及稍大尺寸的作品制作。

2. 瓷泥

多数呈白色（像面粉），颗粒细腻，润滑，手感好。有很好的弹性和可塑性，相对脆弱。制作时，其湿度可以调节。制作方式极为丰富，在胚体裸露情况下易裂。经高温烧制后有变幻莫测的效果，可永久保存，但易碎，不易携带，成型相对较难。

3. 胶泥

油性，颜色丰富，方便携带，不易脏，不易干，不易裂，便宜，有一定的黏性，手感一般，厚度适合制作小件作品。对儿童很有吸引力。

4. 软陶

性能和胶泥相似，相对胶泥较硬，可在130度烤箱中烧制变硬。可直接呈现鲜艳的色彩效果，对儿童很有吸引力。

5. 油泥

油性，需用加热的方法软化后使用（约70～80℃左右），常温下自然变硬，不易干裂，可反复使用，手感温润，适合做小件作品。

6. 纸黏土

纸黏土是水溶性的纸浆泥，无油腻感，无毒无味，安全健康，可重复使用。作品放置在空气中会自然干，不变形，不变质，性能稳定，还可以在上面写字、绘画。

7. 手印泥（宝宝手脚印泥）

手印泥是新型的复合材料，印泥颜色鲜艳独特，制作简易，将取印者的手按压在印泥上，即可留下清晰恒久的美好印记。印泥固化后具有真实、立体、坚固不变形、便于永久保存的特点。

8. 树脂黏土（冷瓷土）

又叫冷瓷（cold porcelain），是用来做仿真花、黏土动漫人物的最佳材料。色泽洁白、手感柔软、不粘工具和手，弹性好可擀得很薄也不开裂，自然固化后具有花瓣的柔软肉感和光泽。适合以油性颜料调色。作业前洗干净双手，将黏土揉搓并根据需要添加不同颜料。剩余黏土可用保鲜膜密封保存在室温5—30℃的阴暗处。

总而言之，不同材质都有自身的特点，在选用时，需根据儿童的能力、知觉特点、关注方式等综合因素进行选择。应最大限度地发挥泥质带给儿童的亲和力，展开想象空间的建构。利用不同泥材，引发儿童对控制技能的兴趣，根据需求和课程目的，有侧重地实施教育干预或治疗，使黏土不同于其他塑形材料的泥性优势得以发挥。

### 四、案例

该案例由广州自闭症康复中心的实践者提供，在此仅为大家进行方法操作的演示。

#### （一）案例性质

这是一则针对自闭症儿童实施的治疗性美术教育案例。是教师以陶土为介质，协助当事人表达自我，建立与外界沟通渠道，缓解自闭症儿童环境隔离处境，尝试走入儿童心灵的艺术教育治疗实践。

### （二）前期情况介绍

1. 当事人介绍

自闭症儿童 GG：六岁，拥有言语功能，并可以使用已掌握的形容词和动词来描述事件，自我意识较强。

2. 课程方案

在深入了解儿童的现状后，实施者采取了团体的治疗性美术课程，以每周一次，每次35分钟为单位，进行逐次调整的方案设计方式，展开实践。

### （三）实施记录呈现

GG 大部分时间都是沉默不语，停留在自己的世界里。每周一节的陶艺课是 GG 使用另一种描述的理想场合。刚进入陶艺室上课之初，GG 并不能很快找到自己固定的位子，也不能用不同声调自言自语。

1. 首次变化的出现

在一次教师协助她将黏土搓成泥条的偶然情况下，GG 随手拿起泥条在自己的桌面上摆出了图案。

她将泥条进行整根摆放或截条使用，大约用了六七分钟的时间，摆出了一个人形图案（见图 6-9）。随后 GG 说："一个戴帽子的小男孩"。接着自言自语说："回家了，要戴帽子了。"（这节课下课后就可以放学）。然后 GG 离开自己的位置，开始在教室里游走，时而停在别的小朋友桌前把玩东西，时而跟教师介绍她感兴趣的话题。

图 6-9　黏土技术实践

此次完成了一个图案的制作，GG 的情绪也由制作前的平静转变为完成后的活跃。

2. 递进

接下来的几次上课，教师开始有意和她坐在一起，帮她搓泥条。GG 的语言表述渐渐增多。一次上课时，GG 竟和教师谈起自己的一次"做客经历"，并表现出热情和喜悦。她大声用语言描述她看到了什么。当介绍到坐电梯时，教师及时问："电梯是什么样子的？"GG 开始用泥条表现她看到的电梯。并在完成后，介绍了哪里是按钮，哪里是电梯门。描述时声音多变而喜悦。

### 3. 转变

最近的一次,GG 利用泥条将三个人物同时表现在一个平面上。一个正面的小女孩挡住身后露出半个身体的小男孩,在小女孩的 15 度角斜下方有一个奔跑的男孩形象。并利用一些泥条表现烟花,当整个烟花完成后,GG 立刻用手将表示烟花的泥条打乱,用黏土展现了姐姐带着两个弟弟放烟花的过程。

在制作中,GG 几次修改人物间的位置关系,并在最后制作完成时搅乱了烟花的形状,随后才离开自己的位子,在教室里活动,直到下课再回到自己的位置。

GG 在近两个月的课堂表现上,已从被动转为主动,可以按照教师的指令进行活动,但会在进入教室时说:"GG 说放学就放学了。"(因为这节课下课后就可以放学)以讲条件的方式和教师打招呼。

可以看到:当事人 GG 是在一个偶然的机会,发现教师搓出来的泥条,才开始用泥条拼接形状的。当事人与外界的交流,是在拼泥的联想中逐渐建立的。教师在实施干预的进程中,及时抓住了切入联想的契机,走入当事人的心灵世界,对当事人随后的言语表达,起到了积极的引导作用。在后期,当事人可以通过泥条拼图带来的图像信息,进行较为完整的叙述,是当事人打破自我隔离现状的开始,由此引带出的交流,是走出封闭世界的开端。

## 第 5 节　多种媒介互动技术

多种媒介互动技术,是以美术与其他门类艺术融合互动形成情境场,实施治疗或干预的美术治疗应用技术,是利用各门类艺术可传递共性信息的"场效应",促进美术活动的全方位体验和表现的综合互动方法。

### 一、多种媒介互动技术的特点

它的特点是围绕一个治疗目标,借助多种艺术手段逐层推进心理干预,是以视觉艺术为主轴,囊括了音乐、舞蹈、诗歌、戏剧表演和多媒体电子技术等多种介入形式的"情境场"营造技术。在已有的实践中,既有综合了音乐、律动操、舞蹈等身体感知的美术互动尝试,又有融合诗歌、看图表达、摄影、多媒体制作等思维互动的美术治疗探索,还有集感知和思维于一体的影视、情境互动美术治疗实践,是以治疗师的综合素质为基线,以治疗场所和条件为前提的综合性表现技术。它具有互动性、开放性、多变性、综合性和随机性的特点。

### 二、多种媒介互动技术的实施方法

多种媒介互动技术的组合形式多种多样,其发展也呈现多重变化,很难进行具体归类,笔者大略分为以下几种进行叙述,以便大家了解。

#### (一) 音乐干预法

音乐干预法是以音乐为干预媒材,通过选择适当的音乐,协助当事人获得特定的个体情感体验,透过音乐节奏、韵律,干预当事人的神经中枢,使中枢各功能区间和外周各器官间的活动协调一致,调动当事人感官的本能配合,促使当事人在美术活动中产生共鸣,从而导致相应的改变,达到治疗目的。

1. 实施特点

音乐选择具有一定目的性,音乐性质决定了干预改变的力量关系,是导致转变的关键因素,实施者须根据当事人的状态、反应和美术活动中的整体情况进行判断,选择恰当的音乐形式才能获得较好收效。

2. 操作方法

根据即将展开的美术活动主题,让当事人聆听特定的音乐,调动当事人的感知状态,引导当事人通过音乐带动的联觉反应,感受其中的情感特质,达到感知共鸣的目的。针对重度残障儿童实施时,还可以让当事人先使用铃鼓、铜锣、响板、碰铃等打击乐器进行简单的感知回应,再转换成美术材料,逐步推进美术活动的展开。列举的操作示范如下。

(1) 听音乐画画[①]

材料:各种情绪性质的音乐磁带或唱片、纸、彩色粉笔、马克笔。

程序:依次播放活泼、阴郁、轻柔的歌曲。在放音乐的同时要求当事人画出对这段音乐的体验。

讨论/目标:主要讨论音乐唤起的感受及记忆,目标包括问题和关注的表达。

(2) 表达情感

材料:乐器(或能发出声响的物品,例如两条木棍、罐头筒、婴儿食品罐上的金属盖子等)、素描纸、马克笔。

程序:要求当事人画各种情感,接着让他们通过音乐表达其中一种,鼓励他们使用乐器来表达一种情感(例如,当他们感到愤怒或沮丧时可以敲鼓,感到欢乐时可以轻击三角铁),他们也可以唱歌、吹口哨或哼曲子。

讨论/目标:讨论情感探索和与他人沟通的方法。目标包括自我表达、自我觉识和社会适应等问题。

(3) 音乐激发的拼贴

材料:音乐磁带、杂志、壁画纸、剪刀、胶水、遮蔽胶带。

程序:播放古典或浪漫音乐(或任何适合你正带领的团体的音乐)。让大家闭上眼睛,放松,感受音乐,让他们想象自己看到了音乐的形状、颜色和运动。接下来,让他们翻阅杂志,剪下与他们刚听过的音乐有关的图片。

讨论/目标:主要探索情感和情绪表达,可以探索音乐和冥想使他们放松的方式。

3. 功效

听觉与视觉的表现性互动是调动联觉反应的最佳形式,该类训练干预可以有效改善智力障碍、自闭症、学习障碍、听障、视障等特殊儿童的知觉状态,增进他们感知器官的敏感度,同时还是有效的情感干预手段。例如,尽管自闭症儿童对外界漠不关心,有的甚至没有语言,但辅以音乐的绘画互动却能很好地改善他们的感知和表达状况,缓解障碍状态带来的理解困难。此法也可用于焦虑、抑郁、创伤、精神分裂症等心理疾病的干预治疗。

---

① [英]苏珊·布查尔特.艺术治疗实践方案[M].孟沛欣,韩斌,译.北京:世界图书出版公司,2006:132,135,103.

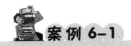

### 案例 6-1

#### 阿璞的音乐世界

1998年,广州市少年宫成立美术学校特殊班。一个名叫阿璞的孩子,先天不足,被诊断为精神发育迟滞,但从小就酷爱美术和音乐。在美术教师的引导下,他尝试用他喜爱的黑白画去表现音乐(见图6-10)。

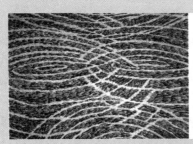

图6-10 阿璞画册《无音之乐》中的作品

他出版了一本画册《无音之乐》,画取材于世界名曲,大都是作者听了交响乐之后的感受,因此多以乐曲来命名作品。如约翰·斯特劳斯《拨弦波尔卡》。每幅作品都由黑白两种颜色构成,有的是点、线的集合,有的是单一符号的重复,有的是黑色的小人成群排列……

他将音乐与绘画融合为一体,"创造了一个光与影、点和线构成的无声的音乐世界",反映出作者丰富的想象和强盛的生命力。他创作的目的是为了抚慰心灵,表达理想。从艺术创作中,他"找到了赖以发挥自己生命能力的支点,孜孜不倦地用艺术表达自己对世界的认识,对生命的追求"。

(关小蕾.无音之乐[M].岭南美术出版社,1998年版.转引自钱初熹.美术促进青少年心理健康[M].上海:上海文化出版社,2007:72,226-232.)

#### (二)肢体表现法

肢体表现法,是借助动作或舞蹈等形式进行的美术行为活动,是在治疗中,由视觉、触觉和肢体,共同完成的表现性创作过程。由此过程产生的平衡、运动、起落等身心体验,与视觉结果形成整体的感受场,促进人体系统的感知和情感体验,调动人性中本有的健康本能,促进机体的协调发展,从而实现身心治疗。

1. 实施特点

美术的视觉目的不再突出,是以身体的整体感知为主要体验程序进行的表现性活动。具有非语言及运动性特点,可以直接激发生命力和肢体的协调运动,是通过动作的平衡改善,修补和纠正成长经历中的创伤或障碍,建构整体平衡感(身体和视觉)的综合表现技术。实施者需考虑当事人的身心状态和喜好进行相应的安排,把美术作为诱发动作行为和体验的方式,选择适度的活动幅度逐渐推进干预活动。

2. 操作方法

可直接开始运动,也可以在开始时借助音乐展开身体的节奏运动,让当事人用自己喜欢的方式跟随音乐活动,选择美术工具在身体运动的同时进行自发绘画活动。也可以让当事人在身体停止运动后,用笔开始表现运动时的感受,可交替进行。例如,借助律动操的节奏画线条,或让当事人直接用动作表现情感感受和身体体验,让他们注意活动带来的视觉痕迹,在运动和感受痕迹的互动中洞察体验。列举的操作示范如下。

(1) 画节奏

材料:轻快的韵律音乐、纸、水彩笔。

程序:将纸固定在墙上或竖立的画架上,发给当事人水彩笔,鼓励当事人跟随音乐运动身体或胳膊,尽可能与节奏同步运动,让当事人在运动时慢慢把笔放在纸面上,让身体或胳膊带动笔在纸上运动(可睁眼也可闭眼),要求当事人体验音乐、运动和痕迹的节奏性。

讨论/目标:让当事人看画讨论运动时的感受。目标是增强当事人对自我行为的觉察,增进知觉体验。

(2) 放松练习与拼贴

材料:美工纸、拼贴材料(羽毛、烟斗通条、彩色绒球、纽扣等)、剪刀、胶水、马克笔。

程序:团体带领者带大家做简单的放松练习。让当事人尽量放松下来,闭上眼睛,深呼吸。按从头到脚的方向绷紧和放松身体的各个部位。要求他们绷紧后放松眼睛、鼻子、嘴、颈、肩、手臂、腹、臂部、腿、脚、脚趾。练习结束后,要求他们创作一幅拼贴画来表现自己在放松练习时体验到的平静状态。

讨论/目标:主要讨论每个人在拼贴画中表现的宁静的方式。目标包括调节注意力、提高抽象思维能力、掌握放松技术和应对技巧。[1]

(3) 画自由流动的形

材料:较为完整的情感音乐或唱片、纸、水性颜料、大号笔。

程序:在较为宽敞的室内分组布置好画纸,让当事人选好自己的位置后,连续播放音乐,让当事人感受音乐中的情感性,鼓励当事人用动作带动笔表现情感感受,用挥洒、粘、画等形式让肢体带动笔跟着感觉自由游走,进行现场作画。

讨论/目标:结束后,讨论作画时的感受,借助画中的各类形谈论产生痕迹的内心感觉。目标是增进整体的情感体验和表达。

3. 功效

该类综合表现技术是通过非语言形式进行的机体统整和情绪疏导。其运动性对脑瘫、智力障碍和退缩行为严重等行为问题儿童,具有较好的改善作用,可促进他们的潜能发展。借助运动进行的情感表达,会改善情绪困扰、沟通障碍和心理障碍等特殊儿童的整体障碍状态,有效增进他们的自我体察,改善适应能力。

---

[1] [英]苏珊·布查尔特著. 艺术治疗实践方案[M]. 孟沛欣,韩斌,译. 北京:世界图书出版公司,2006:164.

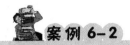

**案例 6-2**

**纳塔利·罗杰斯的表达性艺术治疗**

在团体治疗中,首先,当事人闭上眼睛,放弃思维运作,体会内部冲动,把这些冲动用身体动作表现出来,即用身体说话,其他成员可以给当事人的运动配上声音。

大约20分钟以后,用绘画、黏土或拼贴等形式表现自己的身体体验。当事人进行的肢体动作、声音、图画、拼贴等艺术创作都是无意识自我的表现。

接着在10分钟内,团体成员写下自己的自由联想或故事。当事人需要不停地、无保留地写下浮现在脑海中的任何东西,内容不一定要刻意保持和刚才的艺术创作和动作的关联。这个过程是为了让潜意识中的内容清晰起来。

最后,团体成员以口语的形式谈论创造的过程及作品的意义,互相分享、见证自己的感受和发现。

整个过程中有两次重要的治疗机会,一是在当事人自由表达自己的时候,他会体验到身体的某一部分在毫无计划、没有思维地运动,或者发现自己所画的内容和意料中的完全不同,这种就是典型的表现性艺术活动。这些动作和图画是当事人未知自我的表现,只有在没有条件、完全自如的情况下它才能够浮现出来,通过身体、图画和语言实现自己。

(高颖,李明,等.艺术心理治疗[M].济南:山东人民出版社,2007:96-98.)

用舞蹈等肢体表现融入美术治疗的综合表现技术还可以为当事人提供一个充足的空间,让他们重新体验过去的经历,完成人格重整。例如,当事人可以用特殊的方式运动身体,然后画出这些动作。这样他们就可以探索自己的动作和图画呈现出的象征意义,并运用这些创造性的手法寻找他们表征自我的方式的异同,这一心理干预方式对问题行为的心理治疗具有借鉴价值。

**(三)看图讲故事/讲故事画画**

看图讲故事/讲故事画画是在美术活动中加入了阅读的成分,通过实施者、美术媒材与当事人三者间的互动过程来激发当事人产生新的态度和行为,以此促使其解决心理问题的一种心理干预方法。在看图讲故事/讲故事画画中,当事人无需对故事做出解释和评论,也不需要防御和保护自己,可以在不伤害当事人的情况下揭露信息,传递概念,有益于改变和内化的实现。

1. 实施特点

是以美术为介质展开的一种阅读,具有形象性、连续性和发展性。

2. 操作方法

分为看图讲故事和讲故事画画两类。

(1)看图讲故事:治疗师可根据治疗要求,预先画好针对当事人专门制作的作品(也可找好现成品)。画面情节中,应有一个与造成当事人问题行为的情境相似或完全一致的情境(也可提供问题行为之外可行的行为),为当事人准备好一个适宜讨论的方案(画中还可配有乐诗),邀请当事人共同观看,以此切入相关治疗环节(可讨论也可添加处理画面)。

(2)讲故事画画:治疗师根据治疗需要确定主题,参与者(包括治疗师)开始围绕主题续故事,并根据故事发展画出内容。类型例举如下:

## 团 体 故 事

材料：黑板、大纸张或橡木片、马克笔。

程序：鼓励成员为团体故事想出主题，然后每人为故事贡献一句话。例如，第一个人说："从前有一家人要去度假"，第二个人就接着说："他们穿过沙漠时突然车胎爆了"。然后下一个人继续，直至故事完成。完成后，让当事人画出对故事的感受，或画出故事中与自己有关的部分，或画出激起强烈情感的部分。

讨论/目标：主要讨论每个人对故事的感受，分析自己讲的部分对整个故事的贡献，亦可探讨作品的象征意义。目标包括注意力调节、社会化和问题解决。

### 3. 功效

可以间接而深入地讨论相关问题，实现心理干预目的。可用于心理障碍、创伤性心理治疗、青春期特殊儿童的心理干预。

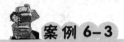
案例 6-3

### 故事画游戏

格贝尔（Gabel,1984）以故事画游戏（The draw of a story game）的美术治疗法，处理一个8岁女孩。该儿童生理正常，学业和行为表现无特殊问题，但却常常肚子痛及具有遗尿症的症状。治疗的前两个小时，先与当事人及其父母晤谈，了解到当事人的行为友善、合作、人际互动等方面都较好，而且当事人十分关注道德标准，力求自己的行为十全十美。她认为自己有罪，罪在不听父母的话，祈求耶稣降临到家里解救她。她画的人像严肃僵直。

接下来开始画故事游戏。先由实施者画出一个简单的记号或线条，然后由当事人将之完成一幅画，接着再由实施者依画中的发展情况，另在一张纸上简单补充描绘，并再引导当事人完成另一张具有连贯性的图画，如此轮流描绘，共画了十一张，每张画完成后即配以说故事的方式讨论。

通过故事画游戏获得当事人内心未说出的信息及不实际的态度和心理的冲突，发现当事人的问题在于父母过度的控制和支配，使她独立自由的潜能遭受压抑，肚子痛和遗尿实际上是对权威者的抗拒。

通过从故事画游戏中获得的信息，格贝尔再与当事人的父母会谈，了解当事人对父母或父母的价值观有无气愤和不满，为何在家中不能表达她的情绪或不同意见，进一步探索当事人表现过度顺从和未能达成父母期望标准的罪恶感，最终当事人逐渐克服内心压力和冲突，其腹痛和遗尿的现象大为改善。

（侯祯塘. 艺术治疗与情绪行为问题之辅导. 师资培育教师在职进修——情绪障碍和自闭症网[EB/OL]. http://140.127.81.13/index.htm.）

### （四）情境互动法

该技术是将美术活动与表演、游戏相结合，通过美术作品或美术媒材进行表达互动，以此释放情绪，促进儿童的自我认识，帮助有心理障碍或学习困难的儿童直面困扰，探索心理问题，实施矫正和治疗目的。实施者通常借助角色扮演（比如共同制作的木偶、面具等）而非谈论的形式,让当事人产生身临其境的感受,透过戏剧性提问或回答,协助当事人思考,以此推进治疗的深入。

1. 实施特点

情境性、戏剧性是该技术的一个特色,实施过程综合了绘画、多种美术媒材和表演等多种形式,具有生动性和针对性,是消除当事人阻抗,推进治疗环节的有效方法。

2. 操作方法

该技术可以在整个美术治疗的中期或后期进行。治疗师可以借助作品,引导当事人进行表达。利用象征形象(如当事人手工作品:木偶、娃娃等),唤起当事人的自发投射表演。例如,治疗师可直接问当事人:"我们让它们(媒材作品)来表演吧,你选谁?我是谁?"或"你喜欢让它(图像或手工作品)讲故事吗?"等等,由此切入互动问答和表演,展开具体干预。

3. 功效

能为当事人提供一个亲切、安全的叙述形式,可减轻当事人的焦虑和害羞心理,降低当事人内在的自责和愧疚感,有效揭示当事人试图保护或掩盖的问题所在。适用于各类特殊儿童的心理疏导和咨询。该法也可以延伸到特殊儿童治疗性美术教育的认知干预,通过角色扮演,协助当事人洞察自我,探讨生命经验,促进社会学习,从而促进特殊儿童的人格成长和身心健康发展。

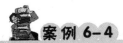

## 案例 6-4

### 美术情境互动法帮助女孩说再见

洛丽,5岁女孩,4岁时父母离异,从此很少见到父亲。与许多低龄儿童一样,洛丽在美术治疗中自发地运用了戏剧游戏和美术材料。在家庭画中,洛丽没有画父亲,但随后又把父亲加了进去,并把父亲的形象画得最大(以幻想的方式保持家庭完整),她伤心地说:"我爱爸爸。他很漂亮,他是一个不住在家里的爸爸。"几个月后,洛丽画了一幅"伤心的女孩"。治疗师让她对作品进行解释,洛丽说女孩伤心是因为"她的房子裂了,一场很大很大的暴风雨和闪电把它劈成了两个"(洛丽在作品中表现了她的家庭是如何破裂的)。过了一会儿,洛丽决定给画编一个"新故事"。她笑着说,哭泣的人不是女孩,而是女士,并指着治疗师说:"就是你!"治疗师反问为什么自己要这么伤心,她解释说:"因为我要离开你,而且再也不回来了。"

几个月后的最后一次会见,洛丽又运用了类似的角色转换游戏。会见一开始,就提醒治疗师这是她最后一次会见,因此她要玩遍治疗室里的所有东西。一不小心,洛丽把颜料洒在了地上,治疗师和她一起清理。此时,洛丽扮成一名专横的母亲,对治疗师说:"按我说的去做!地上是湿的,别踩在上面!"接着她又说不再假装了。洛丽找到了碎冰锥,并用它来模拟攻击治疗师,边模拟边说:"我不是想真的伤你,只是假装。"之后,洛丽像以前那样对着镜子坐着,用蜡笔给自己"化妆",但坚决不让治疗师看她,威胁说:"如果你看我,我就走到门外去。"

治疗师问她是愿意自己离开还是愿意让治疗师告诉她该离开了,洛丽点点头说:"我知道这是最后一天,我想哭,我会想你的……我要离开这里,开着自己的汽车,离开妈妈。但我会迷路。那么我会哭喊着(我迷路了)走到你这儿。"然后,洛丽询问治疗师能否给她买一套衣服作为生日礼物,能否和她交换电话号码。她还画了一幅非常大的画,并对着(用于录制与作品有关的故事)录音机说:"再见,再也见不到你了,我会哭的。"治疗师告诉洛丽自己也会想她。洛丽继续对着录音机的麦克风录音:"是的,如果我再也见不到你,我会哭的。"随即,洛丽开始听自己的录音。听完录音,她悲伤的脸上显现出一丝微笑,并向治疗师道别。可见,在最后的会见中,洛丽不仅能够表达自己的愤怒、悲伤和因治疗即将结束所产生的被抛弃的情感,也表现了她爱的情感和逐渐成长起来的自立。

([英]Rubin,J. A.,*Art therapy:an inortduetion*. NC:EdwdarsBrothers,1998,pp.56—58 转引自周红.表情达意与心灵润泽[D].南京:南京师范大学教育科学学院,2005:82,109-110.)

### (五)虚拟情境艺术治疗(SAT)

虚拟情境艺术治疗(Smart Ambience Therapy,SAT)是由香港城市大学和互联网技术创新应用中心,与香港艺术治疗师协会共同研究和设计的一套综合表现性治疗系统。它是将虚拟现实互动媒体技术用于艺术治疗的崭新疗法。该系统无需儿童穿戴任何感应设备就能跟随儿童的动作进行视觉响应,把儿童的身体动作和姿势转化为视像形态和动作,使儿童佩戴立体眼镜就可融入治疗环境,操控其中的虚拟对象,是现今较为全面的综合表现技术之一。

1. 实施特点

集合了肢体表现、绘画、音乐等多种综合表现形式,可以全方位调动当事人的多感官响应,具有运动、体验和思维处理等多项干预特性。

2. 操作方法

该法包含热身、初期、治疗期和巩固期四个阶段,当事人在每个阶段均会参与多项互动游戏。在开始治疗时,一些热身游戏可帮助与当事人建立默契。透过其他游戏,治疗师会鼓励当事人克服恐惧、愤怒和焦虑,继而建立自信心。而最后阶段的游戏,将会巩固当事人对自己和对未来的正面感受(见图6-11)。

3. 功效

该法具有全方位身心干预的功效,尤其适用于帮助身体残障或情绪受虐儿童的心理治疗,是治疗情绪障碍、自闭症儿童、恐惧症儿童以及儿童感知觉行为缺陷导致的学习障碍儿童的最新疗法。"通过对九名六至十二岁的心理受虐儿童的试验治疗,大部分患儿在情绪和行为方面均有改善。"[①]

此外,早在1978年,治疗师萨德拉·凯利(Sandra Kagin)和维加(Vija Lusebrink)就在综合表现技术的基础上将音乐治疗、舞蹈治疗、阅读治疗、戏剧治疗、沙盘游戏、游戏治疗等各种艺术手法融合起来,整理出一套系统化艺术治疗模式(Expressive Therapies Continuum,ETC),增强整体治疗的多元性和效果,此系统也被称为表现性疗法(Expressive Therapies),美术治疗也演变成综合性的艺术治疗。

---

① 邓向红,等.一种新的智能型混合现实互动情景治疗平台对儿童神经系统的健康干预[J].医疗保健器具,2006(2):29.

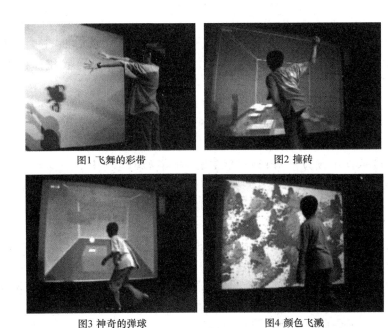

图1 飞舞的彩带　　　　　图2 撞砖

图3 神奇的弹球　　　　　图4 颜色飞溅

图6-11　SAT的部分内容

#### （六）综合游戏法

综合游戏法是以游戏的特性融入美术治疗的综合表现技术。活动的主体形式是美术，但不是单项的某种美术活动，而是穿插了几种不同艺术形式和美术媒介的治疗方法，其特点是突出游戏性。例如：以音乐为干预媒介控制环境场的主基调，以绘画、拼贴、黏土、综合制作贯穿治疗的主体活动，其间利用制作的作品进行游戏互动，构成整个治疗关系等。

1. 实施特点

具有行为场、环境场和美术治疗空间的多维特性，可以进行不同治疗空间的转换，是较为灵活的综合性心理干预方法。适用于具有认知和沟通障碍的特殊儿童。例如：情绪障碍、智力障碍、自闭症、语言障碍等儿童。

2. 操作方法

以游戏的形式开展画里画外的美术活动，推进意识交流的深入，其操作具有阶段性。

准备期：通过观察、访谈等多种途径，探察当事人的特殊需要和主要问题，了解当事人的亲子关系状况，同时对家长进行相关咨询。

导入期：是治疗开始前的熟悉预备期。若出现当事人离开监护人会产生不安的情况，可以让家长也进入治疗室，通过分别安排活动进行分离处理，逐渐脱离。

初期：这一阶段是与儿童建立治疗联盟的主要时期，治疗师应完全包容和接纳儿童的表现，营造安全的表达环境，使儿童可以自由选择艺术媒材进行表达尝试。

干预期：是围绕儿童展开各类艺术形式的综合游戏互动期，也是各类美术媒材的综合运用阶段，是推进干预的主要阶段。

结束期：是治疗单元结束的脱离阶段。

例举的操作示范如下。

(1) 格式塔综合游戏法

操作：采用绘画、黏土、拼贴、陶艺、木偶互动、讲故事等方式，协助当事人搭建自我沟通的桥梁。在游戏中，引导当事人关注视觉形式的图形/背景关系、自我机体的内外感受以及当事人与治疗师的"我-你"关系。

目的：通过当事人在治疗室内的整个活动，探察影响当事人心理的各类关系，协助当事人调理自我，经历冲突，发现问题，并尝试各类解决方式，培养当事人的判断能力。

(2) 认知-行为综合游戏法

操作：治疗师依据干预方案，根据治疗主题，安排互动过程中的空间转换（画里画外、当事人自我互动或主客互动），通过双方制作的作品（例如娃娃、容器或面具等），展开现场多维的游戏互动，以此协助特殊儿童提升对规则、问题的了解，间接传递认知改变，帮助他们学习新的解决技巧和方法。

目的：通过鼓励、解释、分析，教给特殊儿童解决问题的技巧。

(3) 生态系统综合游戏法

操作：将当事人的成长环境看成是完整的生态系统，包括过去、现在和未来，运用各类美术媒材和艺术形式，整体再现不同的生态阶段，让当事人在互动游戏中体验到自身的不同感受，协助当事人处理或面对问题，促进成长。

目的：在当事人完整的生态环境下，系统地了解当事人、当事人的问题和治疗过程。

3. 功效

该类综合表现技术集合了游戏治疗的象征性和互动性，又最大限度地拓展了美术的综合性，使美术治疗和游戏治疗在具体实践中出现一定程度的重叠性，是以治疗为目标，以游戏互动为主要形式的综合美术疗法，具有美术和游戏的双重功效。

在短暂的美术治疗发展中，除了绘画具有较为完整和系统的方法介绍外，其他技术的介绍都相对零碎，呈现综合性。由于综合表现技术的组织形式千变万化，每个治疗师在实施时又是根据自身的特点和条件进行选择运用，所以带有明显的个人性。

### 三、多种美术媒介技术的综合表现案例

综合表现技术的展开形式较为灵活多样，笔者在前面的逐项叙述中，已采用典型案例的方式，为大家进行了部分技术运用的案例示范，在此仅为大家选取一例以美术媒介为主的综合应用案例，为大家呈现治疗师在治疗中的具体推进进程。

**（一）案例性质**

这是一则以综合游戏法为主的表现性美术治疗案例，整个活动的设置，是以各种美术媒材的运用为主要内容，但加入了情境互动技术的成分，是针对情感自闭儿童实施的多种媒介互动疗法。[①]

**（二）前期情况介绍**

杰森是位 7 岁的男孩，有情感障碍，自闭、自憎，从不与人进行情感交流，木讷、沉默，极少有情绪表现。

---

[①] 本案例选自由凯文·奥康纳和莉萨·玛奇斯·布雷弗曼（Kevin J. O'Connor & Lisa Mages Bravicrman）编写于 1997 年的《游戏疗法的理论与实践：比较性研究》一书中第七章"格式塔游戏疗法"，作者是费利西亚·卡洛尔与维奥蕾特·奥克兰德。转引自徐光兴. 儿童游戏疗法心理案例集[M]. 上海：上海教育出版社，2007：185-192.

1. 家庭状况

在杰森出生后18个月,母亲就患上了产后抑郁症,5岁时父母离婚。杰森和妹妹与母亲住在一起,母亲也有情感障碍,时常会打杰森。

2. 治疗方式

采用格式塔游戏疗法,通过重建和分化感觉运动功能,发展自我肯定与支持,学会情绪表达和合理发泄情绪,最后完成自我整合。

3. 设计方案

(1) 与杰森建立一种相互依赖与尊重的治疗关系。

(2) 重塑与完善杰森的感觉运动功能。

(3) 发展杰森的自我意识与自我支持的能力。

(4) 发展杰森对自我情感经历的认识。

(5) 帮助杰森完成自我整合,以实现今后持续健康发展的自我发展。

(三) 实施过程呈现

1. 第一阶段:了解基本情况

治疗师向杰森的父母了解了杰森前来就诊的原因和对咨询的期望,然后向杰森做了自我介绍,向杰森澄清了他父母对这次来访的期望,与杰森谈到她父母离婚的现状。交谈中,治疗师对杰森及其父母的每一个观点都表现出极大的尊重和兴趣。杰森对摆满了玩具(沙盘、木偶、黏土、电话、布娃娃、塑料手枪、橡皮泥、书等)的治疗室很感兴趣。

2. 第二阶段:绘画和游戏帮助杰森敞开心扉

治疗初期,治疗师对杰森实施了"屋-树-人"测验,杰森很乐意地开始画画,他画好房子的门以后,又反复修改,直到那扇门恰好能让那个小男孩进去。画中的一切,甚至是空白的地方都显出小男孩的渺小与孤独。左上角的太阳苍白、瘦小,而且没有光芒。但那棵树生机勃勃,很感染人。治疗师想知道这棵树是否预示着:杰森有来自内心的、可以依靠的一种强大力量支持着他。于是治疗师开始与杰森谈论画中的树,听完治疗师的想法,杰森笑了,并且变得活跃起来。

在接下来的治疗中,杰森和治疗师一起投入各种各样的游戏与黏土工作中,这些互动发展了他的感觉与运动能力。杰森特别喜欢揉捏和摔打黏土。

3. 第三阶段:在音乐中宣泄情感、学习交流

比起那些玩具来,杰森更喜欢的是乐器。第一次看到那些乐器时,他很快就拿在手里一一把玩起来。

刚开始,他只是把鼓、震摇器、铃铛、三角铁、笛子等乐器拿在手里把玩一下,尝试着让乐器发出声音。接下来,杰森玩一件,治疗师也跟着玩一件。有时,治疗师会跟着杰森,演奏和他一样的旋律。杰森看起来很喜欢掌控整个局面。

渐渐地,杰森在与治疗师的互动中表现得越来越灵活、得体与主动。为了加强互动,治疗师建议:杰森先用一种乐器演奏自己的旋律,治疗师则跟着用另外一种乐器来和杰森的旋律,然后杰森再换一种乐器来和治疗师的曲子,就这样他们用旋律与音调来交流。

接着治疗师开始引导杰森,她告诉杰森:这些乐器可以用来表达情绪。于是,他们开始一起演奏伤心的、愉快的、生气的和惊恐的音乐。

随着音乐互动的继续,他们开始进一步轮流讲述一段出现这种心情时发生过的事情。有一次,当杰森在谈到一件让他感到伤心的事情时,他提起爸爸搬出家的那一天。治疗师立即真诚地表达了对他的理解,对他独自面对父亲离去时那种悲伤的理解。

乐器互动的方式使得杰森对于自己的情绪体验有了更强烈的感受。他喜欢这种音乐的表达方式:鼓的敲击与震摇器的震动似乎宣泄了他紧张的情绪。他很容易地学会了同时操作两种乐器,他正在学会同时调动和使用自己的情绪、运动、感官和认知的判断力。通过这些音乐游戏,治疗师也和杰森发展了很多的交流方式,而且杰森正在慢慢地自我发现和与人分享他的情感世界。

4. 第四阶段:表达情绪

在接下来的治疗中,治疗师常常要求杰森与她一起,将那些让他感到难以控制的情绪列出一张清单。他们一起描绘杰森的情绪,比如生气,给它们赋予形状并涂上颜色。他们一起玩游戏,比如空椅游戏、"谈论-感受-行动"游戏。这些游戏使得杰森能够更深切地感受到各种情绪,并学会在这种安全信任的关系中表达自己的情绪。

5. 第五阶段:重建温馨家庭

这一阶段,治疗师邀请杰森的父母和妹妹参与进来,让杰森学会在家庭中表达自己的情绪与感情。

在这段治疗中,杰森提到妈妈生气时打杰森嘴巴的事情。杰森看着妈妈,并且很直接地告诉她:他不喜欢被这样对待。妈妈感到非常愧疚,并希望杰森能原谅她,并发誓:今后再也不会这样做了。在这场面对面的交流中,杰森和妈妈都忍不住流下了眼泪。这时,治疗师转向杰森问道:"杰森,你最想从妈妈那里得到什么?"杰森离开座位,向妈妈走去,爬到妈妈的腿上,他们拥抱在一起,很长时间都没有放开。

6. 第六阶段:木偶帮助接纳自我

接下来的治疗中,治疗师开始更进一步地发掘杰森指向自己的负性情绪。

治疗师与杰森开始玩木偶的游戏。杰森和治疗师率领两对木偶发生了一场战役,治疗师的所有木偶兵和动物都被歼灭时,杰森兴奋不已。

治疗师随即轻轻地问杰森,是否曾对自己感到生气和难以控制。"是的",杰森很肯定地回答道,"当我和托尼一起玩火时,我不喜欢那种感觉,也不喜欢自己。"

"杰森,你能把你和托尼玩火的情形画下来吗?"

"好的",杰森回答道。他画了很久,等他完成那幅画时,治疗师请他对画中玩火的孩子说句话。

"别那样干,你会闯祸的,那很危险",杰森坚定地说。

治疗师:"杰森,如果你是画中的那个男孩,你会对自己说什么呢?"

杰森:"那是闹着玩的,我们是不会放大火的,没有人会知道的。"

治疗师:"杰森,当那个男孩放火时,他是怎么想的呢?"

杰森:"强大而且充满力量。"

治疗师:"哦,我也这样认为,杰森。我也认为放火是一种让自己感觉强大和有力的方式。杰森,那个放火的你,是一个幼小的你。那个杰森在这个巨大的世界里感到渺小和害怕。他的妈妈总是伤心,有一天,他的爸爸离开了,然后他的妈妈也离开去工作了。他感到担心,他觉得所有的一切都比他强大,甚至连他的生气都比他自己强大。他害怕他可能永远都要一个人孤零零地生活。"

杰森变得专注了,静静听着这熟悉的故事。

治疗师:"杰森,让我们想象一下,那个放火的男孩拥有一个救星,这个救星理解他用放火来感觉强大的想法。让我们挑出一个木偶来做这个救星。"

杰森挑了一个木偶,治疗师让杰森请救星木偶对那个放火的小男孩说话时,他犹豫了一下,好像还没弄明白治疗师的话。

治疗师:"杰森,你知道救星吗?他们充满智慧很有爱心,他们了解我们的内心,他们接纳和喜欢我们,哪怕我们觉得自己很渺小、很害怕。"

治疗师:"我猜想救星一定会这样说,尽管你觉得自己内心很渺小,有时会通过放火来感觉自己的强大,但是我很爱你,你是个很坚强的孩子。"

杰森的眉毛抬了起来,笑容在脸上慢慢展开。治疗师问杰森,是否能请他的木偶对画中的男孩说几句话。

杰森:"你是个坚强的孩子……"

治疗师:"……尽管有时候你感觉自己很渺小。"

杰森:"是的"(杰森重复道),"尽管你心里觉得自己很渺小。"

杰森:"但那个男孩是我(杰森指出)。"

治疗师:"是的,杰森,你能请那个救星也这样对你说吗?"

杰森(看着木偶,然后对自己说道):"我喜欢你。尽管你觉得自己很渺小,有时还干些很危险的事。"

杰森看着治疗师笑了。

此次治疗快结束时,治疗师请杰森回去后,在家里挑一个木偶,当做那个曾经自我感觉很渺小的杰森,并在每天睡觉前对着他说:"我爱你。"杰森同意了。从那次之后,杰森的父母都向治疗师反映,杰森变得更加开心和活跃了。

在整个治疗快要结束前的某一天,杰森走进治疗室告诉治疗师,他在内心里感觉自己越来越强大了。

7. 第七阶段:尾声

治疗进行了将近一年(平均每周一次)后,杰森的自我整合已经完成得相当好了,治疗开始进入尾声。治疗师和杰森及其父母共同确定了一段结束治疗的时间,这段时期内将进行最后的四到六次治疗。

在这段时间里,他们通过画画和木偶戏来表达自己的离别情绪,在游戏中那些木偶说过再见后,依然各自继续自己的生活。他们还重新总结和回顾了在整个治疗中完成和学到的东西,并且展望了未来。

这例多种媒介互动技术案例所呈现的综合特性,反映了美术治疗演进中的开放态度,只要有助于治疗的推进,艺术手法的运用是没有具体疆界的,无论是相对明确的两项技术手法的融合,还是多种技术形式聚集的融会贯通,都体现了"艺术"的整体性和不可分割性。综合表现技术的出现也是综合艺术治疗观的体现,所以,任何想要将其进行明确的方法区分的做法都是有害无利的,美术治疗更名为艺术治疗只是时间的问题。

**本章小结**

在以绘画为主的特殊儿童美术治疗中,各种美术媒材的替代使用,各类艺术手法的介入,都极大地丰富了应用技术的功能和效用。但因它的不完整性,也为我们的叙述带来了困难。总体来说,无论是拼贴、黏土,还是其他手工材料,这些媒材都应属于美术媒材的范畴,而美术媒材的综合表现技术,对任何一个熟悉美术材料的美术专业学生来说,都是不难做到的,甚至可以推陈出新。但多种媒介互动的干预技术运用,需因人而异,其综合运用的方式是以治疗师的可把握程度为限,需要各位综合素养较为全面才能把握。出于这一考虑,笔者在最后重新调整了篇幅,没有以多种美术媒材综合技术和多种媒介综合技术进行分类叙述,而是加大了美术媒材的综合技术介绍,为各位将来的运用和发挥,提供一些较为切实的参考。

由于特殊儿童中存在着巨大的差异性,必须从儿童的身心特点出发,才能干预或治疗儿童出现的心理和行为问题,也只有从儿童现有的感知觉状态入手,才能帮助他们发展潜能,推进心智的成长。所以,找寻适当的干预治疗方式,是每个治疗师需要考虑的问题。例如,加登纳(1982)就曾在长期研究中发现,女孩在制造艺术作品时喜欢唱歌,喜欢使用富有表现力的声音。她们在使用多种媒介、整合手势、象征性游戏、讲述以及立体塑造等方面优于男孩。而男孩在使用黏土和单一媒介的任务中占有优势。因此,在采用综合表现技术实施治疗干预时,选取何种替代媒材和刺激媒介就显得十分重要。这些选择,都应在熟悉媒材的前提下进行才会奏效,万不可依葫芦画瓢生搬硬套!技术永远是为治疗和干预服务的,只要对治疗和发展特殊儿童有利的艺术形式都可以引入美术治疗实践,这里提供的方法介绍旨在促进各位的灵活思考与运用。

需要强调的是,综合不是消解,各种治疗方式都有自己的优势所在,借鉴和融合其他治疗形式并不是丢掉美术治疗的特性,而是利用其他方式补充和增强美术治疗的功效,最大限度地帮助需要借助美术特性发展和完善成长的特殊儿童。如何实现这一愿望?则跟每个治疗师的自身特点有着密切的关联。没有万能的人,只有较为全面的集大成者,以自身的专长为主导方向,不断完善各方面的修养是实现多手段艺术治疗的前提,否则就会顾此失彼,失去自身的优势。这也是运用综合表现技术需要注意的问题。

 **思考与练习**

1. 什么是综合表现法?它具有何种特性?实施综合表现法需关注哪些内容?
2. 请你谈谈拼贴技术、综合制作和黏土技术在运用中各自的操作特点。
3. 什么是多种媒介互动技术?都有哪些综合形式?
4. 美术治疗中的音乐干预是如何进行的?都有什么特点?

# 第7章 案例分析

学习目标

1. 通过案例观摩认识治疗案例和治疗性美术教育案例的异同。
2. 通过案例比较丰富对美术治疗实践的认识和了解。
3. 通过实践者的案例分析和总结了解现今实践可能面临的问题。
4. 认识现阶段特殊儿童美术治疗存在的问题和前景。

消除主观障碍是所有儿童美术治疗首先需要解决的问题,所以,形成主观障碍的"心因性问题"和"可化解的隔离"是特殊儿童美术治疗关注的第一问题。无论是单纯的心理治疗案例,还是多重职能交汇的治疗性美术教育案例,作为诊断和治疗康复的美术治疗,都有明确的心理治疗目的,只是其重心有所不同而已。这两种特性的并存,在本书通篇的叙述中,已明确论及,故在案例分析部分不再赘述。笔者仅从自己的实践出发,把重诊断分析的治疗实践和重发展倾向的治疗性教育实践进行叙述分析,为大家提供一些实践参考,期望通过呈现不同形式的案例,让大家了解特殊儿童美术治疗实践的整体面貌,也通过实践者提出的问题和思考,引起大家对特殊儿童美术治疗存在问题的关注,希望能为今后的实践提供一个参考。

本着这样的原则,笔者将实践者自身的经验摸索、实践思考和问题总结全方位地呈现出来,供大家了解和认识,并专门对现存的评估问题进行专题讨论,旨在引起大家对特殊儿童美术治疗实践的反思,以此作为思考特殊儿童美术治疗探索方向的起点。因此,案例分析重在呈现实践、提出问题,而不是提供现成的套用范本。

## 第1节 针对儿童攻击性行为的治疗案例

这是一例由实践者自己改编的美术治疗探索案例,是实践者通过三年的学习和摸索,在导师边霞老师的指导下实施的投射技术美术治疗尝试,也是国内少数公开发表的儿童美术治疗案例之一,有一定的代表性。尽管整个治疗过程都得到了家长和所在学校的支持,但是研究者的实践还是遇到了许多意想不到的问题。实践带来的思考,问题引出的建议,都是实践者呈现的宝贵经验,对国内即将从事美术治疗探索的后来者无疑具有实际的引鉴价值。

### 一、前期的准备工作

本案例是运用投射技术,对儿童的攻击性行为进行行为矫治的尝试性研究。实践者首先锁定问题行为,通过大量的资料查阅和观摩,明确问题行为的性质和特点,而后确定实施

对象,主动了解、观察当事人的整体状况,与儿童家长缔结联盟,针对问题制订详尽的方案后,才着手开展治疗实践。具体实施如下。

**(一) 问题行为的界定**

攻击性行为(aggressive behavior)是儿童诸多问题行为中较为普遍的一种不良适应行为。发展心理学表明,个体的攻击性行为具有较高的稳定性,童年期个体攻击水平及强弱对其成年的攻击性具有较强的预测作用。攻击性行为较多的孩子一般得不到同伴的接纳和认可,也成为教师眼中不受欢迎的人,如果幼儿长期生活在这样一种消极的环境中,其身心发展就会受到影响。倘若攻击性行为延续到青少年时期,就易产生攻击性人格障碍,造成人际关系紧张等社交困难。国内对此问题行为的矫正多采用移情训练、榜样示范、适时奖惩等方法。

**(二) 研究对象的选择**

笔者采用典型个案抽样,依据教师经验判断结合阿亨巴赫(Achenbach)儿童行为量表(简称 CBCL)选取南京市某两所幼儿园中两名具有一定"代表性"的具有攻击性行为的当事人——当事人 R 与当事人 L。

根据阿亨巴赫儿童行为量表的攻击性行为分量表对当事人 R 和当事人 L 分别进行评估和诊断,当事人 R 的攻击性行为得分为 24 分,当事人 L 的攻击性行为得分为 39 分,参考同年龄男童该项目的全国常模(分界值 19～20 分)及南京常模(分界值 16～17 分),当事人 R 的攻击性得分偏高,当事人 L 的攻击性得分明显很高。经过综合考察,可诊断当事人 R 和当事人 L 都具有攻击性。

**(三) 前期资料搜集**

笔者在一段时间内深入观察当事人的幼儿园生活中的各个环节,以了解他的生活、社会交往情况和个性,并且利用半开放式访谈的方法,通过两位当事人的教师、家长或亲属了解其背景信息(如表 7-1 所示)。

表 7-1 当事人 R、当事人 L 基本资料对照表

| | 当事人 R | 当事人 L |
|---|---|---|
| 基本情况 | 性别:男 年龄:4岁半<br>出生日期:2002年1月<br>年级:幼儿园中班 | 性别:男 年龄:4岁半<br>出生日期:2002年2月<br>年级:幼儿园中班 |
| 家庭背景 | 家庭经济状况良好,父母皆受过高等教育,有良好的文化环境。父亲在南京某三甲医院工作,工作繁忙,母亲在读医学硕士,学习忙碌,是个案 R 主要依恋对象,父母与孩子互动少,父母对其教育观念不一致 | 家庭经济状况良好,父亲本科毕业,现任职于南京一家公司,工作繁忙且常出差,对 L 要求很严,对其过分行为有体罚举动,母亲为全职妈妈,父母教育观念不一致,经常因孩子教育问题发生冲突 |
| 身心成长状况 | 身体状况良好,个性偏内向,情绪化,易冲动,记忆力好,接受能力强,做事专注、有序,爱画画,喜建构,语言表达能力偏弱 | 体质:在班里个子最高,身材最壮,力量大。个性:外向,张扬,急躁,冲动,精力旺盛,情绪化,言语多,反应快 |

续表

|  | 当事人 R | 当事人 L |
|---|---|---|
| 成长史 | R 在三岁半之前一直跟爷爷奶奶生活在一起,其间,爷爷奶奶和其交流很少,也几乎不带他出去和小朋友接触,因此入园前和小朋友交往极少,自小托班时经常喜欢一个人玩。现和父母生活在一起 | L 生下来个头大,重量达 9 斤多,精力非常旺盛,每天只睡 10 多个小时,入园前由母亲、外婆一同照看,非常难以看护,现和父母生活在一起 |
| 问题行为情况 | 上课时不能集中注意力,眼神游移,左右观望,有时玩弄自己的衣服,坐立不安,喜欢戏弄小朋友,如:拍小朋友脸,揪小朋友头发,用手指弹小朋友,放倒小朋友板凳,伸脚绊小朋友。小班时情绪会突然变化,变得非常低落甚至流泪,到中班时情况好了一些。经常有较明显的攻击性行为,如:抢小朋友玩具,破坏小朋友积木,推人、咬人、抓人等 | 无论在家还是幼儿园,不看场合、时间、对象,想说什么就说什么,想做什么就做什么,我行我素;上课时注意力分散,坐立不安,活动过多,有时还会扰乱其他小朋友;其他活动中也时常不够专心,无法遵循指示;行为冲动、激烈,缺乏控制性,常常在地上打滚,用力摔、扔、砸东西;与小朋友交往中,好争论,容易激怒,常打架 |

## 二、干预过程

首先,笔者根据两位当事人的性格、兴趣和问题行为情况,并参考国内外相关文献,编拟 12 次绘画活动,每次活动预期完成两个主题,共包括 24 个主题,作为主要的介入方式。

其次,笔者分别对两位当事人进行每周两次的美术治疗活动,星期一、星期四是当事人 R 的活动时间,星期二、星期三是当事人 L 的活动时间,12 次活动共进行 6 周,活动时间为每天下午 4:40—5:30。地点选择以较少干扰之地点为原则,当事人 R 的活动地点为本班独立小卧室,当事人 L 的活动地点为分组教学室。活动内容:命题绘画创作,主题选自活动介入前编拟好的 24 个主题。治疗过程中对个案绘画过程用数码摄像机加以记录,并于事后针对个案作品进行拍摄记录。

**(一)以阶段推进的干预程序(共三个阶段)**

(1)第一阶段:主要任务包括探索个案现阶段的认知、情感和人际关系以及和当事人建立轻松、信任的活动氛围两个方面,在这一阶段里,笔者设计了"自画像"、"一个喜欢的人"、"家庭动力图"、"屋-树-人"等主题,通过对这些主题绘画作品的分析,来了解当事人现阶段的认知、情感和人际关系,同时笔者设计了"自由画"、"闭眼涂鸦绘画"、"画图游戏"这些主题,为当事人营造一种轻松自由的绘画氛围,此阶段大约需要三次活动的时间,依当事人当时的表现而定。

(2)第二阶段:主要任务是通过"一个秘密"、"感觉树"、"最害怕的人和事"等多个主题的创作促进当事人进一步将内心的焦虑、困扰、冲突等表现出来,从而缓解情绪紧张,解决情感问题,同时,笔者在对绘画作品进行分析的过程中探索绘画投射的变化,并且依据此变化推测儿童认知、思想和情感的变化,此阶段大约从第四次到第十一次活动。

(3)第三阶段:(最后一次活动)主要任务是通过让当事人再次创作以"家庭动力图"、"屋-树-人"和"现在的自己"为题的作品,并对作品进行分析,将其投射出的意义与当事人第一次以这三个主题创作投射出的意义加以对比,进一步探索当事人在经过了整个治疗过程后认知、思想、情感的改善状况。由于当事人 R 本身对绘画很感兴趣,相对于当事人 L 在绘画过程中小动作更少,绘画状态更为投入,治疗过程更为顺利,因此 11 次活动后他就完成了三个阶段的任务提前结束了治疗过程。

**(二)干预过程涉及的内容**

笔者在治疗过程中对当事人的绘画过程和绘画作品等相关资料进行收集,治疗过程结束后笔者参考当事人的背景资料包括家庭背景、成长史、个性特点等,对当事人 12 次绘画活动 24 个主题的绘画过程及其作品进行诠释与分析。收集的绘画过程与作品资料主要包括以下内容。

(1)非语言信息:当事人的眼神、表情和肢体动作。

(2)语言信息:当事人对美术作品内容的口语陈述和对问题的回答(说些什么,如何说,语调情绪反应等所隐含的意义)。

(3)互动状况:当事人与笔者的接触及互动行为(观察互动行为,常可得知当事人的心理现象是怀疑或信任、退缩或外向、害怕或舒服、敌意或友善、依赖或独立,以及互动过程的心理变化状态)。

(4)活动过程:当事人的工作速度是持续且稳定、慢慢地小心绘制,还是十分冲动、不关心,未能完成任何作品。

(5)作品的形式和内容:哪些是平常的表现,哪些是强调的部分,哪些是重要的部分?儿童也可能通过强调一些线条和颜色来表现麻烦或者焦虑的事情。

## 三、案例分析

为了便于综合比较,笔者将当事人的分析进行分别叙述,使作品分析呈现整体性的展示。

**(一)当事人 R**

1. 第一阶段

当事人 R 创作了"自画像"、"一个喜欢的人"、"屋-树-人"、"家庭动力图"等多幅主题绘画,这些主题绘画不同程度地透露出当事人 R 在现阶段内心所压抑的一些消极情绪(如图 7-1 所示)。

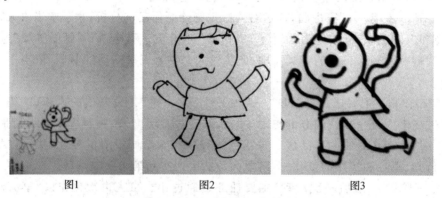

图1　　　　　　图2　　　　　　图3

图 7-1　当事人 R 第一阶段作品

由于之前笔者对当事人进行过一段时间的行为观察,他已经认识了笔者,因此第一次活动当天他被带进治疗室时,他没有对笔者产生陌生感。安排给当事人 R 的第一个主题是"自画像",本主题的设计意图是帮助笔者了解当事人的内部自我及个人态度。当事人 R 是一个非常喜欢绘画的孩子,当笔者给出绘画主题后,他很快就画了出来。之后当事人对"自画像"的描述显示出人际交往受挫给当事人 R 带来的困扰,因此笔者紧接着给他安排了第二个主题"一个喜欢的人"以进一步了解当事人 R 在生活中的人际关系。图 7-1 的图 1 即是当事人所创作的"自画像"和"一个喜欢的人",图 7-1 的图 2 是图 1 中"自画像"的放大部分,图 7-1 的图 3 是图 1 中"一个喜欢的人"的放大部分。

作品分析:从图 1 可以看出,当事人把人物形象画得非常小,只占一大张画纸的一个小角落。几乎所有绘画投射测验的文献都认为画面上人物形象的大小具有突出意义。人物形象的大小与自尊和个体适应能力有关。当让一个儿童画出一个人物形象时,儿童会画出反映自己情感的一个自我形象。很小的一幅画,特别是人物画,都会与儿童的自我感觉有关,也会与儿童自尊感较低有关。① "自画像"中当事人用来表示"撇嘴"的向下弯曲线条,显示出当事人此时内心的悲伤和不快乐。图 1 左侧中的另一个形象是"一个喜欢的人",据当事人描述是他幼儿园中的一个小朋友,这个小朋友上扬的嘴部弧形线条和自然弯曲的双腿所体现的快乐情绪与当事人 R "自画像"所透露的悲伤情感形成了鲜明的对比。儿童画可以反映儿童的内心世界,可以描绘各种各样的情感,表达心理状态相关的信息,并体现出人际交往风格。当事人对其自画像的讲述是:"我自己撇嘴","因为我不开心呗!","因为人家会打我,我就不开心","他觉得我坏,他就打我","因为他不听我的道理,他觉得我坏"。从中可以看出"与小朋友之间的交往问题"是他内在的忧虑、问题和困扰。从他认为的小朋友打他的原因"他觉得我坏"可以看出,有攻击倾向的儿童会选择性地输入具有敌意的信息,他们对他人行为的解释存在着归因偏见。

图4　　　　　　　　　图5　　　　　　　　　图6

图 7-2　当事人 R 第一阶段作品

图 7-2 的图 4 是他在第三次活动中创作的"屋-树-人"。当事人在创作此主题前突然向笔者提问:"我把大树画出来,大树死了怎么办?"如此消极的问题在某种程度上证实了当事人在"自画像"中所透露的消极情绪。在这幅画中当事人一共画了三棵树,其中最右面那棵大树有着被大风吹倒了似的倾斜弯曲的树干,代表其承受着内心压力和紧张,画面中间那棵树原本是一个死掉的小树桩,显示其焦虑、消极的情绪,但从当事人为挽救这个小树桩而在

---

① [美]Cathy A. Malchiodi. 儿童绘画与治疗[M]. 李晓庆,译. 北京:中国轻工业出版社,2005:146.

其上方画的绿色的树叶可以看出他试图要解决问题和适应环境的努力。当事人在这个"屋-树-人"的绘画作品里所描绘的人物嘴部向下弯曲线条据当事人描述为"主人的嘴撇着",再次显示其当前内心悲伤、忧虑的情感状态以及对自己的不满和困惑。

2. 第二阶段

当事人在7次活动中创作了"自由画"、"感觉树"、"左手绘画"等多幅主题,进一步将其内心的焦虑、困扰、冲突等表现出来,进而在一定程度上宣泄了消极情绪,缓解了紧张情绪,调和了情绪冲突(如图7-2中的图5、6和图7-3中的图7)。

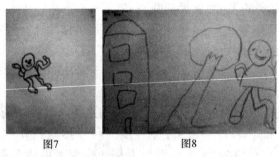

图7　　　　　　　　图8

图7-3　当事人R第一阶段作品

作品分析:图5是当事人在第二阶段中创作的"自由画",当事人非常喜欢创作"树",图中有两棵大树,当事人讲述,左侧这棵大树已经死了,变成了一个大树桩,右侧这个大树也死了,叶子都落掉了,只剩下树干了,绘画过程中他反复回到这两棵树,它想知道他们死的原因。重复出现的主题往往指出儿童主要的关心和冲突,他通过这种方式叙述自己最恐惧和深感焦虑的事情,他正努力把自己在日常生活中体验到的创伤包括进去。不论是死亡的树桩,还是只剩下树干的大树,他都很想去找个好办法帮助他们再活过来,这显示出他渴望从自己的矛盾、恐惧、忧郁的困境中走出来,他急切渴望被救助。绘画过程中他也多次画一些刚刚长出来的小树,这些小树是在画那两棵死亡的大树的过程中画的,这些树是自发的表现出来的,显示了当事人对生命的渴望。他的画包含了他试图理解和解决问题的精华部分,矛盾心理和冲突在一幅画中得到陈述并受到控制。弗洛伊德和奈德蓝(Niederland)发现,所有失去的东西都必须要补回来,他们相信创造表达的本身,能提供曾经有创伤经验的个体自我治疗和补偿的机会。绘画给当事人提供了一个机会可以用艺术作品循序渐进地找回对生命的控制能力。

图6为"左手绘画"。"自由画"可以使当事人轻松自由无压力地表达自己,"左手绘画"则以另外一种方式帮助当事人放松心情,降低自我防卫意识,使当事人在较低的防卫意识下,较自在地让潜意识的内容流露出来。荣格说:如果曼陀罗可以被形容为自我象征的横切面,那么树就可以代表自我被描绘成一个成长过程的轮廓,大树的树干线条弯曲,树干变形的姿态,显现出当事人成长过程中的脆弱性格,受伤甚至是病态的心理状态。当事人把情感投射到了树上,他讲述道:"大树鼓起来了,生虫子了,生病了,心情很难过,他不想生病,想直直地长。"这可以看出他希望自己是一个和别人一样健康成长的孩子,它不希望自己是一个经常被别人说是有问题甚至有病的孩子。为了帮助他应对创伤,笔者提议他想一个办法帮助这棵生病的大树,他画了一个可爱的啄木鸟,并且画出它把虫子啄了出来,非常形象,

他讲述到大树对啄木鸟说"谢谢你",并且心情好了起来,从中他逐渐掌握了应对创伤的方法,并且体验到开心、放松的感觉。绘画不但帮助他探索了冲突和危机,还帮助他把冲突和危机转化成健康的观点、见解和解决方式。他和笔者一起去分享这种感受,可以强化这种积极的感觉,并促进当事人内在和外在的变化。

图7为当事人创作的"现在的心情",笔者对此主题的设计意图是通过对当事人"现在的心情"的创作分析,观察当事人在经过前几次的绘画活动之后,内在的心理状态是否向积极方向发生了转变。儿童在绘画活动中,心象自然地表现在图画上,当心象改变时,呈现于图画的形式与内容亦随之改变,嘴部线条形状的变化正投射出他自我概念与态度的变化。嘴部向上弯曲的弧形线条,和他过去自画像中横的"S"形撇嘴线条形成了明显的对比,显示出他正从失落、悲伤、沮丧的情绪向积极、愉快、健康的情绪转变。四肢长而自然弯曲的线条和过去自画像中短而直的线条形成明显对比,显示出他正摆脱压力和紧张向轻松和自由的状态转变。他给我讲述他开心的理由是"因为人家跟我好好玩了",可以看出他与小朋友之间的交往状况是他心情变化的主导因素。

3. 第三阶段

绘画是当事人的兴趣,每一次他都能很好地完成绘画任务,随着治疗过程的进行,他的绘画状态也越来越投入,主题活动也进行得越来越顺利,因此第十一次活动就提前完成了整个治疗进程。此次活动中当事人再次创作了"屋-树-人"。

作品分析:在图7-3中的图8中,房子上许多敞开的窗户表明他期待与环境的接触,小小的窗户一如他自己的内心之窗,期盼有更多的人给他关爱,就如窗户期待更多的阳光一样;树干仍然倾斜,但已没有第一次"屋-树-人"绘画中的弯曲,表明其仍承受着某种压力和紧张,但较前已有所改善;人物咧开笑的嘴巴和腿部自然弯曲的线条表明他很开心,这也和他后面讲述的人在做游戏所反应的情绪状态是一致的。

### (二) 当事人L

1. 第一阶段

笔者也在观察阶段和当事人L有了接触,当当事人L被带进治疗室后,小动作就特别多,几乎很难安静地坐在板凳上,笔者先让他在纸上随意作画,以引导他进入绘画状态。在此阶段,笔者同样安排了"自画像"、"家庭动力图"、"屋-树-人"等主题,当事人L在整个创作过程中小动作很多,缺乏耐心,经常会中断创作,但仍然依据命题创作出一些简单的样式将内心情感表现出来(如图7-4所示)。

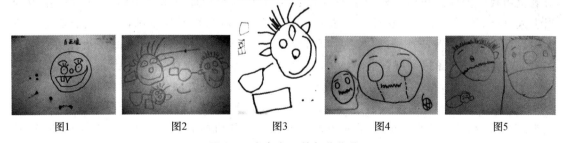

图7-4 当事人L的部分作品

作品分析：图7-4中的图1为当事人L创作的"自画像"，他把脸的轮廓、眼睛、嘴巴都画得很大，显示其张扬、外向的性格，当事人画了两颗很大的牙齿，绘画作品中牙齿的显现是攻击性儿童常具有的指标之一。

图7-4中的图2为当事人L创作的"家庭动力图"，家庭画通过内容、位置、人物的大小以及绘画过程等传达着家庭互动情况。儿童会把自己对父母、兄弟姐妹的内心情感，以及家庭内部的互动情况投射到绘画中去。与语言相比，儿童通过家庭画能更容易地表达他们的思想、情感和认识。当事人L在创作的过程中表现出没有信心、急躁、不安等特点，笔者不断对其进行鼓励，当事人终于将家庭中三个人物都创作出来，并且通过简单的物品形象表示出他们正在做的事情。孩子在家庭动力绘画中所展现的图形结构，不管是多么幼稚或不合逻辑，甚至毫无美感可言，但是孩子已经运用了他们的心理语言来说明他们的感觉和情绪。图中三个人都拿着菜刀，都画有菜板（如局部图7-4中的图3），显示出三个人性格上较强的一致性——张扬、外露、直接、冲动、急躁。之前通过访谈当事人L的父母，笔者已经了解到他们一家人性格都比较倔强，都比较坚持自己的意见，并且爸爸说他极少做菜。三个人都比较倔强和急躁的性格和画中显现出的冲突、不安的情绪氛围达成一致。笔者让当事人依据自己的绘画作品讲故事，当事人讲述到"以前爸爸在家里老打我，然后我哭了……以前妈妈在家里面老打我，我就哭了……"当事人L的故事讲述以及对笔者问题的回答进一步显示出当事人在家中与父母紧张的互动关系，此种紧张和冲突的家庭情绪氛围是当事人内心所隐藏的主要恐惧和困扰。

2. 第二阶段

笔者设计了"左手画"、"感觉树"、"最害怕发生的事和最害怕的人"、"续画"等主题引导当事人L进一步释放内心所压抑的情感，从而进一步帮助研究者了解当事人的主要困扰。

作品分析：图7-4中的图4为当事人L创作的"左手画"，当事人在笔者毫无言语指导与暗示的情况下创作了两个头像，从图中可以看出，两个头像中的嘴巴皆成锯齿状，表现出紧张、压抑和愤怒的情绪，当事人讲述到此种嘴巴表示生气。其中一个脸部挂有泪水，当事人讲述到"他哭了"，当事人在极少的讲述中显得非常急躁，这种情绪通过图中的"流泪"更加表现出压抑在他心中的郁闷、混乱和不快乐。

图7-4中的图5为当事人创作的"最害怕发生的事和最害怕的人"，创作过程中，当事人讲述到最害怕的事有"害怕妈妈不让看电视，最害怕爸爸打我，爸爸老是喜欢打我，害怕老师找我"。从当事人的讲述中可以看出在家里妈妈对他的管制、爸爸对他的打骂，在幼儿园因为老犯错教师频繁地找他都构成了当事人L的困扰，这都使他愤怒和压抑，图中左侧上方为当事人自己，他再次用锯齿状嘴巴来表示出紧张和害怕，左侧下为妈妈，用下撇的嘴部线条表示出妈妈的不高兴，图中右侧为他最害怕的人——爸爸，他用直线的嘴部线条表示出爸爸在对他非常生气时紧缩着嘴的样子。艺术活动是一个有意识的过程，它赋予了无意识感受以实实在在的形式，当事人L用三种嘴部线条表示了三个人愤怒紧张时的情感。

图7-5中的图6为当事人创作的"续画"（一个受伤的动物），只要孩子愿意接下去，不管故事怎么编，都会有他自己的影子在里面。例如：这只动物的性格，他是怎么受伤的，对受伤的感觉以及目前的渴望……其中包含了孩子无法说出的种种情绪，透过这样一个隐喻的、有距离的安全的空间，孩子才有机会轻轻触碰他那伤痛的心灵，去经历他的恐惧、自责、愤怒

和担忧,在一个可以被忍受的状况下,他再面对自己受伤的事实。笔者的设计意图就是帮助当事人透过这样创作的历程,慢慢释放隐藏着的情绪,去探索、去整合,最后再回到现实里来,这便是一个创伤心灵走向复原的必经之路。图中右侧下方为当事人创作的受伤的小动物——小猫,当事人讲述到小猫受伤的原因有"妈妈不同意它吃药,它继续吃就受伤了;妈妈不让它看电视,它非要看,妈妈骂它,它就哭了;还有因为爸爸打它,把它打伤了……"儿童一般用极小的细节和集中的焦点去描绘心理创伤、情感和印象,当事人用小猫脸上的两行眼泪来表示小猫受伤了,从当事人关于小猫受伤原因的讲述中可以看出压抑在他内心最深处的,给他带来最多负面情绪的因素主要还是来自家中与父母的冲突。

图6　　　　　　　　图7

**图 7-5　当事人 L 的部分作品**

3. 第三阶段

笔者再次给当事人安排了"家庭动力图","屋-树-人"等主题,将其与当事人在第一阶段的创作加以对比,以了解儿童绘画投射的变化,从而推测当事人认知、思想和情感的变化。

作品分析:图 7-5 中的图 7 即为当事人 L 再次创作的"家庭动力图"。与此主题的第一次创作"图 2"不同的是,图中利用两条分界线将人物形象分割,虽然图画中人物的位置与边界一定程度上代表着儿童对家庭关系的认识,但对于每个特定的儿童不可一概而论。例如,对于某些儿童,图画中的分隔线意味着对他人的回避,但这些特征也可以理解为儿童对安全甚至是独立的渴望。如果一个家庭中有虐待现象发生(如体罚或性虐待),儿童就会在人物之间画一些分隔线,这是儿童寻求保护和逃避的象征性表达。当事人 L 把自己与他们用分隔线分开,自己在做着自己乐意做的事情——玩玩具,表示出他对独立和安全的渴望,这与第一次家庭动力画中自己也拿菜刀的形象形成对比。当事人 L 绘制的自我形象从最初大大的头部,突显的牙齿显示出他外表上的外向攻击的特点,到之后一次次哭泣形象的创作显示出他张扬外向的外表下却有着压抑、紧张甚至恐惧的内心世界,再到最后玩玩具时开心的自我形象的创作,显示出他在消极压抑的情绪释放后放松的心情,绘画创作这种具有创造性的工作也让他获得一种满足感,他开始具有积极的力量来面对自己内心所存在的各种冲突。

(三) 结论

笔者在了解两位当事人的家庭、学校等一般生活状况及其社会、文化背景等的基础上,对他们绘画创作过程及绘画作品的视觉内容所显露的特殊之处详加观察和探索,寻求艺术表达背后的真正心理意义,同时在整个研究过程中对当事人的攻击性行为表现情况进行统计、分析,得出以下两点结论。

(1) 对两位同是攻击性行为的当事人运用绘画投射技术进行美术治疗,能够发现他们不同的恐惧、焦虑和冲突,由此可以进一步挖掘出导致两当事人产生攻击性行为的不同的深层动因。

① 当事人 R：人格特质较为不信赖他人和没安全感，因此人格和情绪倾向于负面性发展，以攻击性的行为来自我保护。又以各种"捣蛋"的方式来引起教师的注意。他在三岁半之前一直和爷爷奶奶生活在一起，爷爷奶奶除了对他吃喝拉撒的照顾外，很少和他交流，并且很少带他与外界接触，几乎就没有和其他小朋友交往的机会，经常一个人在屋里自娱自乐，习惯性地一个人玩，造成他入园以后就经常性地一个人玩，不太和小朋友交往，这本身不利于他社会性的发展。同时造成他言语发展较为缓慢，社会交往技能欠缺，不良的交往方式使他在交往过程中经常受挫，挫折是他攻击性行为产生的主要原因。心理学家多拉德（挫折—攻击假设）认为攻击性行为的起因是挫折。当一个人朝着特定目标前进时，一旦受到阻碍，就会产生挫折感，而这种挫折感在行为上就表现为对物或人产生攻击性行为。攻击性行为的产生造成小朋友对他的孤立，从而使他产生小朋友不愿和他玩，小朋友坏的想法，此种信息在他的"自画像"、"屋-树-人"等多幅绘画作品中展现了出来，这种想法又会造成他在与小朋友交往时经常性的敌意归因。道奇等人对译码阶段的研究发现，有攻击倾向的儿童会选择性地输入具有敌意的信息，倾向于注意并较容易回忆具有威胁性的信息；攻击性儿童对他人行为的解释存在着归因偏见，他们倾向于将情境中不明晰的信息当成具有挑衅意义的信息（对社会信息的错误理解），而当事人 R 又比一般儿童缺乏甚至无法构想出可解决问题的反应，无法采用和平的有效的建设性方法，以至产生更多的攻击性行为，造成一种恶性循环。

② 当事人 L：初生时个头就比较大，重量达 9 斤多，精力超旺盛，在班里个子最高，身材最壮，力量最大，情绪急躁冲动，这种身体强壮、精力旺盛、爱哭闹、爱着急的孩子，长大后较易产生攻击性行为。通过访谈当事人 L 的父母了解到他父母也是性格比较急躁的人，并且父亲小时候精力也是超旺盛，遗传因素心理学家认为，家长对此负有重要责任。近期的心理学研究证明：在儿童攻击性的影响因素中，遗传大约占 50%，其余的 50% 中又有一部分是家长与孩子的相互作用所致。所谓遗传，并不是说父母把打人、骂人这些具体行为遗传给了孩子，他们遗传给孩子的只是神经活动类型比如情绪容易激动、兴奋性强、反应速度快等自然特征，这些自然特征遇到合适的土壤，就会滋生出攻击性行为。

另外通过"家庭动力图"等多幅作品多次显现出父母对其的责骂给他造成的消极情绪和紧张、恐惧、压抑的心理状态，孩子挨打后，容易产生抵触情绪，这种情绪一旦"转嫁"到别人的身上，就易找别人出气，逐渐形成攻击性，同时这种方法会向孩子提供呵斥、打骂的攻击原型，给带有攻击性行为的幼儿树立反面的攻击性行为的学习榜样。另外当事人 L 的绘画作品中也多次透露出父母吵架给他造成的消极情绪，家庭和群体的不良情感气氛（冲突迭起，失去安全感）会使儿童产生莫名其妙的苦恼和愤怒情感，常常会失去控制而借人或物发泄出来，引发冲突或攻击性行为。

（2）对攻击性儿童进行美术治疗可以帮助攻击性儿童通过绘画宣泄情感，调和情绪冲突，引起儿童认知、思想和情感方面的改变，从而改善儿童的攻击性行为。

① 当事人 R：通过绘画把内心的纠葛和冲突借着绘画活动向外界投射或转移，由此达到了净化的功能。当事人 R 在通过绘画疏导后，唤起了内在一个更强壮的自我，因而恢复了朝气蓬勃的情绪。他的绘画作品不论从绘树、绘人、还是绘屋上，都显示出一种积极的变化，即越来越强的应对创伤能力，越来越能和外界环境接触，也越来越具有生命力。所以，儿童

绘画的过程本身就是自我探索的过程。通过绘画,心理医生可以进入儿童的内心世界,和他们一起分享经验。儿童绘画传递了儿童的情感、思想和幻想,绘画过程本身以及心理医生在绘画过程中与儿童的积极互动,可以使儿童在创造性的活动中得到康复。

② 当事人L：最初对与笔者一起进行绘画活动很不感兴趣,画完后的作品讲述也是很被动的,极不情愿。当事人L最初的作品,只呈现了一种非常表面的东西,作品形式也非常混乱。随着绘画活动的逐次深入,他的涂鸦线条渐渐减少,笔触也变得较柔和,能越来越深刻地展现自己内心世界的焦虑、恐惧和压力,诠释的话语逐渐增多,向笔者讲述的思想和情感内容也越来越丰富。最后呈现的自我形象,是快乐的在做着一件自己喜欢的事情,显示出一种释放和轻松。由此得知,儿童在绘画活动中,心象会自然地显现在图画中,当心象改变时,呈现于图画的形式与内容亦随之改变,代表儿童对对象物的情感、认知、行为等,亦有所改变或成长。儿童的消极情感认知会不断被积极的情感认知所替代,问题行为也自然会相应减少。

两则案例都显示:画纸就像孩子的心灵世界,当他快活时他所表现的内容或色彩一定也是易带动欣赏者快乐的心境;一旦孩子内心有所抑郁之事,画面上的表现可能也是充满着抑郁沮丧的气氛,因此绘画本身就可以宣泄情感,从而调和情绪冲突。

### 四、实践经验总结

经过将近一年的准备实施、具体操作、后期整理和分析,笔者对美术治疗实践总结如下。

**(一) 国内美术治疗研究的局限和问题**

(1) 现有资料和工具的不完善。笔者可以参阅的相关资料极为有限,使笔者在实施程序的深入上具有一定局限性。国内评估检测工具的欠缺和不完善使研究信度和效度缺乏客观准确性。笔者在掌握问题行为评估工具——行为评定量表的科学应用方法上找不到参照依据。

(2) 缺少经验借鉴。在实施中,笔者发现命题绘画的设计以及治疗活动中各项绘画主题次序、时间的安排等缺少对应依据,使方案环节的推进存在一些问题。用于治疗的治疗室没有相应的研究设备,无法保留治疗的变化过程,使有关绘画过程及绘画作品资料的收集存在明显困难。

(3) 国内缺少有关绘画过程及作品诠释的依据。

**(二) 建议**

(1) 建议实施者先对国内外美术治疗的相关文献进行梳理,深入认识美术治疗的内涵与外延。了解美术治疗产生与发展的现状、美术治疗的过程、美术治疗的理论和方法以及儿童美术治疗的独特性后,再展开相应的深入研究。

(2) 建议研究前借助医院或儿童心理研究中心的相关测试系统,对儿童行为进行整体测试,科学评估。

(3) 可参考国内外有关绘画治疗的实证研究案例,制定并调整改善治疗策略及具体实施程序。

(4) 应根据问题儿童的性格、兴趣和问题行为情况设计有针对性的命题绘画,要参照儿童的生活环境、个性、社会交往情况及其他背景信息的分析,安排治疗中绘画主题的次序,还应依据治疗中个案的具体表现和出现的问题及时加以调整。

（5）建议实施者先考虑保留每次治疗过程的方法再进行治疗的展开。例如采用隐蔽摄像设备作整体实录，及时针对个案作品进行拍摄编号和记录，保留原始作品依据等，以利于其后的分析对照。

总之，若想在现有条件下进行该项研究，实施者应避免主观的诠释或单一的响应方式，尽可能多角度地观察和了解当事人的整体状况，全方位详加洞察，寻找行为背后原因，把握可能改变的契机。因此，建议实施者依据视觉艺术心象作品的已有研究成果，借鉴相关的美术治疗实践方案，同时依据儿童的背景资料包括家庭背景、成长史和个性特点等对儿童的绘画过程及作品进行可能性的分析及诠释，并帮助儿童通过创作形象表达自己的情感和经历，从而缓解紧张情绪，最后得以摆脱心理焦虑和问题行为的困扰。

## 第2节 针对自闭症儿童的治疗性教育案例

自闭症（Autism）是凯纳（Leo Kanner,1943）首次确认的一种病症，属广泛性发育迟滞障碍的一种。一般自闭症儿童至少有两项以上（含两项）的社交功能损害。例如：非言语行为使用方面的损害，不能与同龄人建立伙伴关系，不会自发寻求与别人分享喜悦、兴趣，缺乏社会或情感的交互作用等。一项（含一项）沟通能力的损害。例如：言语发展落后或完全缺乏，难以主动和别人谈话却常自言自语，常使用刻板重复的语言或特殊语言，缺乏符合发展水平的想象游戏或社会模仿游戏等。至少有一项（含一项）刻板重复的行为、兴趣和活动模式。例如：刻板狭窄的兴趣，强迫性的无意义动作和仪式化的生活习惯，刻板重复的运动方式，持久专注于某物体等。

此外，该类儿童还会或多或少伴有其他一些特征。例如：智力低下或超常，感觉、知觉或情感表达异常，有自伤行为等。在中国，从1982年起已有此病例的报道。通常根据其智力状况的不同，分为低功能自闭症儿童（IQ≤50）和高功能自闭症儿童（IQ＞50）两类。

以下是一例国内一线特殊教育教师的研究成果，是笔者自己撰写的最新实践研究，极具探索性和参考性，也是国内较具代表性的治疗性美术教育实践。笔者通过三年多的美术治疗学习摸索，结合自己对自闭症儿童的教学实践，从实际状况出发实施的探索性研究，是国内不可多得的特殊儿童美术治疗前沿案例。

### 一、前期的准备工作

确定干预对象，将此次方案设定为针对自闭症儿童的适应症实施的治疗性美术教育研究。

#### （一）研究对象的选择

案例的当事人来自某自闭症康复研究中心学前部，基本情况如下。

| 男孩 M： | 七岁 | | 女孩 L： | 六岁半 | |
|---|---|---|---|---|---|
| 家庭成员 | 职业 | 学历 | 家庭成员 | 职业 | 学历 |
| 父亲 | 司机 | 大本 | 父亲 | 公务员 | 大本 |
| 母亲 | 专职主妇 | 大专 | 母亲 | 会计 | 大专 |
| | | | 外婆 | 退休 | |

## (二)面谈评估

(1) M与父母同住,无其他长辈及兄弟姊妹,父亲忙于工作,极少出现在M的教育场所。教养主要由母亲完成,M依赖母亲,接触新事物新环境时有内缩行为。可理解简单指令,抗挫折能力弱。由于环境和事情发展变化,会引起情绪上突变。M喜欢使用颜料进行涂鸦,对于手工制作,也可以关注较长的时间。在制作过程中,情绪平稳,可以进行简单模仿制作,社会参与意识较弱。自闭症儿童结构化评估(PEP-R)综合发展年龄4~5岁。

(2) L与父母及外婆同住,上学期间由阿姨陪护,接送多由外婆或母亲完成,父亲有时间也会来学校进行陪护。L对自己所喜欢的事物执著,适应环境能力较好。个性执拗,语言理解能力弱。手眼协调能力强,可以独立涂鸦,可完成精细的手工活动。社会参与意识较弱。但对于自身行为的控制有限。自闭症儿童结构化评估(PEP-R)综合发展年龄4~5岁。

## (三)设计初步方案

根据两名自闭症儿童有精细动作能力完善,对于完成作品有完整的概念,对拼贴类的活动注意力时间较持久等特点,研究者设计了如下方案。

(1) 每周一次,每次一小时,进行十次共五个阶段(以作品完成为节点)的拼贴技术干预。

(2) 以缓解和升华负面情绪为目标,采用自由联想引导主题呈现,观察自我态度与行为困扰的改变过程。

(3) 利用现有的认知理解,促进儿童产生自发的学习能力。

## 二、干预过程

因为阶段调整以完成一件作品为基准,所以案例展示就依据每次作品的变化来呈现两名自闭症儿童在美术活动中发生的改变。

1. 第一次:自由贴画(如图7-6所示)

M1　　　　　　　　　　　　　L1

图7-6　当事人的作品呈现

材料:成品1 cm×0.5 cm各色纸片、动物形状的各色亮片、剪刀、固体胶、白色4开卡纸、蜡笔。

参与人:辅导教师(笔者),M,L。

时间:15:00—16:00。

地点:美术活动室。

(1) 活动情况描述

M和L分别由妈妈和阿姨带到美术活动室。笔者在活动室门口与他们打招呼,L迅速进入活动室,对于这个新地方很是好奇,东摸摸西看看,摆在柜子上的各种工具随手拿来把玩,对于阿姨的语言制止并不理会,直到阿姨走到跟前,L才收手,并伺机再拿到她想得到的物品。笔者结合行为矫正法对其进行正向强化后,L安坐于操作台旁把玩手上的物品。

M一直都拖着妈妈的胳膊,不肯放手,语言上会和妈妈道别,但手一直都未曾放开过,不肯一个人进入教室。处理完L的行为问题后,笔者将M的一只手握紧,并牵着他的手,让他与妈妈说"再见",至此,M才跟笔者一同进入教室。在笔者的提醒下,他随手将门关上。笔者随后松开手,让他自己选择椅子颜色和坐的位置。

他们安坐后,笔者将材料和工具放置在两人的桌面上,并示范如何使用固体胶粘贴成品的纸片和动物形状的各色亮片。M和L都观看了这个过程,然后,笔者鼓励他们开始自己的活动。

M坐在座位上,不安地晃动一会身体,犹豫地依次拿起绿色、红色、蓝色的蜡笔,在白色4开卡纸上画线条,并拿起签字笔,在画的偏左上部画了一个空心的心形。M在画之初,情绪平稳。当画到绿色类似楼房的部分时,他的嘴里发出了"嘀～嘟～,嘀～嘟～嘟～……"的声音来。笔者问他绿色是什么时,M先是看了笔者一眼,嘴里发出嘀～嘟后,用不太清晰的语言说道:"房子啊。"然后不再理会笔者,继续他的活动。在画完各式线条后,M摆弄着手里的绿色蜡笔,停顿了大约三分钟后,拿起固体胶和各式图案成品粘贴起来。他在画出的画上开始拼贴,先从画纸的偏右下方开始,将浅褐色卡纸剪成需要的形状,贴好。然后加贴金色的卡纸,接着粘贴红色和蓝色形状的拼贴纸。这时,类似一个圆形平面的贴图出现了,M在中间加了一个黑色成品的松树,将一些小亮片星星填充在树的左下角。制作过程中,M的嘴巴一直发出"嘀～嘟～,嘀～嘟～嘟～……"的声音,每贴一次都会停顿一下,发出嘀～嘟～,嘀～嘟～嘟～声后,再继续下一步。临近下课时,只完成贴画的右边部分。

L与M同时得到工具。L在刚开始时,模仿笔者将材料直接贴到白色卡纸上。看到M用蜡笔涂画后,L观察了两三分钟,就迅速将已贴好的材料撕下来,随意丢在桌面上,拿起绿色蜡笔开始涂画。在涂画过程中,L并没有参考M在做什么,只是很投入地写画空心的箭头、数字和字母。在进行期间,L似乎很清楚自己该做什么。从她拿起蜡笔到写画结束的时间,约用了六七分钟。然后,她开始使用固体胶和材料进行拼贴活动。L从画面右底部向左,推进式地拼贴。她开始时只选用规格一致的彩色纸片,在卡纸的右半边进行分类粘贴。后来在左边用中号的各色星星亮片继续粘贴。在课程即将结束时,L将黑色松树和自行剪下的黑色形状贴在画纸上。

(2) 活动总结与方案调整

本课内容对于两名自闭症儿童是陌生又熟悉的,教学环境的改变对于他们的接受能力是个挑战。在刚开始时,笔者主要对L进行情绪安抚。笔者与M在其他课上有过接触,他已认识笔者。在进入治疗室之前,笔者让他与母亲一同待了几分钟,来消除他进入新环境的恐惧。然后,进行一种类似"移交性"的转换,使M感觉有安全感。

L对笔者不熟悉,笔者从她的任课教师那里获知:她的自控能力弱,若是直接进行她喜欢的活动,她的注意力会持久。所以,笔者针对她很喜欢治疗室里一件美术工具的特点,对她进行了短暂的课前正向强化。笔者慢慢地对她说："坐下,就奖励玩具。"她因喜欢工具,很配合地坐到椅子上,笔者马上兑现,将玩具给她。如此来回几次进行强化,使她顺利地明了笔者的指令语,形成配合,消除 L 的阻抗问题。笔者与 L 的"小游戏"也为 M 减轻不安提供了时间。

此次采用的拼贴技术,是根据家长和任课教师所提供的信息进行的媒材选择。在经历了进门前后的波动后,他们制作时注意力较为投入,没出现行为阻抗。M 在制作中一边用嘴巴发出声音,一边制作,情绪放松。从下笔前的犹豫,到完成后嘴巴发出声音的变化,是心理防线降低的表现。通过绘画和粘贴这种非语言的沟通介质,M 很自然地呈现出自己的潜意识活动,出现从被动到主动的转化,是很好的开端。在活动中,他也开始接纳笔者发出的肢体或口语化语言,受到打扰也没出现情绪变化,有了初步互动。L 易受环境变化的影响,注意力不太集中。这次对 L 而言,在美术活动中使用非语言的沟通互动,对于她很管用(根据其任课教师反映:L 不管在何处,对自己想要的东西一定要得到,哭闹不成就去抢。因其语言理解有限,语言管教并不理想)。

根据 M 与 L 表现出的自我意识偏失(幼儿在三岁前就有自我意识表现),笔者计划在接下来的课程设计中,着重以他们现有的初级生理自我意识状态为起点,引导其社会自我情感的表现(自我意识主要有生理自我、社会自我、心理自我,随着年龄正常发育成长逐级提升的阶层表现)。

2. 第二次:自由贴画(如图 7-6 图 M1、L1 所示)

材料:成品 1 cm×0.5 cm 各色纸片,动物形状的各色亮片、剪刀、固体胶、白色 4 开卡纸、蜡笔。

参与人:辅导教师(笔者),L,M。

时间:15:00—16:00。

地点:美术活动室。

(1) 活动情况描述

本周 M 在进入教室时,顺利地与母亲道别,紧握笔者的手随笔者进入教室。笔者把 L 喜欢的物品提早放在她的位置上,她进入后立刻坐到了自己的位子上。

当两名儿童安坐后,笔者将材料出示给他们,并将上回制作的作品与一张新的 4 开卡纸同时出示给他们,让其选择。两名儿童都拿起各自上回的作品继续工作。

M 在画面左边空形心下方,继续开始粘贴,依然是按颜色分类顺序粘贴材料(见图 7-6 图 M1)。在粘的过程中,M 的嘴里依然发出"嘀~嘟~,嘀~嘟~嘟~……"的声音,声音也由小逐渐变大,当笔者提醒他注意"嘴巴"时,M 立刻闭嘴,但不看我,继续自己的事情。过几秒钟,M 又随着自己的活动发出了声音……

L 这一次好像很清楚自己要做什么,但对于 M 所使用的各项材料,她都拿一个放到自己这一边,并且除了给予 M 的纸制材料外,L 还把其他各式亮片材料都收到自己的工具盒内。这个行为引起 M 的不满,M 用沉闷的"嘀~嘟~,嘀~嘟~嘟~"声表示抗议,但只是盯着 L 的动作,没有制止或语言表示。L 将抢来的材料迅速贴到自己的画面上,一个大号的金色纸制星星被贴到了下部靠中央的地方(如图 L1 所示),随后又贴上一个小号亮片的银色星星和一个蓝色的花,接着,贴上有一样形状但小一号的花朵……L 完成大体的粘贴后,就开始用小号亮片进行个别修饰。在修饰过程中,会主动用声音吸引我,看她的成果。笔者立刻给予肯定的回应:"很棒,L!"她晃着脑袋继续忙碌起来。

(2) 活动总结与方案调整

本次课程中,两名儿童同时选择了继续上次的作品制作,并在最后的画面中进行了细节调整,把原本底层已贴好的材料,重新分配位置和构图。

此次发现:L 的画面构成意识较强,她在进行拼贴时,调整了好几次。M 在选材和拼贴时,调整意识较弱。

两名儿童在活动中的自我意识均是生理自我的表现,笔者对他们提出建议时他们大多没有表现行动,依旧按照自己的方式进行,因此,随后的课程暂不预设方案,见机行事。

3. 第三次:自由贴画(如图 7-7 图 M2、L2 所示)

M2　　　　　　　　　　　　L2

图 7-7　当事人的作品呈现

材料:成品 1 cm×0.5 cm 各色纸片、动物形状的各色亮片、剪刀、固体胶、黑色和白色 4 开卡纸、蜡笔。

参与人:辅导教师(笔者),L,M。

时间:15:00—16:00。

地点:美术活动室。

(1) 活动情况描述

M 和 L 进入教室的情况开始发生微妙的变化:M 来到治疗室前,笔者刚与他打招呼,他就抓住了笔者的胳膊,随笔者进入房间。L 进入教室后,在教室里转了几圈,看看瞧瞧,在笔者用语言提示下,她会自行搬椅子、坐好、等待。

笔者给他们出示了美术材料,添加了黑色的卡纸,并示意他们可以自己选择。M 先拿起黑色的卡纸,L 跟着也选择了黑色。

M 只选用了纸制的材料,并用剪刀剪成自己需要的样子,进行有顺序的粘贴,粘贴时嘴里依然发出声音,但此时已变成"呃呜~……"并在粘贴的时候,会有较长时间的停顿,观察周围和自己的画面后,继续下一个步骤。这次 M 进行的速度很快,拼出类似圆形的图形(如图 M2)。

L 先在卡纸正中偏上的地方,使用纸制材料和亮片星星,拼贴出一个笑脸。然后,在画面上,使用纸制材料和亮片星星,分角落拼贴(如图 L2)。L 在粘贴星星的时候,开始用表情询问笔者:"这是什么?"笔者响应她,并告知她:"这是星星。"在她贴完最后一个白色星星时,望着笔者举起画纸,指着星星,发出不清楚的声音:"星星。"

(2) 活动总结

本次课程中,M 在制作时很投入。但是 M 看到 L 几次拿他的纸制材料时,没制止,也不再发出声音,只观察她的行为。M 对于属于自己的东西,概念意识弱,没有保护的行为。

L 观察细微,在整张卡纸中,分了几个部分,中间是个笑脸,一部分的银色星星与一颗金色星星聚集在一起,被一群彩色星星围绕(笔者在之前也曾告诉过 L 什么是星星,但她今天的询问,更像是为了告诉笔者她所做的是什么)。

在 L 去拿 M 的材料时,笔者制止过她,让她放回去。她在受到制止时,立刻扑倒在地上,耍赖。当 L 再次去拿时,笔者示意要让她离开操作桌面,在一边待几分钟,L 很反抗笔者让她离开操作台,笔者及时给予引导,告诉她"不经同意拿取别人东西"的行为是错的,她点头表示明白,并接受。管教实施很顺利。

4. 第四次:自由贴画(如图 7-7 图 M2、L2 所示)

材料:成品 1 cm×0.5cm 各色纸片、动物形状的各色亮片、剪刀、固体胶、黑色和白色 4 开卡纸、蜡笔。

参与人:辅导教师(笔者),L,M。

时间:15:00—16:00。

地点:美术活动室。

(1) 活动情况描述

笔者在这节课开始时直接把新材料放在了他们面前。

M 和 L 没有去拿新的卡纸。停顿大约几分钟后,L 先到她的储物柜内拿出上回的作品,走回座位,拿起材料继续她的拼贴工作。M 侧着身体低声嘀咕着,嘴里发出声音,看着 L 的活动过程。笔者碰碰他说:"想要继续粘贴,就到自己的储物柜去拿。"M 等待了一会,去拿自己上回的作品,回到位子上坐好后,继续看着 L 的活动,自己并没有着手制作。

L 很主动地使用亮片的动物添加到自己的画面中,给画面做了一些调整,撕下曾贴好的一些图形,再贴上新的材料。

这次 L 在贴新材料时,每次都询问笔者。她的语言表达弱,但她会用声音和指点行为吸引笔者关注。当笔者说可以或点头后,她才会继续下一个行动。有几次,她去拿 M 的材料时,会看着笔者,观察笔者的关注意向,笔者若看到了她,她会用声音和动作询问笔者的意向,仿佛在问"是否可以?"不再贸然去拿。

在差二十分钟就下课时,M 开始使用亮片动物材料进行粘贴,并使用蓝色蜡笔画了一个波形圈,将之前所做的拼贴圈起来,还在左上方贴了一个蓝色的兔子(如图 M2)。

(2) 活动总结

本节课中,M 较为消极(可能与今天不是妈妈送过来有关)。对于 L 拿取他的材料会有意识去阻挡,但 L 如执著要拿取,M 就放弃阻挡。笔者在两人的活动中进行调解,及时教 M 对 L 说:"我的,不许动。"对 M 进行自我认知的引导。M 开始模仿着去说,L 也开始对是否再去拿他的材料有所迟疑。

在课程即将结束时,笔者鼓励 M 和 L 自行收拾自己的工具,并让他们自己把作品放到自己的柜子内(过去都是由笔者来做),强化他们对自我物品的概念认识。

5. 第五次：自由贴画（如图 7-8 图 M3 所示）

 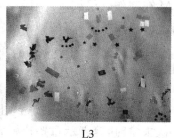

M3　　　　　　　　　　　　L3

图 7-8　当事人的作品呈现

材料：成品 1 cm×0.5 cm 各色纸片、动物形状的各色亮片、剪刀、固体胶、多色 4 开卡纸、蜡笔。

参与人：辅导教师（笔者），M。

时间：15：00—16：00。

地点：美术活动室。

（1）活动情况描述

本周 L 生病没有来，只有 M 一个孩子。M 自行到自己储物柜拿出材料，挑选黑色卡纸、纸制材料还有固体胶。

M 先将固体胶大面积地涂抹于黑色卡纸上，使用纸制纸片贴在黑色卡纸上（构图偏右侧），类似于椭圆形的平面拼贴。然后他将固体胶涂于手指上，笔者随即将纸片递给他，并粘到他的手上，他急着撕下来。笔者再贴时，他再撕。如此反复几次，他开始出现焦虑的情绪，嘴里发出低沉的"嘟～"声。笔者告诉他要对我说："不要。"当笔者再次将纸片贴到他粘有固体胶的手上时，他看着自己的手指，沉默几秒钟后，说道："不要！"虽不太清晰，但很有力。笔者将已贴过固体胶的纸片取下，试着贴到他的手背、手指尖、手心，都得到了他用语言进行的否定回应。当笔者将纸片贴于他的卡纸上时，他犹豫着点点头。M 和笔者以这样的"贴手"游戏进行确认互动，他的焦虑情绪开始缓和。快下课时，M 一边嘴里发出声音，一边做着自己的拼贴活动，情绪放松。

（2）活动总结

本节课中，在与 M 成功互动的意图表达中，笔者实施了主动干预，推进了他的自我意识。他从自我认知到自我体验，再到自我表达的行为表现中，显现了较好的配合和意愿表达，没有出现彻底的不合作状况。这是以前几次建立起来的默契为前提的，整个干预关键在于要把握好推进交流互动的"度"。

6. 第六次：自由贴画（如图 7-8 图 M3、L3 所示）

材料：成品 1 cm×0.5cm 各色纸片、动物形状的各色亮片、剪刀、固体胶、多色 4 开卡纸、蜡笔。

参与人：辅导教师（笔者），L，M。

时间：15：00—16：00。

地点：美术活动室。

（1）活动情况描述

M 和 L 一同参与活动。

M进入教室后,需要提醒才会自己去柜子中拿工具。他没有选新的卡纸,而是拿起上次的作品,放置于自己的桌面上。拿起固体胶又在已拼贴好的椭圆形贴纸上大力涂抹,完成后,就立刻拿起蜡笔,在画面上大力涂画,直到下课(如图 M3)。

L来后,自己选择了黄色的卡纸,先是在画面中间靠上的地方制作了一个笑脸(嘴巴是用小亮片星星排列而成)。当L完成后,她用手指着笑脸对笔者说:"星星。"笔者随即用手沿着图形位置边游走、边指点地说道:"嘴巴、眼睛、鼻子、笑脸。"L高兴地晃着身体。然后笔者又用手指点着笔者的嘴巴、眼睛、鼻子说道:"嘴巴、眼睛、鼻子。"继而笑着告诉她:"这是笑脸。"最后,又在L的脸上重复指了一遍,让她也尝试着笑着说:"笑脸。"小家伙很是兴奋,但作品未完成。

(2) 活动总结和方案调整

本节课中,M将之前的作品完全用蜡笔涂抹覆盖了,但发泄后的情绪很平稳。在拿蜡笔时,发现褐色蜡笔在笔者的手中时,停顿了一会儿。笔者提醒他说:"要蜡笔应该说:'我要'。"他开始小声嘀咕。笔者示意他再说一遍时他声音有所提高,笔者及时给他蜡笔。这节课中,M只使用蜡笔将上次的作品涂抹掉,直至下课才停下,嘴里低声发出声音。会长时间看L的活动。

L在今天的制作中,又一次拼贴出笑脸这个图案,并且构图位置也和上次的一致(对照参看图L2、L3),但图案形式发生了变化,L对自我的意识还处于物质自我阶段。笔者决定有意设置她与他人的互动体会过程,增进她对别人与自己的认识和评价。并在使用非语言的沟通中增加语言互动,加强她的语言沟通和表达能力。通过她所熟知的内容提升她的自我意识。

7. 第七次:自由贴画(如图 7-8 图 L3、图 7-9 图 M4 所示)

材料:成品 1 cm×0.5 cm 各色纸片、动物形状的各色亮片、剪刀、固体胶、黑色和白色 4 开卡纸、蜡笔。

参与人:辅导教师(笔者),L,M。

时间:15:00—16:00。

地点:美术活动室。

(1) 活动情况描述

L将上次黄色卡纸拿出继续拼贴(如图L3)。此次活动中,L只将材料分散进行拼贴,在粘贴的过程中,她开始主动说出颜色的名称,但会说错,笔者及时予以纠正。被笔者纠正后,她会在周围寻找这种颜色的物体,对笔者说出该颜色的名称。在拼贴中,L会主动拿起一个颜色的材料与笔者进行颜色辨认的游戏。

M这次挑选了红色系的卡纸,开始新的拼贴活动(如图M4)。在粘贴之前,M使用固体胶大面积反复涂抹,在纸上涂抹成类似等腰三角形的胶面,随着涂胶力度的加大,他嘴里发出的声音也越来越大。笔者提醒他声音过高后,他的声音会停顿一下,但随后又小声地开始,渐渐提升。本节课M一直在涂抹固体胶,作品未完成。

(2) 活动总结

M只顾专注于自己的活动,并不关注自己行为对别人带来的影响。L对于颜色辨认的活动很感兴趣,每完成一小块拼贴,她都会将自己认识的颜色先说出来,在周围找相似的颜色。虽然语言不太清晰,但可以知道她说的是什么。

8. 第八次：自由贴画（如图 7-9 图 M4、L4）

L4　　　　　　　　　　　　　M4

图 7-9　当事人的作品呈现

材料：成品 1 cm×0.5 cm 各色纸片、动物形状的各色亮片、剪刀、固体胶、多色 4 开卡纸、蜡笔。

参与人：辅导教师（笔者），L，M。

时间：15:00—16:00。

地点：美术活动室。

(1) 活动情况描述

M 将上次作品拿出继续制作，由于上次大量使用固体胶涂抹，这次拿出时，纸面还呈现白色类似等腰三角形的图案。M 使用纸制材料和亮片动物形状进行拼贴。他将图形等分为两份，左侧一部分粘贴材料，右侧完全空白。直到下课时，一件成品才完成（图 M4）。

L 今日只使用纸制材料和褐色的卡纸进行拼贴（如图 L4）。从上到下一块接着一块地粘贴，形成一排的效果，然后再分成一格。贴的过程中，L 不时和笔者进行颜色辨认的游戏，在这次活动中，L 辨认的颜色准确度提高很多。

(2) 活动总结

M 在本节课的制作中，嘴里的声音有所减小，粘贴的速度较快，开始能按材料质地进行拼贴，在笔者和 L 进行颜色辨认游戏时，M 关注，但不参与。当笔者试探地主动询问他正在使用的颜色名称时，他可以准确告知笔者。

9. 第九次：自由贴画（图 7-9 图 L4、图 7-10 图 M5）

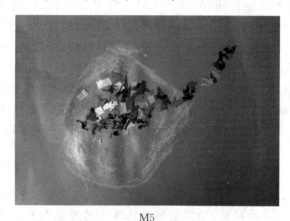

M5

图 7-10　当事人的作品呈现

材料：成品 1 cm×0.5 cm 各色纸片、动物形状的各色亮片、剪刀、固体胶、各色 4 开卡纸、蜡笔。

参与人：辅导教师（笔者），L，M。

时间：15:00—16:00。

地点：美术活动室。

(1) 活动情况描述

L 这节课找了些深褐色的纸张，剪成三角形，拼贴在自己的画纸上（如图 L4）。在随后的时间里，她将亮片动物分类到其他的盘子里，分完后直接放到自己的柜子内，没有将材料放到公共区内。

M 今天挑选了绿色的卡纸开始拼贴，再一次使用固体胶大面积涂抹，这次涂出的图形类似一个圆形。

这次收拾材料时，地上有洒落的材料，笔者对 L 提示说："L，把地上的材料也收拾起来。"L 响应地捡起材料收到工具盒内。这次 M 也参与进来，捡起材料放到工具盒内，两人都很配合。

(2) 活动总结

在这次活动中，二者的目的性很明确。在挑选材料时，M 和 L 都开始有自己的方式了。M 大力涂抹固体胶似乎是一种情绪的宣泄。而 L 将材料分类时，常使用肢体动作和声音来询问笔者，得到肯定后她才开始操作，表现出很好的沟通和理解能力。

在最后收拾工具时发生的响应行为，表明 M 与 L 开始共同关注他人的行为和表现，并能做出及时反应和调整。M 虽然并未一直盯着 L 的活动，但对于她的意向还是有所关注的，L 在整个"场"中起到了示范作用。

10. 第十次：自由贴画（图 7-9 图 L4、图 7-10 图 M5）

材料：成品 1 cm×0.5 cm 各色纸片、动物形状的各色亮片、剪刀、固体胶、各色 4 开卡纸、蜡笔。

参与人：辅导教师（笔者），L，M。

时间：15:00—16:00。

地点：美术活动室。

(1) 活动情况描述

这次 L 将上次分类的动物形状亮片拿出来，贴于画面左上角的格子内。每贴一个都会说出颜色的名称，并用询问的眼神望着笔者，得到肯定的回应后，再继续拼贴。如此反复，直到贴完所有的亮片类材料。

M 拿到上回涂抹过固体胶的绿色卡纸后，用手指摩擦涂过胶的位置，并拿起蜡笔，在涂抹过的边缘画圈（如图 M5）。然后挑选纸制材料和亮片动物形状，从圆形的中间向画纸右边的上方进行拼贴。

(2) 活动总结

L 在制作时，较为关注笔者对于她动向的认可情况，并根据笔者的态度来决定自己的行为。M 知道自己该做什么，但对周围环境变化的关心度比 L 要淡漠。

### 三、实践经验总结

笔者在研究中发现：自闭症儿童并非没有自我与他人的分化认知，只是这种认知可能还处于萌芽状态，尚不具备语言表达这样的认知能力。自闭症儿童也并非没有对同伴的意识，只是这种意识还停留在他们的视线之内。

#### （一）干预后的发现

（1）根据自闭症儿童的自发性行为实验结果可知，自闭症儿童不仅会自觉地把目光投向同伴，而且更愿意将目光长久停留于同伴身上，对于教师大多是一瞥了之。在进行的美术治疗中，自闭症儿童会随着美术创作活动的深入而发生感知和沟通行为的改变。从开始只会直接将视线锁定在物的身上，转变为对人和外界环境的关注。

例如，根据 M 的班主任反映，M 在以往的日常活动中，从来不知如何表达自己的想法和获取想要的东西。这次中午吃饭时，别的小朋友不吃番茄炒蛋的番茄，他很想吃，M 就起身拉教师的衣服，与教师对视几秒钟，向教师表示"帮我"的意愿，教师问他干什么时，他指着番茄表示"我要番茄"。开始出现从"物"到"人"再到"物"的意识表达过程。

（2）自闭症儿童特有的共同注意行为障碍（指很少能用指点行为来指向或向对方显示自己感兴趣的对象，也很少与成人进行视线的参照性注视），是可以在这样的美术互动中得到改善的。

例如：L 在拿 M 的材料时，M 除了用声音表示自己的不满外，也会用眼睛观察 L 和她的活动，然后，会将目光投向笔者，再看 L，反复几次表示自己的意图，直到笔者解决 L 的行为为止。而 L 对于笔者将她的作品装框挂起很感兴趣，会关注笔者的行为，在笔者告知她这样做是因为"她做得棒"时，L 每次看到画都会指着画对笔者说："L，做得棒！"还会自我陶醉地看上一会儿。

#### （二）实践者对该阶段美术治疗的总结

笔者是利用自闭症儿童对视觉的感知功能，摸索用于自闭症儿童行为矫治取向的美术教育治疗方法。通过采用针对性的方法改善自闭症儿童个别细微行为，来提升他们个体的整体能力，找寻适合于自闭症儿童的交互方式，并尝试根据儿童非语言的动向和行为，进行相应的认知和改善沟通的治疗性美术教育。

该实践以自发性的联想创作为前提，注重环境的营造，让儿童在自己喜爱的环境中接受一般环境中难以承受或难以理解的事件和关系，并针对性地进行正强化处理。与此同时，因人而异地采取不同的唤起方式调动他们的注意力，促使他们关注外在环境，以此形成自身内外、主客之间的交互互动，干预其封闭的意识状况。

实践观察发现，M 和 L 在经过两个多月的美术教育干预后，都有正向改变。证明美术治疗对改善自闭症儿童的封闭状况起到了积极的推动作用。

但必须说明的是：两名儿童的自然生活状态不是完全隔绝的单一状态，他们的整体生活还包括家庭生活（含有教养教育偏向）、学校生活（多种教育方法的介入）、其他媒体（如电脑、电视的刺激）的环境因素等内容，不仅有治疗取向的美术教育这一单一的干预内容，不排除那些无法考量的影响因素（这也是现今研究中的问题所在）。目前两名儿童正处于美术治疗研究的另一个单元起点（实践尚在进行中）。

### (三)实践者的实践思考及建议

**1. 关于"自闭症儿童共同注意行为发生"的发现**

(1) 据现有文献显示,自闭症儿童的共同注意行为很少。但笔者研究发现,得出此项结论的研究,都是将自闭症儿童置于被动地位,笔者以主导者的角度去研究自闭症儿童被唤起注意力后的应答反应,得出的"共同注意力"判断。如果将自闭症儿童视为行动者,对其共同注意行为发生率的判断是否会有所改变?

(2) 关于自闭症儿童的共同关注行为发生的关联原因。许多研究只显示,自闭症儿童的共同注意行为很少,准确地说,是应答性共同注意行为很少。刻板性是自闭症者的显著特点,因此自闭症儿童会对同样的环境、设备、玩具或个人有着近似病态的依恋。如果将他们熟悉的伙伴和喜欢的玩具作为一个变量,他们的共同注意行为是否将有所改善?

**2. 关于"让儿童由自发联想导入命题创作"美术疗法的使用建议**

据笔者实践发现,针对自闭症儿童实施该种美术疗法是有前提的,必须先对自闭症儿童的个人能力具有清晰认识,充分考虑参与人的喜好因素,了解各类美术媒材的性能,才能为儿童提供适当的表现内容,推进每个治疗性环节的深入。仅简单模仿操作进程,不仅不能起到相应的功效,有时还会适得其反。笔者只有在熟悉美术媒材的性能和特点的前提下,才能判断适合儿童兴趣发展的方式,展开的治疗性美术活动才会引发儿童的响应。

建议从充分了解单个自闭症儿童的刻板嗜好开始,由此设计针对性的引导活动,选择美术媒材和形式,找寻逐渐拓展的机会。展开前,最好先参考国内外相关的文献,借鉴相近实践经验,依据儿童的需求,综合制定干预方向。在具体活动中需根据当事人发展的趋势,及时调整应对方法,以消减问题行为、增进个人社会适应性为核心进行相应的引导。

## 第3节 有待完善的美术治疗评估方法

目前,我国对特殊儿童的美术治疗处于起步阶段,美术治疗中的诊断与评估方法尚未建构完善,有很多问题不明确,亟待解决。如:存在何种问题的特殊儿童适合使用美术形式的诊断治疗?如何评估在学校环境中进行的治疗性美术教育?实施美术治疗的人员如何认定?如何在自然条件下评定特殊儿童在美术治疗过程中的变化?其效果如何衡量?虽然台湾的同仁已为此做了不少努力,但仍是至今尚未解决的主要问题。

### 一、美术治疗评估方法存在的问题及原因

在我们看到的美术治疗现有文献中,常用的评估模式采用的是心理计量取向的评估模式,即通过"前测—治疗—后测"的形式,前测是对特殊儿童的某个领域进行评估,经过训练和治疗后,对这些能力再进行评估,观察这些能力是否得到改善和提高。目前大多数的美术治疗实践都使用这种模式。

例如,曹燕瑛在文章《低年级智力残疾儿童美术治疗的初步尝试》中,对 10 名智力障碍儿童进行实验研究,采用的是"前测—治疗—后测"方式对智力障碍儿童的美术治疗效果进行评估。在前测中,先评估了智力障碍儿童的相关能力,包括直观能力、观察能力、言语表达能力、记忆能力、想象能力、思维能力、动作反应能力、交往能力等。结果表明,这 10 名智力

障碍儿童在这些相关能力的表现上均比较差。然后根据前测的结果制订治疗计划,治疗过程中,针对智力障碍儿童最主要的问题,如动作缓慢、认知能力较弱等,将美术治疗与智力障碍儿童的认知和动作训练紧密结合,将认知与动作的相关训练目标,融入美术训练和治疗的过程中。后测中,仍然对智力障碍儿童的相关能力进行评估,与前测的数据比较,后测的结果显示这些能力均有显著的提高。再如我国台湾的张媛媛等关于《艺术治疗提升小学学习障碍儿童注意力》的研究,更多的是从心理治疗的角度,把美术治疗作为一种手段,特别是通过美术作品的制作过程,使学习障碍儿童把内在的语言所不能表达出来的感受和心象,借助于美术抒发和展示出来。前测中使用韦氏智力量表进行智力评估,评估的结果表明受测者智力水平正常,属于学习障碍,排除了智力障碍的可能性。在治疗和训练过程中,采用渐进式的训练方法,所有的目标都是循序渐进,从易到难,突出了训练的重点。后测中使用韦氏智力测验、屋-树-人测验、儿童自我态度问卷、家长问卷、多向度注意力测验工具进行评估,把前测中的智商分数与后测中的智商分数进行比较,发现这些儿童经过美术治疗和训练后,智商分数有所提高,虽然提高的分数并不多,但是证明了美术治疗对这些儿童是有一定效果的。

**(一)现有美术治疗评估模式存在的问题**

上述两种美术治疗的实践评估表明,尚无专门的美术治疗评估模式,在现有的美术治疗评估中,大多借鉴了其他心理评估的模式,而且经过美术治疗后的儿童后测分数的提高是否应归功于美术治疗带来的效果有待探讨(因为有很多因素都会影响特殊儿童的状态)。诊断治疗的评估和教育治疗的评估是否应采用同样的评估形式也尚待斟酌。

**(二)原因分析**

评估计划是对整个评估过程的统筹,包括选择评估工具、选择评估环境、选择评估对象、确定评估人员、拟订评估步骤、撰写评估报告等。

1. 评估计划的制订过于片面

在现有实践中,特殊教育教师制订的评估计划存在不全面的现象,只是根据儿童的障碍程度和问题行为的表现选择该领域的评估工具实施评估,没有考虑到该评估工具的适用性。有的只是形式上进行了评估,没有考虑到美术治疗前的评估对美术治疗结果解释的影响。有的没有拟订评估的步骤或没有撰写评估报告,只是列出几个需要训练的条目等,评估计划制订得不全面,会影响到整个评估过程,导致评估与治疗相脱节,进而影响美术治疗的效果。

2. 评估过程被忽视

在现有的美术治疗评估中,还存在只重结果,忽视过程的现象。原因是将美术治疗中的作品评估等同于一般意义上的美术作品评定。现有美术评估只注重作品结果的横向比较(即个体间作品本身的画面比较),缺少制作中儿童能力的纵向比较。

美术治疗的评估应该不单是将个体间的作品进行比较,而是一种纵向的比较,也就是从发展的角度,将前一次的作品和后一次的作品进行对比,以此考查儿童经过训练后精细动作、认知、情绪表达等方面的状况。因此,美术治疗中的作品评估更应注重儿童在制作作品的过程中的表现。如表7-2,从评估者、被评估者、评估目的、评估依据、评估步骤、评估标准、评估结果等几个项目,对美术治疗中的作品评估和一般意义上的评估作了比较。

表 7-2 两种作品评估的比较

| 项目\类型 | 美术治疗中的作品评估 | 一般意义的美术作品评估 |
|---|---|---|
| 评估者 | 美术治疗人员、特殊教育教师 | 美术领域的专家 |
| 被评估者 | 特殊儿童 | 每一项作品的作者 |
| 评估目的 | 为美术治疗提供依据 | 选拔美术方面有造诣的人 |
| 评估依据 | 特殊儿童的障碍状况 | 参与竞赛的人的资格 |
| 评估步骤(侧重) | 注重过程 | 注重结果 |
| 评估标准 | 认知、动作、情绪表达的变化 | 美术功底和美术技巧 |
| 评估结果 | 纵向比较 | 横向比较 |

3. 评估结果的解释出现偏差

目前,只有少数的美术诊断与评估工具进行了标准化修订,大多数的评估在解释上还是建立在理论基础上,最多也只是根据实验的结果验证某一种心理投射假设的科学性,治疗者在进行心理分析时还必须依靠标准化的问卷来作出诊断。与其他的心理评估不同,美术的诊断与评估过程和评估结果的解释会出现一定的偏差,很难进行量化解释,大多数情况下,只能通过质性、描述的形式解释评估结果(包括对作品的质性描述和治疗过程中特殊儿童的外在表现的质性描述)。所以,如何全方位地考虑多种因素和方法,以减少评估中的误差和评估结果解释中出现的偏差还有待后来者突破。

4. 评估工具应用于特殊儿童的局限性

绘画本身是一种复杂的活动,需要一定的认知能力、动作协调能力、情绪控制能力等,而不同类别的特殊儿童在认知、动作、情绪等方面表现出的特点存在很大的差异,因此,将现有美术诊断与评估的工具用于特殊儿童时会出现一些问题,影响评估结果的准确性。方耀华在《注意缺陷多动障碍儿童绘人测验与 WISC-RC 测验比较分析》中对 7 个年龄组的注意缺陷多动障碍的儿童进行测验后发现,6 岁组、7 岁组、8 岁组、10 岁组、11 岁组的注意缺陷多动障碍儿童绘人测验的结果与 WISC-RC 测验的结果存在显著性的差异。这可能与这几个年龄组儿童的障碍程度比较严重有关,如儿童多动,注意力容易分散,不能集中注意力完成绘画,手眼协调困难,精细动作较差等。所以,当美术诊断与评估的工具应用于特殊儿童的测验时,尚存在很大的局限性,需要考虑特殊儿童自身的特点和障碍程度。

5. 美术治疗人员缺少评估技术

评估技术包括一些心理测验的理论知识以及对评估中变量的控制等。由于现有美术治疗的评估方式非常复杂,且在过程中存在很多无法控制的因素。因此,美术治疗人员不能够熟练掌握和操作这些特殊儿童的诊断与评估技术,而从事特殊儿童心理测评的人员又缺少美术方面的能力训练,无法把握美术治疗中的心理变量。因此,怎样进行诊断治疗的评定?由谁来进行评估?实施治疗性美术教育的特殊教育教师需不需要掌握烦琐的诊断与评估方法?是不是所有的美术治疗都需要经历这样庞大繁杂的量化评定?都有待商讨。然而,没有相应的评估方式又很难展示美术治疗的成效,使美术治疗效果缺乏说服力。罗恩菲德通过自己的实践为我们做出了榜样,但是如何找寻一个妥当的评估方法,怎样在美术治疗中建立一套合理的评估机制还是一项任重道远的工作。

## 二、有待完善的美术治疗评估

如何完善美术治疗的评估阶段？怎样建构评定方法？这一系列问题，是当前美术治疗评估中需要重视和解决的问题。

### （一）美术治疗评估模式的构建

美术治疗自身的复杂性决定了美术治疗中照搬其他的评估模式存在很多缺陷，因此，需要研究并开发适合美术治疗的评估模式，以探索适合美术治疗的评定方法。

#### 1. 明确美术治疗的评估目的

美术治疗的诊断评估和教育治疗的教育评估应有所区分。以美术为介质的特殊儿童评定标准的研发是以判断和治疗为目的的美术治疗评估，其目的首先在于通过检测了解儿童的整体状况，搜集关于特殊儿童的相关资料，了解特殊儿童的障碍程度与障碍状况，用于考查特殊儿童急需改善的问题所在，找出可以开展治疗的起点。其次，还可以作为施治后用于考核治疗效果的参考评定（即儿童在某个方面是否有改善以及亟须解决的问题是否已经解决）。治疗性美术教育的评估应以其治疗过程中儿童各项状况的改变为评定目的，考察其主观障碍的调整状况，以了解主观障碍对客观障碍的影响程度。同时还应包含对儿童能力发展的评估目的，以了解儿童能力发展的改变。该项评估还可以作为教育干预后儿童能力发展的测量评定。

#### 2. 完善美术治疗的评估阶段

针对特殊儿童实施的美术治疗有其一定的特殊性，决定了美术治疗的评估过程应该贯穿整个美术治疗，包括美术治疗前的状况评估、美术治疗过程中的心理变量和能力评估、美术治疗后的整体评估等三个主要的阶段。每个阶段都应考虑选择适当的评估工具、评估内容以及评估方法等。

### （二）对目前美术治疗评定的建议

选择使用美术治疗时，可以考虑将现有美术治疗评估与其他方法紧密结合。因为在达格-考林（Dag Korlin）等精神病学家的研究印证中表明：多种评估方法的整合有助于提高治疗中评估的准确性，主要是美术治疗中的非言语评估方法与其他言语和非言语评估方法之间的灵活使用。在他的实践中，包含了两个层次的含义：第一，美术治疗的诊断与评估，可以在当事人言语表达，描述自己作品的过程中，发现自己的认知和情感表达上的障碍。进而在冲突中，治疗师引导当事人向正确的认知方向发展。在评估中，也要结合通过言语表达的标准化和非标准化的测验结果进行分析。第二，美术治疗的评估方法可以与其他非言语的评估方法结合，通过对某种色彩、线条的诠释得出当事人的感受和体验，并根据色彩和线条在常人知觉中产生的反应，从心理学的角度分析当事人在看到某些颜色或线条时，下意识做出的动作、表情和声音表达。[①]

虽然我们在第3章专门进行了检测工具的介绍，帮助大家了解关于美术治疗诊断与评估工具的发展和现状，但其现有的信度和效度依然相对有限，不能满足特殊儿童美术治疗中

---

① DAG KORLIN, HENRIK NYBACK, FRANCES S. GOLDBERG. Creative arts groups in psychiatric care: Development and evaluation of atherapeutic alternative[M]. ART GROUPS IN PSYCHIATRIC CARE, 2002: 333—340.

评估的需要。因此该项工作的研发仍是迫在眉睫。

### 本章小结

在短暂的美术治疗发展中,问题是引导方法和技术发展的动力源,前人的探索只能是后人向上攀沿的起点,而不是终点。任何方法的运用都离不开当下的对象和实际情境,没有一模一样的对象也就没有可以照搬的方案套路和过程。特殊儿童由于生理缺陷或心理障碍等原因出现成长迟滞或阻碍,这是美术治疗面临的首要问题。改善各类特殊儿童的障碍状况,有效矫正特殊儿童的行为问题,改变其成长处境,促发其心智的成长,是美术治疗实践者需要解决的主要任务。在本章为大家展示了美术用于心理治疗和教育干预的基本实践现状,旨在让读者全面了解美术治疗实践现阶段的整体面貌。将评估困难作为问题进行分析讨论,是为提醒大家在今后的工作中加以关注,多渠道找寻解决的途径,避免由此带来的挫败和无效努力。

案例分析的意义在于整体观摩后的思考和他人经验的得失总结,这些前行者的探索为后来者指出了方向,其勇气和努力值得学习者尊重和效仿,尤其是默默无闻在一线进行实际教学的实践者们。希望这些尚显稚嫩的探索能为特殊学校的教师和家长打开一扇窗口,帮助在特殊儿童漫漫成长道路中求索、探寻的人们拓展思路,找到一条通向孩子内心的桥梁,觅得开启特殊儿童潜在能力的钥匙。也希望案例家长和实践者们无私的奉献,能推进特殊儿童美术治疗的研究进程,真正使各类需要帮助的特殊儿童受益。

### 思考与练习

1. 通过国内实践者借助投射技术实施心理干预的案例总结你都了解了什么?倘若你将展开相关实践该如何准备?
2. 在针对自闭症儿童实施治疗性美术教育中研究者都发现了哪些问题?
3. 就目前美术治疗评估现状说说你的看法和思考。

# 后 记

　　艺术表现具有心理意义是美术治疗得以出现的缘由,美术治疗作为一门学科诞生至今,需要解决的问题远大于已有的成功经验。绘画诊断评估在近半个世纪以来虽取得了较大发展,但从心理测量学角度来讲还差强人意,尚需提高信度和效度,对团体美术干预活动的鉴定目前还是空白,要做的工作还有很多。国外在通过艺术活动干预特殊儿童情绪困扰、创伤经验等方面虽有较为深入的研究,有可借鉴的地方,但是对艺术活动促进心理功能恢复的研究却相当粗浅,尚需自己摸索和探究。

　　用于特殊儿童的美术治疗还有许多层出不穷的实际问题,需要大家去思考、面对、解决和印证。例如,我们发现,对特殊儿童实施美术治疗时,非语言的意象交流远大于语言分析,即使有时治疗会因适当的分析获益,但功劳并不在于帮助儿童搜索出"歧途所在",而是治疗师提供给儿童共同面对的镜面作用促成了儿童的心灵成长。当治疗处于融合或适应期的儿童时,使用语言引导反会破坏儿童对治疗师和环境的感受,形成不必要的阻碍和防御。对自闭症、语言缺失儿童来说,治疗师初期的语言表达不仅没有支持作用,反而会使概念性的言语同非语言模式出现矛盾,混淆他们的接受,单纯使用艺术媒介交流更便于他们进行感知和表达。但是,在干预的中、后期,引入语言强调和指导,会激发这些儿童语言机制的复苏,对其语言功能的发展极为有益。在面对高功能儿童时,图像加语言的混合运用,能加速触及儿童的深层内化过程,使象征意象和隐喻交流出现连续性,可以呼应治疗活动中出现的"有意味"的艺术形式,从而在无序的抽象思维、有形的意象和语言表达之间形成相互联系,增进和改善儿童的自我领悟功能。因此,在特殊儿童美术治疗中怎样使用语言?语言介入的分寸如何把握?是我们未在本书谈及,却会出现在各位实践中的具体问题。

　　我们还发现,创造性艺术活动之所以能促进特殊儿童部分感知机能的恢复,是由于隐含在艺术中的那些可影响治疗目的的美学特性。其中既有艺术本身的润泽功效,又有经由艺术活动实现的认知经验增长。儿童通过感官获得知觉意象的过程,就是调动知觉找寻结构对应的加工过程(在第2章的格式塔原理一节,我们就已涉及其原理的作用),这一过程带动了儿童整体现有能力的发展。因此,创造性表达能力的提高才是儿童整体能力的综合反映,也是让儿童产生实质性改变的原因,这与早期只注重分析儿童符号表征的美术治疗有很大不同。如何揭示这一具有治疗特性的美学意义?怎样有效帮助儿童实现创造性的自然"陈述"和参与的深入,促使治疗价值的实现等问题,直接关系到美术治疗的发展导向。尽管不少实践者都有或多或少的相关叙述(例如克莱曼、罗宾斯、罗恩菲德、鲁宾等),但是都只限于经验描述阶段,尚未找到相应的评估机制和检测方法使其客观呈现。这些也有待后来者去印证、考量和完善。

　　需要声明的是:并不是所有的创造性艺术活动都具有治疗的良性功效,不当的艺术创作探索也会呈现反作用,艺术的双面性是需要谨慎对待的。在以心理治疗为唯一目的的美术治疗中,大部分情况下治疗师所经历到的攻击性、矛盾与爆炸性情感,是治疗工作的本质,其活动结果充满紊乱性,只有在少数成功中才能看到具有美学意义的作品。挫败感远大于成功。治疗师需要具备良好的心理素质,才能胜任专职的美术治疗工作。陆雅青在《艺术治疗团体实务工作手册》中曾提到"近年来,有鉴于美术治疗技法被其他的助人专业者广泛的使用后所产生的(医疗)纠纷不断,英国政府则更进一步地规定,非美术治疗师不得从事美术治疗的行为"。指出:这是因为非美术治疗专业人员由于不了解艺术材料的性能和特质,对艺术本质与治疗应用可能出现的问题不能把握所导致的结果。从事艺术活动涉及感官和肢体的运用,也因此容易引发参与者的情绪。表现性技法若在团体中使用不当,不只会造成当时某些成员的情绪失控,更会有一些难以处理的后遗症产生。治疗师如何消解自身的不良情绪?如何获得真正的休息调整?这些都是预防该类治疗师职业倦怠症的重要内容,处理不当也会对治疗师本人造成一定的危险。需要有相应的社会机制为实践者提供心理缓冲和团队支持,这都有待后来者去建立完善。

尽管各国实践者都以自己的方式诠释着对艺术用于治疗的理解,但治疗目的与艺术形式的连接是所有美术治疗的特征。针对特殊儿童的美术治疗经历了从诊断治疗到治疗发展的演进,艺术教育治疗的提出又使治疗与教育交汇在了一起。对精神力量的研究和培育,是美术治疗潜在的发展趋向,对进化潜能的关注使全方位整体治疗成为可能。所以,作为教育治疗的特殊儿童美术治疗,既是可以作为学校心理保健与预防措施的重要组成部分,又是推动各类儿童整体潜能发展的重要手段,其治疗意义更具有启示性!

沿着荣格为我们梳理的脉络,参考现象学的研究方法,深化格式塔原理带来的启示,在中国古老文化的丰润土壤中,我们也许能够找到建构特殊儿童美术治疗的发展方向。中医理论与东方艺术精神的融合,是我们赖以推进特殊儿童美术治疗发展的根本,综合艺术形式的出现,也必然会带来艺术治疗的整合。归根到底,作为文化载体的艺术手段,实行的是一种整体的文化治疗,预防个人和社会身心疾病,通过智慧和知识让儿童获得更大的自由发展空间,以促进人精神和物质潜能最大化的发展,是我们探寻的终极目的。

"我一向坚信:只要人类有一息精神的火花——不管它是如何黯淡——人们、老师和教育家,便有责任去把它扇燃。我敢大胆地说:社会的伦理标准,可以由它对有障碍者的关系来衡量。作为人类的我们,不应该停止我们的力量去发展每一个人的潜能"[1]。希望罗恩菲德充满激情的言说,能为踏上征程的人们点亮一盏心灯,照亮漫漫求索之途。

编者
2009 年 3 月于墨香山庄

---

[1] [美]罗恩菲德.创造与心智的成长[M].王德育,译.长沙:湖南美术出版社,1993:423.

# 参考文献

[1] Gentile. D. Art therapy's influence on iocus of control with eating disorder patients, Proceedings of the American art therapy association, 1997.

[2] Ho gan, s., Healing arts: the history of art therapy London & Philadelphia: Jessica Kinsley Publishers, 2001.

[3] Cathy A. Malchiodi. Handbook of Art Therapy [M]. The Guilford Press. New York, 2003.

[4] Naumburg. Spontaneous art in education and psychotherapy[J]. American Journal of Art Therapy. Aug, 2001.

[5] Matto. H. C. An integrative approach to the treatment of women with eating disorders. The arts in psychotherapy, 1997.

[6] Cotugno Aj. Personality attributes of attention deficit hyperactivity disorder using the Rorschach Inkblot Test[J]. Journal clinical psychology, 1995.

[7] Acklin MW. Personality dimensions in two types of learning-disabled children: A Rorschach study[J]. Journal personality assessment, 1990.

[1] [美]阿瑟·艾夫兰.西方艺术教育史[M].邢莉,常宁生,译.成都:四川人民出版社,2000.
[2] [美]埃德温·尼维斯.完形治疗:观点与应用[M].蔡瑞峰,等译.成都:四川大学出版社,2007.
[3] [美]阿瑟·罗宾斯.作为治疗师的艺术家——艺术治疗的理论与应用[M].孟沛欣,译.北京:世界图书出版社,2006.
[4] 车文博.心理学原理[M].哈尔滨:黑龙江人民出版社,1997.
[5] [美]Cathy A. Malchiodi.儿童绘画与心理治疗—解读儿童画[M].李甦,等译.北京:中国轻工业出版社,2005.
[6] 高颍,李明,等.艺术心理治疗[M].济南:山东人民出版社,2007.
[7] 高尚仁.书法心理学[M].台北:东大图书公司,1986.
[8] [美]格罗姆.儿童绘画心理学:儿童创造的图画世界[M].李甦,等译.北京:中国轻工业出版社,2008.
[9] [美]龚鉌.艺术心理治疗[J].临床精神医学杂志.1994:4(4).
[10] 方双虎,等.费尔贝恩人格客体关系理论的心理治疗观[J].医学与哲学,2007.
[11] [奥]弗洛伊德.梦的解析[M].赖其万,等译.北京:作家出版社,1986.
[12] 贾愚,等.应用认知行为疗法治疗精神分裂症的进展[J].护士进修杂志,2003(7).
[13] [英]Jane Milton,等.精神分析导论[M].施琪嘉,等译.北京:中国轻工业出版社,2005:34.
[14] [美]H. H.阿纳森.西方现代艺术史[M].邹德侬,等译.天津:人民美术出版社,1988.
[15] 贺淑曼.个性优化与人才发展[M].北京:世界图书出版公司,2001.
[16] [美]鲁道夫·阿恩海姆.视觉思维[M].滕守尧,译.成都:四川人民出版社.
[17] [美]罗恩菲德.创造与心智的成长[M].王德育,译.长沙:湖南美术出版社,1993.
[18] 陆雅青.艺术治疗—绘画诠释:从美术进入孩子的心灵世界[M].台北:心理出版社,1993.
[19] [美]罗伯特·L.索尔索.认知心理学[M].黄希庭,等译.北京:教育科学出版社,1990.

[20] 林崇德,辛涛.智力的培养[M].杭州:浙江人民出版社,1996.

[21] 刘哲宁,等.认知行为治疗[J].中国临床康复,2002(21—24).

[22] 刘社欣.美国心理咨询的认知-行为疗法[J].大众心理学,1996(4).

[23] [英]卡洛琳·凯斯,等.艺术治疗手册[M].黄水婴,译.南京:南京出版社,2006.

[24] [美]科汉.美术,另一种学习的语言[M].尹少淳,编译.长沙:湖南美术出版社,1992.

[25] [美]Morton Chethik.儿童心理治疗技术——心理动力学策略[M].高桦,闵容,等译.北京:中国轻工业出版社,2002.

[26] [美]玛丽亚·罗梭.儿童艺术治疗[M].陆雅青,译.台北:五南图书出版社,1993.

[27] 孟沛欣.精神分裂症患者绘画艺术评定与绘画艺术治疗干预:A集[D].北京:北京师范大学心理学院,2004.

[28] 孟沛欣.以绘画艺术为介质的心理评定和心理治疗[G].李砚祖.艺术与科学:卷四.北京:清华大学出版社,2006.

[29] [瑞士]皮亚杰.皮亚杰学说及其发展[M].陈孝禅,等译.长沙:湖南教育出版社,1983.

[30] 钱初熹.美术教育促进青少年心理健康[M].上海:上海文化出版社,2007.

[31] [英]苏珊·布查尔特,著.艺术治疗实践方案[M].孟沛欣,韩斌,译.世界图书出版公司,2006.

[32] [法]沙尔·波德莱尔.巴黎的忧郁[M].亚丁,译.北京:生活·读书·新知三联书店,2004.

[33] [英]吴杰主编.外国现代主要教育流派[M].吉林:吉林教育出版社,1989.

[34] [美]威廉·C.格莱因.儿童心理发展的理论[M].长沙:湖南教育出版社,1983.

[35] 王大有.天人合一养生[M].北京:中国医药科技出版社,2002.

[36] 王辉.特殊儿童教育诊断与评估[M].南京:南京大学出版社,2007.

[37] 徐光兴.儿童游戏疗法心理案例集[M].上海:上海教育出版社,2007.

[38] 叶奕乾.普通心理学[M].上海:华东师范大学出版社,2004.

[39] 杨东.艺术疗法—操作技法与经典案例[M].重庆:重庆出版社,2007.

[40] 甄岳来.孤独症儿童社会性教育指南[M].北京:中国妇女出版社,2008.

[41] 周红.表情达意与心灵润泽[D].南京:南京师范大学教育科学学院,2005.

[42] 张小鹭.日本美术教育[M].长沙:湖南美术出版社.1994.

[43] 郑希付.现代西方人格心理学史[M].郑州:河南大学出版社,1991.

[44] 张向葵.发展心理学[M].东北:东北师范大学出版社,2002.

[45] 朱光潜.西方美学史·下册[M].北京:人民文学出版社,1979.

[46] 张雯.心理辅导方案应用实例灾后绘画艺术[J].艺术评论,2008(7).

[47] 周念丽.自闭症幼儿的社会认知理论、实践与干预的研究[M].上海:上海教育出版社,2006.

[48] 钟世彪,静进.罗夏测验在儿童临床心理学中的应用[J].中国临床康复,2005(48).

# 附 录 1

## 艺术治疗评估推荐表

推荐给：_____　　　　日　期：_____

职　务：艺术治疗师　　　　　　　　　推荐人：_____

　　　　　　　　　　　　　　　　　　职　务：_____

　　鉴于如下原因，推荐_____同学接受艺术治疗评估（请在下面空白处写清其情绪问题、行为问题以及其他您认为相关的问题）：

此外该生可能因为以下原因适合接受艺术治疗（在符合项前勾选）：
　　　　1. 该生常常以美术形式表达自己
　　　　2. 该生语言表达吃力
　　　　3. 该生似乎不适合谈话治疗
　　　　4. 在谈话治疗之外附加艺术治疗可能取得更好效果

# 艺术治疗评估表

学　　生：_____　　　　评估日期：_____
出生日期：_____　　　　治疗师：_____
学　　校：_____

推荐理由：推荐学生接受艺术治疗及相关服务的原因。

材　　料：列出评估过程中可用的材料。

过　　程：说明评估进行的过程。

评估结果：说明评估过程中学生创作的作品以及学生创作时所说的话。

讨论总结：围绕艺术作品形式、诠释、行为、主题内容、学生的话等展开讨论，对学生的长处和弱点进行总结。

建　　议：学生是否适合接受服务的结论和理由。如果适合，则说明治疗的频率和时间，以及团体还是个别治疗。或者为家庭、教育和社会提供建议。

目　　标：根据讨论的问题提出艺术治疗的短期目标和长期目标。

# 附 录 2

## 罗恩菲德的美术教育治疗评量表

| 个案史：<br>年龄：<br>社会的和其他资料<br>障碍的程度和性别 | 姓名 | 评语 | 关系的建立 | 对于艺术媒介的熟悉 | 对创造过程关系的建立 | 自我体验的建立 | 归属感情的发展 | 表现的自发欲求 | 归属感情的消除 | 阶段 |
|---|---|---|---|---|---|---|---|---|---|---|
| 延续的障碍：<br>障碍的类别<br>双亲的资料 | | | 没有 / 一些 / 很多 | 没有接受 / 稍微接受 / 完全接受 | 没有涉入 / 涉入一点 / 涉入很多 | 型模糊 / 散漫的概念的表现 / 概念的概括化 / 行为间较大的变化差异 / 由在表现和其他领域中自的关系 | 没有 / 一些 / 很多 | 没有 / 一些 / 很多 | 无 / 轻微 / 完全 | 特征 |
| 观察：<br>关于障碍程度的标准<br>关于障碍类别的标准<br>关于个人对他障碍之反应的标准 | | 第一周 | | | | | | | | |
| | | 第二周 | | | | | | | | |
| | | 第三周 | | | | | | | | |

该表摘自罗恩菲德的《创造与心智的成长》一书第 438 页。

# 北京大学出版社
## 教育出版中心 精品图书

**21世纪高校广播电视专业系列教材**

|  |  |
|---|---|
| 电视节目策划教程（第二版） | 项仲平 |
| 电视导播教程（第二版） | 程晋 |
| 电视文艺创作教程 | 王建辉 |
| 广播剧创作教程 | 王国臣 |
| 电视导论 | 李欣 |
| 电视纪录片教程 | 卢炜 |
| 电视导演教程 | 袁立本 |
| 电视摄像教程 | 刘荃 |
| 电视节目制作教程 | 张晓锋 |
| 视听语言 | 宋杰 |
| 影视剪辑实务教程 | 李琳 |
| 影视摄制导论 | 朱怡 |
| 新媒体短视频创作教程 | 姜荣文 |
| 电影视听语言——视听元素与场面调度案例分析 | 李骏 |
| 影视照明技术 | 张兴 |
| 影视音乐 | 陈斌 |
| 影视剪辑创作与技巧 | 张拓 |
| 纪录片创作教程 | 潘志琪 |
| 影视拍摄实务 | 翟臣 |

**21世纪信息传播实验系列教材**（徐福荫 黄慕雄 主编）

|  |  |
|---|---|
| 网络新闻实务 | 罗昕 |
| 多媒体软件设计与开发 | 张新华 |
| 播音与主持艺术（第三版） | 黄碧云 睢凌 |
| 摄影基础（第二版） | 张红 钟日辉 王首农 |

**21世纪数字媒体专业系列教材**

|  |  |
|---|---|
| 视听语言 | 赵慧英 |
| 数字影视剪辑艺术 | 曾祥民 |
| 数字摄像与表现 | 王以宁 |
| 数字摄影基础 | 王朋娇 |
| 数字媒体设计与创意 | 陈卫东 |
| 数字视频创意设计与实现（第二版） | 王靖 |
| 大学摄影实用教程（第二版） | 朱小阳 |
| 大学摄影实用教程 | 朱小阳 |

**21世纪教育技术学精品教材**（张景中 主编）

|  |  |
|---|---|
| 教育技术学导论（第二版） | 李芒 金林 |
| 远程教育原理与技术 | 王继新 张屹 |
| 教学系统设计理论与实践 | 杨九民 梁林梅 |
| 信息技术教学论 | 雷体南 叶良明 |
| 信息技术与课程整合（第二版） | 赵呈领 杨琳 刘清堂 |
| 教育技术学研究方法（第三版） | 张屹 黄磊 |

**21世纪高校网络与新媒体专业系列教材**

|  |  |
|---|---|
| 文化产业概论 | 尹章池 |
| 网络文化教程 | 李文明 |
| 网络与新媒体评论 | 杨娟 |
| 新媒体概论（第二版） | 尹章池 |
| 新媒体视听节目制作（第二版） | 周建青 |
| 融合新闻学导论（第二版） | 石长顺 |
| 新媒体网页设计与制作（第二版） | 惠悲荷 |
| 网络新媒体实务 | 张合斌 |
| 突发新闻教程 | 李军 |
| 视听新媒体节目制作 | 邓秀军 |
| 视听评论 | 何志武 |
| 出镜记者案例分析 | 刘静 邓秀军 |
| 视听新媒体导论 | 郭小平 |
| 网络与新媒体广告（第二版） | 尚恒志 张合斌 |
| 网络与新媒体文学 | 唐东堰 雷奕 |
| 全媒体新闻采访写作教程 | 李军 |
| 网络直播基础 | 周建青 |
| 大数据新闻传媒概论 | 尹章池 |

**21世纪特殊教育创新教材·理论与基础系列**

|  |  |
|---|---|
| 特殊教育的哲学基础 | 方俊明 |
| 特殊教育的医学基础 | 张婷 |
| 融合教育导论（第二版） | 雷江华 |
| 特殊教育学（第二版） | 雷江华 方俊明 |
| 特殊儿童心理学（第二版） | 方俊明 雷江华 |
| 特殊教育史 | 朱宗顺 |
| 特殊教育研究方法（第二版） | 杜晓新 宋永宁 等 |
| 特殊教育发展模式 | 任颂羔 |

**21世纪特殊教育创新教材·发展与教育系列**

|  |  |
|---|---|
| 视觉障碍儿童的发展与教育 | 邓猛 |
| 听觉障碍儿童的发展与教育（第二版） | 贺荟中 |
| 智力障碍儿童的发展与教育（第二版） | 刘春玲 马红英 |
| 学习困难儿童的发展与教育（第二版） | 赵微 |
| 自闭症谱系障碍儿童的发展与教育 | 周念丽 |
| 情绪与行为障碍儿童的发展与教育 | 李闻戈 |
| 超常儿童的发展与教育（第二版） | 苏雪云 张旭 |

**21世纪特殊教育创新教材·康复与训练系列**

|  |  |
|---|---|
| 特殊儿童应用行为分析（第二版） | 李芳 李丹 |

| 特殊儿童的游戏治疗 | 周念丽 |
| 特殊儿童的美术治疗 | 孙 霞 |
| 特殊儿童的音乐治疗 | 胡世红 |
| 特殊儿童的心理治疗（第三版） | 杨广学 |
| 特殊教育的辅具与康复 | 蒋建荣 |
| 特殊儿童的感觉统合训练（第二版） | 王和平 |
| 孤独症儿童课程与教学设计 | 王 梅 |

### 21世纪特殊教育创新教材·融合教育系列
| 融合教育本土化实践与发展 | 邓 猛等 |
| 融合教育理论反思与本土化探索 | 邓 猛 |
| 融合教育实践指南 | 邓 猛 |
| 融合教育理论指南 | 邓 猛 |
| 融合教育导论（第二版） | 雷江华 |
| 学前融合教育（第二版） | 雷江华 刘慧丽 |
| 小学融合教育概论 | 雷江华 袁 维 |

### 21世纪特殊教育创新教材（第二辑）
| 特殊儿童心理与教育（第二版） | 杨广学 张巧明 王 芳 |
| 教育康复学导论 | 杜晓新 黄昭明 |
| 特殊儿童病理学 | 王和平 杨长江 |
| 特殊学校教师教育技能 | 昝 飞 马红英 |

### 自闭谱系障碍儿童早期干预丛书
| 如何发展自闭谱系障碍儿童的沟通能力 | 朱晓晨 苏雪云 |
| 如何理解自闭谱系障碍和早期干预 | 苏雪云 |
| 如何发展自闭谱系障碍儿童的社会交往能力 | 吕 梦 杨广学 |
| 如何发展自闭谱系障碍儿童的自我照料能力 | 倪萍萍 周 波 |
| 如何在游戏中干预自闭谱系障碍儿童 | 朱 瑞 周念丽 |
| 如何发展自闭谱系障碍儿童的感知和运动能力 | 韩文娟 徐 芳 王和平 |
| 如何发展自闭谱系障碍儿童的认知能力 | 潘前前 杨福义 |
| 自闭症谱系障碍儿童的发展与教育 | 周念丽 |
| 如何通过音乐干预自闭谱系障碍儿童 | 张正琴 |
| 如何通过画画干预自闭谱系障碍儿童 | 张正琴 |
| 如何运用ACC促进自闭谱系障碍儿童的发展 | 苏雪云 |
| 孤独症儿童的关键性技能训练法 | 李 丹 |
| 自闭症儿童家长辅导手册 | 雷江华 |
| 孤独症儿童课程与教学设计 | 王 梅 |
| 融合教育理论反思与本土化探索 | 邓 猛 |
| 自闭症谱系障碍儿童家庭支持系统 | 孙玉梅 |
| 自闭症谱系障碍儿童团体社交游戏干预 | 李 芳 |
| 孤独症儿童的教育与发展 | 王 梅 梁松梅 |

### 特殊学校教育·康复·职业训练丛书 （黄建行 雷江华 主编）
| 信息技术在特殊教育中的应用 | |
| 智障学生职业教育模式 | |
| 特殊教育学校学生康复与训练 | |
| 特殊教育学校校本课程开发 | |
| 特殊教育学校特奥运动项目建设 | |

### 21世纪学前教育专业规划教材
| 学前教育概论 | 李生兰 |
| 学前教育管理学（第二版） | 王 雯 |
| 幼儿园课程新论 | 李生兰 |
| 幼儿园歌曲钢琴伴奏教程 | 果旭伟 |
| 幼儿园舞蹈教学活动设计与指导（第二版） | 董 丽 |
| 实用乐理与视唱（第二版） | 代 苗 |
| 学前儿童美术教育 | 冯婉贞 |
| 学前儿童科学教育 | 洪秀敏 |
| 学前儿童游戏 | 范明丽 |
| 学前教育研究方法 | 郑福明 |
| 学前教育史 | 郭法奇 |
| 外国学前教育史 | 郭法奇 |
| 学前教育政策与法规 | 魏 真 |
| 学前心理学 | 涂艳国 蔡 艳 |
| 学前教育理论与实践教程 | 王 维 王维娅 孙 岩 |
| 学前儿童数学教育与活动设计 | 赵振国 |
| 学前融合教育（第二版） | 雷江华 刘慧丽 |
| 幼儿园教育质量评价导论 | 吴 钢 |
| 幼儿园绘本教学活动设计 | 赵 娟 |
| 幼儿学习与教育心理学 | 张 莉 |
| 学前教育管理 | 虞永平 |
| 国外学前教育学本文献讲读 | 姜 勇 |

### 大学之道丛书精装版
| 美国高等教育通史 | ［美］亚瑟·科恩 |
| 知识社会中的大学 | ［英］杰勒德·德兰迪 |
| 大学之用（第五版） | ［美］克拉克·克尔 |
| 营利性大学的崛起 | ［美］理查德·鲁克 |
| 学术部落与学术领地：知识探索与学科文化 | ［英］托尼·比彻 保罗·特罗勒尔 |
| 美国现代大学的崛起 | ［美］劳伦斯·维赛 |
| 教育的终结——大学何以放弃了对人生意义的追求 | ［美］安东尼·T.克龙曼 |
| 世界一流大学的管理之道——大学管理研究导论 | 程 星 |
| 后现代大学来临？ | ［英］安东尼·史密斯 弗兰克·韦伯斯特 |

### 大学之道丛书
| 以学生为中心：当代本科教育改革之道 | 赵炬明 |
| 市场化的底限 | ［美］大卫·科伯 |
| 大学的理念 | ［英］亨利·纽曼 |
| 哈佛：谁说了算 | ［美］理查德·布瑞德利 |
| 麻省理工学院如何追求卓越 | ［美］查尔斯·维斯特 |

|  |  |
|---|---|
| 大学与市场的悖论 | [美]罗杰·盖格 |
| 高等教育公司：营利性大学的崛起 | [美]理查德·鲁克 |
| 公司文化中的大学：大学如何应对市场化压力 | [美]埃里克·古尔德 |
| 美国高等教育质量认证与评估 | [美]美国中部州高等教育委员会 |
| 现代大学及其图新 | [美]谢尔顿·罗斯布莱特 |
| 美国文理学院的兴衰——凯尼恩学院纪实 | [美]P.F.克鲁格 |
| 教育的终结：大学何以放弃了对人生意义的追求 | [美]安东尼·T.克龙曼 |
| 大学的逻辑（第三版） | 张维迎 |
| 我的科大十年（续集） | 孔宪铎 |
| 高等教育理念 | [英]罗纳德·巴尼特 |
| 美国现代大学的崛起 | [美]劳伦斯·维赛 |
| 美国大学时代的学术自由 | [美]沃特·梅兹格 |
| 美国高等教育通史 | [美]亚瑟·科恩 |
| 美国高等教育史 | [美]约翰·塞林 |
| 哈佛通识教育红皮书 | 哈佛委员会 |
| 高等教育何以为"高"——牛津导师制教学反思 | [英]大卫·帕尔菲曼 |
| 印度理工学院的精英们 | [印度]桑迪潘·德布 |
| 知识社会中的大学 | [美]杰勒德·德兰迪 |
| 高等教育的未来：浮言、现实与市场风险 | [美]弗兰克·纽曼等 |
| 后现代大学来临？ | [英]安东尼·史密斯等 |
| 美国大学之魂 | [美]乔治·M.马斯登 |
| 大学理念重审：与纽曼对话 | [美]雅罗斯拉夫·帕利坎 |
| 学术部落及其领地——当代学术界生态揭秘（第二版） | [英]托尼·比彻 保罗·特罗勒尔 |
| 德国古典大学观及其对中国大学的影响（第二版） | 陈洪捷 |
| 转变中的大学：传统、议题与前景 | 郭为藩 |
| 学术资本主义：政治、政策和创业型大学 | [美]希拉·斯劳特 拉里·莱斯利 |
| 21世纪的大学 | [美]詹姆斯·杜德斯达 |
| 美国公立大学的未来 | [美]詹姆斯·杜德斯达 弗瑞斯·沃马克 |
| 东西象牙塔 | 孔宪铎 |
| 理性捍卫大学 | 眭依凡 |

## 学术规范与研究方法系列

|  |  |
|---|---|
| 如何为学术刊物撰稿（第三版） | [英]罗薇娜·莫瑞 |
| 如何查找文献（第二版） | [英]萨莉·拉姆齐 |
| 给研究生的学术建议（第二版） | [英]玛丽安·彼得 等 |
| 社会科学研究的基本规则（第四版） | [英]朱迪斯·贝尔 |
| 做好社会研究的10个关键 | [英]马丁·丹斯考姆 |
| 如何写好科研项目申请书 | [美]安德鲁·弗里德兰德等 |
| 教育研究方法（第六版） | [美]梅瑞迪斯·高尔等 |
| 高等教育研究：进展与方法 | [英]马尔科姆·泰特 |
| 如何成为学术论文写作高手 | [美]华乐丝 |
| 参加国际学术会议必须要做的那些事 | [美]华乐丝 |
| 如何成为优秀的研究生 | [美]布卢姆 |
| 结构方程模型及其应用 | 易丹辉 李静萍 |
| 学位论文写作与学术规范（第二版） | 李武 毛远逸 肖东发 |
| 生命科学论文写作指南 | [加]白青云 |
| 法律实证研究方法（第二版） | 白建军 |
| 传播学定性研究方法（第二版） | 李琨 |

## 21世纪高校教师职业发展读本

|  |  |
|---|---|
| 如何成为卓越的大学教师 | [美]肯·贝恩 |
| 给大学新教员的建议 | [美]罗伯特·博伊斯 |
| 如何提高学生学习质量 | [英]迈克尔·普洛瑟等 |
| 学术界的生存智慧 | [美]约翰·达利等 |
| 给研究生导师的建议（第2版） | [英]萨拉·德拉蒙特等 |
| 高校课程理论——大学教师必修课 | 黄福涛 |

## 21世纪教师教育系列教材·物理教育系列

|  |  |
|---|---|
| 中学物理教学设计 | 王霞 |
| 中学物理微格教学教程（第三版） | 张军朋 詹伟琴 王恬 |
| 中学物理科学探究学习评价与案例 | 张军朋 许桂清 |
| 物理教学论 | 邢红军 |
| 中学物理教学法 | 邢红军 |
| 中学物理教学评价与案例分析 | 王建中 孟红娟 |
| 中学物理课程与教学论 | 张军朋 许桂清 |
| 物理学习心理学 | 张军朋 |
| 中学物理课程与教学设计 | 王霞 |

## 21世纪教育科学系列教材·学科学习心理学系列

|  |  |
|---|---|
| 数学学习心理学（第三版） | 孔凡哲 |
| 语文学习心理学 | 董蓓菲 |

## 21世纪教师教育系列教材

|  |  |
|---|---|
| 青少年心理发展与教育 | 林洪新 郑淑杰 |
| 教育心理学（第二版） | 李晓东 |
| 教育学基础 | 庞守兴 |
| 教育学 | 余文森 王晞 |
| 教育研究方法 | 刘淑杰 |
| 教育心理学 | 王晓明 |
| 心理学导论 | 杨凤云 |
| 教育心理学概论 | 连榕 罗丽芳 |
| 课程与教学论 | 李允 |
| 教师专业发展导论 | 于胜刚 |
| 学校教育概论 | 李清雁 |
| 现代教育评价教程（第二版） | 吴钢 |
| 教师礼仪实务 | 刘霄 |
| 家庭教育新论 | 闫旭蕾 杨萍 |
| 中学班级管理 | 张宝书 |
| 教育职业道德 | 刘亭亭 |
| 教师心理健康 | 张怀春 |

|  |  |
|---|---|
| 现代教育技术 | 冯玲玉 |
| 青少年发展与教育心理学 | 张清 |
| 课程与教学论 | 李允 |
| 课堂与教学艺术（第二版） | 孙菊如 陈春荣 |
| 教育学原理 | 靳淑梅 许红花 |
| 教育心理学（融媒体版） | 徐凯 |
| 高中思想政治课程标准与教材分析 | 胡田庚 高鑫 |

## 21世纪教师教育系列教材·初等教育系列

|  |  |
|---|---|
| 小学教育学 | 田友谊 |
| 小学教育学基础 | 张永明 曾碧 |
| 小学班级管理 | 张永明 宋彩琴 |
| 初等教育课程与教学论 | 罗祖兵 |
| 小学教育研究方法 | 王红艳 |
| 新理念小学数学教学论 | 刘京莉 |
| 新理念小学音乐教学论（第二版） | 吴跃跃 |
| 初中历史跨学科主题学习案例集 | 杜芳 陆优君 |
| 青少年心理发展与教育 | 林洪新 郑淑杰 |
| 名著导读12讲——初中语文整本书阅读指导手册 | 文贵良 |
| 小学融合教育概论 | 雷江华 袁维 |

## 教师资格认定及师范类毕业生上岗考试辅导教材

|  |  |
|---|---|
| 教育学 | 余文森 王晞 |
| 教育心理学概论 | 连榕 罗丽芳 |

## 21世纪教师教育系列教材·学科教育心理学系列

|  |  |
|---|---|
| 语文教育心理学 | 董蓓菲 |
| 生物教育心理学 | 胡继飞 |

## 21世纪教师教育系列教材·学科教学论系列

|  |  |
|---|---|
| 新理念化学教学论（第二版） | 王后雄 |
| 新理念科学教学论（第二版） | 崔鸿 张海珠 |
| 新理念生物教学论（第二版） | 崔鸿 郑晓慧 |
| 新理念地理教学论（第三版） | 李家清 |
| 新理念历史教学论（第二版） | 杜芳 |
| 新理念思想政治（品德）教学论（第三版） | 胡田庚 |
| 新理念信息技术教学论（第二版） | 吴军其 |
| 新理念数学教学论 | 冯虹 |
| 新理念小学音乐教学论（第二版） | 吴跃跃 |

## 21世纪教师教育系列教材·语文教育系列

|  |  |
|---|---|
| 语文文本解读实用教程 | 荣维东 |
| 语文课程教师专业技能训练 | 张学凯 刘丽丽 |
| 语文课程与教学发展简史 | 武玉鹏 王从华 黄修志 |
| 语文课程学与教的心理学基础 | 韩雪屏 王朝霞 |
| 语文课程名师名课案例分析 | 武玉鹏 郭治锋等 |
| 语用性质的语文课程与教学论 | 王元华 |
| 语文课堂教学技能训练教程（第二版） | 周小蓬 |
| 中外母语教学策略 | 周小蓬 |
| 中学各类作文评价指引 | 周小蓬 |
| 中学语文名篇新讲 | 杨朴 杨旸 |
| 语文教师职业技能训练教程 | 韩世姣 |

## 21世纪教师教育系列教材·学科教学技能训练系列

|  |  |
|---|---|
| 新理念生物教学技能训练（第二版） | 崔鸿 |
| 新理念思想政治（品德）教学技能训练（第三版） | 胡田庚 赵海山 |
| 新理念地理教学技能训练（第二版） | 李家清 |
| 新理念化学教学技能训练（第二版） | 王后雄 |
| 新理念数学教学技能训练 | 王光明 |

## 王后雄教师教育系列教材

|  |  |
|---|---|
| 教育考试的理论与方法 | 王后雄 |
| 化学教育测量与评价 | 王后雄 |
| 中学化学实验教学研究 | 王后雄 |
| 新理念化学教学诊断学 | 王后雄 |

## 西方心理学名著译丛

|  |  |
|---|---|
| 儿童的人格形成及其培养 | ［奥地利］阿德勒 |
| 活出生命的意义 | ［奥地利］阿德勒 |
| 生活的科学 | ［奥地利］阿德勒 |
| 理解人生 | ［奥地利］阿德勒 |
| 荣格心理学七讲 | ［美］卡尔文·霍尔 |
| 系统心理学：绪论 | ［美］爱德华·铁钦纳 |
| 社会心理学导论 | ［美］威廉·麦独孤 |
| 思维与语言 | ［俄］列夫·维果茨基 |
| 人类的学习 | ［美］爱德华·桑代克 |
| 基础与应用心理学 | ［德］雨果·闵斯特伯格 |
| 记忆 | ［德］赫尔曼·艾宾浩斯 |
| 实验心理学（上下册） | ［美］伍德沃斯 施洛斯贝格 |
| 格式塔心理学原理 | ［美］库尔特·考夫卡 |

## 21世纪教师教育系列教材·专业养成系列（赵国栋 主编）

|  |  |
|---|---|
| 微课与慕课设计初级教程 | |
| 微课与慕课设计高级教程 | |
| 微课、翻转课堂和慕课设计实操教程 | |
| 网络调查研究方法概论（第二版） | |
| PPT云课堂教学法 | |
| 快课教学法 | |

## 其他

|  |  |
|---|---|
| 三笔字楷书书法教程（第二版） | 刘慧龙 |
| 植物科学绘画——从入门到精通 | 孙英宝 |
| 艺术批评原理与写作（第二版） | 王洪义 |
| 学习科学导论 | 尚俊杰 |
| 艺术素养通识课 | 王洪义 |